공감적 해석학과 공감장의 이론

Empathetic Hermeneutics and

공감적 해석학과
공감장의 이론

황태연 지음

Theory of Empathetic Public Sphere

한국문화사

공감적 해석학과 공감장의 이론

1판 1쇄 발행 2024년 11월 1일

지 은 이 | 황태연
펴 낸 이 | 김진수
펴 낸 곳 | 한국문화사
등 록 | 제1994-9호
주 소 | 서울시 성동구 아차산로49, 404호(성수동1가, 서울숲코오롱디지털타워3차)
전 화 | 02-464-7708
팩 스 | 02-499-0846
이 메 일 | hkm7708@daum.net
홈페이지 | http://hph.co.kr

ISBN 979-11-6919-250-7 93160

- 이 책의 내용은 저작권법에 따라 보호받고 있습니다.
- 잘못된 책은 구매처에서 바꾸어 드립니다.
- 책값은 뒤표지에 있습니다.

오류를 발견하셨다면 이메일이나 홈페이지를 통해 제보해주세요.
소중한 의견을 모아 더 좋은 책을 만들겠습니다.

책머리에

공감적 해석학을 필자는 10년 전의 대작 『감정과 공감의 해석학(1-2)』에서 본격적으로 시도한 바 있다. 그런데 돌아보면 이 저작에서 전개된 공감적 해석학은 몇 가지 이론적·논술적·현실적 문제점을 안고 있었다. 이 책 『공감적 해석학과 공감장의 이론』은 이 문제점들을 해소하고 공감장 이론을 증보한 새로운 책이다.

10년 전의 공감적 해석학이 안고 있었던 첫 번째 문제점은 '이론적' 결함인데, 그것은 부속이론으로서 공감장 이론을 체계적으로 전개하지 않아서 공감적 해석학과 공감장 이론 간의 필수적 연관관계에 대한 논의를 결여한 것이었다. 이로 인해 공감적 해석학이 외적 '준거'로서의 공감장과 연결되지 못함으로써 공감적 해석학과 공감해석학적 인간과학(인문·사회과학)의 이론이 '정상과학(normal science)'으로 완결되지 못했다. 두 번째 문제점은 '논술적' 문제인데, 많은 유사이론들을 논파하고 본론으로 들어가다 보니 전체적 논의가 너무나 복잡다단해서 일반독자들이 접근하기 어려운 점이었다. 세 번째 문제점은 논의가 상당히 산만하고 두서가 없는 것으로 느껴져서 이해하기 쉽지 않았다는 것이다. 네 번째 문제점은 공감적 해석학에 대한 논의를 불가피하게 제2권의 맨 뒤에 위치시킴으로써 대작의 '핵'이라고 할 수 있는 공감적 해석학 자체를 충분히 부각시키지 못했다는 것이다. 마지막 문제점은 공감적 해석학의 독서와 확산을 가로막은 '현실적' 문제점인데, 두 권의 두꺼운 서책이 너무 비싸서 일반인이 입수하기 어려웠던 것이다.

이 책은 감정이론과 기타 해석학이론에 대한 긴 논의들을 잘라내고 하버마스와 가다머의 '언어적 해석학' 비판을 단독 장절章節로 개작하고 공감해석학적 논의와 관련된 부분들을 한 군데로 집중시켜 '공감적 해석학' 논의를 간명하게 만들었다. 이 덕택에 분량이 대폭 줄어들었다.

그리고 이 책은 호르크하이머·아도르노의 '문화산업론'과 하버마스의 '지성적' 공론장 이론을 비판하고, 청년 마르크스의 '정감적 언어' 개념과 '공감적 언론' 테제를 찾아내 되살림으로써 18-19세기 신문 중심의 문자언어 공론장도 '지성적'이기만 한 것이 아니라 '공감적'이기도 했다는 사실을 환기시켰다. 그리고 마르크스의 공감적 공론장 개념에 의거해서 라디오·영화·텔레비전의 음성언어적·감성적 공론장을 지성이 말살된 메마른 공론장이 아니라 정감적으로 풍요로운 '공감적 공론장'으로 재해석했다. 그리고 소셜 미디어가 일으키고 있는 공론장의 새로운 구조변동을 보다 정확하게 분석하고, 소셜 미디어가 주도하는 이 공감적 공론장을 '쌍방향의 공감적 공론장'으로 규명했다. 이런 전제 위에서 이 책은 18세기부터 오늘날까지 '공론장의 구조변동'을 다시 이론화했다.

이를 통해 이 책은 18-19세기의 고전적 공론장이 라디오·영화·텔레비전 시대에 일직선적으로 타락하여 여론과 문화의 장場에서 지성과 사유를 추방해버렸다는 호르크하이머와 아도르노의 비관주의적·부정일변도적 문화산업론을 비판적으로 해체했다. 또한 18세기에서 오늘날에 이르기까지 300년 동안 공론장을 부정일변도로 비판하다가 입장을 바꿔 20세기 공론장을 양가치적인 것으로 규정했으나 21세기 소셜 미디어로 형성되는 새로운 공론장을 다시 비판적으로 바라보는 하버마스의 공론장변동도 비판하고 대안이론을 구축했다.

하버마스는 처음에 호르크하이머·아도르노의 문화산업 테제를 받아들여 공개포럼·살롱·신문·잡지 중심의 '지성적' 공론장이 일직선적으로 타락하여 사유와 지성을 정지시키고 '해방군'에서 '사기꾼'으로 전락했다고 비판했었다. 그러나 그는 1980년대에 이 일면적 비판을 '해방군'이자 '사기꾼'이라는 양가치성 테제로 수정했다. 하지만 그는 소셜 미디어로 인해 공론장이 새로운 구조변동을 겪자 다시 부정일변도의 비판적 우려로 입장을 바꾸었다. 이 책은 하버마스의 이 오락가락하는 공론장의 구조변동론을 비판하고 18-19세기 '지성적 공론장' → 20세기 라디오·영화·텔레비전이 주도한 '일방향의 공감적 공론장' → 소셜 미디어가 주도하는 '쌍방향의 공감적 공론장'의 3단계 변동론으로 재정리했다.

그리고 이 공론장 논의를 통해 얻어진 정확한 지식을 바탕으로 공감장과 관련된 필자의 그간 여기저기 흩어진 논의들을 모으고 개발·확장하여 '민심'으로서의 '공감장'을 이론화하고 공감적 해석학의 외적 '준거 틀'로 자리매김함으로써 공감적 해석학의 이론구성을 최종 완성했다. 공감적 해석학을 공감장에 맞춰 조정하는 것은 공감적 해석학과 공감해석학적 인간과학이 '정상과학(*normal science*)'으로 올라서서 통용되기 위한 필수조건이다. 공감적 해석학과 인간과학이 말 많은 '공론장'과 변화무쌍한 일시적 '여론'에 영합한다면 '곡학아세'일 것이지만, 대를 이어 도도히 흐르며 수십 년, 수백 년에 걸쳐 아주 서서히 변하는 말없는 '공감장'으로서의 민심에 조응하는 것은 '과학의 정상화正常化(*normalization of science*)'이기 때문이다. "세상사람들의 의미를 힘써 탐구하는(務民之義)" 공감적 해석학과 공감해석학적 인간과학이 세상사람들의 공감장 또는 민심과 괴리된다면 그것은 '정상과학'이 아닐 것이다. 일찍이 공자가 "도道는 세상사람과 멀지 않은 것이니 사람이 도道를 하면서 세상사람을 멀리하면 도라 할 수 없다(子曰 道不遠人 人之爲道而遠人 不可以爲道)"고 천명한 데 잇대서 "공감에 충실한 것(忠恕)"을 "도와 거리가 멀지 않은 것(違道不遠)"으로 규정했다.

이 '충서忠恕로서의 도', 즉 공감적 해석학도 바로 세상사람들이 말과 행동의 거울로 삼는 공감장을 마찬가지로 이론구성의 거울로 삼아 마지막으로 이론의 전체적 프레임워크를 비춰보고 다듬음으로써 완성을 기해야 하는 것이다.

아무쪼록 이 학술서가 배움과 학문을 사랑하는 독자들의 필독서가 되기를 기원할 뿐이다.

끝으로 이 책을 만드는 데 애써주신 한국문화사 관계자 여러분께 깊은 감사의 말씀을 드린다.

2024년 11월
송파 바람들이에서
저자 황태연

차 례

책머리에 _ 5

들어가는 말__11

제1장 공감적 해석학

제1절 언어적 해석학의 비판__21
1.1. 하버마스의 합리적 해석학 _ 21
1.2. 가다머의 철학적 해석학 _ 76

제2절 공감적 해석학의 철학사적 단초__96
2.1. 중국철학의 전통적 감응이론 _ 102
2.2. 공자철학에서 공감적 해석학의 단초들 _ 111

제3절 공감적 해석학__136
3.1. 공감적 이해의 객관성과 공감적 해석학의 과학성 _ 137
3.2. 자아와 행위에서 의미의 개념 _ 153
3.3. 공감적 이해와 공감적 해석의 이론 _ 168
3.4. 사회과학과 자연과학에서 해석학과 인식론의 상보성 _ 211

제2장 공감장의 이론

제1절 아도르노의 '문화산업' 테제__225
1.1. 문화산업: '대중기만으로서의 계몽'의 변증법 _ 228
1.2. 오판과 비관: 지성과 사유의 말살 _ 244
1.3. 계몽주의적 언어 순화에 대한 오인 _ 249
1.4. 수행적 오류와 자가당착들 _ 252

제2절 **하버마스의 지성적 공론장이론**___256

    2.1. 공론장의 구조변동 _ 257

    2.2. 공론장의 소통이성적 잠재력 _ 276

    2.3. 공론장의 정치적 기능과 시민사회 _ 315

    2.4. 공론장의 새로운 구조변동 _ 340

제3절 **마르크스와 자유언론의 '공감적 언어'**___343

    3.1. 마르크스의 '지성적 언어'와 '정감적 언어' _ 343

    3.2. 공감적 언어의 개념 _ 349

제4절 **공론장의 3단계 구조변동**___352

    4.1. 지성적 공론장에서 공감적 공론장으로 _ 352

    4.2. 소셜 미디어와 쌍방향의 공감적 공론장 _ 355

제5절 **공감장의 이론**___364

    5.1. 공감장의 개념과 구조 _ 364

    5.2. 공감장의 기능 _ 368

    5.3. 공감과 언어, 공감장과 공론장의 관계 _ 370

    5.4. 공감장과 공시장公視場의 객관성과 속도 _ 376

    5.5. 공감장의 제3기능: 공감적 해석학의 최종준거 _ 394

결어___403

참고문헌 _ 407

찾아보기 _ 416

들어가는 말

　세계 인문·사회과학의 역사에서 1980년대는 특별한 해였다. 해석학이 인문·사회과학에서 실증주의를 추방한 시기였기 때문이다. 우리나라 학계에서는 '인간과학(Science of Man; 인문·사회과학)' 분야에서 뭔 일이 일어났는지 모르는 사이에 1980년대가 조용히 지나갔지만, 세계학계에서는 분명 1980년대를 이른바 '해석학의 시대'로 환호했다. 벌써 반세기 전의 일이다.
　'실증주의'는 인간의 행동·문화·사회도 자연과학의 연구방법으로 연구할 수 있고 그래야만 인간과학도 '과학'일 수 있다고 주장하는 방법론이다. 경험적 자연과학의 지식획득 방법은 주지하다시피 베이컨 이래 '인식론(Erkenntnistheorie)'이다. 인식론은 자연사물의 속성들(Eigenschaften, Qualitäten; 운동·속도·정지·시간·연장·무게·부피·모양·색깔·소리·맛·냄새·촉감 등)을 '인식하고(erkennen)' 자연사물의 '속성들 간의 관계'(Eigenschaftenverhältnissen; 이동異同·원근·좌우·상하·대소·다소·인과성)를 '설명하여(erklären)' 사물을 아는 방법이다.
　그러나 인간의 존재·행동·문화·사회는 속성과 속성들의 관계로 되어있기보다 의미(Sinn)와 의미들의 관계(Sinnenverhältinesse; 부부·부자·모자·부녀·친척·붕우·상하·군신·민관·군민軍民·법인관계 및 경제관계·사회관계·정치관계·종교·문화관계 등)로 되어 있다. 그런데 의미는 무엇인가? '의미'는 희노애구애오욕喜怒哀懼愛惡欲의 칠정 및 쾌락감각·재미감각·미감·도덕감정들이다. "태극기는 대한민국의 국기를 의미한다(mean)" 또는 "공론장은 공론이 펼쳐지는 생활세계의 공적부분을 의미한다"의 '의미(meaning)'는 '이다(is)'나 다름없는 동어반복으로서 감정적으로 무의미하다. 모든 의미 있는 '의미(Sinn; sense)'는 언제나 '감정'이고 '감정적 의미'이고, 이 감정적 의미는 인간적 '가치'다. 따라서 '속성'과 거리가 먼 인간존재와 행동·문화·사회의 '의미'는 인식할 수 없고 '의미관계'는 설명할 수 없다. 의미는 '이해함(verstehen)'으로써만 알 수 있고, 얽히고설킨 '의미관계'는 '해석함(deuten)'으로써만 알 수 있다. 의미를 이해하고 의미관계를 해석하여 인간존재와 행동·문화·사회를 아는 방법론을 '해석학(Hermeneutik)'이라 부른다.

물론 인간의 존재·행동·문화·사회를 인식하고 설명하는 것이 전혀 불가능하고 전혀 불필요한 것은 아니다. 인간은 육체적 존재이고, 인간의 행동은 인간의 육체적 동작을 포함하고, 문화와 사회는 자연적 영토와 지하자원, 건물과 용품들, 경제기술과 경제통계, 인구와 건강과 관련된 각종 통계들도 지니고 있기 때문이다. 따라서 이런 부분들은 인식론적 접근이 가능하고 필요하다. 그러나 인간의 존재·행동·문화·사회를 아는데 있어서 인식론적 접근의 가능성과 필요성이 — 굳이 수치로 말한다면 — 10-30%라면, 해석학적 접근의 필요성은 70-90%라 할 수 있다. 그러나 자연사물도 인식론적 접근만으로 다 알 수 없다. 자연사물 가운데 동물은 감정이 있고, 식물도 줄기찬 생명욕과 성장욕구가 있기 때문이다. (욕구도 감정이다.) 따라서 동식물도 감정적 의미가 있는 것이다. 그러므로 자연사물도 이런 정도만큼은 해석학적 접근이 가능하고 또 필요한 것이다. 또한 사물의 운동·속도·정지·시간·연장·무게·부피·모양·색깔·소리·맛·냄새·촉감 등의 속성들과 속성들의 관계로서의 이동異同·원근·대소·다소·상하·좌우 등은 순전히 감각적 인상들(sensual impressions)이므로 해석학적 접근이 가능하고 필요하고, 심지어 자연과학이 '법칙'이라 부르며 애지중지하는 인과성(필연성)도 반복적 경험이 낳는 습관적 예감에서 생겨나는 '믿음(확신)' 감정이므로 해석학적 접근이 가능하고 필요하다. 따라서 자연과학과 인간과학에서 해석학과 인식론은 10-30% 수준에서 서로 보완할 수 있고, 또 보완해야 한다. 그러나 해석학의 본령은 인간과학인 반면, 인식론의 본령은 자연과학이다. 이것을 무시하고 인간과학을 전적으로 인식론적 접근으로 연구해야 한다고 주장하고 그런 결과만을 내놓고 이것을 지식의 전부라고 우긴다면 이것이 바로 감정적 의미 없는 사실들의 속성과 통계수치를 '숭배'하고 '의미'를 배제하는 '실증주의(positivism)'인 것이다. 역으로 인간과학에 대해서는 '전적으로' 해석학적 방법으로만 접근해야 한다고 주장하는 것은 '해석학주의(hermeneuticism)'라 한다.

그런데 19세기 이래 해석학 자체에도 문제가 없지 않았다. 지금까지 해석학은 문자언어와 음성언어로 된 언어텍스트를 언어학적 접근으로 이해·해석하는 '언어적 해석학'이 주를 이루었다. 오늘날 이런 '언어적 해석학'은 하버마스와 가다머로 대표된다. 이 해석학의 문제점은 역지사지(관점전환)와 언어로 되지 않은 텍스트들을 모조리 배제하고 언어를 (잘) 말하지 못하여 언어텍스트를 생산하지 못하는 아기·어린이·농아聾啞·저학력자·외국인 등도 모조리 배제한다는 것이다.

실로 관점전환은 불가능하다. 누구도 다른 사람의 관점을 취할 수 없고, 다른 사람 대신 살 수 없고, 다른 사람의 감정적 기분을 취할 수 없기 때문이다. 따라서 운전할 때 도로의 푸른 신호등을 짧다고 느끼다가 차에서 막 내려 걷게 된 행인은 횡단보도의 푸른 신호등을 짧다고 느끼고, 이 사람에게 돈을 꾸어 쓴 채무자이면서 동시에 저 사람에게 돈을 꾸어준 채권자인 사람은 채권자로서 남에게 가혹하게 굴고 채무자로서 가급적 돈을 늦게 갚으려고 한다. 개구리가 올챙이 적 생각 못하듯이 혹독한 시집살이를 한 며느리가 늙어서 며느리를 보면 더 막 대하고, 며느리이면서 동시에 시어머니인 부인도 자기 며느리의 입장을 이해해 주지 않는다. 따라서 자기의 관점을 상대방의 관점으로 전환하는 역지사지가 불가능한 것이다. 또한 데이비드 흄의 말대로 아무도 자기이면서 동시에 너일 수 없다. 그렇기 때문에 역시사지는 불가능한 것이다. 또한 백보 양보하여 진짜로 관점을 바꾸어서 나의 관점이 상대방의 관점이 되었더라도 나는 상대방의 관점을 취할 수 없다. 그의 관점이 사라지고 나의 관점이 되었기 때문이다. 이런 이유에서도 역지사지로서의 관점전환은 불가능한 것이다. 따라서 제3자로서 관찰하는 해석학적 학자는 참여자의 관점으로 관점을 전환하는 것이 불가능하므로 대화하는 두 사람의 대화를 이해·해석할 수 없다. 마찬가지로 인문·사회과학자는 자기의 관찰자 관점을 가상적 참여자 관점으로 전환할 수 없으므로 이런 대화와 사건이 기록된 문자언어 텍스트를 이해·해석할 수 없다.

언어적 해석학의 또 다른 문제는 감정적 의미와 의미관계를 언어텍스트의 분석으로 알 수 없다는 것이다. 인간의 감정적 의미 표현의 대부분은 언어로, 특히 문자언어로 표현되지 않고 또 문자언어로 다 표현할 수도 없기 때문이다. 그래서 공자는 "글은 말을 다하지 못하고, 말은 의미를 다하지 못한다"고 갈파한 것이다(子曰 書不盡言 言不盡意).[1]

언어적 해석학의 이런 이론적 불가능성 때문에 다른 해석학이 모색되어야 하는 것이다. 인간의 공감능력은 불가능한 관점전환(역지사지)을 하지 않고 또 관점전환을 할 필요 없이 타인의 존재와 행동, 그리고 문화와 사회의 (감정적) 의미를 전전두피질의 시뮬레이션 기능에 의해 '객관적'으로 이해하고 해석하고 '주관적'으로 실감할 수 있다. '주관성과 객관성의 통일'은 예부터 '절대성'이라 했던 바, 공감적 이해·해석은 '절대적

---

1) 『易經』 「繫辭上傳」(12).

지식을, 즉 '과학'을 보장한다. 또한 무언의 공감은 말을 (잘) 못하는 사람들도 배제하지 않고, 사람의 말을 못하지만 감정과 공감능력 있는 동물들도 배제하지 않는다. 또한 공감적 해석학은 물론 언어텍스트도 '언어적 해석학'보다 더 잘, 더 깊이 이해·해석할 수 있다.

따라서 이러한 공감적 이해와 해석을 정교하게 이론화한다면 '공감적 해석학'이 가능할 수 있다. 이 책은 바로 이 공감적 해석학을 이론화한다. 따라서 '공감해석학적 인간과학'도 가능할 것이다.

그런데 이 '공감해석학적 인간과학'은, 따라서 공감적 해석학도 국민적·인류적 세계로부터 고립되지 않기 위해서는 공감적 이해와 해석의 내적 정합성만이 아니라 인간과학과 이 해석학적 방법을 외부세계와 단절 없이 연결시켜줄 외적 매개 고리도 필요하다. 공감해석학적 인간과학과 이 공감적 해석학을 실재세계에서 타당하게 만들어 최종적으로 '과학'의 지위를 누릴 수 있게 해주는 외적 연결고리 또는 준거 틀이 변화무쌍한 '공론장'과 요란한 '여론'인가? 학문이 여론과 공론장에 영합한다면 그것은 곡학아세일 것이다. 그렇다면 외적 준거나 연결고리는 존재하지 않는가? 그렇지 않다. 제대로 된 학문이라면 적어도 말없는 '공감장'에는 조응해야 한다.

공론장은 언어적 공론장의 기저에 자리잡고 있는 이심전심의 공감적 '민심'을 말한다. 공감장은 민심의 바다이고 공론장은 민심의 바다 위에서 부유하는 배다. 따라서 공론장이 공감장으로서의 민심과 단기적·중기적으로 어긋날 수 있다. 이것은 애당초 공론장의 이견에 대해 공감장이 보이는 관용이다. 공감장과 대조적으로 말 많은 쟁론적 공론장은 본질적으로 불관용적이다. 공론장은 유행에 취약하고 획일적이라서 비방과 센세이셔널리즘으로 모든 이견異見과 반대의견을 말살하려고 든다. 창설 당시부터 이데올로기적·종교적 편향과 편가르기, 그리고 좌우 독선(Rechthaberei und Linkshaberei)을 사시社是로 삼고 출발한 거의 모든 언론사들은 자기들의 관점과 어긋나는 의견과 사실을 배척·묵살·왜곡·과장·축소·조작하기 일쑤이고, 자사自社와 사주社主의 이익이 걸리면 자사방어에 앞장서고, 전문지식의 결여로 언제나 피상적이고, 또한 쟁론의 한복판에 있는 언론사들은 논쟁의 '승리'를 위해 이견과 반대의견을 더욱 불관용적으로 비판·비방·제압할 뿐이다. (그러나 묘하게도 언론사들은 자기들의 비리를 서로 덮어주는 묵계를 맺고 잘 지킨다.) 공론장의 광지廣知·폭로·비판기능은 언론사들의 태생적 편향과 싸움 논리, 그리고 편가르기에 사로잡혀 경향적으로 선용보다 오·남용과 악용으로 경사되어 있다. 언론사 간 경쟁도 권력기구로 변한 초대형 언론사들의 권력욕으로 인해 폭로·비판기능의 오·남용과 악용을 바로잡는 자정自淨작용을 일으키기에 역부족이다. 치열한 경쟁에 처한 언론사들은 오히려 '더욱 경쟁적으로' 반대의견과 이견을 배척·묵살·왜곡·과장·축소·조작한다.

반면, 공감장은 수십 년, 아니 100년, 200년까지도 공론장의 이견을 용인할 정도로 아주 관용적이다. 그러나 중장기적으로 공감장으로서의 민심에 끝까지 불응하는 공론장은 민심의 소리 없는 응징과 제재로 쇠퇴하거나 혁명적 전복을 면치 못할 것이다. 민심으로서의 공감장은 단기적으로 거의 변함없고 중장기적으로 천천히 변한다. 어떤 사안과 관련된 민심 또는 국민적·인류적 공감대는 수십 년 동안 그대로 유지되는가 하면, 가령 한 나라의 국기國基나 정상과학 패러다임(normal science paradigm)과 관련된 공감대는 자잘하게 수정되더라도 수백 년 동안도 거의 변함없이 유지된다. 따라서 공감해석학적 인문과학이라도, 아니 공감적 해석학이라도 공감장을 외적 준거로 삼고 이에 맞춰 최종 조율해야만 '정상正常과학'으로 안착할 수 있다. 따라서 인간과학과 공감적 해석학은 '공론장'이 아니라 '공감장'에 조응함으로써야 비로소 사람 사는 이 세상의 '정상과학'으로 완성될 수 있을 것이다. 그래서 일찍이 공자는 "도道는 세상사람과 멀지 않은 것이니 사람이 도道를 하면서 세상사람을 멀리하면 도라 할 수 없다(子曰 道不遠人 人之爲道而遠人 不可以爲道)"고 단언한 데 이어 "공감에 충실한 것(忠恕)"이 바로 "도와 거리가 멀지 않은 것(違道不遠)"이라고 갈파했다.[2] '도'와 거리를 두지 않는 '충서忠恕의 도', 즉 공감적 해석학은 세상 만인의 공감장과도 거리를 두지 않고 일이관지로 마지막 이론구성의 거울로 삼아야만 자기완성을 기할 수 있다.

---

2) 『中庸』(十三章).

공감적 해석학

제1절
언어적 해석학의 비판

1.1. 하버마스의 합리적 해석학

지식은 인식론과 해석학의 방법으로 획득된다. 인식론은 '속성'을 인식하고(erkennen) 속성관계(동일성[유사성], 상이성, 대소, 다소, 원근, 인과성 등)를 설명하는(erklären) 인식과 설명의 방법론이다. 반면, 해석학은 의미를 이해하고(vetstehen) 의미관계(본말, 이유, 상관성 등)를 해석하는 이해와 해석의 방법론이다. 인식론은 자연과학의 기본적 방법론이고, 해석학은 인간과학(인문·사회과학)의 기본적 방법론이다. 그런데 소크라테스·플라톤·아리스토텔레스에서 홉스·로크·흄·루소·칸트·헤겔·마르크스·쇼펜하우어·비트겐슈타인에 이르기까지 인간과학을 인식론적 방법론으로 인식·설명하고자 했다. 인문·사회과학을 이렇게 인식론적 방법으로 인식·설명하려는 시도를 '실증주의(Positivismus)'라 한다.

물론 이런 실증주의 방법에 대한 비판도 19세기 비코, 헤르더, 슐라이어마허로부터 딜타이,[3] 하버마스, 가다머에 이르기까지 줄기차게 이루어져왔다. 그리하여 1980년대는 해석학이 인간과학으로부터 실증주의를 추방함으로써 '해석학의 세기'라 불리었다. 그러나 종래의 해석학은 언어만을 이해와 해석의 통로로 삼는 '언어적' 해석학이었다. 그런데 이 언어적 해석학은 이해·해석 개념을 제대로 세우지 못하고 인식·설명과 구별하지 못해서 '설명'을 '해석'으로 착각하거나 언어적 텍스트를 다시 언어로 설명하는 동어반복을 피할 수 없었다. 다음에는 공감적 해석학에 대한 이론을 본격적으로 전개하기 전에 하버마스와 가다머의 언어적 해석학이 빠져든 '언어실증주의적(언어물신주의적) 오류들'을 비판적으로 해체하고, 공감적 해석학의 이론구성을 시작할 화두를 마련하고 본론에 들어갈 실마리를 도출한다.

■ 하버마스의 속류적 '해석' 개념

한때 사회과학자와 철학자들은 해석학적 '통일과학의 이념'의 환상 아래 자연과학의 관점주의적 설명과정도 '해석'으로 보는 식의 '천박한' 해석 개념에 말려들었다. 하버마스가 중시한 매리 헤세(Mary Hesse)는 1970년대 초 자연과학과 사회과학의 통상적 대립이 자연과학의 개념, 무릇 경험적·분석적 과학의 개념의 기저에 놓여 있는데, 이것은 이미 낡은 것이라고 주장했다.[4] 하버마스의 요약에 의하면, 헤세는 칼 포퍼(Karl Popper, 1902-1994), 토마스 쿤(Thomas Kuhn, 1922-1996), 라카토스(Imre Lakatos, 1922-1974)와 파이어아벤트(Paul Feyerabend, 1924-1994) 등에 의해 불붙여진 "근대 과학의 역사에 관한 논쟁"은 ① "이론들을 검토하는 자료들이 그때그때의 이론언어에 독립적일 수 없다는 것을 보여주었다"고

---

3) 비코와 슐라이어마허의 언어적 해석학을 계승하여 발전시킨 딜타이의 정신과학적 해석학에 대한 해명과 비판은 참조: 황태연, 『감정과 공감의 해석학(2)』(파주: 청계, 2015), 1972-1989쪽.

4) Mary Hesse, In Defence of Objectivity (Oxford: Oxford University Press, 1973).

주장했다. 그리고 그 논쟁은 ② "이론들이 정상적으로 반증주의 원리에 따라서가 아니라, 이론들 간의 관계를 정밀하게 하려는 시도를 할 때 드러나듯이 특별한 생활형태들과 유사하게 서로 관계하는 패러다임들에 대한 의존 속에서 선택된다"는 것을 보여주었다는 것이다. 또 "자료들을 이론으로부터 떼어낼 수 없다는 것, 자료들의 표현이 이론적 범주들에 의해 삼투되어 있다는 것, 이론적 과학의 언어가 불가역적으로 비유적이고 형식화할 수 없다는 것, 그리고 과학의 논리가 이론의 견지에서 자료들의, 그리고 자료들의 견지에서 이론의 순환적 해석, 재해석, 자기교정이라는 것이 충분히 증명되었다"고 말했다. 마지막으로 그녀는 저 논쟁이 ③ "자연과학에서의 이론구성은 사회과학에서의 이론구성에 못지않게 해석학적 이해모델에 따라 분석될 수 있는 '해석'에 달려있다"는 것을 보여주었다"고 주장했다.5) 헤세는 '이론의 견지에서 자료들의, 그리고 자료들의 견지에서 이론의 순환적 설명, 재설명, 자기교정'이라고 말했어야 할 것을, "이론의 견지에서 자료들의, 그리고 자료들의 견지에서 이론의 순환적 해석, 재해석, 자기교정"이라고 말하고 있다.

헤세가 '이론의 견지에서 자료들의, 그리고 자료들의 견지에서 이론의 순환적 설명, 재설명, 자기교정'이라고 말했다면, 이것은 축적된 박물지적 자료를 바탕으로 과학적 인식과 설명을 관점주의로부터 순화하고 누적적으로 갱신해 나가는 베이컨의 과학적 인식방법이다. 그러나 그녀는 이것을 불행히도 "해석" 또는 "해석학적 이해모델"로 오인함으로써 미未교정의 '관점주의적 설명'을 '해석'으로 보는 식의 천박한 '해석' 개념에 말려들고 있다. 바로 이에 잇대서 하버마스는 "이해문제의 시각에서 사회과학의 특별한 위치는 근거 지을 수 없다"고 결론지음으로써6) 자연과학과 사회

---

5) Jüregen Habermas, *Theorie des kommunikativen Handelns*, Bd.1 (Frankfurt am Main: Suhrkamp, 1981), 161-162쪽.

과학의 방법론적 이원론을 폐하고 일원론의 소위 해석학적 '통일과학' 이념을 옹호한다.

동시에 하버마스는 헤세의 천박한 해석 개념과 동일한 기든스의 해석 개념 및 그의 '사회과학의 이중적 해석' 과업론도 추종한다. 기든스는 일단 사회과학과 관련된 '해석' 개념에서 올바른 인식을 보여준다. 하버마스가 인용하고 있는 대목을 중심으로 살펴보자.

> 일상적 행위자들이 행위의 기술記述을 산출하는 것은 진행되는 실천으로서의 사회생활에 우연적인 것이 아니라, 실천의 생산에 절대적으로 통합적이고 이 실천과 분리될 수 없다. 왜냐하면 타인들이 하는 것에 대한 정의定義, 그리고 더 협소하게 그들이 하는 것에 대한 그들의 의도와 이유에 대한 정의는 의사소통적 의도의 전달을 실현하는 상호주관성을 가능케 만들기 때문이다. '이해(Verstehen)'가 사회세계에 입장하는 사회과학에 특유한 방법으로 간주되는 것이 아니라, 사회구성원들이 생산하고 재생산하는 인간사회의 존재론적 조건으로 간주되어야 하는 것은 이런 견지에서다.[7]

그렇다면 사회과학만이 특유하게 '이해'의 방법에 근거하는 것이 아니라, 사회과학적 '이해'를 위해 취해야 하는 사회과학의 대상, 즉 자료 자체도 이미 서로에 대한 대상자들의 '이해'가 전제된다. 이것은 기본적으로 올바른 이해다.

그러나 기든스는 자연과학과 사회과학을 비교하면서 '관점주의적 인식'이나 관점주의에 사로잡힌 '그릇된 설명'을 '해석'으로 오인하는 헤세식의 '천박한' 해석 개념에 부지불식간에 말려든다.

---

6) Habermas, *Theorie des kommunikativen Handelns*, Bd.1, 162쪽.

7) Anthony Giddens, *New Rules of Sociological Method*, (New York: Basic Books, 1976), 158쪽.

과학 안에서 패러다임들 또는 큰 편차를 보이는 이론적 도식들 간의 매개는 의미 틀(meaning-frame)의 다른 유형들 간의 접촉과 관련된 문제와 같은 해석학적 문제다. 그러나 사회학은 자연과학과 달리 의미의 틀들의 창조와 재생산이 사회학이 분석하려고 하는 것의 바로 그 조건, 즉 인간적 사회행위의 조건인 기既해석된 세계를 취급한다. 이것이 (...) 사회과학 안에 이중적 해석학이 존재하는 이유인 것이다.[8]

여기서 '의미'를 'sense'가 아니라 'meaning'으로 표기하는 것이나 여기에 감춰진 인식과 이해의 혼동, 설명과 해석의 혼동을 차치하더라도 기든스는 자연과학을 그릇되게 이해하고 있다. 말하자면, 사회과학은 자료 자체가 대상자들끼리의 '이해'이기 때문에 사회과학 자체의 과학적 '해석'에 더하여 대상자들의 '이해'를 담은 자료 자체에 '해석학적'으로 접근해야 하는 '이중적 해석학'인 반면, 자연과학은 자료가 자료가 되는 대상들끼리의 '이해'를 담고 있지 않기 때문에 자료접근 시에 해석학적 과업이 필요 없고, 자료채취 뒤에 이 자료를 기존 패러다임들의 관점에서 설명하고 역으로 이 패러다임을 자료를 바탕으로 설명하는 단일한 작업만 하면 된다는 것이다. 그런데 기든스는 자료를 기존의 이론패러다임의 관점에서 '설명'하는 이 작업도 '해석'이라고 본 것이다. 기존의 이론 관점에서의 설명, 즉 '관점주의적 설명', 따라서 그릇된 것일 수 있는 설명을 '해석'으로 보는 것이 바로 헤세 식의 '천박한' 해석 개념인 것이다. (필자의 이 비판은 자연과학에 해석적 요소가 전무하다는 것을 함의하지 않는다. 자연과학에도 해석의 요소가 개입하지만, 기존 패러다임의 관점에서의 이론적 설명 차원에서 개입하는 것이 아니라, ① 인간정신의 '습관적 믿음'과 '비교본능'으로부터 유래하는 '인과성', 동일성·유사성·차이성 등과 같은 자연

---

8) Giddens, *New Rules of Sociological Method*, 166쪽.

과학적·인식론적 기본개념들 및 ② 자연과학적 동물행태학의 대상들, 즉 동물들의 감정적, 쾌락적, 유희적, 미학적, 유사도덕적 의미와 공감이라는 두 근본적 차원에서 개입한다. 이에 대해서는 뒤에 상론한다.)

이른바 해석학적 '통일과학의 이념'은 '속성의 인과적 설명'을 '의미의 연관적 해석'과 동일시하는 바로 천박한 해석 개념에 올라서 있다. 그러나 하버마스는 사회과학의 '이중적 해석학'에 대한 기든스의 테제에도 동조한다.

> 기든스는 사회과학 안에서 이해문제가 자료서술의 이론의존성을 통해서만이 아니라 이론언어들의 패러다임의존성을 통해서도 전개되기 때문에 '이중적' 해석학에 관해 말한다. 사회과학에서는 이론형성의 문턱을 넘어오기 전에, 즉 자료의 이론적 서술 시에 비로소 드러나는 것이 아니라 자료의 획득 시에 이미 드러난다. 왜냐하면 이론적 개념들의 견지에서, 그리고 측정조치들에 의해 과학적 자료로 변형될 수 있는 일상적 경험들이 그 쪽에서 이미 상징적 구조를 가지고 있고 단순한 관찰로 접근할 수 없기 때문이다. 자료들에 대한 이론적 기술이 패러다임에 의존하기 때문에 모든 과학은 제1단계 해석을 수행해야 하고 이 점에서 구조적 유사과제를 갖는다.[9]

이 논변으로써 하버마스가 방법론적 일원론을 버린 것이 아니고, 다만 이 일원론 안에서 자연과학과 사회과학 간의 '부차적·세부적인' 방법론적 차이(사회과학의 이중적 해석 과업과 자연과학의 단일한 해석 과업의 차이)를 지적하는 것에 동조하는 것으로 보인다. 그러나 헤세에 동조할 때와 마찬가지로 기든스에 대한 하버마스의 이 동조도 그가 자연과학의 설명과 관련하여 헤세와 기든스의 천박한 해석 개념에 동의한다는 것을 내포한다. 자연과학과 사회과학의 방법론적 이원론을 폐하고 두 과학을 방법론적으로

---

9) Habermas, *Theorie des kommunikativen Handelns*, Bd.1, 161-162쪽.

하나로 묶는 하버마스의 통일과학 이념의 근거도 알고 보면 바로 이 천박한 해석 개념인 것이다. 그러나 기든스의 '이중적 해석' 개념의 '1단계 해석'과 관련하여 하버마스는 기든스의 말을 오해하거나 잘못 해석하고 있는 것으로 보인다. 기든스는 "사회구성원들"의 자연적 해석을 1단계 해석으로 보는 데 반해, 하버마스는 "자료서술의 이론의존성", 또는 일정한 이론관점에서의 "자료의 획득"을 1단계 해석으로 보고 있다.

그러나 필자는 자연과학과 사회과학 간의 방법론적 이원론은 이런 그릇된 해석 개념에 근거하여 폐기처분될 수 없다고 생각한다. 설명은 속성을 대상으로 삼는 데다 연결적(connective)이고 인과적(causal)인 반면, 해석은 인간본성적 감정들의 의미를 대상으로 삼는 데다 연관적(conjunctive)이기 때문이다. '설명'이 '인과적'인 반면, '해석'은 인과적이 아니라 '연관적이다'라는 말은 '설명'이 어떤 자연현상의 필연적 '원인'을 밝히는 것으로 완결되는 반면, 가령 어떤 사회적 행동의 의미에 대한 '해석'은 인간의 수많은 자발적인 본능적 성정과 욕구 중에서 이 행동이 기초한 어떤 감각적·감정적 본성으로서의—필연성 없는—선택적 의미연관성('근거', 즉 '이유')을 밝히는 것으로 완결된다는 것을 뜻한다. 따라서 '해석'은 이미 인간들이 저 다양한 본능적 성정(감각과 감정)과 욕구를 선先해석학적·자연해석학적으로 이미 '이해'하며 살고 있는 데 더하여 타인의 감정과 욕구를 공감적으로 미리 알아야 함을 전제한다. 이런 까닭에 우리는 지금까지 저 공감·감정 이론의 '아! 머나먼' 도정을 맨눈을 부릅뜨고 맨발로 답파해야 했던 것이다.

헤세, 기든스, 하버마스 등은 공히 베이컨 이전의 학문수준으로 재추락하여 '허우적대고' 있는 것으로 보인다. 여기서 우리는 베이컨이 저 네 가지 우상을 다름 아닌 '자연인식'과 관련하여 논했다는 것을 상기할 필요가 있다. 따라서 그는 사회과학적 '해석'의 문제, 즉 감정지각적·내감판단적 '의미연관(Sinnzusammenghang)'의 '이해'로서의 '해석'의 문제는 전혀 건드리지 않았다. 그러므로 우리는 자연과학 안에서 벌어질 수 있는, 우상에 사로잡힌 '설명', 즉 그릇된 '관점주의적 설명'의 문제를 '해석'의 문제로 착각하는 '천박한' 해석 개념을 청산해야 할 것이다. 이 천박한 '해석' 개념을 청산하면 자연과학과 사회과학의 방법론적 이원론은 여전히 의미 있는 것이다. 이 확인이 해석학 논의의 개시를 위한 이론적 전제다.

이제 우리는 저 천박한 '해석' 개념을 분쇄했으므로 하버마스의 이른바 '합리적 해석학'의 다른 문제점들을 분석하고 비판할 수 있을 것이다. 그러나 이 비판을 위해 하버마스의 해석학 이론 안에서 끊임없이 반복되고 뒤틀리는 이상한 개념들의 횡포를 미리 막기 위해 위에서 상론한 바 있는 이해와 인식, 해석과 설명의 방법론적 구분을 다시 한 번 정리하고자 한다. '인식'은 자연대상의 '속성들'을 아는 것이고 설명은 '속성들 간의 연결'을 인식하는 것이다. 반면, '이해'는 인간(과 공감이 가능하다면 동물)의 행위와 사회적 사실의 '의미들'을 아는 것이고, '해석'은 '의미들 간의 연관'을 이해하는 것이다. 의미의 '실재적 이해'는 교감과 공감에 의해서만 가능하다. 교감은 이해를 가능케 하지만, 교감적 이해는 어디까지나 '차가운' 이해에 그치는 반면, 공감은 의미의 '뜨거운' 이해, 실감적 의미이해를 가능케 한다. 자아의 실재적 존재의미 또는 행위와 행위작품의 의미의 실재에 대한 '실감'은 오로지 공감만이 수행할 수 있다. 공감만이 의미를 생생한 감정으로 재생하여 '실제로 느끼게' 할 수 있기 때문이다. 한편, 필자는 방금 사회행위와 사회적 사실(작품)의 감정적 의미들의 연관을 이해하는 작업을 '해석'으로 규정한 반면, 자연대상의 속성들의 연결을 인식하는 것을 '설명'으로 규정했는데, 주지하다시피 이 인식과 설명에서 속성은 연장·운동·지속 등 소위 일차속성과, 모양·색깔·소리·맛·냄새·온도·견고성·유연성·유활성柔滑性 등 이차속성이고 연결관계는—흄이 분석한—유사성, 동일성, 시공적 원근·상하·좌우, 수량관계, 정도, 상반성, 인과관계 등 7가지 관계를 말한다. 그리고 속성들의 연결관계는 엄격한 의미에서 속성들의 '관념들'의 관계다. 가령 빨간색과 주홍색은 유사한 관계에 있지만, 속성에 대상적인 것으로만 본다면 이러한 유사한 관계에 놓여있지 않다. 이 두 색을 유발하는 속성들은 자연 속에서 무관하게 따로 따로 널브러져 있을 뿐이기 때문이다. 다만 인간이 이 속성들을 빨강과 주홍의 인상(심상)으로 지각하여 이 인상을 '관념'(지식원소)으로 전환하고 인식하여 양자를 대비시키고 '유사하다'고 여기는 것일 따름이다. 그러므로 '인식'과 '설명'은 좀 더 정확하게 이렇게 말할 수 있다. 우리는 자연현상을 '외감'(오감)의 주도와 지성의 보조에 의해 속성적 측면에서 인상으로 지각하여 관념으로 '인식'하고 이 인식을 바탕으로 자연형상을 속성 관념들 간의 특정한 연결관계의 견지에서 '설명'한다. 반면, 우리는 인간적·동물적 자아의 존재와 사회적 행위 및 행위작품을 '내감'의 이해·판단감각과 '교감·공감' 작용의 주도와 지성의 보조에 의해 그 감정적 '의미' 측면에서 '이해'하고 이 이해를 바탕으로 본성적 의미연관에 근거하여 '해석'한다.

여기서 훗설로 소급되는 전통에서 '관념적 이해'를 인간적 현존재의 근본특징으로 규정하는 하이데거의 '존재론적' 해석학이나, '관념적 상호이해'를 역사적 생의 근본특징으로 규정하는 가다머의 '존재론적' 해석학에 대해서는 많은 이들이 비판적이다.[10] 하버마스도 이들의 해석학에 비판적이지만,[11] 다른 의미에서다. 또 하버마스는 딜타이 등의 역사주의나 리케르트 등의 신칸트주의에서의 '설명'과 '이해'의 이원론적 구분에 비판적이지만[12] 이 경우에도 비판의 이유는 다르다. 그리고 자연과학과 사회과학의 방법론적 이원론과 관련된 논쟁을 '종결된' 것으로 보는[13]

---

10) 하이데거와 가다머의 해석학에 대한 비판은 참조: 황태연, 『감정과 공감의 해석학(2)』 (파주: 청계, 2015), 673-684, 1989-2007쪽.
11) 참조: Habermas, *Theorie des kommunikativen Handelns*, Bd.1, 158쪽.
12) 참조: Habermas, *Theorie des kommunikativen Handelns*, Bd.1, 160쪽.

하버마스의 일원론도 문제를 느낀다. 언어가 아니라 공감을 중심에 놓는 해석학은 인식론과 해석학, 자연과학과 인간과학의 '상호침투성'과 '상호침투적 보완성' 테제를 강조하지만 방법론적 이원론을 상호보완적 형태로 오늘날 다시 부활시키기 때문이다.

■ 가상적 관점인계의 합리적 해석학

하버마스는 그가 인간행위의 합리성을 이해하고 평가할 수 있게 해주는 해석학으로 이해한 '합리적 해석학'을 의사소통적 행위의 가상적 형태인 '논의'의 토대 위에서 정초하고자 한다. 주지하다시피 그는 의사소통적 행위를 가장 중요한 사회적 행위로 보고, 부차적으로 공리적 행위, 도덕적 행위, 미학적 행위를 논한다. 그런데 그는 공리적 행위를 '전략적 행위' 또는 '목적론적 행위'로, 도덕적 행위를 '규범규제적 행위'로, 유희적·미학적 행위를 '연출적 행위'로 바꿔 부른다. 그런데 '전략적 행위', '규범규제적 행위', '연출적 행위'의 합리성이 문제될 때 이 세 가지 행위는 불가피하게 소통적 행위 또는 '가상적인' 소통적 행위, 즉 합의획득을 통한 행위조절의 행위가 없는 '단순한 소통'으로 정의되는 '논의'로 변되된다.

또한 하버마스의 합리적 해석학에서 '이해'나 '해석'의 대상은 관련 세계와의 관계에서 평가되는 표피적 합리성(진리성, 효율성, 정당성, 진실성 또는 진정성)의 기저에 놓인 초합리적인 감성본능적 '의미'(기분좋음, 재미있음, 아름다움, 훌륭함의 '세련된' 평가의미와 각종 공감·교감감정과 단순감정의 '시원적' 평가의미)가 아니라, 이 피상적인 '합리성'으로, 또는 불쑥불쑥 마찬가지로 피상적이거나 동어반복적인 문화적 '상징'으로 얘기된다. 따라서 도대체 무엇을 해석하겠다는 것인지 그의 논변이 도무지 감이 잡히지 않고 때로 모호하게, 때로 공허하게 느껴지는 대목들이 허다한 것이 사실이다.

---

13) Habermas, *Theorie des kommunikativen Handelns*, Bd.1, 160쪽.

하버마스의 소장(小壯)시절 여기저기서 단편적으로 선보인 해석학은 『소통적 행위의 이론』(1981)의 '합리적 해석학'으로 종합되고, 이것은 다시 『도덕의식과 소통적 행위』(1983)에서 '관점인계적 해석학'으로 발전된다.

하버마스는 관찰자에 의한 사회적 행위의 '의미'의 이해란 각종 세계연관(객관적·사회적·주관적 세계와의 연관) 속에서 평가되는 이 행위의 '합리성'을 이해하는 것이라고 단언한다.

나는 사회적 행위의 객체영역에 대한 의미이해적 접근으로써 불가피하게 합리성문제가 제기된다는 보다 강력한 주장을 정초하고 싶다. 소통적 행위는 항상 '단초상 합리적인 해석'을 요구한다. 원칙적으로 객관적 세계, 사회적 세계나 주관적 세계에 대한 전략적 행위, 규범규제적 행위, 연출적 행위의 관계는 — 행위자에게나 관찰자에게나 — 객관적 평가의 길이 열려있다. 소통적 행위의 경우에 상호작용의 결과 자체는 참여자들이 그들의 세계연관의 '상호주관적으로 타당한' 평가에 저들끼리 의견일치를 볼 수 있는지에 달려있다. 이 행위모델에 따르면 상호작용은 참여자들이 서로와 합의에 도달하는 식으로만 성공할 수 있다. 이 경우에 합의는 잠재적으로 근거에 뒷받침되는 요구들에 대한 예/아니오의 입장표명에 좌우된다.[14]

그러나 바로 아주 궁금한 관심사로 떠오르는 것은 행위자들이 저들끼리 의견일치를 보는 '상호주관적 타당성'의 평가가 관찰자의 객관적 평가에 반영되는 것인지, 만약 반영된다면 어떻게 반영되는 것인지 하는 것이다. 하버마스는, 소통적 행위의 연관들을 묘사하는 과업이 단순히 '관찰되는 연속(beobachtete Sequenz)'으로 구성되는 "상징적 발화(發話)들의 의미(Sinn der symbolischen Äußerungen)"를 가급적 정확하게 해명하는 것이라면, 그리고 이 "의미해명(Bedeutungsexplikation)"이 인물들 간의 행위조절을 담

---

14) Habermas, *Theorie des kommunikativen Handelns*, Bd.1, 157쪽.

당하는 저 입장채택의 (원칙적으로 검토 가능한) 합리성과 완전히 독립적이라면, "이것은 소통적 행위의 이해가 (주관적) 의미문제와 (객관적) 타당성 문제의 엄격한 분리를 허용하는 경우에만 타당할 것"이라고 말한다.15) 여기서 하버마스는 아무 생각 없이 'Sinn(감정적 의미)'과 'Bedeutung(동어반복적 의미)'을 무차별적으로 뒤섞어 쓰고 있다.

물론 하버마스는 해석자가 직접적 상호작용 참여자들처럼 자신의 행위계획을 다른 행위자의 행위계획과 맞추기 위해 합의 가능한 해석을 위해 애쓰는 것이 아니기 때문에, 상징적 발화들을 이해하려는 관찰자의 해석작업과, 자기들의 행위를 상호이해의 메커니즘으로 조절하려는 상호작용 참여자들의 해석작업을 구별해야 하지만, 양자의 해석작업은 "그 기능 면에서만 구별 될 뿐, 그 구조 면에서는 구별되지 않을 것"이라고 예단한다. 이로써 그는 소통행위자들의 주관적 의미문제와 관찰자의 객관적 타당성 문제가 결코 분리될 수 없다는 것을 예시豫示한다. "이념형적으로 단순화된 행위과정의 합리적 해석을 특징짓는 해석자의 저 예/아니오 입장채택은 시원적으로 이미 화행話行의 단순한 묘사, 즉 의미론적 해명 속으로 들어가지 않을 수 없다"는 것이다. "소통적 행위는 '합리적'이라는 —앞으로 해명될— 의미 외에 달리 해석될 수 없기" 때문이라는 것이다.16) '의미'라면 피상적인 '합리적 의미'밖에 모르는 하버마스는 언어적 소통행위의 상황에서 두 소통행위자가 대화참여자 입장에서 '너'와 '나'의 교호적 지칭指稱을 통해 입장을 바꾸고 '역지사지'한다고, 즉 상대방의 관점을 채택한다고 믿고 이 역지사지가 참여자와 해석자(관찰자) 간에도 벌어진다고 예상하는 것이다.

하버마스는 이 입장을 '과학이론(Wissenschaftstheorie)'의 관점에서 정

---

15) Habermas, *Theorie des kommunikativen Handelns*, Bd.1, 157-158쪽.
16) Habermas, *Theorie des kommunikativen Handelns*, Bd.1, 158쪽.

당화하고 이를 바탕으로 이해사회학의 방법, 즉 알프레드 슐츠의 현상학, 민속방법론, 가다머의 철학적 해석학을 비판한다. 일단 하버마스는 기든스의 '일상적 해석' 개념에 기대어 "얼마간 대상영역이 선행적으로, 즉 모든 이론적 접근에 앞서 이미 구조화된 상호이해의 과정들을 사회학이 그 대상영역 안에서 눈앞의 사실로서 목도하기 때문에 이 대상영역에 대해 반드시 이해의 통로(verstehender Zugang)를 찾아야 한다"고 말한다. "사회과학자는 상징적으로 기旣구조화된 대상들을 만난다. 즉, 이 대상들은 저런 전前이론적 지식의 구조를 체현하고, 언어·행동능력이 있는 주체들은 이 지식의 도움으로 대상들을 산출한다. 사회과학자가 자신의 대상영역의 구성 시에 만나는 상징적으로 기旣구조화된 현실의 고유의미(Eigensinn)는 대상영역 속에 등장하는 언어·행위능력 있는 주체들이 사회적 생활연관을 직간접적으로 산출하는 산출규칙에 있다. 사회과학의 대상영역은 '생활세계의 구성요소'라는 표제 아래 들어오는 모든 것을 포괄한다." 이 '생활세계의 구성요소'는 화행話行, 목적활동, 협동과 같은 직접적 표현과, 텍스트, 전통, 문서, 예술작품, 이론, 문화의 물적 대상, 재화, 기술 등과 같은 이 표현들의 침전물들, 그리고 제도, 사회체계, 인격구조와 같은 구성물들을 망라한다.[17]

여기서 이미 하버마스의 논변은 완전히 빗나가고 있다. 일단 그가 사회과학의 사회적 대상 또는 사회적 현실 자체를 몽땅 '상징적으로 기구조화된' 대상들로 보고 있는 것부터가 문제다. 이것은 진정으로 그릇된 이해다. 사회적 현실이 부분적으로 '상징적' 구조를 담고 있을지언정 대부분은 우리의 본성적 감정들의 구현물들 또는 투사물들이고, 이 부분적인 '상징적' 구조도 그것이 단순히 지시적 '동어반복적 의미(Bedeutung; meaning)'를 넘어 궁극적으로 감정적 '의미(Sinn; Sense)'를 담고 있다면 이 '상징적'

---

17) Habermas, *Theorie des kommunikativen Handelns*, Bd.1, 159쪽.

구조의 이 '의미'는 — '심층적 이해'를 위해 반드시 — 인간의 본성에 속한 '감정적 의미'로 환원되어야 하기 때문이다. 그리고 사회구조의 '고유의미'가 "언어·행위능력 있는 주체들이 사회적 생활연관을 직간접적으로 산출하는 산출규칙에 들어 있다"는 말은 그야말로 미드나 비트겐슈타인에 미친 해석학적 '폭언'이다. 게임유희에서 게임규칙이 재미있는 유희의 규칙이지 재미 자체가 아닌 것처럼, 사회적 생활연관의 '산출규칙'은 의미 있는 생활행위의 규칙이지 의미 자체가 아니기 때문이다. 우리가 '의미'를 '의의'나 '게임규칙'으로 착각하지 않는다면, 현실의 모든 '의미'는 모조리, 그리고 '고유의미'라면 더욱 더, 우리의 내감본성의 '감각적·감정적 의미'로 환원된다. 그렇지 않다면 그것은 '의미'가 아니라 병리적 '착각'이나 '망상'일 것이다. 또한 언어·행위능력 있는 주체들만이 사회적 생활연관을 산출한다는 논변은 말을 못하지만 이미 생후 6개월 전후로 도덕감정적 표정을 짓는 아기나, 도덕행위나 유희행위를 잘 하지만 아직 말을 못하는 덜떨어진 어린이들, 그리고 말은 못하지만 공감능력 있는 모든 고등동물들을 해석학적 해석대상에서 모조리 추방하는 인간파시즘적 해석학의 특징을 띠고 있다.

'교감'과 '공감'은 우리로 하여금 상대방이나 그의 행위에 대한 '관찰'만으로도, 즉 객관적 관찰자의 자세를 견지하고서도 뇌의 거울뉴런의 시뮬레이션과 변연계의 감정재현을 통해 상대방과 그의 행위의 감정이나 감정적 의도, 즉 '의미'를 인지할 수 있게 해준다. 그러나 1980년대 초 해석학을 논할 시점에 하버마스는 교감과 공감을 전혀 몰랐거나 공감 개념을 '감정이입' 정도로 보아 묵살했다. 이것은 시어도어 아벨(Theodore Abel)에 대한 그의 취급에서 드러난다.

아벨은 「Verstehen이라고 불리는 작업」(1948)에서 "이해(Verstehen)의 작업은 행위상황이 해석자의 어떤 개인적 경험과 평행한 식으로 이 행위상황을 — 통상 일반적 '느낌 상태(feeling state)'의 견지에서 — 분석함으로써 수행된다"고 말한다. "일차적으로 이해의 작업은 두 가지 것을 행한다"는 것이다. "이해작업은 우리에게 생소하거나 예상치 않은 행위와 관련하여 이해감각(sense of apprehension)을 제공하고, 또 그것은 우리의 가설의 정식화를 돕는 '육감(hunches)'의 원천이다." 이 말로써 아벨은 쿨리 등의 '공감적 이해' 개념을 올바로 묘사하고 있다. 이 점에서 그는 이론적으로 하버마스를 능가한다. 다만 그는 실증주의적 관점에서 이 올바른 분석을 '이해'에 대한 비판에 투입하여 "하지만 이해의 작업은 개인적 경험에 의해 이미 확증된 지식의 응용으로 구성되기 때문에 우리의 지식 창고를 보태주지 않고, 검증의 수단으로도 이바지하지 않는다"라고 결론짓는다. 사실들 간의 "하나의 (인과적) 연결의 개연성(probability of a connection)"은 "객관적, 실험적, 통계적 테스트 수단에 의해서만 알아낼 수 있다"는 것이다.[18] 결국 사회과학의 방법도 자연과학의 방법이나 다름없고 이런 의미에서 아벨도 두 과학 간의 방법론적 이원론을 비판하고 결국 자연과학적 인식방법 쪽으로의 실증주의적 '통일과학'의 이념을 옹호하는 셈이다. 하버마스가 사회과학적 이해 방법 쪽의 해석학적 '통일과학'의 이념을 옹호하는 것과 방향이 정반대다.

아벨은 행위자들끼리의 '자연적(일상적)' 이해와 이에 대한 해석자의 '반성적' 이해 간의 차이를 무시하고 있다. '반성적' 이해만이 지식을 준다. 행위자들끼리의 '자연적' 이해는 무의식적(unbewußt)·잠재의식적(unterbewußt)이고 소외된 행위의 경우에는 꼬이고 감춰지고 왜곡될 수 있다. 행위자들끼리도 예외적으로 '반성적' 이해를 의식적으로 수행할 수 있지만, 이 '반성적' 이해조차도 이해를 위한 것이 아니라 일상실천을 위한 것이고 또 곧바로

---

[18] Theodore Abel, "The Operation Called Verstehen", 218쪽, *American Journal of Sociology*, Vol.54, No.3 (Nov. 1948) [211-218쪽], 또는 Fred R. Dallmayr & Thomas A. McCarthy (eds.), *Understanding and Social Inquiry* (Notre Dame·London: University of Notre Dame Press, 1977) [81-90쪽].

일상실천 속에 소모될 뿐더러 왜곡될 수 있다. 따라서 이 일상실천 속의 반성적 이해는 본성적 의미관계에 따른 어떤 공감적 일이관지의 올바른 체계적 해석도 허용치 않기 때문에 '지식'이 아니라 '지각'에 그친다. 내감의 이 무의식적·잠재의식적 이해지각을 다섯 가지 외감의 무의식적·잠재의식적 인식지각과 비교하면 사태가 좀 더 선명해진다. 가령 음식을 먹기 위해 음식을 눈으로 보는 것은 분명 음식을 아는 것이지만, 이 앎은 무의식적·잠재의식적이고 착각이나 왜곡일 수 있기에 아직 엄정한 '지식'이 아니라, 종종 음식을 입에 넣어 맛을 느낄 목적을 위해 통과하는 건성의 '지각', 즉 무無주의 맹시盲視(inattentional blindness)의 '지각'(건성으로 보고 듣는 지각), 또는 '부분적·관점주의적' 지각이나 '오해된' 지각일 수 있다. 또 이 맛을 느끼는 것도 때로 배를 채울 목적을 위해 지나가는 건성의 무의식적·잠재의식적 '지각'일 수 있다.19) 우리는 음식을 구성성분들을 다 알지 못하거나 잘못 알고 섭취하는 경우가 허다하다. 철광석이 아직 철이 아니고 누에고치가 아직 비단이 아니듯이, 이 '지각', 즉 ─ 굳이 '지식'이라고 부른다면 ─ '무의식적·잠재의식적 지식'은 아직 '명백하고 판명한' 지식이 아니다. 관찰자가 음식을 먹기 위해서가 아니라 오로지 음식을 알기(배우기) 위해 의식적, 전체적, 본성환원적으로 관찰하고 맛을 볼 때, 이 의식적 관찰과 맛보기가 진정한 '반성적' 관찰이고, 아벨이 말하는 "객관적, 실험적, 통계적

---

19) '무의식적 지식'은 ─ '본능지식'을 제쳐 놓더라도 ─ 맹시적 지각, 체감, 습관 등 여러 가지가 있다. 잠재의식적 지식은 부주의(건성)에서 무의식의 세계로 밀려나거나 보존된 지각이다. 이 잠재의식적 지각은 대개 특별한 정신집중적 상기(가령 건성으로 본 범인의 인상의 상기)나 최면술에 의해 의식화될 수 있다. 억압에 의해 무의식으로 밀려난 잠재의식적 경험은 심리기법으로 드러낼 수 있다. 체감 지식으로는 외부의 햇볕, 수분, 공기, 영양분 등을 체감하는 식물의 비감각적 지각이 있다. 습관적 지식은 ─ 가령 '육감'(다마시오의 신체표지)으로 만두피를 빚는 만두요리사의 ─ 손대중을 비롯해 체득된 걷기, 자전거타기, 자동차운전술 등 인간의 무수한 습관적 노하우 등이다. 그러나 이 무의식적 지식들은 우리의 의식적 지식 형성에 필수적이다. 가령 '인과적' 지식은 유사연관들의 반복지각에 기인하는 습관적 믿음에 기초한다(흄). 언어의 단어지식과 문법감각도 습관이다.

테스트 수단"이다. 순수한 지식 목적의 '반성적' 관찰만이 '명백하고 판명한' 인식의 성과, 즉 '지식'을 얻는다.

이런 인식적 '설명'의 지식이 아니라 '해석'의 지식의 경우에도 지식형성의 메커니즘은 유사하다. 해석자가 순수한 이해 목적으로 수행하는 '반성적' 해석만이 본성적 연관관계에 따른 일관된 체계적 서술을 허용하고, 따라서 피상성, 부분성, 모호성과 왜곡으로부터 해방된 '명백하고 판명한' 의식적 '이해'의 성과, 즉 이론적 '해석지식'을 산출할 수 있다. 이 해석적 이해는 행위자들에 의해 소여되는 모든 문화적 의미와 부분맥락을 단지 전체적 맥락에서 이해할 뿐 아니라, 본성적 인간감정과 보편적 평가감정의 의미로 비춰보는 반성적 환원, 사회적 공감대의 고려, 해석자의 오랜 경험, 광범한 박물지적 정보수집 및 사고실험 등을 바탕으로 한 '분석적 해석'을 요한다. 따라서 과학적 이해는 자기 행위에 대한 행위자의 모호한 부분적 이해나 오해와 다른 것이다. 이런 까닭에 절차탁마된 과학적 이해를 간단히 행위자의 자기행위 이해로 대체하는 것이 불가능한 것이다. 이런 관점에서 보면 "이해의 작업"은 "우리의 지식 창고"에 비로소 지식을 반입해주고, 행위자의 자연적 자기이해에 대한 "검증의 수단"으로도 이바지하지 않을 수 없는 것이다.

그러나 하버마스는 아펠의 미흡한 지식 개념을 문제삼지 않는다.[20] 엉뚱하게 그는 아펠이 'Verstehen' 개념을 감정이입적 '공감'과 등치시킨 것으로 간주하고, 그의 주장과 함께 공감 개념 자체를 묵살한다.

---

20) 아펠은 아펠이 감정이입적 '이해'를 '설명'의 논리적 조작과정의 '일부', 또는 전(前)과학적 발견론으로 전락시키고 있는 점을 정확하게 집어 비판하고 있다. Karl-Otto Apel, "Szientistik, Hermeneutik, Ideologiekritik: Entwurf einer Wissenschaftlslehre in erkenntnisanthropologischer Sicht". Karl-Otto Apel, *Transfomation der Philosophie*, Bd.2: *Das Apriori der Kommunikationsgemeinschaft* (Frankfurt am Main: Suhrkamp, 1973·1993), 104-105쪽.

특히 아벨의 뒷받침을 받은 비판가들은 이해를 공감(Empathie)으로, 낯선 주체의 심적 상태 속으로 들어가는 신비적 작용으로 오해했다. 그들은 경험론적 전제 아래서 소통적 경험을 이해의 감정이입(Einführung) 이론의 의미로 바꿔 해석하지 않을 수 없었던 것이다.[21]

아벨이 쿨리 등의 '이해(Verstehen)' 개념을 올바로 '공감적' 구조로 이해했고, 결코 '신비적 작용'으로 보지 않았고, '감정이입'으로 본 것은 더욱 아니었다. 아벨이 비판대상으로 삼은 학자들은 쿨리의 '공감적 이해'와 즈나니키, 매키버 등의 역지사지의 '관념적' 이해'였기 때문이다. 필자가 보기에는 하버마스 자신이 '공감' 개념에 무지하여 공감을 '신비적 감정이입' 작용 정도로 오해한 것이 틀림없어 보인다.

하버마스는 80년대 초까지 이렇게 공감 개념에 무지했을 뿐만 아니라 심지어 공감 개념에 적대적이었고, 우리가 위에서 상세히 분석했듯이 60세 때(1990)의 어느 인터뷰에서의 압박성 질문에 봉착해서 마지못해 공감 개념을 부분적으로 수용했을 뿐이다. 따라서 타인과 타인행위의 감정과 의도에 대한 지각능력으로서의 '공감'은 1980년대 초 소통적 해석학을 모색하던 하버마스의 안중에 없었다. 이런 까닭에 그는 언어와 화행話行에만 목을 맨다. "우리가 사회문화적 생활세계에 대한 소속성과 그 구성요소를 잠정적으로만 밝히려고 해도" 소급하는 "근본 개념"은 "말과 행위(Sprechen und Handeln)"라는 것이다.[22] 이렇게 언어적 소통과 언어행위에만 매달리기 때문에 그는 다음과 같은 해석학적 폭언도 서슴지 않는다. "정신과학과 사회과학 안에서 '이해'의 문제는 특히 과학자가 상징적으로 기旣구조화된 현실에 '관찰'만을 통해서는 촌보도 접근할 수 없기

---

21) Habermas, *Theorie des kommunikativen Handelns*, Bd.1, 160-161쪽.
22) Habermas, *Theorie des kommunikativen Handelns*, Bd.1, 159쪽.

때문에, 그리고 '의미이해'를 방법상 실험 관찰과 유사한 방식으로는 통제할 수 없기 때문에 방법론적 의미를 얻은 것이다."[23] 위에서 우리는 경험적 인간들이 공감능력 덕택에 '관찰만으로도' 사회적 행위의 실재적 의미를 완전히 파악할 수 있다는 사실을 거듭 논증했다. 공감에 무지한 하버마스는 이 사실을 모르기 때문에 "현실에 '관찰'만을 통해서는 촌보도 접근할 수 없다"고 폭언하는 것이다. 그리고 그가 공감을 적대하고 언어행위의 분석에만 매달리기 때문에 다시 그의 해석학의 이론적 난관과 궤변이 불가피하게 이어진다.

하버마스는 "사회과학자가 생활세계에 사회과학에 문외한인 일반인과 다른 접근통로를 갖지 않는다"고 말하는데, 이 말은 기본적으로 옳다. 그러나 그의 논변은 바로 엉뚱한 데로 빠지고 만다.

> 사회과학자는 그가 서술하려는 구성요소들을 가진 생활세계에 어떤 식으로든 이미 속해야 한다. 그는 생활세계를 서술하기 위해서 생활세계를 이해해야 한다. 생활세계를 이해하기 위해서는 생활세계의 산출에 참여할 수 있어야 한다. 참여는 소속을 전제한다. 이런 사정은 (…) 의미이해에 의문의 여지없는 서술적 성격을 보장할 수 있을, 의미문제와 타당성 문제의 그런 구분을 금하는 것이다.[24]

하버마스가 공감을 몰각하고 언어적 소통만을 염두에 두기 때문에, 그리고 공감과 달리 언어행위는 반드시 참여를 요구하기 때문에 해석자가 의미이해를 위해서 해석의 대상이 되는 일반적 화자들의 ― 생활세계를 산출하는 ― 소통적 행위에 참여해야 한다고 말하고 있는 것이다. 여기서 "생활세계에 어떤 식으로든 이미 속해야 하고" 이를 통해 여기에 "참여해

---

23) Habermas, *Theorie des kommunikativen Handelns*, Bd.1, 159-160쪽.
24) Habermas, *Theorie des kommunikativen Handelns*, Bd.1, 159-160쪽.

야 한다"는 말은 관찰자적 해석자가 '가상적' 방식으로 참여자가 되어야 한다는 말이다. 그리하여 해석자가 소통적 행위의 핵심기능인 '상호이해적 행위조절' 기능이 없는 단순한 가상적 소통참여자가 된다는 말이다. 이것은 대화 속에서 화자들이 '나'와 '너'의 교호적 지칭으로 입장을 바꾸고 역지사지할 수 있다는 것을 전제한 말이다. 따라서 해석자가 가상적 대화참여자가 된다면, '나와 너' 간의 입장 바꾸기의 역지사지가 해석자와 저 화자들 사이에도 가능하다는 말이다. 그러나 필자는 인간들 간의 이 입장 바꾸기나 역지사지가 어떤 경우에도 본질적으로 불가능하다는 것을 여러 차례 시사했다. 우리는 곧 이에 대해 본격적으로 상론할 것이다. 또한 필자는 언어적 소통행위의 경우가 아니라 공감적 의미이해의 경우에는 일반인들의 사회적 행위의 감정적 의미가 객관적 관찰만을 통해서도 전운동피질에서 거울반영 식으로 시뮬레이션되고 변연계에서 재현되어 완전히 실감될 수 있기 때문에 '참여'도, '소속'도 필요치 않다는 것도 여러 차례 시사했다.

그러나 하버마스에 의하면, 생활세계의 현실이 본질적으로 감정적·공감적 동기(본성적 의미)의 행위들에 의해 이루어지는 것이 아니라 타당성(진리성, 정당성, 진정성) 의미와 결착된 화행에 의해 매개되는 행위들, 궁극적으로는 심지어 소통적 행위로만 이루어진다. 나중에 하버마스는 주지하다시피 사회를 '생활세계'와 '체계'로 분리하고 '체계'를 권력과 화폐에 의해 매개되는 전략적 행위의 장으로, 프라이버시와 공론장으로 이루어진 생활세계를 언어에 의해 매개되는 소통적 행위의 장으로 규정한다. 이런 시각에서 하버마스는 생활세계를 공감적 유희행위도, 공감적 예술·도덕·대의·사랑·추구追求행위도 없는 순수한 '소통적 행위'의 장으로 착각한다. 이런 착각 속에서 하버마스는 생활세계에 대한 '소속'과 '참여'의 필요성을 강도 높게 주장한다.

패러다임에 의존한 자료의 이론적 서술이 모든 과학에 구조적으로 유사한 과업을 부과하는 1단계 해석을 요청한다면, 사회과학에 대해서는 관찰언어와 이론언어의 관계에 대해 또 하나의 문제를 제기하는 0단계 해석의 불가피성이 지적될 수 있다. 관찰언어가 이론언어에 의존한다는 것만이 아니다. 그 어떤 이론의존성의 선택에 앞서 사회과학적 "관찰자"는 그에게 자신의 자료들에 대한 접근통로를 유일하게 마련해주는 상호이해 과정들에 대한 참여자로서 대상영역에서 만나는 언어를 사용해야 한다. 특유한 이해문제는 사회과학자가 대상영역에서 "이미 있는 것으로 발견되는" 이 언어를 중립적인 도구처럼 "사용할" 수 없다는 데 있다. 사회과학자는 어느 생활세계, 그것도 자기 자신의 생활세계의 소속인의 전前이론적 지식 — 사회과학자가 비전문가로서 직관적으로 마스터하고 분석 없이 모든 상호이해 과정 속에 가지고 들어가는 지식 — 을 입수함 없이 이 언어 속에서 "들어갈" 수 없다.[25]

이어서 하버마스는 관찰자가 '어떤 식으로든' 참여자가 되는 문제를 '가상적' 참여자의 방식으로 해결한다.

관찰은 각자가 저 홀로 하고, 다른 관찰자의 관찰적 언표도 다시 저 홀로 (필요하면 측정의 결과에 비추어) 검토한다. 이 과정이 상이한, 원칙적으로 임의적인 관찰자들 사이에서 일치하는 언표들을 낳는다면, 관찰의 객관성이 충분히 확보된 것으로 간주해도 된다. 반면, 의미이해는 소통적 경험이기 때문에 유아론적唯我論的으로 수행될 수 없는 경험이다. 상징적 발화의 '이해'는 원칙적으로 '상호이해'의 과정에 대한 참여를 요구한다. 의미들은 행위, 제도, 노동생산물, 말, 협업연관으로 구현되든, 문서로 구현되든 오직 '내부로부터'만 해명될 수 있다. 상징적으로 기旣구조화된 현실은 소통능력 없는 관찰자의 시선에 대해 엄중하게 폐쇄된, 바로 불가해하게 남아 있을 수밖에 없을 우주를 형성한다. 생활세계는 자신의 언어·행위능력을 사용하는 주체

---

25) Habermas, *Theorie des kommunikativen Handelns*, Bd.1, 162-163쪽.

에 대해서만 열린다. 주체는 소속인들의 의사소통에 적어도 가상적으로 참여하고 그렇게 그 자체로서 적어도 잠재적 소속인이 됨으로써 접근통로를 마련한다.26)

'의미이해'는 본질적으로 교감적·공감적 경험이다. 교감과 공감은 상호이해 과정에 대한 참여를 요구하지도, '내부로부터의 해명'을 요구하지도 않는다. 공감은 외부에서의 관찰만으로 의미이해를 완벽하게 가능케 하기 때문이다. 그럼에도 하버마스는 의미이해를 애당초 '소통적 경험'으로 논단하고, 의미들이 "오직 '내부로부터'만 해명될 수 있다"고 허풍을 치면서 적어도 "가상적" 참여를 의미이해에 필수적인 것으로 우기고 있다.

그러나 '가상적 참여'의 착상을 통한 해법은 다시 관찰자적 해석자의 이해의 객관적 타당성 문제와 주관적 의미이해 간의 양립가능성을 의심스럽게 만든다.

사회과학자는 여기서 능력과, 그가 비전문가로서 직관적으로 처분하는 지식을 사용해야 한다. 그러나 그가 이 전前이론적 지식을 확인하고 철저히 분석하지 않는 한에서 그는 그가 소통과정을 이해하기 위해서만 '들어가는' 이 소통과정 속으로 참여자로서 얼마만큼 '개입하기'도 하는지, 그리고 이를 통해 얼마만큼 이 과정을 변경시키는지, 그리고 어떤 결과를 낳을지를 통제할 수 없다. 이해과정은 불명확한 방식으로 (생활세계의 - 인용자) 산출과정과 결착되어 있다. 이해문제는 이로써 이런 짧은 물음으로 옮겨놓을 수 있다. '이해의 객관성'이 어떻게 상호이해 과정에 참여하는 사람의 수행적 태도와 합치될 수 있는가?27)

---

26) Habermas, *Theorie des kommunikativen Handelns*, Bd.1, 164-165쪽.
27) Habermas, *Theorie des kommunikativen Handelns*, Bd.1, 165쪽.

하버마스는 이 의문을 현실적 참여자의 실천적 참여와 '가상적' 참여자의 반성적 참여의 수준을 차별함으로써 답하려고 한다. 그는 소통적 행위의 행위조절 기능을 뺀 소통을 '논의'라고 부르고 이 '논의'를 상호작용으로서의 '소통적 행위' 자체와 구별한다. 현실적 소통행위자들도 소통적 행위가 문제에 봉착할 때는 종종 '논의'를 수행한다. 그러나 해석자로서의 가상적 참여자는 '논의'에만 전문적으로 참여하고 소통적 '행위'를 하지 않는다는 점에서 직접참여자와 구별된다는 것이다.

> 의미이해가 경험의 한 방식으로 파악된다면, 그리고 소통적 경험이 상호작용 참여자들의 수행적 태도에서만 가능하다면, 언어의존적 자료들을 모으는 관찰하는 사회과학자는 사회과학에 문외한인 일반인과 유사한 지위를 취해야 한다. 저 사회과학자와 이 일반인의 해석 기능 사이의 구조적 유사성은 어디까지인가? 이 물음을 대답할 시에 말과 행위가 동일한 것이 아니라는 것을 상기하는 것이 유익하다. 직접참여자들은 소통적 일상실천 속에서 '행위'의도를 추구한다. 협력적 해석과정에 대한 참여는 그들이 자기들의 행위계획들을 조절하고 자기들의 그때그때의 의도들을 실현할 수 있는 기반이 되는 합의의 산출에 기여하는 것이다. 사회과학적 해석자는 '이런 종류'의 행위의도를 추구하지 않는다. 그는 해석자의 목표지향적 행위가 직접참여자들의 목표지향적 행위와 조절되어야 할 목적을 위해서가 아니라 이해를 위해서 상호이해 과정에 참여한다. 사회과학자가 '행위자'로서 움직이는 행위체계는 다른 차원에 있다. 사회과학자의 이 행위체계는 보통 과학체계의 한 부분이고, 아무튼 관찰되는 행위체계와 부합되지 않는다. 이 행위체계에 사회과학자는 배타적으로 화자와 청자로서 상호이해 과정에만 집중함으로써 말하자면 '행위자의 속성을 빼고' 참여하는 것이다.[28]

하버마스에 의하면, 사회과학자가 소통적 행위자들의 행위체계에 '행위자

---

28) Habermas, *Theorie des kommunikativen Handelns*, Bd.1, 167쪽.

의 속성을 빼고' 참여하는 것을 우리는 "전승된 문서들을 해독하고 텍스트를 번역하고 전통을 해설하는 정신과학자의 모델에서 분명하게 밝힐 수 있다". 이 경우에 "원래의 상호이해 과정에 참여한 사람들은 시간간격을 두고 추가로 등장하는 해석자의 가상적 참여에 대해 감도 잡지 못한다". 하버마스는 "이 사례로부터, 적극적 참여를 통해 원래의 장면을 불가피하게 변경시키는 참여적 관찰자의 대조적 모델도 조명하려고" 한다. 그런데 "이 경우에도 해석자가 주어진 맥락에 다소 눈에 띄지 않게 편입되면서 하는 행위들은 '다른' 행위자들의 행위를 이해하는 열쇠인 상호이해 과정에 대한, 자기목적을 위해 추진되는 참여를 위한 '보조기능'만을 갖는다"는 것이다. 그러나 하버마스는 이 '보조기능'이라는 표현의 해명을 일단 유보하고 "단순한 '가상적' 참여"를 언급한다. 해석자는 우리가 그를 "행위자의 속성"에서 관찰하자마자 "실제적 맥락과 관련되는 것이 아니라 '다른' 행위 체계와 관련되는 목표", 즉 "과학계의 학술행위와 관련된 목표를 추구한다". 이런 한에서 해석자는 "관찰맥락 안에서 '자기의' 어떤 행위의도도 추구하지 않는 것이다".[29]

이어서 하버마스는 "가상적 참여자" 역할이 "이해의 객관성"에 어떤 의미를 갖는지를 묻는다. '가상적 참여자'로서의 해석자는 참여자들이 자기들의 발언들의 의미론적 내용이 마치 하나의 사실인 양 이 내용의 '서술적' 포착에 자신을 한정할 수 없다. 해석자는 이 서술적으로 포착되는 발언의 타당성에 대한 평가를 완전히 도외시할 수 없다는 것이다. "해석자는 발언을, 모델의 경우에 상호이해를 지향하는 화행을 이해하기 위해서는 해석자가 이 화행의 타당성의 조건을 알아야 하기" 때문이다. 해석자는 "어떤 조건에서 이 조건과 결부된 타당성 요구가 받아들여질 수 있는지를, 즉 청자에 의해 정상적으로 승인될 수밖에 없을지"를, 즉 타당성 요구가

---

29) Habermas, *Theorie des kommunikativen Handelns*, Bd.1, 167-168쪽.

받아들여지는 '근거'를 "알아야 한다". 우리는 화행을 받아들이는 근거를 '아는' 경우에만 화행을 이해한다. 해석자는 이 앎을 그때그때 관찰되는 소통의 맥락 또는 비교 가능한 맥락으로부터 끌어올 수 있다는 것이다. "해석자는 소통적 행위의 의미를 오직 이 소통적 행위가 상호이해를 지향하는 '행위'의 맥락 속으로 편입되어 있기 때문에만 이해할 수 있다." 해석자는 참여자들의 행위계획들이 언제 합의형성을 통해 조절되는지, 그리고 상이한 행위자들의 행위들 간의 결합이 언제 합의결여로 중단되는지에 주목함으로써 어떤 조건에서 상징적 발언들이 타당한 것으로 받아들여지고, 이 발언들과 결부된 타당성 요구가 언제 비판되고 물리쳐지는지를 관찰한다. 따라서 "해석자는 발언의 의미론적 내용을, 문제의 발언에 참여자가 예/아니오의 입장표명이나 유보로 반응하는 행위연관들과 독립적으로 밝혀낼 수 없다. 해석자는 다시 이 예/아니오의 입장표명을, 참여자들을 입장표명으로 움직이게 하는 암묵적 근거들을 눈앞에 떠올릴 수 없다면 이해하지 못한다. 왜냐하면 의견일치와 이견은 단순히 외부적 상황을 통해 야기된 것이 아니라 교호적으로 제기되는 타당성요구들에 의해 정해지는 한에서 참여자들이 불가피하게 또는 사실상 처리하는 근거들에 의해 뒷받침되기 때문이다. 대부분 암묵적인 이 근거는 상호이해 과정이 전개되는 중심축을 형성한다. 그러나 해석자가 발언을 이해하기 위해 화자가 필요한 경우에, 그리고 적절한 상황에서 자신의 발언의 타당성을 방어할 때 쓸 근거를 눈앞에 떠올려야 한다면, 해석자 '자신'도 타당성요구들에 대한 판단의 과정에 끌려들어가는 것이다."[30]

그런데 하버마스는 이 '근거들'을 효율성, 정당성, 진정성(진실성) 등으로 잘못 규정한다. '효율성'은 쾌락이나 공리성의 한 피상적 측면에 대한 빗나간 표현이고, '정당성'은 도덕성을 정의로 축소시킨 정의지상주의적

---

30) Habermas, *Theorie des kommunikativen Handelns*, Bd.1, 168-169쪽.

표현이고, 연출적 행위의 합리적 '근거'라는 '진정성'과 '진실성'은 재미, 미美, 참말을 아우르는 것으로 보이는, 애매하다 못해 그릇된 규정이다. 하버마스가 제시하는 이 '근거들'을 더욱 천착하면 그 기저에서 우리는 기분좋음, 재미있음, 아름다움, 훌륭함 그리고 각종 공감·교감감정과 단순감정 등 초합리적인 감성적 '의미'와 만나게 될 것이다. 내감은 이 '의미들'을 예/아니오나 유보의 언어적 반응으로가 아니라, 쾌통·재미·미추·시비 감각의 본능적 판단력과 감정지각의 본능적 변별력에 의해 보편적으로, 그리고 객관적으로 인지한다.

그러나 하버마스는 해석자와 참여자가 공히 의거하는 '근거'를 거두절미 '합리적'으로 풀이하고 예/아니오나 유보의 언어적 반응에 가둔다.

근거들은 3인칭의 태도 속에서, 즉 동의하고 부인하거나 유보하는 반응 없이 전혀 서술될 수 없는 소재로 되어 있다. 해석자는 근거를 자신의 근거해명 요구로 재구성하지 않는다면, 즉 막스 베버의 의미에서 '합리적으로 해석하지' 않는다면 '근거'가 무엇인지를 이해할 수 없을 것이다. 근거의 '서술'은 이 서술을 제시하는 자가 그 순간 그 근거의 충분성을 판단할 수 없는 경우에도 그 자체로서 하나의 평가를 요청한다. 우리는 근거가 왜 충분한 것인지, 충분하지 않은 것인지, 그리고 주어진 경우에 근거가 좋은지, 나쁜지에 대한 판단이 왜 (아직) 가능하지 않은지를 이해하는 정도만큼만 이 근거를 이해한다. 이런 까닭에 해석자는 비판 가능한 타당성요구를 통해 근거의 잠재력과 연결된, 따라서 지식을 표현하는 발언들을 이 발언들에 대해 입장을 취함이 없이 해석할 수 없다. 그리고 해석자는 자기의 판단기준을, 아무튼 그가 자기화한 기준을 정립하지 않은 채 입장을 취할 수 없다. 이 자기 기준은 빗나가는 다른 판단기준을 비판적으로 대한다. 타인에 의해 제기된 타당성요구에 대한 입장표명으로써 아무튼 해석자가 나쁜 것으로 느끼는 것이 아니라 올바른 것으로 받아들였음이 틀림없는 기준들이 적용된다. 이런 관점에서 단순한 가상적 참여도 해석자를 직접참여자의 책무에 구속시킨다. 이해의 객관성의 문제를 결정하는 시점에서는 사회과학적 관찰자와 사회과

학에 문외한인 비전문인들에게 동일한 유형의 해석작업이 요청되는 것이다.31)

하버마스는 근거의 이해를 베버의 '합리적 이해'로 풀이하고 이런 이해만이 행위이해의 유일한 길이라고 말하고 있다. 그러나 베버는 적어도 '합리적 이해'를 중시하지만 유일시하지 않고 이 외에도 "감정들의 비합리적 현재적 이해"("감정이입적으로 대리체험하는 성격"의 "이해의 명증성")를 언급하고 있다. 하버마스는 베버의 이 '감정이입적 이해'를 슬그머니 말살하고 있다. 이 감정이입, 더 정확하게 공감을 고려하면, 우리는 관찰자가 참여자의 책무에 전혀 구속당하지 않고도 참여자들의 행위의 의미들을 객관적으로 잘 이해하고 평가하는 본능적 공감능력과 판단력을 가진 것을 알고 있다. 그러나 하버마스는 이 길을 자의적으로 폐하고 언어적 의사소통 모델을 따라가기 때문에 가상적 입장 바꾸기의 역지사지의 불가능한 행로를 간다.

지금까지의 고찰은 해석자가 자기의 행위의도가 없더라도 소통적 행위에의 참여에 간여해야 하고 자신이 대상영역 자체 안에서 등장하는 타당성요구와 직면해 있는 것을 보기 때문에 의미이해의 방법이 인식의 객관성의 익숙한 유형을 의문에 빠뜨린다는 것을 명백하게 밝혀주었을 것이다. 해석자는 시원적인 합리적 해석으로 타당성 요구를 지향하는 행위의 합리적 내부구조와 만나야 한다. 이 시원적인 합리적 해석을 해석자는 객관화하는 관찰자의 지위를 채택하는 대가를 치르고서만 중립화할 수 있을 것이다. 하지만 이 관찰자 지위로부터는 내적 의미연관 일반이 접근 불가능하다. 따라서 소통적 행위의 이해와 시원적인 합리적 해석 사이에는 근본적인 연관이 존재한다. 이 연관이 근본적인 것은 소통적 행위가 '두 단계'로 해석되는 것이 아니

---

31) Habermas, *Theorie des kommunikativen Handelns*, Bd.1, 169-170쪽.

기 때문이다. 즉, 이 소통적 행위가 먼저 이 행위의 사실적 진행 속에서 이해하고, 그런 다음에야 비로소 이념형적 진행모델과 비교되는 것이 아니기 때문이다. 자기의 행위의도 없이 가상적으로 참여하는 해석자는 오히려 사실적으로 진행되는 상호이해 과정의 의미를, 의견합치와 이견, 자신이 직면하는 타당성요구와 잠재적 근거를 자신과 직접참여자들이 원칙적으로 '공유하는' 공통된 기반 위에서 자신이 판단한다는 전제 하에서만 서술적으로 포착할 수 있다. 이 전제는 아무튼 사회과학적 해석자에게 부득이하다.[32]

이 용납할 수 없는 불가능한 논변을 하버마스는 다시 직접행위자와 해석자(가상적 참여자)가 '공유하는 공통된 기반'을 '논의'로 밝혀 보여줌으로써 뒷받침하고자 한다.

하버마스에 의하면, 어떤 행태를 목적론적 행위로 서술한다면, 우리는 행위자가 그 안에서 뭔가를 인식하고 목표지향적으로 개입하는 객관적 세계를 고려한다는 일정한 존재론적 전제를 만든 것을 가정한다는 것이다. 행위자를 관찰하는 우리는 동시에 주관적 세계의 관점에서 존재론적 전제들을 만든다. 우리는 "저" 세계를 "행위자의 관점에서 현상하는 세계"와 구별한다. 우리는 행위자가 (우리의 의견에 따라) 참된 것과 구별하여 참된 것으로 "여기는" 것을 서술적으로 확인한다. "서술적 해석과 합리적 해석 간의 선택은 행위자가 자신의 의견과 연결시키는 진리요구와, 그가 그의 목적론적 행위와 연결시키는 진리관련 성공요구를 객관적 판단이 가능한 요구로서 진지하게 받아들이든가, 아니면 무시하든가를 결정한다는 데 있다." 우리가 이 요구들을 타당성요구로서 무시한다면, 우리는 의견과 의도를 주관적인 어떤 것으로, 즉 행위자에 의해 자기의 의견이나 자기의 의도로서 제기될 경우에 관객 앞에서 노출되거나 표현될 경우에

---

32) Habermas, *Theorie des kommunikativen Handelns*, Bd.1, 170-171쪽.

그의 주관적 세계에 귀속되어야 할 어떤 것으로 취급하는 것이다. 이런 의견과 의도들은 객관적으로 단지 "진실성과 진정성"의 시각들에서만 판단될 수 있을 뿐이다. 그러나 이 시각들은 원칙적으로 고독한, 소위 관객 없는 행위자의 목적론적 행위에 대해서는 전혀 적용될 수 없다. 반면, 우리가 행위자의 요구를 정확히 그가 합리적으로 의도하는 방식으로 진지하게 받아들인다면, 우리는 행위자의 의도된 성공전망을 — '사실적인' 목적합리적 행위과정과 '이념형적으로 기안된' 목적합리적 행위과정의 비교와 우리의 지식에 의거하는 — 비판대 위에 올리는 것이다. 행위자는 우리가 행위자에게 목적론적 행위모델이 허용하는 능력과 다른 능력, 즉 '논의(Diskurs)'라고 불리는 특별한 소통의 능력을 부여하는 경우에야 비로소 이 비판에 답변할 수 있다.33)

상호적 비판은 행위자가 그 쪽에서 상호인격적 관계를 받아들이고 소통적으로 행위하고 심지어 우리가 '논의'라고 부른, 전제 많은 특수한 의사소통에 참여할 수 있을 때에야 비로소 가능할 것이다.34)

하버마스에 의하면, 해석자가 행위자의 '논의'에 참여하지 않는다면 해석자와 행위자 사이에 '비대칭성' 문제가 제기된다. 이 문제를 하버마스는 '규범규제적 행위'를 예로 든 '사고실험'을 통해 드러낸다.

규범규제적 행위에서 우리는 행위자가 제2세계, 즉 그가 규범순응적 행태를 일탈적 행태와 구별할 수 있는 사회적 세계를 고려한다고 가정한다. 그리고 다시 우리는 관찰자로서 동시에 행위자의 주관적 세계의 관점에서 존재론적 전제를 만들고, 그리하여 우리는 행위자에게 현상하는 사회적 세계, 다른

---

33) Habermas, *Theorie des kommunikativen Handelns*, Bd.1, 171-172쪽.
34) Habermas, *Theorie des kommunikativen Handelns*, Bd.1, 172쪽.

구성원들에게 현상하는 사회적 세계, 우리 해석자에게 현상하는 사회적 세계를 구별할 수 있게 된다. 합리적 해석과 서술적 해석 간의 선택은 여기에서도 행위자가 자신의 행위에 부여하는 규범적 타당성요구를 우리가 상황불변 시에 진지하게 받아들이는지, 아니면 단순히 주관적인 어떤 것으로 바꿔 해석하는지에 대한 결정에 있다. 후자의 경우에도 서술적 해석은 행위자가 정통적으로 인정된 규범을 따름으로써 합리적으로 의미하는 것을 바꿔 해석하는 것에 기초한다. 여기에서도 합리적 해석의 경우에 우리 해석자와 행위자 사이에는 비대칭성이 존재한다. 행위자는 규범적 행위모델의 한계 내에서 논의참여자로서 가정적 태도로 규범의 타당성을 '논란할' 수 있는 능력을 갖추지 못하기 때문이다.[35]

이 비대칭성은 연출적 행위의 경우에도 존재한다. 우리 관찰자는 합리적 해석의 경우에 행위자 자신이 어떤 항의도 할 수 없는 판단능력을 독점하기 때문이다. 또한 우리는 행위자 자신이 진리에 대한 요구를 갖고 수행하는 표현적 발언을 정황증거에 기초해서 자기기만으로 비판하는 가운데 우리 자신을 믿는바, 이때 연출적 행위모델의 경계 안에서 연출적 행위자는 우리의 합리적 해석에 대해 자신을 방어할 수 없을 것이기 때문이다. 이와 같이 목적론적 행위, 규범규제적 행위, 연출적 행위의 기본 개념들은 "행위해석의 차원과 해석되는 행위의 차원" 사이의 "방법론적으로 중요한 격차"를 확실히 해준다.[36]

그러나 하버마스는 행위자가 해석자와 대등하게 '논의'를 벌이는 새로운 모델을 제시함으로써 이 비대칭성, 또는 격차를 없애버리려고 한다.

하지만 우리가 어떤 행태를 소통적 행위의 개념들로 서술하자마자, 우리

---

35) Habermas, *Theorie des kommunikativen Handelns*, Bd.1, 172쪽.
36) Habermas, *Theorie des kommunikativen Handelns*, Bd.1, 172-173쪽.

자신의 존재론적 전제들은 이제 우리가 행위자들 자신에게 귀속시키는 존재론적 전제보다 더 복합적인 것이 아니게 된다. 언어적으로 조절되는 행위들의 개념적 차원과—우리가 관찰자로서 이 행위들에 관해 부여하는—해석의 개념적 차원 간의 차이는 더 이상 보호 여과장치로 기능하지 않는다. 왜냐하면 소통적 행위모델의 전제에 따르면 행위자는 관찰자 자신만큼 많은 해석능력을 장악하고 있기 때문이다. 행위자는 세 개의 세계 개념들을 갖췄을 뿐만 아니고, 이 세계 개념들을 반성적으로도 사용할 수 있다. 소통적 행위의 성공은 우리가 보았듯이 참여자들이 세 개의 세계의 관련체계 속에서 공통된 상황정의에 도달하는 해석과정에 달려있다. 모든 합의는 비판가능한 타당성요구의 상호주관적 승인에 기초한다. 이 경우에 소통적 행위자들이 '상호적 비판의 능력이 있다'고 전제된다. 그러나 우리가 행위자에게 '이런' 능력을 부여하자마자, 우리는 관찰자로서 대상영역에 대한 우리의 '특권적 지위'를 상실한다. 우리는 관찰되는 상호작용계열에 서술적 해석을 부여할지, 합리적 해석을 부여할지에 대한 선택권이 더 이상 없다. 우리가 행위자들의 발언에 대한 해석자로서 요구하는 것과 '동일한' 판단능력을 행위자들에게 부여하자마자, 우리는 지금까지 방법론적으로 보장되었던 면책권을 포기하게 된다.[37]

"소통적 행위의 성공은 우리가 보았듯이 참여자들이 세 개의 세계의 관련체계 속에서 공통된 상황정의에 도달하는 해석과정에 달려있다"는 말은 소통행위자들 자신이 공통된 상황정의와 행위조절을 위해 시원적 형태의 반성적 '논의'(행위부담 없는 언어적 의사소통)의 장을 연다는 것을 뜻한다. 그리고 해석자가 면책특권을 포기하게 되는 것은 우리는 자신의 행위의 도가 없을지라도 "수행적 태도"로 소통적 행위자들의 "상호이해 과정", 즉 행위부담 없는 상호비판적 '논의'과정에 "참여하지 않을 수 없기" 때문이다. 즉, 그와 동시에 해석자는 자신의 해석을 원칙적으로 소통적 행위자

---

37) Habermas, *Theorie des kommunikativen Handelns*, Bd.1, 173쪽.

들이 자신들의 해석들을 상호적으로 노출시켜야 하는 것과 동일한 비판에 노출시키게 되기 때문이다. 이것은 "서술적 해석과 합리적 해석 간의 구별이 이 단계에서 무의미해진다"는 것을 의미한다. 즉, 소통적 행위자들의 "시원적인 합리적 해석"은 여기서 "소통적 행위의 '사실적' 진행을 해명하기 위한 유일한 길"이다. 시원적인 합리적 해석이 비교될 수 있는 사실적 행위진행의 — 이 시원적인 합리적 해석과 '독립된' — 서술이 "존재할 수 없기" 때문에 시원적인 합리적 해석은 "임시적으로 형성된 이념형"의 지위를 가질 수 없다. 즉, 사후의 합리적 모델의 지위를 가질 수 없다.[38] 따라서 반성적 '논의' 차원에서 '자연적 해석학'은 해석자의 합리적 해석학과 합치된다는 것이다.

따라서 하버마스는 저 비대칭성과 격차, 또는 서술적 해석과 합리적 해석 사이의 차별과 선택은 비소통적 행위모델들, 즉 목적론적, 규범규제적, 연출적 행위모델에서나 발생하는 것으로 정리한다.

사실적 행위진행을, 그때그때 유일한 합리성 관점(명제적 진리성, 효율성 또는 도구적 성공, 규범적 올바름, 진정성 또는 진실성의 관점)으로부터 행위를 양식화하는 모델과 비교하는 것은 합리적 해석으로부터 '독립된' 행위서술을 요한다. 이 행위서술로서의 선행적인 해석학적 작업은 1단계의 행위모델들(목적론적, 규범규제적, 연출적 행위모델 - 인용자) 안에서 주제화되는 것이 아니라, 순진하게 전제된다. 사실적 행위진행의 서술은 암묵적으로 이미 소통적 행위의 개념성을 이용하고 일상적 해석 자체처럼 시원적인 합리적 해석의 특징을 띠는 복잡한 해석을 요한다. 서술적 해석과 합리적 해석 간의 선택권이란 비소통적 행위모델들 중의 하나가 관찰자에게 추상화의 책무를 부여하는 경우에야, 즉 타당성 요구를 통해 진행되는 상호작용의 복합체로부터 그때그때 단지 한 측면만을 부각시킬 책무를 부여하는 경우에야 비로소 생겨나는

---

38) Habermas, *Theorie des kommunikativen Handelns*, Bd.1, 174쪽.

것이다.39)

따라서 하버마스에 의하면, 합리적 해석으로부터 '독립된' 행위서술로서의 선행적 해석학, 또는 1단계의 행위모델들 안에서 "순진하게 전제되는" 해석학으로서의 "자연적 해석학(natürliche Hermeneutik)"은 사회과학자의 해석학과 그대로 연결될 수 있다는 것이다.40) "사회과학자가 이해하려고 하는 의미를 담은 상호작용에 적어도 가상적으로 참여해야 한다면, 그리고 이 참여가 나아가 직접참여자들이 소통적 행위 안에서 자기들의 발언에 부여하는 타당성요구에 대해 사회과학자가 암묵적으로 입장을 취해야 한다는 것을 뜻한다면, 사회과학자는 자기 자신의 개념들을 결코 비전문인들이 일상의 소통적 실천 속에서 스스로 하는 것과 다른 방식으로 맥락 속에 기존하는 개념성에 연결시킬 수 없을 것이다. 그는 직접참여자들이 자기들의 소통적 행위를 수행하는 것과 동일한 구조의 가능한 상호이해 안에서 움직인다."41)

그런데 하버마스는 이 논변을 사회과학의 가치중립성을 배격하는 비판이론의 기반을 확립하는 논리로 활용하려는 야심을 드러낸다.

그러나 언어·행위능력 있는 주체들이 통제하는 것을 배운 가장 일반적인 소통구조들은 일정한 맥락에 대한 접근통로를 열어주기만 하는 것이 아니다. 이 소통구조들은 일단 보이는 대로, 단순히 특수한 것의 범위 안으로 참여자들을 끌어들이는 맥락들에 대한 가담과 이 맥락의 형성을 가능케 하기만 하는 것이 아니다. 동일한 이 소통구조는 동시에 자기의 주어진 맥락을 침투해 들어가 내부로부터 폭파시키고 필요한 경우에 사실적으로 익힌

---

39) Habermas, *Theorie des kommunikativen Handelns*, Bd.1, 174쪽.
40) Habermas, *Theorie des kommunikativen Handelns*, Bd.1, 174쪽.
41) Habermas, *Theorie des kommunikativen Handelns*, Bd.1, 175쪽.

합의를 뚫고 들어가 오류들을 수정하고 오해를 교정하는 비판적 수단들을 제공한다. 상호이해를 가능케 하는 동일한 소통구조가 상호이해 과정의 반성적 자기통제의 가능성들도 배려하는 것이다. 사회과학자가 자신을 가상적 참여자로서 일상적 행위의 맥락에 간여함으로써 체계적으로 이용하고 이 맥락으로부터 빠져나와 그 특수성에 맞서 대립시킬 수 있는 것은 소통적 행위 자체 속에 장착된 이 비판 잠재력이다.[42]

하버마스의 이 기대는 한편으로 분명 옳은 것이다. 그러나 그가 이 비판적 잠재력을 인류보편적인 4대 평가감각의 본능적 판단력에 근거 짓는 것이 아니라, 언어적 소통구조에 귀착시키는 한에서 언어의 상이성만큼이나 자민족중심주의적 특수성을 벗어나지 못한, 더 양보하더라도 인구어적印歐語的 특수성을 벗어나지 못할 비판으로 국한될 위험이 있다.

하버마스가 일상적 행위의 자연적 해석학을 관찰자의 전문적, 합리적 해석학과 동일시할 수 있는 것은 근본적으로 일상적 행위자들의 소통적 행위에 가상적으로 참여할 수 있다는 근본가정에 기초해 있다. 여기서 '가상적 참여'란 관찰자가 가상적으로 참여자의 관점을 취하는 것, 즉 입장 바꾸기를 통한 역지사지적 '관점인계(Perspektivenübernahme)'를 뜻한다. 하버마스는 1981년 『소통적 행위의 이론』의 해석학 논의에서 '가상적 참여자' 개념만을 사용하고 '관점인계' 개념을 사용하지 않았다. 그러나 1983년 『도덕의식과 소통적 행위』에서는 미드와 셸먼(R. L. Selman)으로부터 발전된 '관점인계' 개념으로 '가상적 참여' 개념을 대체하여 "참여자 관점과 관찰자 관점의 통합"을 재정식화한다.

관점인계는 기본적으로 '너'와 '나', 나아가 '우리'와 '그' 간의 화자관점들의 "완전한 가역성"을 전제한다.[43] 인간의 도덕단계를 3단계로 나누어

---

42) Habermas, *Theorie des kommunikativen Handelns*, Bd.1, 175-176쪽.
43) Jürgen Habermas, *Moralbewußtsein und kommunikatives Handeln*, (Frankfurt

보는 시각에서 제2단계에 해당하는 7-14세 어린이의 2인칭적(교호적) 관점인계와 관련하여 하버마스는 이렇게 말한다.

> 제2단계로의 이행과 함께 청소년은 말하자면 화자와 청자의 행위지향을 가역적으로 결합시키는 것을 배운다. 그는 타자의 관점으로 입장을 바꿀 수 있고, 타자도 자기의, 즉 자아의 행위관점으로 입장을 바꿀 수 있다는 것을 안다. 자아와 타자는 자기들의 행위지향에 대해 그때그때 타자의 입장을 취하는 것이다. 따라서 1인칭과 2인칭의 소통역할은 행위조절에도 효과를 갖는다. 화자의 수행적 자세 속에 내장된 관점구조는 상호이해만 규정하는 것이 아니라 상호작용 자체도 규정한다. 따라서 화자와 청자의 나-너 관점들은 행위 속에서 조절기능적으로 적용되는 것이다.[44]

하버마스는 여기로부터 바로 제3인칭의 '그'가 끼어드는 관찰자 관점을 설정하여 2단계를 3단계로 개편한다.

> 이 관점구조는 제3단계로의 이행과 함께, 관찰자 관점이 상호작용 영역에 도입됨으로써 새로이 변화된다. 물론 어린이들은 다른 인격체, 이들의 언표, 소지품 관계 등에 대해 말을 주고받는 한에서 일찍이 3인칭 대명사를 구체적으로 구사한다. 어린이들은 지각 가능하고 조작 가능한 사물과 사건에 대한 객관적 자세를 취할 수 있다. 그러나 청소년들은 이제 이러한 관찰자 관점으로부터, 수행적 자세에서 상호작용 참가자와 맺는 간주체적 관계를 되돌아보는 것을 배운다. 청소년들은 이 관점을, 청취자 또는 관객 역役으로서 상호작용 과정에 내재하는, 동참하지 않되 현장에 있는 인물의 중립적 입장과 결부시킨다. 이런 전제 하에서 지나간 단계에서 산출된 행위지향들

---

am Main: Suhrkamp Verlag, 1983·1991), 152쪽. 국역본: 하버마스(황태연 역), 『도덕의식과 소통적 행위』(서울; 나남, 1997).

44) Habermas, *Moralbewußtsein und kommunikatives Handeln*, 156쪽.

간의 교호성이 대상화되고 이들의 체계적인 연관 속에서 의식될 수 있다.[45]

제3인칭의 관찰자를 하버마스는 여기서 '가상적 참여자'로 부르지 않고 "청취자 또는 관객 역할으로서 상호작용 과정에 내재하는, 동참하지 않되 현장에 있는" "중립적 입장"의 인물로 묘사하고 있다. 그런데 이것을 하버마스는 "행위관점들의 체계의 이러한 완벽화는 동시에 대화조직의 새로운 차원을 가능케 하는, 인칭대명사의 문법 속에 착근된 완벽한 화자관점의 체계의 현재화를 뜻하는 것"으로 해석한다. 새로운 구조는 1인칭과 2인칭의 행위지향들의 교호적 직조 자체가 3인칭의 관점에서 이해될 수 있다는 데 있다. 그는 "상호작용이 이런 의미에서 재구조화된다면, 참가자들은 행위관점들을 교호적으로 인계할 뿐만 아니라 참가자들의 관점을 관찰자 관점과 맞바꾸고 상호 전환시킬 수 있다"고 말한다.[46] 물론 관점인계 개념의 우세한 사용 속에서도 3인칭 관찰자의 중립적 지위는 소통적 행위에 가상적, 또는 가설적으로 참여한다는 관념 하에서 '논의'를 수행하는 것으로 관념된다. "소통적 행위의 분화된 형태는, 이에 속하는 반성형태, 즉 논의가 본래 행위부담을 벗어던진 상호작용 단계일지라도 제3의 상호작용 단계를 뜻하는 한에서만 관심의 대상이 된다. 논증은 소통적 행위 속에서 암묵적으로 제기되고 순진하게 동행되는 타당성 주장을 주제로 삼고 검토하는 데 기여한다. 논증에 대한 참가는 가설적 자세에 의해 특징지어진다."[47]

하버마스는 관찰자적 해석자의 '가설적 자세'의 '논증', 또는 가상적 참여자의 '논의' 속에서 관점인계의 교호성을 논의적 결과의 정당성의 근거

---

45) Habermas, *Moralbewußtsein und kommunikatives Handeln*, 156-157쪽.
46) Habermas, *Moralbewußtsein und kommunikatives Handeln*, 157쪽.
47) Habermas, *Moralbewußtsein und kommunikatives Handeln*, 170쪽.

로 생각한다.

> 논증은 최종적으로 소통적 행위 속에 뿌리박는 덕택에 이 힘을 얻는 것이다. 행위자들이 추구하는, 모든 논란을 초월하는 '도덕적 시각'은 상호이해를 지향하는 행위에 내장된 근본적 교호성에서 나오는 것이다. 이 교호성은 우리가 살펴보았듯이 일단 권위에 의해 조절되는 상보성과 이익에 의해 조절되는 대칭성의 형태로 등장한다. 그 다음은 사회적 역할로 맺어지는 행위기대들의 교호성 및 규범으로 맺어지는 권리와 의무의 교호성 속에서 등장하고, 최종적으로는 논증에의 보편적 접근통로에 대한, 그리고 논증에 대한 기회균등한 참가에 대한 권리들이 강제 없이 그리고 균등하게 지각되도록 보장한다는 논의적 담화(diskursive Rede)의 이상적 역할교환 속에서 등장한다. 상호작용의 이 제3단계에서는 교호성의 이상화된 형태가 원칙적으로 무제한적인 소통공동체의 협력적 진리추구의 규정이 된다. 이런 한에서 논의윤리적으로 근거지어진 도덕은 언어적 상호이해의 기도에 이른바 애당초 내재하는 모델에 근거하는 것이다.[48]

해석학적 객관성과 논의윤리학적 정당성이 동시에 "논의적 담화의 이상적 역할교환", 또는 '완전히 가역적인 관점인계'의 가능성에 근거한다. 따라서 이 역지사지적 관점인계가 기실 불가능한 것이라면 하버마스의 합리적 해석학도, 논의윤리학도 모조리 붕괴되고 말 것이다.

아무튼 하버마스는 이 관점인계의 완전한 가역성을 굳게 믿고서 관찰자의 세계관점과 화자관점의 통합을 완성된 것으로 외친다.

일단 매번 동일한 관점구조가 체현되는 상호작용 유형의 변화의 폭이 밝혀졌다. 완벽하게 탈집중화된 세계이해는 경쟁에 의해 규정되지 않은 행위영역의 선상에서만 발전한다. 관습적 행위에서 논의적 담화로 이행하면 반성

---

48) Habermas, *Moralbewußtsein und kommunikatives Handeln*, 175쪽.

적이 된다. 논증적 수단으로 소통적 행위를 계속하는 것은 셀먼이 탐구한 관점인계의 단계를 뛰어넘을 유인을 주는 상호작용의 단계를 특징짓는다. 논증 속에서 수행되는, 세계관점과 화자관점의 통합은 사회적 인지와 탈관습적 도덕 간의 접합점을 형성한다.[49]

『소통적 행위의 이론』에서 '가상적 참여자' 개념은 전혀 가상적으로도 행위하지 않더라도 행위 없는 소통으로서의 '논의'의 개념적 통로로 직접행위자들의ㅡ행위 없는ㅡ반성적, 단초적 '논의'의 장에 대등한 논의자로 들어섬으로써 가역적 '관점인계' 개념으로 대체되었지만, 하버마스의 합리적 해석학은 본질적으로 그 유사한 논리구조를 이어가고 있다. '가상적 참여자' 개념도 근본적으로 해석적 관찰자가 관찰자의 지위를 버리지 않으면서 가상적으로 참여자 관점을 논의 차원에서 인계하고 역으로 소통적 행위자 또는 기타 행위자가 논의의 자세를 취함으로써 가상적 참여의 논의적 관찰자와 조우하는 것이기 때문이다. 가상적 참여자는 이제 좀 더 분명하게 가상적 '행위'참여자에서 더 가능성 높은 가상적 '논의'참여자로 전환된 것이다.

하버마스는 이 해석학적 방법론을 면담조사에도 적용하여 해석적 차원에서 심리학자와 비전문적 일반인의 논의적 대등성을 주장했다. 하버마스는 인터뷰 상황 속의 인터뷰 대상자에 대한 심리학자의 관계가 이 인터뷰 대상자가 관점을 가역적으로 인계하는 사유나 도덕판단의 탈관습적 차원에 도달하자마자 변하지 않을 수 없다는 것이 이론적 가정으로부터 생겨난다고 생각한다. 왜냐하면 완전한 가역적 관점인계의 이 탈관습적 차원에서는 "이전 단계들에서 인터뷰 대상자의 전前반성적 노력"과 "이것을 반성적으로 파악하려는 심리학자의 시도" 간에 존재하던 그 "비대칭

---

49) Habermas, *Moralbewußtsein und kommunikatives Handeln*, Bd.1, 181-182쪽.

성"이 사라지기 때문이라는 것이다. 이것과 더불어 원래 인터뷰 상황에 구축되어 들어와 있던 "인지적 격차"도 사라진다. 이론적으로 원칙적 도덕판단은 직관적으로 적용되는 노하우의 전반성적 표현 또는 재현을 더 이상 표현하지 않는 것으로 기술된다. 탈관습적 차원에서 도덕판단은 획득된 도덕적 직관의 재구성에서의 제1보를 내딛지 않고는 가능하지 않고, 따라서 "이론적인" 도덕적 진술의 "의미심장한 내용"을 "본질"에 있어서 "이미" 지니고 있다는 것이다. 이 차원에서 학습과정은 "합리적 재구성의 절차"로 "승화"되어 들어가는 경우에만 추진될 수 있다. 하버마스는 연구작업을 재구성적으로 추진하는 심리학자, 따라서 그 자신이 그 결과를 예상할 수 없는 연구과정의 개방된 지평 안에서 움직이는 심리학자가 "최고의 능력수준에 있는 연구대상자들"을, 오로지 "과학적 재구성 작업"에서의 그 지위가 "심리학자 자신의 지위와 원칙적으로 동등한 참여자들"로서만 대우할 수 있다고 생각한다. 따라서 탈관습적 차원에서 도덕판단을 내리는 모든 사람들은 그들이 "심리학자든, 연구대상자든, 철학자든" 기본적으로 "동등한" 사회적 인지조건 아래서 접근통로를 갖는 도덕적 직관의 핵심 영역의 "가장 적절한 가능한 설명"을 발견하려는 "공동기업의 참여자들"이 된다는 것이다. 이렇게 해서 연구대상자가 심리학자, 철학자와 동등하게 지위상승을 이룸으로써 행위자(연구대상자)와 관찰자(심리학자, 철학자)의 관점이 통합된다는 말이다.50) 하버마스는 상상 속에서 입장을 바꾸는 역지사지의 논의적 관점인계론을 이렇게 끝까지 밀어붙여 끝내는 콜버그가 도덕발달을 미드의 '역할채택'과 '관점채택' 개념으로 설명하면서 심지어 아동을 '철학자'로 설정하듯이51) '연구대상자들'을 철학

---

50) Jürgen Habermas, "Justice and Solidarity On the Discussion Concerning Stage 6", 227-228쪽. Thomas E. Wren (ed.), *The Moral Domain* (Cambridge, Massachusetts: The MIT Press, 1990).

51) Lawrence Kohlberg, *The Psychology of Moral Development* (Cambridge·New

자와 심리학자로 만들고 있다.

하버마스가 만약 '가상적 참여자'의 관점 또는 '논의적 관점인계' 개념이 아니라 '공감' 개념으로 작업했다면 이런 궤변을 논하지는 않았을 것이다. 이 대목에서 필자는 루소가 일찍이 "이성 이전의 원리"로서의 공감 또는 동정심 개념으로 작업하면서 자연권의 모든 규칙들을 자기애와 공감적 동정심 간의 "합치와 결합"으로부터 "다 도출되는 것"으로 말하고, 이런 도출작업에서 "인간을 인간이기 전에 철학자로 만들 필요가 없다"고 일갈했음을[52] 상기시키고 싶다.

하버마스의 이 합리적 해석학은 필자가 볼 때 근본적으로 그릇된, 아니 불가능한 해석학임에도 불구하고 합리주의자들 안에서 반향이 없지 않았다. 대표적인 추종자는 아마 하버마스의 오랜 대화 파트너인 콜버그일 것이다. 콜버그는 "나의 관점과 이론의 현 위치를 이해하는 데 하버마스의 관점이 도움이 될 것이며 어쩌면 결정적으로 중요한 것이라고 믿는다"라고 말한다.[53] 그리고 그는 하버마스의 해석학적 개념을 자신의 인지구조적 접근과 긴밀히 연결시킨다.[54]

■ 관점인계의 난관과 불가능한 합리적 해석학

하버마스의 합리적 해석학의 사활은 관점인계, 즉 입장 바꾸기, 또는

York: Harper & Low Publisher, 1984). 국역본: 로렌스 콜버그 (김민남·진미숙 역), 『도덕발달의 심리학』(서울: 교육과학사, 2001), xi-xii쪽.

52) Jean-Jacques Rousseau, *A Discourse on the Origin of Inequality*, 47쪽. Jean-Jacques Rousseau. *The Social Contract and Discourses*. Translated and introduced by G. D. H. Cole. Revised and augmented by J. H. Brumfitt and John C. Hall. Updated by P. D. Jimack. (London: J. M. Dent Orion Publishing Group, 1993).
53) 콜버그, 『도덕발달의 심리학』, 208쪽.
54) 참조: 콜버그, 『도덕발달의 심리학』, 209-215쪽.

역지사지의 가능성에 달려있다. 필자는 이 역지사지의 불가능성을 거듭 시사했었다. 여기서는 이 역지사지의 불가능성을 이것이 가능하다고 주장하는 철학자들의 입을 통해 입증하고자 한다. 이것을 일단 두 단계로 나누어 수행할 것이다. 첫째는 관찰하는 사회과학적 전문가와 관찰되는 비전문적 행위자 간의 격차 또는 비대칭성이 역지사지로는, 또는 가상적 참여자 관점의 채택으로는 해소될 수 없다는 것을 입증하는 것이다. 둘째는 격차 없는 대등한 소통행위자들 간의 대화나 '논의' 속에서도 대등한 1·2·3인칭 간의 교호적 관점인계도 불가능하다는 것을 입증하는 것이다.

첫째, 홉스와 루소는 공히 우월적 지위에 있는 사람이 낮은 처지에 있는 속인적 상민의 관점을 가상적으로, 상상적 역지사지로 채택할 수 없다고 주장했다. '동정심'을 "같은 재앙이 자신에게도 닥칠 수 있다는 상상"의 역지사지로부터 생기는 것으로 이해하는 홉스는 왕후장상 등의 고위층이 불행한 사람과 동일한 불행을 스스로가 당할 가능성을 상상할 수 없는 까닭에 불행한 사람들의 처지를 역지사지할 수 없어서 이들에 대한 동정을 거부한다고 말한다.

> 스스로 동일한 불행을 당할 가능성이 가장 적다고 생각하는 사람들도 동일한 불행에 대한 동정을 싫어한다.55)

"스스로 동일한 불행을 당할 가능성이 가장 적다고 생각하는" 태생적 임금과 혈통귀족들은 평민들의 어려운 처지를 가상적 입장 바꾸기로도 자기의 처지로 역지사지할 수 없다는 것이다. 그러나 인간은 상상적 역지사

---

55) Thomas Hobbes, *Leviathan, or The Matter, Form, and Power of a Commonwealth Ecclesiastical and Civil*, 47쪽. *The Collected Works of Thomas Hobbes*. Vol. III. Part I and II, collected and edited by Sir William Molesworth (London: Routledge/Thoemmes Press, 1992).

지가 아니라 교감·공감능력을 통해서라면 왕후장상과 백성의 격차만이 아니라 인간과 동물의 격차도 건너뛰어 동물의 아픔을 이해할 수 있다.

루소는 '상상적 사유 속의 입장 바꾸기'가 아니라, 이성 이전의 동정심을 통해서는 인간이 동물도 이해할 수 있다고 말한다. 『인간불평등기원론』 서문에서 루소가 동물에 대한 동정심에 관해 말하는 대목을 다시 인용해보자.

> 나는 그 영혼 안에서, 이성 이전의 두 원리를 지각할 수 있다고 생각한다. 이 중 한 원리는 우리를 우리 자신의 복지와 보존에 깊이 관심 갖도록 만들어주고, 다른 한 원리는 감각을 가진 어떤 다른 존재든, 특히 우리 자신의 종류의 어떤 존재든 이것들이 고통이나 죽음을 당하는 것을 보는 것에 대한 본성적 거부감을 일으키는 것이다. 내게는 자연권의 모든 규칙들이, 지성이 사교성의 원리를 도입할 필요 없이 확인할 수 있는, 이 두 원리 간의 합치와 결합으로부터 다 도출되는 것처럼 보인다. (...) 인간은 동정심의 내면적 충동에 저항하지 않는 한에서, 그의 자기보존이 관련되고 그 자신에게 우선권을 주어야 하는 저 합법적인 경우 외에, 결코 어떤 다른 사람도, 또한 심지어 감각 있는 어떤 존재도 다치게 하지 않을 것이다.[56]

루소는 자애심自愛心과 동정심을 "이성 이전의" 두 원리로 규정하고, 동물에 대한 동정심에서 "감각 있는 어떤 존재도 다치게 하지 않을 것이다"라고 말함으로써 동물에 대한 동정심도 가능하다는 것을 시사하고 있다. 우리는 여기서 루소를 읽을 때 루소가 동정심을 공감과 동일시하는 것을 감안해야 할 것이다. 공감론적으로 논할 때 루소는 평민에 대한 동정도 부인한 홉스와 반대로 심지어 평민보다 더 아래의 동물에게도 동정심을 갖는다고 말하고 있다.

---

[56] Rousseau, *A Discourse on the Origin of Inequality*, 47쪽.

루소는 『인간불평등기원론』의 다른 구절에서도 동정심을 "어떤 경우에 자애심(amour-propre)의 충동 또는 이 원리의 탄생 전에 존재하는 자기보존의 욕망을 중화시키도록 인류에게 부여되어, 동류 피조물이 고통받는 것을 보는 것에 대한 본유적 거부감으로, 자신의 복지를 추구하는 데 쏟는 열정을 누그러뜨리는" "유일한 자연적 덕성"으로 규정함과 동시에 동정심이 "우리가 분명 그런 만큼 아주 약하고 아주 많은 악들에 종속된 피조물에게 적합한 성향이고, 모든 유형의 성찰 이전에 오는 만큼 인류에게 더욱 보편적이고 유용한 것"이고 또 "아주 자연본성적이어서, 바로 그 짐승들 자신도 종종 그것의 명백한 증거를 보여준다"고 말한다. 이어서 루소는 동물들끼리의 동정심과 공감도 논한다. "자기 새끼에 대한 어미의 애정과 새끼를 구하기 위해 어미가 무릅쓰는 위험까지 언급할 필요 없이도 말들이 살아있는 몸뚱이를 짓밟는 것에 대해 거부감을 보인다는 것은 잘 알려져 있다. 한 동물도 그 종의 다른 동물의 시체를 심적 동요 없이 지나가지 않는다. 한편, 어떤 짐승들은 그 동류에게 일종의 장례를 치러준다."57) 동정심과 공감에 관한 어수선한 논의가 등장하는 『에밀』에서 동물에 대한 인간의 공감도 말한다. "우리 자신을 우리 자신 바깥으로 옮겨 놓고 우리를 고통받는 동물과 동일시함으로써가 아니라면, 이를테면 우리가 소위 우리 자신을 포기하고 그의 자아를 받아들임으로써가 아니라면, 우리 자신이 동정심에 의해 움직이는 것이 실제로 어떻게 가능할까? 그 가운데서 우리는 우리가 저 동물이 고통받는다고 생각하는 만큼만 고통받는다."58) 루소는 이렇게 인간이 동물에게도 공감하고 동물들도 저들끼리 공감한다고 분명히 갈파하고 있다.

---

57) Rousseau, *A Discourse on the Origin of Inequality*, 73-74쪽.
58) Jean-Jacques Rousseau, *Emile oder Über die Erziehung* [*Émile ou de l'Education*, 1762], besorgt v. L. Schmidts. 9.Auflage (Paderborn·München: Ferdinand Schöningh, 1989), 224쪽.

그러나 공감론적으로 사유하는 것이 아니라 공감을 '상상적 입장 바꾸기'로 대체하여 상상적 사유작용의 '역지사지', 즉 관점인계로 착각할 때 루소는 왕후장상들이 상스런 백성의 고충을 이해할 수 없다고 말한다. 루소는 이때 홉스처럼 왕후장상과 백성 간의 격차가 태생적으로 너무 커서 왕후장상이 백성과 입장을 바꿔 생각할 수 없고 역으로도 마찬가지이기 때문이라고 주장한다. 『에밀』에서 공감의 제1준칙을 루소는 "우리보다 더 행복한 사람들의 입장에 서는 것이 아니라, 오직 우리보다 더 불쌍히 여길 만한 사람들의 입장에 서는 것만이 인간의 마음에 있다"라고 규정한다. 이 인용문에서 루소는 공감을 '다른 사람들의 입장에 서는 것(de se mettre à la place des gens)'으로 표현하고 있다. 이것은 "모든 유형의 성찰 이전"에 오는 "이성 이전의 원리"로서의 공감을 '이성적 성찰 이후'의 가상적 '입장 바꾸기'의 '역지사지적 동일시'라는 사유작용으로 치환한 것이다. 이런 까닭에 그는 동시에 순간 제1준칙을 동정심의 준칙으로 착각하는 오류와 함께 일반인들이 부자나 고관대작들의 입장에 서지 못한다고 말한다. "사람들은 자기들이 애착을 느끼는 부자나 고관대작자의 입장에 서지 못한다." 그럼에도 자기보다 열등한 사람들에 대해서는 동정심에서 이들에게 공감한다고 말한다. "우리는 어떤 상태의 행복에 의해, 가령 전원생활과 목가생활에 의해 마음이 동한다. 이런 행복한 사람들을 보는 매력은 질투심에 의해 중독되지 않았다. 사람들은 진정으로 그들에 대해 관심을 갖는다. 왜? 우리가 평화와 순수성의 이 상태로 내려가 동일한 행복을 즐길 수 있다고 느끼기 때문이다."[59] 전원생활과 목가생활을 하는 사람들은 도시에 사는 사람들보다 저 아래 살기 때문에 이들의 처지로 "내려가는" 것은 가능하기 때문에 동정심을 느낀다는 것이다. 그러나 루소는 이어서 공감의 제2준칙에서 부자와 고관대작 등의 고위인사들이

---

59) Rousseau, *Emil*, 224-225쪽.

가난한 백성들의 처지로 '내려가' 이들의 입장에 서지 못한다고 말하는 치명적 자가당착의 논변을 펼친다. "사람은 남들의 고통에서 자기 자신도 그것으로부터 안전하지 않다고 여기는 고통만을 슬퍼한다. (...) 왕들은 왜 그들의 신민들에 대해 아무런 동정심이 없는가? 그들은 언젠가 단지 인간일 뿐일 것을 타산하지 않기 때문이다. 부자들은 왜 빈자들에 대해 그렇게 가혹한가? 언젠가 가난해질 것에 대해 아무런 불안이 없기 때문이다. 귀족은 왜 민중을 그토록 경멸하는가? 귀족은 결코 평민이 될 수 없기 때문이다."[60] 제1준칙에서는 '올라가는' 입장 바꾸기는 불가능하고 '내려가는' 입장 바꾸기만 가능하다고 말한 반면, 제2준칙에서는 반대로 '내려가는' 입장 바꾸기도 불가능하다고 말하고 있다.

종합하면, 루소는 공감과 동정심 사이를 오락가락하면서, 그리고 '이성 이전의 원리'로서의 공감과, 이성적·성찰적 사유작용으로서의 '입장 바꾸기', 즉 '역사사지'로 오해된 공감 사이에서 오락가락하면서, 공감을 올바로 '모든 유형의 성찰 이전'에 오는 '이성 이전의 원리'로 여길 때는 인간과 동물 간의 — 합리주의자들의 눈에 — 엄청난 격차에도 불구하고 인간이 동물의 고통에도 공감한다고 말하고, 공감을 성찰적·이성적 '역지사지'로 대체할 때는 고위인사와 일반인이 큰 지위격차로 인해 지나치게 비대칭적이기 때문에 서로의 입장에 서지 못한다고 말하고 있다. 이것은 루소의 이론적 자가당착을 잘 드러내는 것임과 동시에, 우월한 관찰자와 관찰되는 일반 행위자 사이의 '비대칭성'은 가상적 관점인계를 통해서는 결코 해소될 수 없다는 것을 극명하게 보여준다. '가상적 참여자 관점' 자체가 지위격차에 가로막혀 불가능하기 때문이다.

따라서 홉스와 루소의 견해를 종합할 때, 해석적 관찰자가 참여자 관점을 가상적으로 채택하거나 인계함으로써 관찰되는 행위자 차원으로 '내려

---

60) Rousseau, *Emil*, 225쪽.

가고' 행위자가 논의적 태도를 취함으로써 다시 반쯤 관찰자 차원으로 '올라옴'으로써 '논의'의 장에서 만난다는, 즉 이로써 자연적 해석학과 사회과학적 해석학을 평준화한다는 하버마스의 역지사지 명제는 말짱 허언인 것이다. 지위격차가 전제되는 경우에 '가상적 참여자 관점'의 설정 자체가 불가능하기 때문이다.

    1970-80년대 한국의 군사독재 치하에서 한국 대학생들이 사회혁명을 일으키기 위해 스스로 공장으로 '존재를 이전하여' 노동현장으로 '내려감'으로써 현장노동자들을 의식화하여 혁명적 노조를 결성하려는 '위장취업' 전략을 활용한 적이 있었다. 그러나 '위장취업자들'은 현장노동자에게 '대학생 혁명가'라는 신분이 탄로나자마자 대부분 현장을 떠나야 했고, 노동자들에게 자신들의 뜻을 말로써 아무리 설명해도 자신들의 입장을 그들에게 이해시킬 수 없었다. 현장의 '자연적 노동자들'은 대학에서 '내려온' 위장노동자들이 자기들을 혁명'대상'으로 본다는 것을 금방 알아차렸고, 자신들과 위장노동자들 간의 '비대칭성'을 느끼며 그들의 의도에 '불순성'의 딱지를 붙였던 것이다. '대학생 혁명가'의 신분과 본질적으로 결착된 '위장취업'이라는 이 사실 자체가 바로 노동자들의 '비대칭성' 혐의의 근원이었던 것이다. 유사하게 사회과학자로서의 전문적 해석자가 가상적 '존재이전'을 통해 비전문적·자연적 행위참여자들로 '내려가' 이들의 관점을 위장한다면, 이것은 실패할 것이다. 이것은 저 '불순한' 위장취업이나 다름없기 때문이다. 아니, 해석자의 가상적 관점인계는 대학생들의 존재이전과 위장취업보다 더 철저하게 실패할 것이다. 해석자의 '존재이전'은 한낱 '가상적'인 것에 지나지 않는 것이고, 따라서 한국 대학생들의 '실제적' 존재이전보다 훨씬 더 허구적인 것이기 때문이다. 실제적 존재이전에도 대학생들의 혁명적 노조결성이 실패했다면, 저 사회과학자의 가상적 존재이전은 행위자들의 실천적 의미를 이해하기에 얼마나 더 형편없이 실패할 것인가!

물론 저 대학생 혁명가들이 모두 실패한 것은 아니다. 소수는 성공했다. 이 소수는 감히 노동자들의 관점에 서서 이들을 이해한다는 입장을 취하거나 자신들의 입장을 화행話行에 의해 설명하여 내리먹이려는 '소영웅들'이 아니라, 노동자의 처지를 진정으로 '공감'하고 '동정'했던 사람들이었다. 이 고귀한 소수는 현장노동자들을 '한국청년'이나 '한국인'으로서, 또는 '동향인'으로서, 아니 '인간'으로서 진정으로 공감하고 친애할 능력이 출중하고 동정심 많은 인자仁者들이었다. 이들은 공감을 통해 존재이전의 '위장성'과 '비대칭성'이라는 한계를 오히려 자연적 노동자들에게서 진정한 도덕적 탄복을 자아내는 계기로 전환시켜 인간적 우애와 연대적 리더십으로 가는 가교로 삼은 것이다.

전문적 해석자가 가상적 참여자로서 행위자 관점을 가상적으로 인계하고 '위장취업 행위자'의 역할을 채택하여 자연적 행위자들과의 '논의'를 통해 이것저것을 알아보고 의견을 청취하려고 시도한다면, 이 자연적 행위자들은 이 해석전문가에게 비전문적 속인으로서 비대칭성과 꺼림칙한 혐의를 느낄 것이다. 그래서 비전문적 인터뷰 대상자들이 전문가들에게 전형적으로 하는 말, '나보다 더 잘 아실 텐데 뭘 자꾸 묻느냐?'라는 반문이 나오는 것이다. 그들은 진실을 감추고 말하지 않거나, 사고능력이 훈련되지 않아서 제대로 성찰하지 못하고 언어능력이 훈련되지 않아서 제대로 논증하지 못할 것이다. 결국 그들은 평소 생각해보지 않은 문제들에 대해 즉석에서 꾸며서 아무렇게 말하거나, 거꾸로 (인터뷰 대상자가 일당을 받는다면) 모르는 것도 아는 척할 것이다. 그러나 하버마스의 해석전문가가 가상적 관점인계나 입장 바꾸기의 역지사지 차원에서 대화적 '논의'를 통해 인터뷰 대상자들의 견해를 알아내 그들의 의도를 이해하려고 하기보다, 저 고귀한 소수의 한국 대학생들처럼 '공감'능력을 발휘한다면, 해석전문가는 질문된 사례의 상황에서 인터뷰 대상자들이 취할 '행위'와 느낄 '감정'을 채록하고 그 행위의 감정적 의미를 교감적·공감적으로 이해함으로써 해석자와 인터뷰 대상자 간의 비대칭성을 해소할 수 있을 것이다. 그렇지 않고 가상적 역지사지의 관점인계를 고수한다면, 이 해석학은 실패할 것이고, 성공의 외양을 획득한다면 그것은 전문적 해석자가 자기의 주관적 해석을 자연적 해석자의 관점에 내리먹이고서 자연적 해석과 동일시하는 '주관적' 해석학, 아니 '기만적' 해석학일 것이다. 결국 가상적 관점인계란 애당초 전문가가 속인의 관점을 채택하는 것이 아니라, 역으로 속인의 관점을 전문가의 관점으로 대체하는 '기만적 관점인계'일 것이다.

소통적 행위의 참여자 관점과 합리적 해석의 관찰자 관점 간의 딜레마를 하버마스는 "소통적 행위에서 논의로 넘어가는 길"로 돌파하려고 하지만, '논의'는 행위부담을 벗어날 수 있어 오히려 "소통연관을 심화시키고 근본화하는" 까닭에 저 1·2인칭의 참여자 관점과 3인칭의 관찰자 관점을 하나로, 즉 '참여적 관찰자 관점'과 흡사한 것으로 통합해 주기는커녕 오히려 구변□辯능력의 비대칭성을 '심화시키고 근본화시켜' 자연적 해석자들을 당혹시킬 것이다. 구변 좋은 '논의'의 길은 하버마스의 말을 따르더라도 상호이해를 지향하는 행위의 구조 속에 언제나 이미 들어 있다손 치더라도 평소 걸어보지 않은 길이고, 따라서 하버마스의 말을 따르더라도 "자연적 맥락에서는 다각도로 봉쇄되어 있는" 길이다.61) 따라서 논의를 통한 '합리적 해석'의 길은 평소에 다니지 않는 길, 아니 가시밭이 뒤덮인 '길 아닌 길'이다. 언어적 소통형태의 가정법적 역지사지에 의거한 '참여적 관찰자 관점'은 형용모순의 묘연한 신기루다. 이 묘연한 신기루를 쫓는 하버마스의 이 해석학적 '논의'는, 그가 이 '논의'를 사실상 철학적 '논증(Argumentation)'과 동일시하는 한에서,62) 자연과학적 학술논의와 마찬가

---

61) Habermas, *Theorie des kommunikativen Handelns*. Bd.1, 188쪽.
62) 가령 참조: Habermas, *Moralbewußtsein und kommunikatives Handeln*, 170, 182쪽 등.

지로 늘 자연적 행위참여자들의 '소통적' 일상으로부터 '아득히 높은' 구름 위에 있는 것이다. '논의'를 통해 전문적 해석자와 자연적 행위자의 격차는 오히려 더욱 벌어지고 심화되고 말 것이다.

위에서 예고했듯이 하버마스의 해석학적 관점인계에 대한 비판은 비대칭성 또는 격차의 해소불가능성에 대한 지적으로 그치는 것이 아니다. 필자는 흄과 셸러의 논변을 참조함으로써 1, 2, 3인칭 간의 '대등한' 언어 소통 관계에서도 역지사지의 관점인계, 즉 교호적 입장 바꾸기가 불가능하다는 것을 논증할 것이다. 하버마스는 완전히 가역적인 관점인계의 교호성이 논의적 대화에서 지칭되는 '너', '나', '그'라는 1, 2, 3인칭의 교호적 사용에 착근된 것이라고 주장한다. 그러나 가상적 '관점인계'란 자아가 역지사지하는 상상력을 통해 타아의 관점을 취하는 것으로 얘기되는데, 실은 이것은 자아가 자아의 관점에서 보아 타아의 관점을 알 수 없으므로 타아의 자리에 자아의 관점을 갖다 놓는 것, 타아를 대신하는 것을 뜻한다. 이것은 자아가 자아이면서 동시에 타아일 수 있다고 주장하는 것이다.

흄은 바로 이 '자아이면서 동시에 타아인 것'이 불가능하다고 비판한다. 홉스가 동정심을 타아의 불행과 같은 불행이 자아에게도 닥칠 것이라는 상상에서 생겨나는 것이라고 논변할 때도 실은 자아가 상상력에 의해 '자아이면서 동시에 타아인' 것을 염두에 둔 것이다. 또 맨드빌이 동정심을 이기심으로 분해하고 칸트와[63] 롤스가 인애심을 이기심으로 조립할 때도 실은 이기적 자아가 자아를 견지하면서 동시에 자신을 타아의 관점에 두는 '입장 바꾸기' 또는 '관점교환'을 전제한 것이다. 흄은 상상의 사고실

---

63) 상술했듯이 공통감각의 전달가능성에 대한 입증과 관련하여 칸트는 세 가지 사유방법 중의 한 준칙으로 "모든 타인의 입장에서 생각하기", 즉 "타인의 관점으로 옮겨가기"를 지목하고 이것을 "판단력의 준칙"이라고 말한다. Immanuel Kant, *Kritik der Urteilskraft*, §40, B158-160쪽. *Kant Werke*, Bd.8 (Darmstadt: Wissenschaftliche Buchgesellschaft, 1983).

힘이든 상상력의 역지사지든 '자아가 자아이면서 동시에 타아인 것'의 불가능성을 지적한다.

> 이러한 추리에 의해 우리는 모든 도덕과 현명의 탐구에서 적절하고 칭찬할 만한 중도를 정하고, 어떤 성품과 습관으로부터 결과하는 이득의 관점을 결코 놓지지 않는다. 이 이득이 그 성품을 보유한 사람에 의해 향유되는 만큼, 그 이득의 전망을 우리에게, 즉 관찰자에게 기분좋게 느껴지게 만들고 우리의 존경과 찬양을 부추기는 것은 결코 자기애일 수 없다. 상상력의 어떤 힘도 우리를 타인으로 전환시키고 우리가 타인으로서 타인에게 속하는 그 가치 있는 자질로부터 혜택을 거둔다고 우리들에게 망상하도록 만들 수 없다. 아니면 상상력이 그렇게 전환시켰다면, 상상력의 어떤 민첩성도 즉각 우리를 우리 자신으로 되돌려 이송하여 우리로 하여금 타인을 우리와 다른 타인으로서 사랑하고 존경하도록 만들 수 없을 것이다. 알려진 진리와 대립적이고 서로에 대해 대립적인 관점들과 감정들은 동시에 동일한 사람에게서 들어설 자리가 없다. 그러므로 자아 관점(selfish regards)에 관한 어떤 혐의도 여기서(도덕적 행위의 이해에서 - 인용자) 전적으로 배제되어야 할 것이다.[64]

흄은 힘주어 "상상력의 어떤 힘도 우리를 타인으로 전환시키고" 또 "상상력의 어떤 민첩성도 즉각 우리를 우리 자신으로 되돌려 이송하여 우리로 하여금 타인을 우리와 다른 타인으로서 존경하도록 만들 수 없을 것이다"라고 논변하고 있다. 따라서 흄에 의하면 '자아가 자아이면서 동시에 타아인' 가상적 참여자 관점의 채택, 즉 '상상력'에 의한 '관점인계'와 같은 것은 애당초 불가능한 것이다. 즉, 타아와 타아의 행위의 의미를 역지사지로 안다는 것은 불가능한 것이다. 자아와 타아의 존재의미는 오로지 교감과 공감에 의해서만 알 수 있기 때문이다.

---

64) David Hume, *An Inquiry concerning the Principles of Moral* [1751], ed. by Ch. W. Hendel. (Indianapolis: The Liberal Arts, 1978), 47쪽.

이런 차원에서 보면, 화행적話行的 1·2·3인칭의 지칭 속에 교호성의 무슨 신비가 들어 있다고 믿는 하버마스의 확신은 실로 허상이 되고 만다. 그도 그럴 것이 자아가 자아를 '나'라고 지칭하고 타아를 '너'라고 지칭하는 한편, 타아도 타아를 '나'라고 지칭하고 자아를 '너'라고 지칭하며 또 타아가 이런 지칭을 사용하는 것이 자아에 의해 용인되고 또 거꾸로 이것이 타아에 의해 용인되는 지칭상의 '교호성'은 관점인계의 가능성과 사실상 아무런 관계가 없는 것이다. 가령 필자가 필자 자신을 '이영재'라고 지칭하고 '이영재'를 '황태연'이라고 지칭하는 한편, '이영재'가 자신을 '황태연'이라고 부르고 필자를 '이영재'라고 부르더라도 양자 간에는 호칭전환 외에 관점전환이 전혀 일어나지 않는 것처럼, 화행적 1·2·3인칭의 교호적 지칭은 관점인계와 본질적으로 무관한 것이다. 지칭만 바꾸는 것이 아니라 유전자까지 바꾸더라도, 아니 아예 일란성쌍둥이라고 하더라도 각 자아의 관점은 판이하게 다르고, 따라서 일란성쌍둥이의 자아와 타아조차도 교호적으로 관점을 서로 바꿀 수 없는 것이다. 그러므로 화행적 교호성에 대한 그릇된 믿음에 따라 구변 좋은 언어소통적 '논의'로만 생활세계의 의미를 이해하려는 하버마스의 '합리적 해석학'은 인간행위의 선악과 미추를 구변 좋게 잘 말하지만 실제로 전혀 이해하지 못하는 공감능력 없는 '사이코패스의 해석학'으로 전락할 위험에 처할 것이다.

대등한 주체들 간의 상상 속의 입장 바꾸기를 통한 관점인계, 또는 상상적 역지사지를 실생활의 사례로서 분석해보면, '입장 바꾸기'에는 기만성과 압제성도 들어 있음이 밝혀진다. 이해가 엇갈리는 실생활 속에서 관점인계나 입장 바꾸기는 언제나 불가능하거나 억압으로 나타나기 때문이다. 우선 개, 마소 등 고등동물과 인간 간에 상호적 '역지사지易地思之'라는 사유작용은 불가능하다. 이 동물들은 사유능력이 미미하고, 또한 인간은 자신을 바꿔 동물이 될 수 없고 동물도 자신을 인간으로 바꿀 수 없어서 서로는 서로의 개체적 자아의 입장을 결코 경험적으로 알 수 없기 때문이다. 결국, 이 동물들은 심리적으로 그들이 알 수 없는 인간적 자아의 관점을 인계할 수 없고, 역으로 인간도 미지의 심리세계에 사는 이 개체적 동물들의 자아의 관점을 인계할 수 없다. (물론 우리가 '역지사지'를 떠나 '공감' 차원에서 움직인다면 공감능력이 상당히 뛰어난 개나 마소의 심리적 자아를 충분한 공감 속에서 잘 이해할 수 있을 것이다.) 우리가 눈을 인간과 인간의 관계로 돌리더라도 상황은 마찬가지다. 가령 남자는 영원히 여자가 될 수 없고, 여자도 영원히 남자가 될 수 없다. 따라서 남자는 여자의 관점을, 여자는 남자의 관점을 인계할 수 없다. 딸도 아버지의 관점을, 아버지도 딸의 관점을 인계할 수 없고, 어머니는 아들의 관점을, 아들은 어머니의 관점을 인계할 수 없다. 나아가 딸이 커서 어머니가 될 수 있고, 아들이 커서 아버지가 될 수 있는 경우에도, 딸이 딸일 때는 아직 어머니가 아니기에 딸의 관점에 집착하고, 어머니가 되어서는 이제 딸이 더 이상 아니기에 어머니의 관점을 고수하고, 이것은 아들도 마찬가지다. 심지어 아들이 커서 아버지가 되어 자기 아버지의 아들이면서 자기 아들의 아버지라는 입장을 겸하게 되더라도 아버지를 향해서는 아들의 관점을 견지하고, 아들을 향해서는 아버지의 관점을 견지하는 자기편향을 보인다. 실생활 속에서 관점인계나 관점전환은 자기편향 때문에 불가능한 것이다. 그리하여 미래의 시어머니인 며느리와 과거 며느리였던 시어머니 간의 관점 전환의 불가능성, 아니 며느리를 거느리고 시어머니를 모시고 사는 며느리 겸 시어머니인 여성의 중첩적 관점의 자기편향성, 장차 상사가 될 부하직원과 좀 전까지 말단사원이었던 상사의 관점의 자기편향성, 아니 현재 아랫사람의 상사이면서 윗사람의 부하인 중간간부의 중첩된 관점의 자기편향성, 거의 모든 사람들이 동시에 처해 있는 채권자와 채무자의 중복된 관점의 자기편향성, 시시각각 뒤바뀌는 보행자와 운전자의 상이한 관점 등에서 빚어지는 온갖 갈등 등은 늘 당사자들의 입장이 이렇게 부단히 바뀌고 중첩되더라도 자체 해결될 수 없어서 일찍이 위압적인 제3의 관점, 즉 사법기구를 요청했던 것이다. 또한 정상적 이성애자들은 역지사지로 동성애자들의 관점을 인계하여 이들과 '논의'를 벌일 수 없을 것이고, 따라서 이들을 이해할 수 없을 것이다. 결국 합리적 해석학은 이들을 배제·탄압할 것이다. 정상인은 사이코패스나 식인종도 마찬가지로 이해할 수 없다. 상대방을 알 수 없고 또 상대방이 될 수 없는 상황에서 상대방의 관점을 인계한다는 것은 실은 상대방의 관점을 나의 관점으로 대체하는 자기편향에 빠지기 때문이다. 따라서 입장을 영원히 바꿀 수 없는 이런 상황에서 관점인계는 일종의 '기만'이다. 또한 불가피하게 상대방의 관점을 깔아뭉개고 무시하는 것이기 때문에 이런 관점인계는 '압제'다. 이것은 딸이 커서 어머니가 되듯이 시간이 지나 자기가 상대방의 지위에 도달하는 경우에도 '자기편향' 때문에 사태는 마찬가지가 된다. 실생활 속에서 타아의 관점을 자기편향 속에서 자아의 관점으로 대체하고 타아의 관점을 억압하는 이런 사례들은 역지사지로서의 상상적 '입장 바꾸기'의 기만성과 압제성을 명확하게 드러내준다.

셸러는 일찍이 유추추리적 타아인지론, 즉 유추적 역지사지를 통한 타아인지의 이론을 비판하면서 관점인계의 근본적 기만성을 지적한 바 있다. 유추적 타아인지 이론은 자아가 자신의 자아를 유추하여 자아와 유사한 타아를 알 수 있다는 자타동일시 이론인 한에서 하버마스의 가상적 관점인계론과 본질적으로 동일한 구조를 가지고 있다. 이에 대해 셸러는 역지사지의 타아추리가 타아의 표정을 다 고려할 정도로 치밀하더라도, 자아를 유추하여 타아를 알려는 이 유추추리가 논리적으로 옳기 위해서는 타인의 영혼 속에 '타아'가 아니라 타아와 자리를 바꾼 "나의 자아가 또 한 번 현존해야 한다"고 지적한다. 왜냐하면 역지사지의 "추리"가 "나의 자아와 상이한 타아를 정립한다면, 이 추리는 그릇된 추리이기" 때문이다. 그리하여 추리적 역지사지의 타아인지론은 타자의 존재를 입증하려는 이 추리의 본래적 가정 내용과 충돌한다. "이 가정 내용은 다른 영혼적 개인들이 존재하고 이 개인들은 그 자체로서 나의 자아와 상이하다는 것"이었다. 그러나 유추추리는 논리적 일관성을 견지한다면 "기껏해야 타아들이 자아와 동일한 한에서만 '타아의 존재' 가정에 이를 수 있지, 결코 다른 영혼적 개인들의 존재에는 이를 수 없을 것이다".[65] 그러므로 유추추리적 타아인지론은 자기의 자아를 타아의 자리에 가져다 놓는 자타동일시를 통해 타아를 알았다고 우기는, 한마디로 타아를 자아로 변조 또는 위조하는 일종의 기만인 것이다. 이 기만은 당연히 진정한 '다른 영혼적 개인들'을 무시하고 배제하는 일종의 압제를 수반한다. 유추추리적 타아인지론과 본질적으로 동일한 논리구조를 가진 하버마스의 관점인계론도 이런 본질적 기만성과 압제성을 안고 있다.

결론적으로 하버마스의 논의적 관점인계론은 불가능한 이론이다. 그럼에도 이 이론을 관철시킨다면, 그것은 기만적이고 압제적인 이론으로 현상할 것이다. 또한 언어행위에 기초한 논의적 관점인계론은 말 못하는 존재자들을 배제한다. 이 논의적 관점인계론에 입각한 하버마스의 전문적 해석자는 말 못하는 아기들을 이해할 수 없고, 아기의 관점을 자기의 관점으로 대체하여 결국 자기의 관점에서 아기의 행위를 이해하고 이 이해를 아기의 자연적 이해라고 자기기만적으로 확신할 것이다. 또한 하버마스의 전문적 해석자는 말 못하는 동물들을 이해할 수 없으면서도 마치 완전히 이해한다고 착각하는 자기기만 속에서 이 동물들에게 자기의 관점을 내리먹일 것이다. 그러나 실생활 속에서 엄마들은 말 못하는 아기를 관점인계 없이 공감적으로 잘 이해하고 잘 키운다. 그리고 수많은 인간들은 공감적으로 자기의 반려견들을 잘 이해하고 반려견들도 인간을 잘 이해한다. 또한 수천만, 아니 수억 명의 전 세계 목자(牧者)들과 유목민들,

---

65) Max Scheler, *Wesen und Formen der Sympathie* [증보판, 1922], hrg. v. Manfred S. Frings (Bern·München: Francke Verlag, 1973 [6. Aufl.]), 234-235쪽.

그리고 유목견遊牧犬은 자기가 기르는 가축들을 잘 이해하고, 가축들도 목자와 유목견을 잘 따른다. 결국 논의적 관점인계에 기초한 하버마스의 합리적 해석학은 그릇된 해석학이고 배제적, 기만적, 압제적 해석학이다.

이런 까닭에 공감의 뇌 메커니즘이 충분히 과학적으로 규명된 오늘날 우리는 진정한 해석학을 위하여 하버마스의 가상적 관점인계의 역지사지 개념만이 아니라, 철학 속에 출몰한 모든 역지사지 관념을 떨어내야 한다. 이제 필자는 홉스·루소·쇼펜하우어 등의 역지사지와 '자타동일시', 아담 스미스의 '상상 속의 입장 바꾸기', 칸트·롤스 등의 "타인의 관점으로 옮겨 가 보편적 입지점으로부터 그 자신의 판단에 대해 반성하기", 즉 "모든 타인의 입장에서 생각하기", 슐라이어마허·딜타이·짐멜·즈나니키 등의 '상상적 자기전치'와 '상상적·관념적 대리체험', 매키버의 '상상적 재구성', 콜링우드 등의 '사유이입적 재현', 미드·콜버그·쾨글러 등의 '상상적 역할채택'과 같은 온갖 인위적 '역지사지'를 순전히 철학자들이 지어낸 공상물로 단정한다. 우리는 우리의 동류 인간들의 단순한 일상행동의 다소 지속적인 이해를 위해서라면 사람들이 무엇을 왜 하는지, 또는 다음에는 무엇을 하려고 하는지에 관한 복잡한 추론적 사유들로 두뇌를 '과부하시킬' 필요가 없다.[66] 우리는 "타인의 입장에 서는 척하는 공들인 인지적·숙고적 가장假裝"을 하는 것이 아니라, 거울뉴런체계에 의해 언제든 순식간에 직관적으로 타인들이 하는 것을 자동으로 시뮬레이션할 수 있기 때문이다.[67] 따라서 이제 적어도 해석학에서만큼은 타인의 입장에 서는 척하는 가장과 허식이 결단코 혁파되어야 할 것이다.

---

[66] Marco Iacoboni, *Mirroring People: The Science of Empathy and How We Connect with Others* (New York: Picador, 2008·2009), 73쪽.

[67] Iacoboni, *Mirroring People*, 73, 77쪽.

1.2. 가다머의 철학적 해석학

한스-게오르그 가다머(Hans-Georg Gadamer)의 '철학적 해석학'도 역지사지론에 기초한 한에서 이런 허위성, 기만성, 압제성을 하버마스의 '합리적 해석학'과 마찬가지로 공유한다. 따라서 이번에는 하버마스의 가상적 역지사지 해석학과 유사한 가나머의 철학적 해석학을 비판석으로 다룰 참이다. 그러나 가다머의 역지사지 해석학은 하버마스의 가상적 관점인계의 역지사지처럼 미드로 거슬러 올라가는 역할채택이나 관점채택에서 기원하는 것이 아니라, 빌헬름 딜타이(Wilhelm Dilthey, 1833~1911)와 프리드리히 슐라이어마허(Friedrich E. D. Schleiermacher, 1768~1834)로 거슬러 올라가는 독일의 전통적 해석학과 맞닿아 있다. 하지만 역사적·기원적 순서상 비코(Giambattista Vico, 1668~1744)에서 슐라이어마허까지 초창기 해석학을 의식적으로 집약하여 계승한 딜타이의 해석학에 대한 논의는 다른 곳으로 넘기고 여기서는 가다머의 '철학적 해석학'만을 집중 분석한다.

■ 가다머의 역지사지론

하버마스는 가다머의 '철학적 해석학'을 텍스트의 저자가 해석자로부터 배울 수도 있는 가능성을 몰각할 정도로 "고전적 텍스트들을 다루는 문헌학자의 경험에 사로잡혀 있고",[68] 또 '해석학주의(hermeneuticism)'에 빠져 있다고[69] 비판한다. 하지만 필자가 보기에 가다머는 무엇보다도 슐라이어마허와 딜타이의 저 불가능한 또는 자기도취적인 상상력과 언어주의 편향의 역지사지 해석학을 계승하는 것으로 보인다. 따라서 가다머

---

68) Habermas, *Theorie des kommunikativen Handelns*, Bd.1, 193쪽.
69) Jürgen Habermas, "Interpretative Social Science vs. Hermeneuticism", 258쪽. Norma Haan, Robert N. Bellah, Paul Rabinow and Willian M. Sullivan (eds.), *Social Science as Moral Inquiry* (New York: Columbia University Press, 1983).

의 '철학적 해석학'에서 정작 진지한 비판을 받아야 할 근본적 문제점은 하버마스의 문제점과 동일하다. 가다머의 해석 개념도 타인을 '타인의 관점'에서 이해한다고 주장하면서 슬그머니 타인의 관점을 차선으로 밀어내고 해석자의 관점인 '진리의 관점'을 전면에 내세우는 기만적 역지사지론에 기초해 있고, 어찌 보면 하버마스보다 더 심하게 언어주의적 편향을 '옹호'하기 때문이다.

가다머는 그의 해석학 전체를 특징짓는 결정적인 구절에서 바로 역지사지의 논변을 전개하면서 해석자의 입장을 해석대상자에게 내리먹이고 있다.

> 편지 수신인이 이 편지가 담고 있는 소식을, 그리고 먼저 사실들을 편지를 쓴 사람의 눈으로 보는 것처럼, 즉 — 가령 편지를 쓴 사람의 이상한 의견 그 자체를 이해하려고 하는 것이 아니라 — 이 사람이 쓴 것을 참으로 여기는 것처럼, 우리는 전승된 텍스트들도 우리 자신의 선행적 사실이해로부터 길어낸 의미기대를 근거로 이해한다. 그리고 우리가 어떤 통신원이 거기에 가 있거나 그가 그것을 더 잘 알기 때문에 그가 보내는 소식을 믿는 것처럼, 원칙적으로 우리는 전해진 텍스트가 그것을 자기의 선先의견(Vormeinung)이 통하게 하려는 것보다 더 잘 안다는 가능성에 대해 개방적이다. 말해진 것을 참된 것으로 통하게 하려는 시도가 실패한 뒤에야 비로소 텍스트를 타인의 의견으로 — 심리적 또는 역사적으로 — '이해하려는' 노력이 이어진다. 그러므로 완전성의 선입견(Vorurteil)은 텍스트가 자신의 의견을 완전하게 언표해야 한다는 이런 형식적인 것만을 포함하는 것이 아니라, 텍스트가 말하는 것이 진리라는 것도 포함한다. 이해는 일차적으로 사실에 훤히 정통하는 것(sich in der Sache verstehen)을 뜻하고 이차적으로야 비로소 타인의 의견 자체를 따로 떼어내어 이해하는 것을 뜻한다는 것은 여기서도 확증된다. 따라서 모든 해석학적 조건들 중 첫째 조건은 변함없이 동일한 사실과의 관계로부터 생겨나는 선先이해(Vorverständnis)다. 이 첫째 조건으로부터 통일적 의미로서 집행 가능한 것과 완전성의 선취(Vorgriff der Vollkommenheit)의 적용

이 결정되어 나온다.[70]

가다머는 일단 편지를 쓴 발신인을 전혀 알지도 못하기 때문에 수행할 수 없는 '상상 속의 입장 바꾸기', 즉 "이 편지가 담고 있는 소식"을 "편지를 쓴 사람의 눈으로 본다"는 당치않은 관점인계의 역지사지를 "이 사람이 쓴 것을 참으로 여기는" 또는 "텍스트가 완전한 언표이고 또 진리"라는 '완전성의 선의견, 선입견, 선이해'로 간주한다. 이것은 '이해'의 일차적 개념, 즉 해석자가 사실을 참으로 보고 "사실에 훤히 정통하는 것"이다. 이를 통해 사실이 참이 아닌 점도 있다는 것을 알게 된 다음, 즉 최초의 이해 시도가 실패한 다음, 이차적으로 "타인의 의견 자체를 따로 떼어내어 이해한다". 이것은 텍스트를 상대화하여 '전체'의 관점에서 재분석하여 작성자의 의도와 텍스트 내용 간의 합치성 여부 및 텍스트의 불완전성과 오류까지 다 아는 '부분·전체 연관적 이해'를 포함한다. 결국 편지에 담긴 소식을 "편지를 쓴 사람의 눈으로 본다"는 역지사지적 관점인계 또는 일단 "편지를 참으로 여기는" 선의견(편견)은 해석자의 '전체적' 해석에 굴복한다. 종국에 해석자는 역지사지의 '편견'을 폐하고 전지자로서 해석의 무대를 홀로 지배한다. 그리하여 가다머의 관점인계는 기만이다. 또 해석자의 전체투영적 해석도 상대적 '편견'이다. 해석자의 전체지평도 유구·유원한 시공에서 보면 상대적인 것이기 때문이다.

한편, 가다머의 전문적인 '철학적 해석학'은 일상인들의 '자연적 해석학'과 정확히 반대로 진행된다. 일상적 행위자들은 일단 타인의 언행의 텍스트를 "참으로 여기는" 어떤 '완전성의 선입견'도 없이, 그리고 아무런 상상적 역지사지도 없이 타인언행을 내감적 교감·공감과 본능적 판단력에

---

[70] Hans-Georg Gadamer, *Wahrheit und Methode, Grundzüge einer philosophischen Hermeneutik*, 299-300쪽. Hans-Georg Gadamer, *Gesammelte Werke*, Bd.1, *Hermeneutik I* (Tübingen: J. C. B. Mohr, 1960·1986).

의해 순식간에 직관적으로 쾌통·재미·미추·시비변별 속에서 평가적으로 이해한다. 그러나 자연적 해석자는 자신의 평가적 이해의 의견을 바로 개진하지 않고 내면의 무의식이나 잠재의식에 보관한다. 자연적 해석자가 자기 의견을 의식적으로 개진할 경우는 상대방 행위자가 요구할 때에 한정되고, 해석자의 의견도 결코 전지적이지 않은, 아직 개인적·상대적인 의견, 이런 의미에서 겸손한 의견일 뿐이다. 두 사람은 다 자신들을 둘러싸고 있는 만인의 공감대를 고려하기 때문이다. 전문적 해석자(사회과학자나 예술비평가)도 제대로 된 해석자라면 "사실에 훤히 정통한" 전지자적 자세가 아니라, 이해의 객관성을 확보하기 위해 자연적 해석자의 저런 '겸손한' 이해자세를 견지해야 하고 또 그러기 마련이다. 그리하여 전문적 해석자는 이해의 객관성을 위해 공감대를 확보하려고, 즉 가급적 많은 주변사람들과 교감·공감을 확대하려고 노력하기 마련이다. 자연적 해석자와 전문적 해석자의 유일한 차이가 있다면, 그것은 일상의 자연적 해석자가 타인의 언행의 주관적 감정, 즉 감정적 의미를 이해해주는 데 주력하는 반면, 전문적 해석자는 주변사람들과의 공감대의 확대에 주력한다는 것이다.

하버마스는 가다머의 해석적 '진리(Wahrheit)'를 '타당성'의 객관적 기준으로 보고 "명제적 진리성, 규범적 올바름, 진정성과 진실성을 포괄하는 합리성(Vernünftigkeit)"으로, 즉 자신의 개념으로 풀이했다.[71] 하버마스의 이 풀이가 맞다면, 이 '진리'의 타당성 판단도 자연적 해석학에 반하는 것이다. 자연적 해석학에서 '인식', 즉 사실에 관한 명제적 진리의 파악은 전제이고, 진정 제기되는 타당성의 기준은 결코 저 '합리성'이 아니라 인간 본성에 뿌리박은 제諸감정들과 쾌통·재미·미추·시비, 즉 기분좋음·나쁨(이로움·해로움), 재미있음·없음, 아름다움·추함, 선함·악함이다. 이론적·

---

71) Habermas, *Theorie des kommunikativen Handelns*, Bd.1, 193쪽.

전문적 해석의 목표도 행위자의 존재와 행위의 이 4대 가치와 기타 정서의 의미를 객관적으로 아는 것이다. 따라서 가다머의 '진리' 기준 중에서 '규범적 올바름'만이 공감적 해석학의 하나의 객관적 타당성 기준(선악)과 부합될 뿐이다. 필자의 비판의 요지는 편지 수신자가 '편지를 쓴 사람의 눈으로 편지를 본다'는 역지사지 주장도 당치않은 말이고, "말해진 것을 참된 것으로 통하게 하려는 시도가 실패한 뒤에야 비로소 텍스트를 타인의 의견으로 '이해하고' 해석자의 객관적 '전체관점'을 따로 세워 편지에 내리 먹인다는 말도 당치않다는 말이다. 텍스트를 쓴 사람의 자연적 이해도, 해석자의 텍스트 해석도 둘 다 공감적 만인관찰자, 즉 사회적 공감대와 교감해야 하는 것이다. 이 점에서 텍스트 작성자와 해석자는 동등하고, 해석자의 해석특권은 전무하다. 편지 발신자가 자신의 처지와 심정을 토로한 서신에 대해 발신자와 수신자 양인이 공유하는 객관적 공통해석도 사회적 공감대를 배경으로 해서만 가능할 것이다. 공감적 해석자는 ─ 자연적 해석자든, 전문적 해석자든 ─ 일단 서신의 쾌통, 재미, 미추, 시비를 교감적으로 판단·이해했을지라도 진술을 유보한 채 토로된 타인심정 자체를 먼저 공감적으로 실감하여 이해하고(저 평가감각의 판단이 부정적일 때는 그 부정적 행위 자체에 대한 공감을 차치하더라도 이 행위를 하게 된 행위자의 처지나 의도라도 공감적으로 실감하고), 이런 뒤에 가능한 비평적 의견진술의 경우에도 사회적 공감대(공감적 만인관찰자)에 비추어본 뒤 발신자와의 공감을 모색한다. 서신이 역사적 '텍스트'가 되어 발신인이 사멸한 경우에도, 전문적 해석자의 공감적 텍스트 이해와 비평도 텍스트를 접한 공감적 만인관찰자들과 일정한 보편적 '공감대'를 형성해야만 존재가치를 얻을 것이다. 이 공감형성 과정에는 언어가 활용될 수 있되, 이때 언어는 현실의 화행적 변형과 왜곡으로 교감과 공감을 파괴하고 반감과 편싸움을 증폭시키는 공론장의 쟁론수단이 아니라, 목소리보다 약 88만 배 빠른 '빛의 속도'로 이루어지는 교감적·공감적 이심전심을 위한 ─ 손짓, 몸짓,

표정, 음률, 악보, 그림 같은 기능의 – '보조수단'이어야 하고, 따라서 가급적 최소화되어야 할 것이다.

■ '철학적 해석학'의 문화상대주의

"말해진 것을 참된 것으로 통하게 하려는 시도가 실패하기" 전까지 고수되는 가다머의 "완전성의 선취"(편견, 선이해) 개념은 문화상대주의를 함의하지만, '선이해'를 버리고 '부분' 텍스트를 '전체 관점'에서 늘 수정하고 확장적으로 해석하는 해석자의 전체 관점도 상대주의에 빠진다. '전체'도 유구·유원한 시공 속에서 보면 상대적인 것이기 때문이다. 따라서 가다머는 객관성 이념을 명시적으로 포기하고 상대주의를 말없이 용인한다. 이는 모든 문화현상에 담긴 본성감정들을 인류보편의 객관적 의미로 이해하는 필자의 – 뒤에 논증될 – 공감적 해석학의 진성적盡性的 '심층해석'과 아주 대조적이다.

따라서 가다머의 '해석적 전체관점 투영론'의 문화적 상대주의 경향을 좀 자세히 살펴볼 필요가 있다. 반케(Georgia Warnke)의 요약적 해설에[72] 따라 그의 철학적 해석학의 관련 논지를 살펴보면, 가다머는 '객관성에 대한 관심'에서 실증주의자와 전통적 해석학자가 동일한 오류를 범하고 있다고 생각한다. 양측의 눈에 사회과학적 발견의 타당성은 '상호주관적 확인'과 '반복가능성'에 달려있다. 실증주의자는 이것이 관찰과 실험결과를 '복제'함으로써 확보된다고 생각한다. 딜타이 같은 해석학자는 그것이 체험을 '복제'하는 것, 즉 참여자들 자신이 원래 체험한 대로 사건들을 '대리체험'하는 것에 달려있다고 생각한다. 양측이 둘 다 사회과학적 해명

---

72) 참조: Georgia Warnke, "Translator's Introduction". Karl-Otto Apel, *Understanding and Explanation: A Transcendental-Pragmatic Perspective* (Cambridge, Massachusetts·London: The MIT Press1979·1984), xiii~xvi쪽.

의 적합성은 조사자 자신의 관점의 영향을 근절하는 데 달려있다고 생각한다. 상이한 조사자들이 문화적 차이나 시간적 거리와 무관하게 수락할 수 있는 지식만이 '객관적'이다.

그러나 가다머에 의하면 이 객관성 논의는 그릇된 환상이다. 다른 사회나 역사시대를 이해하는 것은 조사자 자신이 속한 문화의 규범이나 가치를 유보하는 것을 요구하지 않는다. 다만 자신의 순진한 지방문화적 편협성만을 극복하면 된다는 것이다. 따라서 가다머는 우리가 사회과학적 분석을 검증하는 적절한 모델로서 관찰과 예측을 물리쳐야 할 뿐만 아니라, 상호주관적 검증 자체에 대한 우리의 관심도 포기해야 한다고 주장하고, '해석적 관점투영론'을 전개한다.

가다머의 입장은 인간지식의 상이한 형태에 대한 편견과 전통의 영향을 설명하는 것으로부터 가장 선명하게 드러난다. 가다머에게 인간적 이해의 모든 형태는 어떤 것을 어떤 것'으로서' 이해하는 것이다. 환언하면, 경험의 내용은 경험의 실제적 구성요소들을 넘어가는 의미의 투영을 포함한다. 경험은 언제나 일면적이고 관점적이다. 가령 어떤 대상을 '책상'으로 지각하는 것은 '책상'의 모든 측면의 무조건적, 전체적 동시파악에서 생겨나지 않는다. 오히려 그것은 제한된, 일면적인 관점에 기초한 해석이다. 유사하게 텍스트 이해도 '부분-전체' 관계에서의 이해의 기초 위에서 전개된다. 여기서 다시 우리는 주어진 부분을 전체의 의미의 투영의 견지에서 이해하고, 전체의 이 의미투영을 그 부분들의 독해와 해석의 기초 위에서 수정한다. 이 의미투영은 기대와 선先의견의 연관 또는 '지평'에 기초한다. 그리하여 내가 주어진 텍스트를 탐정소설로 이해한다면, 이것은 내가 탐정소설이 무엇인지를 안다는 것, 보다 일반적으로, 내가 이것과 구별할 수 있는 다른 문예형태들에 친숙하다는 것을 전제한다. 유사하게 무엇인가를 책상으로 보기 위해서는 책상이 무엇인지를 알아야 하고, 책상을 다른 널판과 구별해주는 쓰기, 공부, 독서의 행위에 친숙하다는 것을 전제한다. 이런 까닭에 직접적 경험자료의 어떤 파악이든 모종의 '이론'이 실려 있다. 파악은 자기가 속하는 문화와 사회의 경험과 문화를 반영한다.

가다머가 '선입견(선판단)'으로 언급하는 것은 이러한 의미투영이다. 이 의미투영이 역사전통의 중요성에 대한 그의 주장의 토대다. 문화적 대상의 의미투영이 자신이 속한 문화에 뿌리박은 것이라면, 그것은 이 문화의 역사에, 따라서 전통에 뿌리박은 것이기도 하다. 의미투영은 해석자의 순수한 개인적 짐작도 아니고 자의적 결정도 아니다. 의미로서 투영되는 것은 '역사적 편견', 문제의 대상에 대한 이전의 해석들과 접근들에 기초한 예상이다. 누군가가 어떤 것이 어쨌든 어떤 것으로 현상한다고 이 어떤 것의 의미를 예상하는 것은 이 정도까지다. 그러나 이 예상은 그 자체 무근거한 것이 아니다. 오히려 그것은 문화전통에 의거한다. 가다머의 관점에서 이 전통의 조작적 작용력은 역사와 사회과학에 대한 '방법'의 도입에 의해 중립화되지 않는다. 설명되어야 하는 것을 정의하고 기술하는 방법, 사회과학적 질의항목들에 맞추는 초점, 강조하는 역사의 단면 등, 이 모든 것은 특유한 문화사와 지성사에 의해 알려진 개념적 지향을 반영한다.

전통의 힘은 모든 의미투영이 이미 편견화되는 식으로 지식에 작용을 가하고, 다시 이 편견들은 바로 해석작용 속에서, 그리고 이 해석작용을 통해 항구적으로 수정을 겪는다. 가다머는 해석적 사회과학의 목표가 이전의 연구의 복제나 확인일 수 없고, 오히려 현상이 역사전통의 후속단계에 연루됨으로써 개창되는 현상의 새로운 차원을 조명하는 것이라고 논변한다. 우리가 언제나 우리 자신의 역사적 상황의 기초 위에서 이해하고, 또 역사가 언제나 바뀌는 것이기 때문에 어떤 사건이나 인공물이든, 또는 어떤 실천이든 다른 사건, 다른 인공물, 다른 실천들과 연계되게 되고, 이어지는 발전의 관점에서 계속적으로 재해석된다. 그리하여 모든 해석은 문화적 편견의 투영인 한편, 투영된 편견들은 언제나 변한다. 역사적 현상이 언제나 상이한 역사적 관점에서 해석되기 때문이다. 진정, 편견들은 투영되는 바로 그 과정 속에서 필연적으로 수정된다. 그리하여 가다머에 의하면, 해석과정이란 해석자가 그 자신의 편견의 관점에서 의미를 파악하고 동시에 이 편견을 해석대상과의 대결에 의해 야기되는 문제의 관점에서 이 편견들을 재고하는 역지사지적 '대화과정'이다. 그러므로 가다머에 의하면, 제諸인간과학은 역사적 자기의식의 형태들이다. 인간과학은 인간행위에 관한 객관적 진리, 즉 문화적·역사적 관점에서 해석자에게 가용한 진리를 표현하는 것이 아니라, 문화의 자기이해의 단계들을 예증한다. 즉, 인간과학은 문화 자신의 역사와 전통에 대한 문화 자신의 대결의 제諸단계를 반영한다. 그러므로 과학자의 결과가 갖는 타당성의 근거는 다른 과학자들의 발견들에 대한 이 결과의 부합성이 아니다. 다른 문화·역사상황은 문제현상의 다른 차원에 대한 통찰을 허용한다.

　가다머의 이 논변은 사회과학에서의 객관성이 결과의 반복가능성이나 상호주관적 검증의 문제일 수 없다는 주장으로 이끌어진다. 객관성 개념이 가다머의 분석틀 안에서 어떤 의미를 지닌다면, 그것은 해석자가 전통의 전개에 대한 자신의 참여를 자각한다는 뜻이다. 진정, 어떤 해석도 유일무이하게 올바르다는 것 또는 특권적 통찰 입장을 보유한다고 주장할 수 없기 때문에 객관성 개념은 '해석자의 결론에서의 겸손에 대한 소청所請' 정도다. 가다머는 모든 해석이 동등하게 타당한 것은 아니지만, 이 타당성의 문제가 '무역사적 객관성 기준'에 대한 호소에 의해 해결될 수 없다고 주장한다. 해석의 객관성은 오히려 해석이 폭로한 측면들의 범위와 중요성에 관한 해석의 자기의식과 함께 현상의 새로운 차원을 계시하는 데서의 '성과적 풍요로움'의 문제다. 그러므로 해석에서의 객관성은 해석자 자신의 이해의 한계를 인정하고 그가 속한 전통의 힘을 시인하는 것을 포함한다. 가다머의 철학적 해석학은 기존의 해석학을 과학주의와 객관주의의 오류로 비판하고 '과학'과 '객관성'의 이념을 자연과학의 독점물로 만든다.

그러나 자연과학적 '설명'의 객관성의 원천인 필연적 인과성이 '물지성 物之性'이 아니라, 관찰자의 '인지성人之性' 또는 인간의 습성적 믿음에 의해 — 인과적 설명에 앞서 — 정립되는 것이라면, 객관성은 자연과학의 인과적 설명에만 독점케 할 것도 없고, 또 인간본성의 감정전염과 습성에 의해 전승되는 '전통'의 영향을 받는 '해석'과 관련하여 그런 수준의 객관성 정도는 포기할 필요가 없을지도 모른다. 흄에 의하면, 인과성은 '연달은 연관(successive conjunctions)'을 단지 이에 대한 연달은 반복적 경험 때문에 '인과적 연결(causal connection)'로 느끼는 '습관적 믿음', 또는 파블로프의 용어로 표현하면 '습관적 조건반사의 믿음'이다. 자연과학의 객관성이 이런 습관적 인과성 개념에 근거한 객관성이라면 이 객관성을 자연과학에만 독점시킬 근거가 없는 것이다. 자연과학적 지식도 이렇게 '습관성'이나 '믿음'과 관련된 주관성 또는 주관적 이해가 필요한 측면이 있기 때문이다. 나아가 쿨리는 가장 단순한 자연과학적 지각과 개념들조차 주관적 구성물이라고 말한다.

> 주관성에 관한 한, 나는 모든 지식이 한 가지 의미에서, 즉 지식이 정신적이라는 의미에서, 환언하면 지식이 외적 사물이 아니라 정신의 구성물이라는 의미에서 주관적이라고 말할 수 있다. 형식이나 내용의 가장 단순한 인식조차도, 단순한 물리적 자료이기는커녕 교육, 해석과 사회적 진화의 확대과정의 소산이고, 과학의 엄정한 인식은 훨씬 더 그렇다. 결국 소위 물리학은 정신적·사회적 복합체(개인적 인간본성)의 사회적 유산과 창조물들이다. 그렇다면 공간적(물리적) 지식과 사회적 지식은 그런 만큼 동일한 발판 위에 있는 것이다. 상이한 종류의 지식 사이에서처럼 다소의 주관성의 문제를 나는 기본통찰에서 다소 일치하는 문제로 받아들인다.[73]

---

73) Charles H. Cooley, *Sociological Theory and Social Research* (New York:

그렇다면 자연과학적 지식의 모든 '가장 단순한' 인식들과 '기본'범주들도 모두 다 "정신의 구성물"이라서 사회과학적 지식과 마찬가지로 공감적 이해와 해석이 필요한 것이다. 그럼에도 불구하고 자연과학적 지식이 객관적일 수 있다면, 사회과학적 지식도 이런 정도의 공감적 의미에서 객관적일 수 있는 것이다. 쿨리는 "아인슈타인은 이 객관성이 절대적인 것이 아니라, 공간적 과학의 대부분의 목적에 충분한 것이라는 것을 입증했다"고 천명하고,74) 공감적 지식이 덜 정확하고 검증가능성이 덜하다는 것을 인정하지만 이 어려움 때문에 사회적 현상들의 "객관적" 이해가 불가능한 것이 아니라고 말한다. 이 객관성의 기초는 "인류를 관통하는" 정신적·사회적 복합체, 즉 개인적 인간본성의 "일반적 유사성"이기 때문이다.75) 따라서 가다머가 '객관성'을 자연과학에만 독점케 한 것은 정당화될 수 없다.

게오르크 라이트도 유사한 논변을 전개한다. 그는 일단 자연필연성의 관념이 우리가 다른 것을 행함으로써 어떤 것들을 일어나게 할 수 있다는 관념에 뿌리박혀 있지만, 우리가 어떤 것을 하는 것이 다른 것을 '일어나게 한다'는 것에 대한 우리의 지식은 규칙적 연발(sequence)의 관찰에 기초해 있다고 갈파한다.76) 이 '일어나게 한다'는 관념은 규칙적 연발의 친숙한, 또는 반복적 관찰에 기초한 것이라는 말이다. 물론 칼-오토 아펠의 입장에서도 객관성을 자연과학에만 귀속시키고 사회과학에서 객관성을 포기하는 가다머의 저 입장을 실증주의자들과 마찬가지로 '과학주의적 오류'에 빠진 것으로 비판할 수 있다. 자연과학에서의 인과적 설명이 보장한다는

Augustus M. Kelley Publishers, 1930·1969), 297쪽. 모든 괄호는 인용자.

74) Cooley, *Sociological Theory and Social Research*, 297쪽.
75) Cooley, *Sociological Theory and Social Research*, 301쪽.
76) Georg Henrik von Wright, *Explanation and Understanding* (Ithaca, New York: Cornell University Press, 1971·2004), 73쪽 주석 41) (190쪽).

그런 객관성은 실은 인과적 설명의 가능성의 조건이 외부세계의 개입에 대해 충분히 차단된 자연적 물성관계를 추상하여 인공적으로 조작해내는 인간의 의도적 행위능력에 의해 창출되는 것이기 때문이라는 것이다.[77] 이렇게 보면 자연과학에서 거론되는 수준의 객관성 따위는 사회과학에서도 추구될 수 있는 것이다. 따라서 가다머의 객관성 포기는 방법론적 정당성을 결하고 있는 것이다.

물론 필자는 이런 방법론적 비판에 더하여 인간본성적 감각·감정의 의미(가치) 관점에서 가다머의 상대주의 해석학을 기각한다. 보편적 객관성을 포기하는 가다머의 자포자기적인 문화적, 역사적 상대주의는 인간본성에 비춰본 진정한 문화적 높낮이와 역사적 진보의 개념을 파괴한다. 동시에 가다머의 해석학은 가령 인도의 아동노예제나, 아프리카 여성들에게 자행되는 할례관행을 그것의 고유한 문화적 지평으로 정당화하거나 적어도 용인하고, 역으로 지방문화적 편협성만 벗어난다면 — 이 지방문화적 편협성을 탈피한 점에서는 개명되었지만, 외부문명권의 눈에는 그래도 구제할 수 없이 고루한 — 전全독일적인 민족문화적 편견들(소위 괴이하고 의심스런 '독일정신', 과거지향적·낭만주의적 속물주의, 자민족중심주의, 배외주의 등), 또는 전全서양적인 문화편견들(식민주의, 제국주의, 백인우월주의, 합리주의 등 각종 이데올로기)과 서구우월주의를 얼마든지 무비판적으로 용인하고 정당화할 수 있다. 이것이 가다머의 문화전통적 상대주의 해석학이 지닌 정치적, 사회적 위험성이다.

가다머는 모든 해석이 동등하게 타당한 것이 아니라는 것을 인정하면서도, 이 객관적 타당성 문제가 '무無역사적 객관성 기준'에 의해 해결될 수 없다고 주장했다. 그러나 필자는 바로 이 대목에서 인간본성에 대한

---

77) 참조: Karl-Otto Apel, *Understanding and Explanation: A Transcendental-Pragmatic Perspective* (Cambridge, Massachusetts·London: The MIT Press1979·1984), 59-60쪽.

가다머의 무지에 주목한다. 인간본성에 의해 정언적으로 규정된 인간의 본성적 단순감정, 공감감정, 교감감정에 대한 내감의 보편적 변별력과 5대 판단력(쾌통[손익]판단·재미판단·미추판단·시비판단·애증판단)은 감정전염과 구별되는 객관적 교감·공감기제와 결합하여 타인의 행위만이 아니라, 특정문화와 역사단계를 객관적으로 이해하고 평가할 수 있는 심층해석을 가능케 한다. 따라서 문화권을 관통하여 보편적으로 공유하는, 따라서 행위자와 해석자도 당연히 공유하는 내감본성의 이 교감·공감능력과 의미판단력이 범인류적 공감대 차원으로 옮겨진다면 바로 '초역사적 객관성 기준'을 수립하는 인류보편적 능력인 것이다. 따라서 각국 단위로 분단된, 그러나 보편적 성격을 갖는 불편부당한(impartial) 공감적 만인관찰자의 '사회적 공감대'가 모든 해석의 객관성에 대한 검증을 보장하고, 그리하여 배후에서 그 객관성을 통제하는 것이다. 개별단위의 문화·문명과 개별적 역사단계는 저 인간본성적 의미들의 발현, 실현, 개발의 양식상의 차이와 고저高低·규모의 차이를 표현할 따름이다. 따라서 이 문화적 차이에는 대등한 상이성과, 특정 문화의 선진성과 후진성을 가르는 인간개발(='진성盡性')의 높낮이의 격차가 뒤섞여 있다. 공감적 해석학은 이 대등한 상이성을 각 문화의 정체성으로 인정하고, 초역사적 심층가치, 즉 본성적 가치(기분좋음, 이로움, 재미있음, 아름다움, 훌륭함)의 객관적 관점에서 격차를 이해·변별·비판할 수 있는 '심층적 해석'을 제공한다. 대등한 문화적 상이성은 헤르더가 말하는 '좋은 편견'이고, 인간적 '진성'의 격차에서 나오는 문화적 열등성의 상이성은 '나쁜 편견'으로서 비판되고 극복되어야 할 것이다.

이 문화적, 역사적 상이성과 격차는 물론 궁극적으로 자연환경, 지리, 풍토, 주변집단들과의 오랜 교류와 갈등 경험, 사소한 생활습관적 차이의 누적, 제민족의 상이한 언어와 문법, 기질과 사고방식, 제민족의 '진성盡性' 능력과 노력의 차이 등에 의해 결정된다. 이 관점에서 보면 이 문화적 상이성과 문화적 격차도 중요한 것이다. 그러나 이것은 해석과정에서 인류보편의 초문화적, 초역사적 '본성적 객관성'의 차원보다 낮은 민족사적, 개별집단적 차원, 즉 부차적 차원에서만 중요성을 지니는 것이다. 하지만 가다머는 문화·역사의 이 부차적 측면에만 주목하고 이를 선차적으로 중요한 것으로 착각하는 한편, 우수한 문화와 열등한 문화, 선한 문화와 악한 문화 간의 발달격차도 대등한 문화적 상이성 속에 함몰시켜 평준화하는 오류를 범하고 있다.78)

■ **철학적 해석학의 언어주의**

가다머는 슐라이어마허, 딜타이, 하버마스처럼 언어실증주의(언어물신주의)에 빠져 있다. 그러나 언어는 진화론적으로 교감과 공감 능력에서 자라나 이 교감·공감능력을 근거로 발생한 것으로 보인다. 결코 거꾸로는 아닐 것이다. 여러 고등동물들이 말을 못할지라도 적지 않은 공감능력을 가지고 있기 때문이다. 따라서 언어행위와 단어들의 상호적 사용과 이해도 암암리에 교감·공감의 바탕 위에서만 가능한 것이다. 교감능력은 갖췄지만 공감능력과 도덕감각·도덕감정을 결한 사이코패스는 구변이 좋아도 감정적 의미가 실린 정상인의 언어행위를 차가운 '관념'으로만 이해할 뿐이고, 공감적으로 '실감'하지 못하는 한편, 특히 동정심, 정의감, 신뢰, 부러움, 자긍심 및 도덕적·일체감적 즐거움과 같은 공감감정을 담은 언어행위는 전혀 이해하지 못한다. 따라서 하버마스가 중시하는 '의사소통적 행위'의 의미(동기)도 언어적으로 수행되는 한에서 결코 언어적으로 이해될 수 없고, 오직 교감적·공감적으로만 이해될 수 있을 것이다. '소통적

---

78) 객관성에 대한 가다머 해석학의 상대주의적 포기는 그의 열렬한 지지자에 의해서도 회의된다. 참조: Andrzej Przylebski, *Sense, Meaning and Understanding: Toward a Systematic Hermeneutical Philosophy* (Zürich·Berlin: Lit Verlag, 2013). 특히 9쪽.

행위'의 내재적 목적인 '상호이해(Verständigung)'는 오히려 언어적 소통으로 달성될 수 있는 것이 아니라 오로지 교감적·공감적으로만 달성될 수 있다는 말이다.

또 하버마스가 특별히 중시하는 '행위부담 없는 소통'으로서의 '논의'도 논증적 사유의 교환과 가상적 관점인계만으로는 상대방의 자아를 이해하게 할 수 없다. 만약 이 '논의'가 타아나 타아의 주장을 이해할 수 있게 한다면, 그것은 암암리에 '교감과 공감'의 활용에 의거한 것이다. 달리 말하면 이것은 인간들의 사회적 세계는 화행話行으로 환원될 수도 없고 또 화행이 사회적 세계의 주요측면도 아니고, 또 언어분석이나 논의분석을 통해 이해할 수 있는 것도 아니라는 말이다. 오히려 상징적 언어행위와 그 산물인 텍스트나 대화 그 자체가 문화생산물이나 예술작품과 같이 인간의 사회적 행위의 소산인 한에서 공감적 해석의 대상이 된다. 따라서 언어행위와 관련된 필자의 궁극적인 해석학적 테제는 화행과 그 소산으로서의 말씀이 언어소통 또는 화행적 관점인계에 의해 결코 논의적으로 이해되거나 해석될 수 없고, 화행의 의미와 말씀의 의미 자체가 둘 다 교감과 공감에 의해 비로소 이해되고 해석되어야 한다는 것이다. 언어는 해석의 방도가 아니라, 해석의 대상이라는 말이다. 공감은 이해를 위해 반드시 언어를 요하는 것이 아닌 반면, 언어는 이해되기 위해 반드시 공감을 요하기 때문이다. 결국 언어는 스스로 말하고 쓰지 못하고 스스로 이해하지 못한다. 언어를 말하고 쓰는 것은 언어를 공감에 의해 이해하는 인간인 것이다.

그러나 하버마스는 인간의 모든 행위를 언어행위로 규정하고, 모든 행위의 의미는 언어소통의 분석에 의해 해석할 수 있다고 생각한다. 그는 일단 노동과 지배를 언어소통적(논의적) 해석학의 해석대상에서 배제한다. 하지만 그는 이 두 영역도 언젠가는 언어적 논의의 대상이 되는 한에서 우회적 경로로 결국 논의적 해석학 속으로 받아들였다. 따라서 모든 사회적 행위는 언어행위이거나 궁극적으로 언어로 표현되는 행위다. 여기로부터 사회적 행위와 이 행위의 산물로서의 모든 텍스트는 언어분석으로 이해할 수 있다는 명제가 나온다.

가다머도 하버마스와 동일한 논법을 채택한다. 그는 뒤에 다시 노동과 지배를 언어행위 영역에서 배제하는 논리를 무력화시키기 위해 일단 하버마스의 '배제' 논변을 받아들이는 척하기 때문이다.

여기서 만나는 제2의 반론은 특히 하버마스가 자기 자신의 이론에 대해 전제한 것이다. 그것은 나처럼 언어가 세계경험을 공동경험으로 명료화하는 것이라고 주장한다면 언어외적 경험양식들이 평가절하되는 것이 아닌지 하는 물음이다. 언어의 다양한 상이성은 전혀 반론의 근거일 수 없기는 하다. 이 상대성은 다른 언어로 약간 생각할 수 있는 우리가 각자 알고 있듯이 우리를 결코 해결할 수 없는 길로 박아 넣는 성질의 것이 아니다. 그러나 비언어적 성질의 다른 현실경험들이 있지 않은가? 지배의 경험과 노동의 경험이 있다. 이것은 가령 하버마스가 명시적으로 언어적 상호이해를, 내가 이유를 모르지만, 내재적 의미운동의 일종의 폐쇄적 원환으로 해석하고 이것을 제민족의 문화전통이라고 부름으로써 해석학적 요구의 보편성에 대해 대립시킨 두 논거다. 제민족의 문화전통은 특히 지배형태와 지배기술, 자유의 이상, 질서목표 등의 전통이다. 우리 자신의 인간적 가능성이 단순히 언어행위에만 있지 않다는 것을 누가 부인하겠는가? 우리는 모든 언어적 세계경험이 언어가 아니라 세계를 경험한다는 사실을 인정해야 한다. 우리가 언어적 논변 속에서 명료화하는 것은 가령 현실과의 만남이 아닌가? 지배나 부자유와의 만남은 우리의 정치적 이념의 형성으로 이끌어지고, 우리가 노동과정의 통달 속에서 우리의 인간적 자기발견의 길로 경험하는 것은 노동의 세계, 즉 노하우의 세계다. 우리의 인간적 자기이해, 우리의 평가, 우리 자신과의 우리의 대화가 구체적 충만과 비판적 기능을 얻는 것은 유일하게 특히 지배와 노동 속에서의 우리의 인간적 실존의 구체적 경험이 아니라고 생각하는 것은 하나의 그릇된 추상일 것이다.[79]

그러나 하버마스의 주장에 대한 이 동조적 논의에서 방향을 돌려 가다머는 다시 『소통적 행위의 이론』 단계에서 전개된 하버마스의 논변 방식으로, 모든 지배와 노동도 일상인들의 '자연적 해석학'의 언어적 '논의'의 대상이 된다고 주장함으로써 사회적 세계를 다시 완전히 언어세계로 둔갑시킨다.

그러나 우리가 언어세계 속에서 움직이고 언어적으로 선先형성된 경험을 통해 우리의 세계 속으로 성장해 들어간다는 사실은 우리로부터 비판의 가능성을 전혀 빼앗지 않는다. 반대로, 우리가 타인들과의, 즉 새로운 비판적 확증의 이견자들과의 대화 속에서, 그리고 새로운 경험 속에서 우리 자신을 세움으로써 우리의 관행협약과 우리의 모든 선先도식화된 경험을 뛰어넘을 수 있는 가능성이 우리에게 열린다. 근본적으로 우리의 세계 안에서 주제인 것은 언제나 동일한 것, 즉 시초부터 행해진 것, 말하자면 관행협약 속으로, 즉 항상 배후에 경제적 이익과 지배이익도 가진 사회적 규범 속으로 이입하는 언어적 형성이다.[80]

여기서 가다머는 "정신적 생이 자신의 완전하고 바닥을 보는 객관적 파악을 가능케 하는 표현을 오직 언어 속에서만 얻기 때문에 해석은 '글' 속에 포함된 인간적 생의 잔여들의 해석에서 완성된다"는 딜타이의 좌우명을 그대로 따르고 있다. 이 좌우명은 사회세계를 망라하고 구성하는 언어적 표현과 표현물을— 공감에 의해서가 아니라 — 언어적 소통에 의해 이해할 수 있고 또 그래야 한다는 슐라이어마허의 '언어에 의한 언어의 이해'라

---

79) Hans-Georg Gadamer, "Wie weit schreibt Sprache das Denken vor?". Hans-Georg Gadamer, *Wahrheit und Methode: Ergäzungen. Gesammelte Werke*, Bd.2, *Hermeneutik II* (Tübingen: J. C. B. Mohr, 1986), 203쪽.
80) Hans-Georg Gadamer, "Wie weit schreibt Sprache das Denken vor?", 203~204쪽.

는 동어반복적 명제와 연결되어 있다. 그래서 하버마스도 자신 있게 "문장의 의미를 파악하고 진술하기 위해서는 어떤 (실제적이거나 상상적인) 소통적 행위에, 즉 같은 언어공동체의 화자, 청자, 관찰자들에게 이해 가능한 방식으로 사용해야 하는 바로 언표의 과정에 참여해야 한다"고 말한다.[81] 언어가 공감에 의해 이해되는 것이 아니라, 언어에 의해 이해된다는 이 언어주의적 동어반복 명제를 공유하는 슐라이어마허, 딜타이, 가다머, 하버마스의 눈에는 '언어'밖에 보이지 않는다. 그들은 "시초부터 행해진 것"이 "언어적 형성"이 아니라, 말할 줄 알기 전에 수행되는 '감정전염적·교감적·공감적 이심전심'과 저 5대 판단이라는 사실에 대해 장님이다. 우리는 셸러와 드발의 논의를 통해 드러나듯이 가령 전통의 전승도 결코 언어를 통하는 것이[82] 아니라, 감정전염과 공감을 통한다는 사실을 밝혔고, 표면적 공론장 아래에는 이심전심의 공감대, 즉 하늘과 맞닿는 수평선을 이루는 비언어적 '민심'의 묘연한 망망대해가 하늘을 맞보며 존재한다는 것, 그리고 교감과 공감이 모든 사회적 행위의 감정적 의미를 인지하는 유일한 기제이고, 내감의 감정변별 능력과 4대 평가감각도 바로 이 교감·공감 기제와 상호 결합되어 있다는 사실도 분명히 했다. 하늘과 맞닿은 드넓은 '공감의 바다'로서의 '민심'은 교감적·공감적 이심전심 속에서만 온전한 형태로 존재할 뿐이고, 결코 다 언어화될 수도 없고, 언젠가 다 언어행위적 공론장으로 드러날 수도 없으며, 민심의 세대 간 전승의 근간

---

81) Habermas, "Interpretative Social Science vs. Hermeneuticism", 253쪽.
82) 하버마스는 "이런 관점에서 언어는 세 가지 기능을, 즉 문화적 재생산 또는 전통을 생동하게 유지하는 것(이것은 가다머가 그의 철학적 해석학을 전개하는 앵글이다), 사회통합 또는 사회적 상호작용 속에서의 상이한 행위자들의 계획을 조절하는 것(이것은 내가 소통적 행위의 이론을 전개하고 싶었던 관점이다), 그리고 사회화 또는 욕구의 문화적 해석(이것은 미드가 자신의 정체성 형성의 사회심리학을 투사한 관점이다)에 이바지한다"고 말한다. Habermas, "Interpretative Social Science vs. Hermeneuticism", 255쪽.

은 하버마스가 착각하듯이 언어소통을 통해 재생산될 수도 없다. 따라서 사회세계를 몽땅 언어세계로, 문화전통의 전승을 몽땅 언어소통적 전승으로 둔갑시키려는 하버마스와 가다머의 억지논리에 대한 응대는 여기서 마감해도 될 것이다.

결론적으로 필자는 가상적 역지사지에 근거한 하버마스와 딜타이, 가다머의 해석학 이론을 공히 '좌초한 것'으로 판단한다. 그리고 하버마스가 가다머의 '철학적 해석학'을 성스런 고전적 텍스트에 굴종적인 것으로 비판한다면, 필자는 하버마스와 가다머의 합리적·철학적 해석학을 (자기)기만적이고 압제적·배제적인 것으로 비판한다. 말하자면, 합리적·철학적 해석학의 자가당착성은 '논의'나 '자기전치'와 '전체관점 투입'의 해석적 '역지사지'에 의해 돌파된 것이 아니라, 타자기만을 동반하는 자기기만적 '신기루'로 둔갑했을 뿐이다. 언어소통적 역할인계 또는 관점인계의 이론은, '나' 중심의 관점에서 보면 타인들이 나를 인칭상으로 어떻게 바꿔 부르든 '나는 나고, 너는 너고, 그는 그인', 즉 결코 바뀌지 않는 각자의 불가역적 입장을 1·2·3인칭의 단순한 화법상의 교호적 인칭변화에 의해 진짜 가역적으로 바뀔 수 있는 것으로 착각하기 때문이다. 모든 인칭변화는 교환의 '가상'을 만들어내지만, 입장과 관점의 교환은 실제 불가능하다. 가상 또는 상상은 어디까지나 가상이지, 실제가 될 수 없다. 그런데도 인칭전환을 실제적 '역사사지'로 여기거나 이 '역지사지'를 실제 가능한 것으로 보는 것은 자기기만이고, 이를 공개적으로 주장하는 것은 타인기만이다.

나아가 '참여적 관찰자 관점'으로 포장되는 '3인칭의 관찰자 관점'은 결과적으로 1·2인칭의 참가자들을 제압하는 위압적 권위를 은밀히 행사하고 이를 은폐한다. '참여적 관찰자 관점'은 타아를 자아와, 또는 자아를 타아와, 또는 1·2인칭의 자아를 3인칭의 관찰적 자아와 동일시하거나 혼동함으로써 1·2·3인칭의 각 자아의 독자성을 말살하고 결국 '관점인계'

를 1·2·3인칭 자아 중 관찰적 3인칭 자아 관점의 자의적 '선택'으로 변조하여 이 관점을 1·2인칭 자아에게 "사실에 훤히 정통한" 전지자의 권위로 관철시키기 일쑤이기 때문이다. 따라서 이 '참여적 관찰자 관점'을 형용모순 없이 실현한다는 하버마스의 '관찰자 관점과 참여자 관점의 논의적 통합' 또는 '세계관점과 화자관점의 논의적 통합'에 대한 철학적 논단은 '아득한 구름 위'의 신기루로 그치는 것이 아니라, 저 관찰자 관점의 권위를 억압적으로 관철시키고 위압적으로 은폐하는 압제적 신기루인 것이다. 가다머의 '철학적 해석학'도 발신인과 수신인 관점의 가상적 역지사지 방법을 고수하는 만큼 하버마스의 합리적 해석의 문제점들을 그대로 반복한다.

또한 언어행위와 언어적 기표에 매달리는 하버마스와 가다머의 해석학은 말 못하는 유아와 동물을 이해와 해석의 범위에서 배제한다. 또한 하버마스와 가다머의 해석학은 자국어를 못하거나 더듬거리는 외국인이나 이방인을 이해의 범위에서 배제할 위험이 있다. 하버마스와 가다머는 언어의 원칙적 '번역가능성' 또는 '학습가능성'을 들어 이 위험을 부정하겠지만, 학습·번역·통역의 비용과 시간 때문에 외국인과 이방인, 그리고 농아자, 언어미숙자들, 말더듬이들도 하버마스 해석학의 이해 범위에서 '경향적'으로 배제될 것이다. 또한 같은 언어를 말하더라도 언어는 사람의 감정적 의미를 다 표현하지 못한다. 공자가 "서부진언書不盡言 언부진의言不盡意"라고[83]) 하지 않았던가!

하버마스와 딜타이, 가다머의 해석학의 역지사지적 (자기)기만성과 언어실증주의적 부진성不盡性과 함께 이런 압제성과 배제성을 충분히 폭로했으므로 이제 우리는 자연스럽게 이런 비현실적 해석학을 떠나 '공감적 해석학'을 상론할 수 있을 것이다.

---

83) 『易經』 「繫辭上傳」, §12.

제2절

공감적 해석학의 철학사적 단초

중국인들은 태고대로부터 천지자연 또는 우주가 기氣로 미만해 있고 이 기氣들 간에는 상호 감응하고 이 기들의 감응을 통해 만물의 생성과 변화가 일어난다고 믿었다. 이 전통적 기氣감응론을 배경으로 중국인들은 인간들 간에도 이런 정서적·정감적 감응이 있고 그것을 '서恕'라고 불렀다. 이 '서恕'자를 파자하면 '여심如心'(같은 마음, 즉 동심)이므로 '서恕'가 오늘날의 공감 또는 교감을 뜻한다는 것은 쉽사리 짐작할 수 있다. 공자는 이런 기氣감응론과 서恕개념을 바탕으로 공감적 해석학을 수립했고, 공자와 맹자는 이것을 바탕으로 여민동락與民同樂·여민동환與民同患의 공감정치를 설파했다.

공자는 언어에 대해 여러 각도에서 많은 논변을 남겼다. 만물을 화생시키는 기氣들의 상호감응과 인간들 간의 이심전심적 상호감응(공감)에 관한 중국의 전통적 이론은 언어적 소통을 통한 상호적 이해를 배제하지 않았고 공자도 언어적 소통을 기본적으로 중시했다. "말을 모르면 사람을 알 수 없기(不知言 無以知人也)"[84] 때문이다. 하지만 공자철학은 전반적으로 실實 없는 말보다 기들의 상호감응과 유사한 무언의 공감과 행동을 근본적으로 더 중시했고, 말이 믿음과 예禮와 행동의 실實이 있어야 함을 강조했다. 그리하여 공자는 "말하면 믿음이 있어야 하고(言而有信)"[85] "예가 아니면 말하지 말라(非禮勿言)"고 가르쳤다.[86] 그리고 공자는 "유덕자는 반드시 할 말이 있다. 하지만 할 말이 있는 자가 반드시 유덕한 것은 아니다"고 강조한다.(子曰 有德者必有言 有言者不必有德)[87]

그리고 공자는 공언한다. "본받을 금언의 말을 따르지 않을 수 있겠는가. 고치는 일은 귀중한 것이다. 더불어 공손하게 하는 말은 기뻐하지 않을 수 있겠는가? 그것을 찾는 일은 귀중한 것이다.(法語之言 能無從乎? 改之爲貴. 巽與之言 能無說乎? 繹之爲貴)"[88] 또 공자는 사물·제도·나라의 '이름'과 '언어'의 중요성을 아주 강조한다. "이름이 바르지 않으면 말이 불순하고 말이 불순하면 일이 이뤄지지 않고 일이 이루어지지 않으면 예악이 흥하지 않고, 예악이 흥하지 않으면 형벌이 적중하지 않고, 형벌이 적중하지 않으면 백성이 수족을 둘 데가 없다. 그러므로 군자는 뭔가를 이름하면 반드시 말할 수 있어야 하고, 그것을 말하면 반드시 실행할 수 있어야 한다. 군자는 자기 말에서 어물쩍 넘어가는 바가 없는 것이다."[89] 또 공자는 '한 마디 말'이라도 경우에 따라 그 말의 중요성을 인정한다.

정공定公이 "한 마디 말로 나라를 흥하게 할 수 있다는데 그런 일이 있을까요?"라고 물었다. 이에 공자가 대답했다. "말은 그와 같이 할 수 없지만

---

84) 『論語』「堯曰」(20-3).
85) 『論語』「學而」(1-7).
86) 『論語』「顔淵」(12-1).
87) 『論語』「憲問」(14-4).
88) 『論語』「子罕」(9-24).
89) "名不正 則言不順 言不順 則事不成 事不成 則禮樂不興 禮樂不興 則刑罰不中 刑罰不中 則民無所錯手足. 故君子名之必可言也 言之必可行也. 君子於其言 無所苟而已矣". 『論語』「子路」(13-3).

비슷한 일이야 있습니다. '임금 노릇도 어렵고 신하 노릇도 쉽지 않다'는 속언이 있는데 '임금 노릇이 어렵다'는 것을 안다면 한 마디 말이 나라를 흥하게 하는 것과 비슷하지 않겠습니까?" 그러자 정공이 다시 물었다. "한 마디 말로 나를 잃는다는데 그런 일이 있습니까요?" 이에 공자가 대답했다. "말은 그와 같이 할 수 없지만 비슷한 일은 있습니다. 사람들의 속언이 '임금 노릇에서 즐거움을 느끼지 못하는데 다만 내 말에 아무도 거스리지 않은 것만은 즐겁다'는 속언이 있는데, 임금의 말이 선한데 아무도 거스리지 않는다면 이것은 역시 좋지 않겠습니까? 그런데 불선한데 아무도 이것을 거스리지 않는다면 한 마디 말로 나라를 잃는 것과 비슷하지 않겠습니까?"90)

그리고 공자는 "군자란 (...) 자기가 말한 것을 먼저 행하고 나서 남들에게 이를 따르게 한다(君子 [...] 先行其言而後從之)"고91) 갈파했다. 또 군자는 "일에 민첩하고 말에는 신중해야 한다(敏於事而愼於言)",92) 또는 "군자는 말은 어눌하게 하지만 행동은 민첩하게 하고 싶어한다(子曰 君子欲訥於言而敏於行)"고 언명했다.93)

나아가 공자는 지자知者라면 말할 만한 가치가 있는 사람과 말하고 말할 만한 가치가 없는 사람과는 말하지 말라고 가르쳤다. "함께 말할 만한데 더불어 말하지 않으면 사람을 잃고 함께 말할 만하지 않은데 더불어 말하면 말을 잃는다. 지자는 사람도 잃지 않고 말도 잃지 않는다."94) 그리

---

90) 『論語』「子路」(3-15): "定公問 一言而可以興邦 有諸? 孔子對曰 言不可以若是其幾也. 人之言曰 '爲君難 爲臣不易.' 如知爲君之難也 不幾乎一言而興邦乎? 曰 一言而喪邦 有諸? 孔子對曰 言不可以若是其幾也. 人之言曰 '予無樂乎爲君 唯其言而莫予違也.' 如其善而莫之違也 不亦善乎? 如不善而莫之違也 不幾乎一言而喪邦乎?"

91) 『論語』「爲政」(2-13).

92) 『論語』「學而」(1-14).

93) 『論語』「里仁」(4-24).

94) 『論語』「衛靈公」(15-8): "子曰 可與言而不與言 失人 不可與言而與之言 失言. 知者不失人 亦不失言."

고 공자 자신은 "마을에 있을 때 조심스러워 해서 말을 못하는 자와 같았고, 종묘와 조정에 있으면 분명분명 말을 하되, 다만 말을 삼갔다."[95] 따라서 공자는 "이득·천명·인仁를 언명하는 경우가 드물었다."(子罕言利與命與仁) 또 공자는 "말하기에 부끄럽지 않은 일이면 행하기가 어렵다"고 주지시킨다(子曰 其言之不怍 則爲之也難).[96] 가령 "뭇사람을 사랑하는 것(愛人)"으로서의 "인仁"은 말하기 쉽지만 실행하기 어려운 것이다. 그리고 스스로 공자는 행동을 말에 앞세웠다. 공자가 "나는 말하고 싶지 않다"고 했다. 그러자 자공이 물었다. "선생님이 말하지 않으면 소자들이 무엇을 전술합니까?" 이에 공자가 "하늘이 무엇을 말하더냐? 사시가 하늘에 의해 행해지고 백물이 하늘에 의해 생기는데 하늘이 무엇을 말하더냐?"라고 되물었다.(子曰 予欲無言. 子貢曰 子如不言 則小子何述焉? 子曰 天何言哉 四時行焉 百物生焉 天何言哉)[97]

나아가 공자는 말 잘하는 자보다 인애로운 말더듬이를 더 중시하고 능변과 교언巧言보다 말없는 또는 말에 앞선 행동을 더 중시했다. 공자는 말한다. "말 잘하는 것이 무슨 소용이랴? 말재주만으로 사람을 대하면 쉽사리 사람들한테 미움을 받는다. 인仁을 모른다면 말 잘하는 것이 무슨 소용이랴!(子曰 焉用佞? 禦人以口給 屢憎於人. 不知其仁 焉用佞)"[98] 또 사마우司馬牛가 인仁에 대해 묻자 공자가 "인자는 말을 함부로 하지 않는다"고 답했다. 그러자 사마우가 "말을 함부로 하지 않는 것을 인이라 합니까?"라고 물었다. 이에 공자는 "인仁을 행하기 어려운데 인을 함부로 말할 수 있겠는가?"라고 반문했다.(司馬牛問仁. 子曰 仁者 其言也訒. 曰 其言也訒 斯謂之仁已乎

---

95) 『論語』「鄕黨」(10-1): "孔子於鄕黨 恂恂如也 似不能言者. 其在宗廟朝廷 便便言 唯謹爾."
96) 『論語』「憲問」(14-20).
97) 『論語』「陽貨」(17-17).
98) 『論語』「公冶長」(5-5).

子曰 爲之難 言之得無訒乎).99) 사랑이 실린 말, 아니 가령 때마침 남을 돕지 못한 것이 부끄러워서 말없이 낯을 붉히는 것이 구변 좋은 사람의 조리 있는 능변能辯보다 더 진실하기 때문이다. 그래서 공자는 인의를 갖춘 군자다움을 조리 있는 논변보다 높이 쳤다. "논변이 탄탄한 것을 찬양하는데, 그것이 군자다운 것인가, 겉멋만 든 것인가?(子曰 論篤是與 君子者乎? 色莊者乎?)"100) 여기서 공자는 하버마스처럼 논의의 견실한 근거만을 중시하는 언어물신주의·언어실증주의의 위험을 비판하고 있다.

그래서 공자는 행동과 합치되지 않는 언어를 불신했다. 공자는 말을 매끄러우나 언행이 일치하지 않는 재여宰予와 관련하여 이렇게 말한다. "나는 처음에 다른 사람을 대하면 그 사람의 말을 듣고 그의 행동을 믿었는데 지금은 사람을 대하면 그 사람의 말을 듣고 그 사람의 행동을 살핀다. 재여 때문에 이것을 고쳤노라."(子曰 始吾於人也 聽其言而信其行 今吾於人也 聽其言而觀其行. 於予與改是.)101) 그리하여 같은 취지에서 공자는 "군자는 말하는 것만 듣고서 사람을 천거하지 않는다"고 언명하고(子曰 君子不以言擧人),102) 또 이렇게 천명한다. "언어가 행동을 돌아보고 행동이 언어를 돌아보면, 군자가 어찌 성실하고 또 성실하지 않을쏘냐?(言顧行 行顧言 君子胡不慥慥爾)"103)

또 자로가 자고子羔를 비읍費邑의 수장에 앉히고 나서 공자로부터 이런 파격인사가 "남의 자식을 해친다"는 비판을 듣자 자로가 능변으로 변명했다. 그러자 공자가 "그래서 내가 저 말 잘하는 자들을 싫어하는 것이다"라고 일침을 놓았다(子曰 是故惡夫佞者).104) 또 안연이 나라를 다스리는 것(爲

---

99) 『論語』「顏淵」(12-3).
100) 『論語』「先進」(11-19 또는 11-21).
101) 『論語』「公冶長」(5-10).
102) 『論語』「衛靈公」(15-23).
103) 『中庸』(十三章).

邦)에 대해 묻자 공자는 "정나라의 음악을 추방하고 말 잘하는 사람들을 멀리하라"고 하면서 "정나라 음악은 음란하고 말 잘하는 사람은 위험하다"고 덧붙였다(子曰 [...] 放鄭聲 遠佞人 鄭聲淫 佞人殆)105) 그래서 "교언과 아부하는 얼굴에는 인이 드물다"고 비판했다.(子曰 巧言令色 鮮矣仁)106) 왜냐하면 "교언은 덕을 어지럽히기(巧言亂德)" 때문이다.107) 그리고 공자는 자신의 교언영색을 과공過恭과 더불어 부끄러워했다. "교언을 (...) 나도 역시 부끄러워하노라."(子曰 巧言 [...] 丘亦恥之)108) 행동이 따르지 않는 '교언'에 대한 이런 수치심은 옛적부터 있었다. 언행이 어긋나기 때문이다. "옛적에 말을 입 밖으로 내지 않은 것은 자신이 말에 미치지 못함을 부끄러워했기 때문이고"(子曰 古者言之不出 恥躬之不逮也),109) 또 "군자는 자기의 말이 행동을 넘는 것을 부끄러워하기(君子恥其言而過其行)"110) 때문이다. 맹자도 능변과 교언에 대한 공자의 경계를 이렇게 부연한다. "공자께서 (...) 말 잘하는 것을 미워한 것은 그것이 의義를 어지럽히기 때문이고, 달콤한 입을 미워한 것은 그것이 믿음을 어지럽히기 때문이고, 정나라 음악을 싫어한 것은 그것이 음악을 어지럽히기 때문이다."111)

그러나 공자도 '근거'를 잘 대는 '논변적 언어'와 대립되는 '공감적 언어'는 중시했다. 『역경』에서 공자는 말한다. "군자의 도는 나오기도 하고 들어가 있기도 하며, 잠자코 있기도 하고 말하기도 한다. 두 사람이 동심이

---

104) 『論語』「先進」(11-23; 또는 11-25).
105) 『論語』「衛靈公」(15-11).
106) 『論語』「陽貨」(17-15).
107) 『論語』「衛靈公」(15-27).
108) 『論語』「公冶長」(5-25).
109) 『論語』「里仁」(4-22).
110) 『論語』「憲問」(14-27).
111) 『孟子』「盡心下」(14-37): "孔子曰 [...] 惡佞 恐其亂義也 惡利口 恐其亂信也 惡鄭聲 恐其亂樂也".

면 그 예리함이 쇠를 끊고, 동심의 말은 그 향내가 난과 같다(子曰 君子之道 或出或處 或默或語. 二人同心 其利斷金 同心之言 其臭如蘭)"고 했다.112) '동심의 말', 즉 정감어린 '공감적 언어'는 비록 말일지라도 거짓 없는 공감적 일체감을 표현하는 기표이기 때문이다. 공자가 교언·능변·달변을 멀리하고 믿음 있는 말, 예의 있는 말, "동심의 말"(공감의 언어)을 중시하고, 또 말보다 행동을 중시하고, 조리 있게 잘 따지는 논변보다 '공감적 언어'를 중시한 것은 중국 전통의 말없는 감응이론의 연장선상에 있는 것이다. 중국 전통의 보편적 감응이론은 언어적 상호작용을 포함하지만 이것을 초월하는 인간들의 말없는 공감적 소통과 기氣들 간의 보편적 교감작용을 포괄하는 우주론적 상호작용론이다. 이런 관점에서 하버마스처럼 언어소통과 '논의'만을 붙들고 늘어지는 것을 두고 논한다면 이것을 '언어물신주의', '언어실증주의'라 아니할 수 없는 것이다.

2.1. 중국철학의 전통적 감응이론

공자는 『역경』의 함咸괘 「단전彖傳」에서 천지감응이 '만물화생萬物化生의 원리'이고 인심(=민심)에 대한 성인의 감응은 '천하화평天下和平의 원리'라고 천명한다.

천지가 감응하면 만물이 화생化生한다. 성인이 인심에 감응하면 천하가 화평하다. 성인이 감응하는 것을 보면 천지만물의 뜻(情)을 볼 수 있도다!(彖曰 […] 天地感而萬物化生 聖人感人心而天下和平. 觀其所感而天地萬物之情可見矣!)113)

---

112) 『易經』「繫辭上傳」(8).
113) 『易經』, 咸괘 「彖傳」

그러면서 공자는 『역』의 본질적 특징을 '생각'이나 '행위'가 아니라 '감응(느낌)'으로 규정한다.

『역』은 생각이 없고 행위가 없으며 적연부동寂然不動하지만 감응해 천하의 연고緣故에 두루 통한다. 천하의 지극한 신神이 아니라면 그 누가 이것과 능히 어울릴 수 있겠는가?(易 无思也 无爲也. 寂然不動 感而遂通天下之故. 非天下之至神 其孰能與於此?)[114]

또 『역경』은 상반된 것들의 상호감응(相感)을 '이로움'의 원천으로 말한다.

가는 것은 오그라들고, 오는 것은 늘어 뺀다. 오그라드는 것과 늘어 빼는 것이 상호감응하면 여기서 이로움이 생긴다. 자벌레는 오그라듦으로써 늘어 뺌을 구하고, 용과 뱀은 틀어박혀 있음으로써 몸을 보존한다.(往者屈也 來者伸也 屈伸相感而利生焉. 尺蠖之屈 以求信也 龍蛇之蟄 以存身也.)[115]

또 『역경』은 '이익과 손해'도 참과 거짓의 '상감相感', 즉 상호감응의 소산으로 설명한다.

참된 감정과 꾸밈이 상감하면 이해가 생긴다(情僞相感而利害生).[116]

『주역』의 우주관은 '생각'이나 인위적 '작위'를 보지 않고 '상호감응'을 위주로 삼고 괘효卦爻들 간의 관계에서도 바로 양효와 음효 간의 감응관계를 본다. 이런 '감응의 세계관·우주관'은 중국에서 적어도 『역』만큼 오래

---

114) 『易經』「繫辭上傳」(10).
115) 『易經』「繫辭下傳」(5).
116) 『易經』「繫辭下傳」(12).

된 것이다. 감응의 우주관은 언제나 직선적 인과관계를 배제하고 '공시적 감응(synchronic correspondence)'을 중시한다.117)

그리고 공자는 음악도 사람의 마음과 사물 간의 감응에서 생겨나는 것으로 설명한다. 공자는 『예기』 「악기樂記」에서 말한다.

무릇 음音이 일어남은 사람의 마음이 생기는 것으로부터 말미암는다. 사람의 마음이 동하는 것은 사물이 그렇게 만드는 것이다. 사물에서 느끼고 동하므로 소리가 형성되고 소리가 서로 감응하므로 변화를 낳고 변화가 방향을 짓는데 이것을 일러 음이라 한다. 음과 친하여 그것을 즐기고 간척干戚 춤과 우도羽旄에 이르면 이를 일러 악樂이라 한다. 악이란 음이 생겨나는 곳인데, 그 근본은 사람의 마음이 사물에서 느끼는 데 달려 있다. 그러므로 자기의 슬픈 마음을 느끼는 자는 그 소리가 애절하게 잦아진다. 즐거운 마음을 느끼는 자는 그 소리가 느리고 편안하다. 기쁜 마음을 느끼는 자는 그 소리가 피어나 흩어진다. 성난 마음을 느끼는 자는 그 소리가 거칠고 위태롭다. 존경하는 마음을 느끼는 자는 그 소리가 곧고 소박하다. 사랑하는 마음을 느끼는 자는 그 소리가 화합적이고 부드럽다. 이 여섯 가지 소리는 사물에서 느낀 뒤에 동하는 것이다.118)

---

117) Robert P. Weller & Peter K. Bol, "From Heaven-and-Earth to Nature: Chinese Concepts of the Environment and Their Influence on Policy Implementation". Mary Tucker and John Berthrong (ed.), *Confucianism and Ecology: The Interrelation of Heaven, Earth and Humans* (Cambridge「MA」: Harvard University Press, 1998). 로버트 웰러·피터 볼, 「천지부터 자연까지: 중국인들의 환경 개념과 정책 수행에 미치는 영향」, 407쪽. Tucker and Berthrong(오정선 역), 『유학사상과 생태학』 (서울: 예문서원, 2010).
118) 『禮記』 「樂記 第十九」(1): "凡音之起 由人心生也. 人心之動 物使之然也. 感於物而動 故形於聲 聲相應 故生變 變成方 謂之音. 比音而樂之 及干戚羽旄 謂之樂. 樂者 音之所由生也 其本在人心之感於物也. 是故其哀心感者 其聲噍以殺. 其樂心感者 其聲嘽以緩. 其喜心感者 其聲發以散. 其怒心感者 其聲粗以厲. 其敬心感者 其聲直以廉. 其愛心感者 其聲和以柔. 六者非性也 感於物而后動."

공자는 음악의 발생도 인간의 마음과 사물 간의 감응관계에서 말미암는 것으로 설명하고 있다. 사람이 마음으로 느끼는 희로애락과 존경심·사랑의 감정은 사물에서 느낀 뒤에 동하고, 여섯 가지 감정은 이에 응하여 제각기 다른 소리로 표현된다. 이것은 마음과 사물 간의 감응적 공진共振 관계를 논한 것이다. 함박눈 내리는 풍경, 진눈깨비 떨어지는 날, 봄꽃이 만발한 산야, 찬바람이 이 골목, 저 골목을 감아 도는 저물녘, 태양이 내리 쬐는 해변, 산속 벼랑에서 쏟아지는 폭포수, 천천히 깊이 흐르는 강물, 빠르게 흐르는 여울물 등을 보면 인간은 이에 감응하여 마음속에서 여러 감정을 일으키고, 인간은 이 감정을 이에 합당한 소리로 표현한다. 이것이 음악이다. 여기서 핵심은 인간마음과 자연사물 간의 감응작용이다. 그래서 공자는 "무릇 사람들은 혈기와 심지心知의 본성이 있으나 희로애락의 상정常情은 없는데, 사물이 일어나 이에 감응하고 그런 뒤에 마음의 기예가 이에 따라 형성되는 것이다(夫民有血氣心知之性 而無哀樂喜怒之常, 應感起物而動 然後心術形焉)"고 부연한다.[119]

공자경전만이 아니라 여불위呂不韋가 편찬한 『여씨춘추呂氏春秋』도 '감응' 일반에 대해 논한다. 『여씨춘추』는 「계추기季秋紀」에서 천하의 사회적·자연적 감응을 이렇게 말한다.

자석慈石(자애로운 돌)은 철을 불러들이는데 이는 무엇인가가 끌어당기는 것이다. 나무들은 서로 가까이 있으면서 비벼대는데 이는 어떤 정기 같은 것이 있어서 서로를 반대로 밀어주는 것이다. 성인聖人이 남면南面해 사람을 사랑하고 이롭게 하는 것을 참마음으로 삼는다면 아직 출정 명령이 떨어지지 않았는데도 천하의 백성들이 모두 목을 빼고 발꿈치를 들고 그를 기다릴 것인즉, 이는 성인의 정기精氣가 백성에게 통한 것이다. 만일 어떤 범인이

---

119) 『禮記』「樂記 第十九」(11).

누군가를 해치려고 한다면 그 사람도 역시 마찬가지다. 이제 공격하는 측은 다섯 가지 무기를 숫돌에 갈면서 화려한 옷을 입고 좋은 음식을 즐기고 출발할 때까지 장차 며칠 여유를 갖는다. 공격을 당하는 측은 왠지 즐겁지 않으니, 이는 혹 누구에게서 공격의 소식을 들은 것이 아니라 정기가 이를 먼저 전해준 것이다. 몸은 진秦나라에 있고 친애하는 사람은 제나라에 있는데도 죽게 되면 심기가 불안한 것은 정기 중에 서로 왕래하는 것이 간혹 있기 때문이다. (...) 정기는 한쪽의 참마음으로부터 나와 다른 쪽 마음에서 감응되어 양쪽의 정기가 서로를 얻게 되는 것이니, 어찌 말을 기다리겠는가?[120]

이 시대의 '자석'은 엄마가 새끼를 자애慈愛하듯이 철을 사랑하는 것으로 이해해 '자석慈石'이라고 썼다. '자석磁石'이라는 표기법은 훗날 생겨난 것인데, 이 표기법도 원래의 '자애' 의미를 여전히 간직하고 있다. 자석이 쇠를 당기는 것에서처럼 감응에서는 '생각'이나 '언행'이 중요한 것이 아니라 '기氣들'의 감응이 중요하다. 인간들 간의 관계, 또는 인간과 동물 간의 관계, 나아가 동물과 동물 간의 관계에서는 이심전심의 '공감적 소통(mitfühlende Kommunikation)', 즉 감정적 의미들을 공감적으로 주고받는 것이 언어적 의사소통(sprachliche Kommunikation)보다 선행하고 대개 언어를 불필요하게 만든다.

기氣는 물질과 육체에서 기운 또는 힘이고, 인간의 영혼에서는 감정 또는 감정적 의미(일정한 정서나 행위동기)다. 전통적 기氣감응론은 모두 『역경』에 기초한 것이었기에 한나라 때 대부분의 유자와 도가들에게 받아들여져 중국의 핵심사상으로 정착하게 되었고,[121] 『회남자』에서는 더욱

---

120) 여불위(김근 역), 『여씨춘추』 (파주: 글항아리, 2012), 「季秋紀」, 精通편, 229-231쪽.
121) 로버트 웰러·피터 볼, 「천지부터 자연까지: 중국인들의 환경 개념과 정책 수행에 미치는 영향」, 408쪽.

광범하게 설파된다.122) 『회남자』는 「남명훈覽冥訓」에서 자연적 감응관계를 이렇게 묘사한다.

불은 나무를 태울 수 있으므로 화력을 가지고 금속을 녹이려고 하면 이것은 도道가 행해진다. 그러나 만약 자석慈石이 철을 끌 수 있다고 해서 이 자석으로 기왓장을 당기려고 한다면 이것은 어려울 것이다. 사물은 진실로 (기왓장의) 가벼움과 (철의) 무거움으로써 논할 수 없다. 부수夫燧가 해에서 불을 취하고 자석이 철을 당기고 게가 옻칠을 해치고 해바라기가 해를 향하는 것은 비록 명지明智가 있어도 그런 식으로 논할 수 없는 것은 마찬가지다. 그러므로 이목의 관찰은 물리物理를 분석하기에 부족하고, 심의心意의 논의는 시비를 확정하기에 부족하다. 그러므로 지혜로써 정치를 하는 자는 나라를 유지하기 어렵고 오로지 태화太和에 통하고 자연의 감응을 지키는 자(通于太和而持自然之應者)만이 나라를 보유할 수 있게 된다.123)

이 글은 인간의 한정된 이목으로 관측하고 하찮은 머리로 분석해 어떤 이치를 알았다는 이유에서 기정旣定의 "자연의 감응" 관계를 무시하고 지혜로 세상을 다스리려는 위정자가 필연적으로 실패할 것이라고 갈파하고 있다. 자연의 감응관계는 인간의 지혜의 관점에서 본다면 참으로 신비로운 것으로서, 해명의 대상이 아니라 존중해야 할 현상인 것이다.

나아가 『회남자』는 동류 안에서의 정해진 자연적 감응관계에 관해서도 상론한다.

---

122) 『회남자』의 감응이론에 대한 집중분석은 참조: Charles Le Blanc, *Huai-nan Tzu*(淮南子). *Philosophical Synthesis in Early Han Thought: The Idea of Resonance* (Kan-ying, 感應). With a Translation and Analysis of Huai-nan Tzu Chapter Six (Hong Kong: Hong Kong University Press, 1985).
123) 유안, 『淮南子(상)』, 권6 '남명훈', 282쪽(원문). '부수(夫燧)'는 고대에 햇빛에서 불을 얻던 공구다. '양수(陽燧)'라고도 한다.

물류物類의 상응은 현묘하고 심오하다(物類之相應玄妙深微). 그것은 지식으로 논할 수 없고 논변으로 해명할 수 없다. 그러므로 동풍이 불면 술이 넘치고, 누에가 실을 지으면 상음商音의 금현琴絃이 끊어진다. 무엇인가가 그것을 감동시키는 것이다. 그림이 회색을 따르면 달무리가 이지러지고 고래가 죽으면 혜성이 나온다. 무엇인가가 동하게 하는 것이다. 그러므로 성인이 보위에 있으면 도를 품고 말하지 않아도 은택이 만민에 미치고, 군신이 마음을 괴리시키면 등지고 어긋나는 것이 하늘에 나타난다. 이것은 신기神氣가 상응하는 징조다(神氣相應徵矣). 그러므로 산 구름과 풀덤불, 물가의 구름과 물고기 비늘, 가문 구름과 연기 나는 인가人家, 물기 먹은 구름과 파도치는 물, 각기 그 유형을 상징하는 이것들은 감응하는 것이다.[124]

『서경』은 말한다. "덕은 하늘을 움직이고 멀리 이르지 못함이 없고 가득 차면 떨어지게 하고 겸허하면 더함을 받을 뿐이니, 이것이 천도로다(惟德動天 無遠弗屆 滿招損 謙受益 時乃天道)." 곧 "지성이면 신도 감동시키는 것이다(至誠感神)".[125] 감응관계는 사람이 지성을 다한다면 하늘과 사람 간에도 마찬가지로 나타난다.

옛적에 사광師曠이 백설곡白雪曲의 음률을 연주하니 신물神物이 그를 위해 하강하고 풍우가 폭주하고 평공이 병이 나고 진晉나라가 가물에 불탔다. 서녀庶女가 하늘에 부르짖자 천둥벼락이 내리치고 경공의 대臺가 떨어져 지체가 상하고 부러졌으며, 바닷물이 크게 밀고 들어왔다. 무릇 악사와 서녀의 지위의 천함이 채소밭 관리와 같고 권세는 가볍기가 나는 깃털과 같으나, 전일하게 뜻을 곱게 쓿고 갈아 임무를 맡아 정신을 쌓아 위로 통하니 구천九天이 지극정성(至精)을 격려激厲하는 것이다. 이것으로 보면 상천上天의 주살誅殺은 비록 광허하고 유한한 곳, 요원하고 은닉한 곳, 거듭 둘러싼 석실이나 경계지역

---

124) 유안, 『淮南子(상)』, 권6 '남명훈', 277쪽(원문).
125) 『書經』「第一篇 虞書·大禹謨 第三」.

의 험한 곳에 있을지라도 도피할 곳이 없다는 것도 역시 분명하다.126)

이와 같이 아무리 노력자의 지위가 미천하더라도 지성감천至誠感天 방식으로 하늘이 사람의 정성에도 감응하는 것이다.

『회남자』는 사람과 사람 간의 감응, 임금과 백성 간의 감응, 동물과 동물 간의 감응, 사람과 하늘 간의 감응, 사람과 동물 간의 감응, 동물과 자연 간의 감응, 사물과 사물 간의 상응, 가야금 줄과 줄 간의 공진共振을 '감응 일반'으로 동일시한다.

성인聖人은 거울 같아서 거느리거나 맞아들이는 것이 아니라 단지 응하고 숨지 않을 뿐이다. 그러므로 만화萬化에도 부상이 없다. 도道를 얻고 이내 곧 그것을 잃고, 그것을 잃고 곧 그것을 얻는다. 지금 무릇 금현琴弦을 조율하는 자는 궁음을 치면 (다른 가야금의) 궁음이 응하고 각음角音을 타면 각음이 동한다. 이것이 동성同聲이 서로 화응和應하는 것이다. 한 현을 개조改調해 오음에 친비親比하지 않고 그 현을 쳤는데 25현이 다 화응했다. 이것은 소리와 시원적으로 다른 음이 아니라 음의 임금(君)을 이미 형성했던 것이다.127)

이와 같이 극동의 기氣철학은 기들의 충만과 부유浮游만을 말하는 것이 아니라 천지와 만물이 창조되는 자연철학적 창세 과정과 기氣들 간의 감응관계를 줄기차게 설파했다. 이 기론적 세계관은 '기운이 세다', '감기에 걸리다', '사기邪氣를 뽑다', '지기가 좋다', '천기를 살피다', '양기가 부족하다', '음기가 엄습하다', '음기淫氣가 세다', '심기가 안 좋다', '기죽다', '기막히다' 등의 말에서 알 수 있듯이 극동의 일상어에까지 철두철미 스며들어 있다.

---

126) 유안, 『淮南子(상)』, 권6 '남명훈', 273쪽(원문).
127) 유안, 『淮南子(상)』, 권6 '남명훈', 284쪽(원문).

우주론적 기氣감응론은 중국 천문학에서 상호작용하는 자기磁氣들이 가득한 '우주허공론'을 낳았다. 중국 천문학은 자력이 원격상태에서 다른 물체를 끌어당기거나 밀어내는 원리로 우주가 구성된 것으로 설명했다. 니덤에 의하면 중국의 기론 중 자기론磁氣論은 영국의 자기물리학자 길버트(William Gilbert, 1544-1603)와 독일의 케플러(Johannes Kepler, 1571-1630)에게 전해져 근대적 자기이론(modern theory of magnetism)과 우주자기론(이격상태에서의 천체들의 자력적 인력작용의 이론)으로 발전했다. 아이작 뉴턴은 이들의 이 우주자기론을 더욱 발전시켜 1687년 『프린키피아』를 출간함으로써 우주의 천체들이 이격 상태에서 만유萬有한 인력에 의해 상호작용하고 운동하는 법칙, 즉 '만유인력의 법칙'을 세상에 내놓았다. 따라서 이 『프린키피아』와 동시에 나온 쿠플레의 『중국철학자 공자』(1686)의 「예비논의」에 소개된 중국의 이기론理氣論(쿠플레의 설명에서의 '리'와 '신령'에 관한 논의)은 당대 서양 지식인들이 황당무계한 것으로 받아들인 뉴턴의 만유인력론을 쉽사리 이해할 수 있게 하는 데 기여하는 당대 최고 수준의 자연철학적 논의였다.

중세 유럽의 천문학은 우주가 수정체(크리스틸)로 되어있다는 우주수정체론을 정설로 알고 있었다. 길버트와 케플러에게 전해지고 나서 바로 중세의 수정체우주론을 붕괴시킨 중국의 자력이론은 막 태동하던 유럽 근대과학에 결정적 영향을 미쳤다.[128] 자기磁氣과학은 실로 근대과학의 본질적 부분이다. 나침반을 연구하고 자기를 실험한 프랑스 수학자 마리쿠르트(Pierre Pelerin de Maricourt, 1240-1269)의 아이디어도, 자력의 우주적 역할에 관한 길버트와 케플러의 아이디어도 둘 다 중국으로부터 온

---

128) Joseph Needham, "Science and China's Influence on the World", 236-237쪽. Raymond Dawson (ed.), *The Legacy of China* (Oxford·London·New York: Oxford University Press, 1964·1971).

것이었다. 길버트는 모든 천체운동이 천체의 자력 때문이라고 생각했고, 케플러도 중력은 자력과 같은 어떤 것이라고 믿었다. 지상으로 추락하려는 물체들의 경향은 지구가 거대한 자석처럼 사물들을 자신에게로 끌어당기고 있다는 관념에 의해 설명되었다. 중력과 자력 간의 평행이론은 뉴턴의 만유인력의 법칙을 위한 이론적 준비에 결정적으로 중요한 부분이 되었다. 뉴턴은 이 논의들을 종합하여 공리公理인 중력은 자력이 아무런 확실한 매개도 없이 우주를 가로질러 작용하는 것과 똑같이 모든 공간을 가로질러 확산되는 것으로 기술한다. 이와 같이 고대 중국인들이 전개한, '이격 상태에서의 작용의 이론'은 길버트와 케플러가 뉴턴의 출현을 준비하는 과정에서 결정적 대목이었던 것이다.129) 이것은 기氣들이 미만한 '무한한 허공'으로서의 중국의 우주 개념과 자력이론의 결합으로부터 도출되었다. 중국의 이 무한한 허공론은 중세 유럽인들이 견지한 '수정水晶으로 된 단단한 천체'의 관념을 완전히 분쇄했다. 결국 이격상태에서 밀고 당기는 식으로 상호작용하는 자기磁氣들로 미만한 우주허공론은 갈릴레오 시대 이후 유럽의 우주론을 석권했다.130) 16세기말경 동일한 사상을 대변한 유럽인들은 반드시 이것이 중산이라는 것을 인지한 것은 아닐지라도 기氣미만 우주허공론의 타당성을 인정했다.

2.2. 공자철학에서 공감적 해석학의 단초들

인간과학의 방법으로서의 공자의 공감적 해석학은 바로 전통적 기氣감응론의 연장선상에 있고 또 이 감응론을 배경으로 하는 것이다. 인문·사회과학

---

129) Needham, "Science and China's Influence on the World", 255쪽.
130) Needham, "Science and China's Influence on the World", 238-239쪽.

으로서의 '인간과학'은 자타의 인간들을 아는 '지인知人의 과학', 즉 인간의 여러 개인적·집단적 '자아'의 '존재'와 '행위' 및 그 '연관들'을 아는 것을 과업으로 하는 과학이다. 자아의 존재와 행위를 아는 것은 그 '의미'를 아는 것이다. '의미'는 무엇인가? 의미는 자아들의 존재를 지탱해주는 — 욕망을 포함한 — 감정이거나 자아들의 행위를 발동시키는 감정적 동기다. 그런데 자아의 존재와 행위의 이 감정적 의미를 '아는' 것은 사물의 속성을 아는 자연과학적 인식방법에 의해 가능하지 않을 것이다. '감정적 의미'는 사각형, 빨강, 소음, 굉음, 매움, 짬, 향내, 단내, 더움, 단단함, 까칠까칠함 등의 사물적 속성들에 대한 외감적 지각과 본질적으로 다르기 때문이다. 그래서 다시 묻게 된다. 존재와 행위의 감정적 의미를 '안다'는 것은 무엇을 뜻하고 어떻게 가능한가? 이 '안다는 것은 감정적 의미를 인지하고 평가한다는 것이다. 다른 자아들의 존재와 행위의 감정적 의미에 대한 이 인지와 평가는 어떻게 가능한가? 그것은 인간의 타고난 공감능력과 판단감각 때문에 가능한 것이다. 공자는 인간과학으로서의 "지인知人"을 "세상사람들의 의미(民之義)"를 아는 것으로 정의했다. "세상사람들의 의미를 힘써 탐구하고 귀신을 공경해서 멀리한다면 지식이라 이를 만하다.(務民之義 敬鬼神而遠之 可謂知矣)"[131] 세상사람들의 "의미(Sinne; senses)"는 각종 인간적 감정과 감각, 경제적 이해利害, 정치적·사회적 행위와 제도의 의미, 세상사람들의 소망과 비전, 도덕과 법, 가치·의리·도리 등 무한하다.

  감정적 '의미'를 인지하고 평가하는 것을 '이해'라 한다. 반면, 사물의 속성을 아는 것은 '인식'이라 한다. 그리고 의미들 간의 '연관(conjunction)'을 분석적으로 이해하는 것은 '해석'이라 한다. 반면, 속성들 간의 '관계'에 대한 인식, 즉 '이동異同·원근·대소·다소관계'와 '인과관계'(필연적 연결 [connection]관계)를 아는 것은 '설명'이라 한다. 이해와 해석을 다루는 방

---

131) 『論語』 「雍也」(6-22).

법론은 '해석학'이고, 인식과 설명을 다루는 방법론은 '인식론'이다.

공감능력과 판단감각으로 감정적 의미를 인지하고 평가하는 것은 결국 의미의 '공감적 이해와 해석'이다. 그렇다면 이 공감능력과 판단감각에 의한 감정적 의미의 이해와 해석, 간단히 의미의 '공감적 해석'이 인간과학에 '객관성', 즉 '과학성'을 보장할 수 있는가? 물론 이 물음은 객관적 공감·교감과 주관적 '감정이입(Einfühlung)'과 주관 없는 '감정전염(Gefühlsansteckung)'의 차이가 심리학과 뇌과학에 의해 과학적으로 규명된 오늘날 긍정되어야 한다.

수백 번 반복해서 강조해도 모자라는 사실은 사물의 '속성'에 대한 '인식'을 추구하는 '격물치지格物致知' 또는 '지물知物'의 방법론은 '인식론'이고, 인간자아들의 존재와 행동과 작품의 '의미'에 대한 '이해'를 추구하는 '지인知人'의[132] 방법론은 '해석학'이라는 것이다. 상술했듯이 공자의 '도', 즉 공자의 과학방법은 '공감으로 일이관지하는' 공감적 해석학이다. 타인의 감정과 의도를 모사(시뮬레이션)방식으로 재현하는, 그러나 타인의 감정과 나의 감정의 차이를 객관적으로 아는 '공감'은 타인의 감정과 의도를 모사(시뮬레이션)·재현 없이 객관적으로 인지하기만 하는 '교감'과 다르고, 다시 객관적 공감·교감은 주관 없는 '감정전염'과 주관적 '감정이입'과 다르다. 이런 사실들은 모두 이미 과학적으로 밝혀진 것이다. 공감과 교감이 내감과 결합되어 작용하는 기능관계를 규명하여 나와 남의 자아의 이해가 이론화되었고, 모든 감정들의 '원시적 판단력'에 더해 내감의 '세련된' 네 가지 판단력, 즉 쾌통감각·재미감각·미추감각·시비감각을 그 개념과 그 일반론적 역사에 있어 일관되게 비판적으로 정리되었다.[133]

---

132) 『論語』「顔淵」(12-22). "樊遲 (...) 問知. 子曰 知人."
133) 참조: 황태연, 『감정과 공감의 해석학』, 739-947쪽(타아와 자아의 공감적 이해), 1234-1476쪽(4대 판단감각).

또한 맹자의 시비지심(시비감각+시비감정)과 관련하여 정언적 정체성도덕의 본능적 기반으로서의 무조건적 도덕감정을 생존도덕의 감정과 차별하여 규명하고, 정체성도덕과 생존도덕의 상이한 진화이론도 완성되었다.134)

이런 과학적·이론적 토대가 마련된 마당에는 '공감' 개념 하나로 인간과학을 관통하는 과학방법으로서의 공감적 해석학이 충분히 수립될 수 있다. 방법상 일관되게 공감에 충실한 인간과학의 방법은 인식론적 방법에 기초한 자연과학의 방법과 본질적으로 다르다. 자연과학은 사물의 '속성'과 그 연결관계를 인식하는 과학이다. 사물의 속성은 '공감'으로써가 아니라 오직 다섯 가지 외감과 이에 근거한 지성(이성적 사유능력)으로써만 '인식'할 수 있다. 공감으로는 고등동물의 감정과 교신할 수 있을지언정, 감정과 감각 없는 무생물과는 교신할 수 없기 때문이다. 공감은 오직 인간과 (고등)동물의 감각적·감정적 마음, 감정적 의미와 평가적 의미, 타아와 자아 등을 '이해'하여 알게 해준다. 이 '자아'의 존재감과 감정적 '의미'는 둘 다 '가치'다. 이 가치들 중에서 가장 중요한 '의미' 또는 '가치'는 나와 남의 '자아'와 '평가적 의미'다. '충서忠恕' 또는 공감으로 일관하는 공감적 해석학은 바로 이 의미와 자아의 가치를 이해하고 해석할 수 있게 해주는 정신과학의 방법이다. '의미'와 각종 '자아'의 이해와 해석을 추구하는 사회과학, 인문과학, 예술과학 등 정신과학 또는 인간과학은 의미를 이해하고 해석하는 방법론, 즉 해석학 없이는 불가능하다. 당연히 도덕철학과 정치학도 공감적 해석학 없이는 불가능하다. 감정·공감이론과 공감적 해석학 없이 전개된 동서고금의 모든 도덕론과 국가론, 가령 플라톤의

---

134) 참조: 황태연, 『감정과 공감의 해석학(2)』, 1476-1494쪽(생존도덕과 정체성도덕의 차이), 1495-16091476쪽(정체성 도덕의 진화); 황태연, 『도덕의 일반이론(하)』, 1549-1580쪽(생존도덕과 정체성도덕의 차이), 1669-1807쪽(정체성도덕의 진화).

『국가론』, 칸트의 『실천이성비판』, 헤겔의 『법철학』과 『역사철학』, 쇼펜하우어의 『의지와 표상으로서의 세계』, 의 『도덕의 계보학』, 롤스의 『정의론』 등은 인간과 행위의 의미를 이해·해석한 것이 아니라 인식·설명한 이론적 오류의 사상누각들이다.

1900년대에 이미 찰스 쿨리(Charles H. Cooley, 1864-1929)가 "공감적 이해(sympathetic understanding)"의 이론을 제기하고,[135] 1920년대에는 베버가 '감정이입적 이해(einfühlendes Verstehen)'의 개념을 주변적으로나마 논하고,[136] 하이데거는 "감정이입의 해석학(Hermeneutik der Einfühlung)"을 언급했다. 하지만 아무도 '공자의 도'로서의 '공감의 일이관지' 명제에 기초한 '공감적 해석학'을 알지 못했다. 그런데 공감적 이해를 통해 자기 자아와 타인 자아의 존재를 인지하지 않고는 어떤 사회적·도덕적 행위도 자기나 타인에게 귀속시킬 수 없을 것이고, '공감적 해석학' 없이는 어떤 도덕적·사회적·예술적 행위와 작품에 대한 과학적 이해와 해석도 불가능할 것이다. 따라서 공감과 공감적 해석학은 어떤 도덕이론을 위해서도 필수적 방법론이다. 공자의 도덕·국가이론은 특히 학문의 '도'(과학방법)에 대한 그의 명시적 언명에서 알 수 있듯이 이런 대전제에 기초해 있다.

지금까지의 논의의 바탕 위에서 앞서 하버마스의 '합리적 해석학'의 한계와 난관을 지적하고 비판했다. 이로써 관점인계적·사유이입적 '역지사지易地思之'에 기초한 모든 관념론적·언어실증주의적 해석학을 해체했다. 이제 공자의 마음속에서 그의 도덕·국가철학을 진두지휘했던 공감적 해석학이 오늘날 '복원' 방식으로 이론화되어야 할 것이다. 이 공감적 해석

---

135) Charles H. Cooley, *Human Nature and the Social Order* (New Brunswick·London: Transaction Publishers, 1902·1922·1930·1964·1984, 7th printing 2009), 136-166쪽; Charles H. Cooley, *Sociological Theory and Social Research* (New York: Augustus M. Kelley Publishers, 1930·1969), 289-304쪽.
136) Max Weber, *Wirtschaft und Gesellschaft* (Tübingen: J.C.B. Mohr, 1985), 2쪽.

학의 견지에서는 딜타이, 베버, 즈나니키, 매키버, 콜링우드, 라이트, 가다머, 쾨글러 등의 관념적 역지사지의 '언어실증주의적·언어물신적·소통이성적·합리적 해석학'과 '감정이입적 이해이론'의 (자기)기만성도 비판적으로 폭로할 수 있다.137)

공자와 맹자는 매스커뮤니케이션 매체의 발달이 거의 전무한 고대세계에서 천리 밖 백성들과 불가능한 소통적 토의정치를 추구한 것이 아니라 군주의 공감능력에 따른 여민동락與民同樂과 여민동환與民同患의 신중한 공감정치를 강조했다. 이 공감의 방향을 위정자에서 백성으로 바꾸면 공감정치는 천하의 백성이 위정자들의 의도를 공감적으로 인지·평가할 수 있는 정치이기도 하다. 공자는 "군자가 자기의 방 안에 앉아서 자기의 말을 표출하는 것이 선하면 천리 밖에서 감응하고 (...) 자기의 방 안에 앉아서 자기의 말을 표출하는 것이 선하지 않으면 천리 밖에서 그의 말을 거부한다"고 말했다.(子曰 君子居其室 出其言善 則千里之外應之 [...] 居其室 出其言不善 則千里之外違之 [...])138) 공자는 위정자의 말과 말없는 행동을 백성들이 천리 밖에서도 위정자의 선하고 불선한 정치에 순식간에 반응·평가하는 정치적 공감대상으로 간주하고 있다. 따라서 정치적 대리·대의행위에서 지식과 능력보다 더 중시되는 것은 그 무슨 합리성이 아니라, 백성들의 인격적 존재의미와 민심에 민감하게 감응할 수 있는 대의적 위정자들의 공감능력인 것이다.

중국 전통의 오랜 기氣철학적 감응론을 전제로 공자와 맹자는 공감적 해석학을 여기저기서 언급했다. 그들은 마음속에 다잡은 이 공감적 해석원리를 써서 공감적 도덕철학과 여민동락과 여민동환의 공감정치이론을

---

137) 베버, 즈나니키, 매키버, 콜링우드, 라이트, 가다머, 하버마스, 쾨글러 등의 해석학적 시도에 대한 비판은 참조: 황태연, 『감정과 공감의 해석학』, 1972-2061쪽.
138) 『易經』「繫辭上傳」, §8.

추구했다. 따라서 공자의 '도'를 '공감적 해석학'으로 규명하는 고증 작업은 하버마스의 '불가능한' 언어소통적·합리적 해석학에 대한 비판을 갈무리하는 마지막 작업으로 삼을 수 있을 것이다.

『논어』, 『대학』, 『중용』에서 공자는 인간생활과 정치, 그리고 학문의 중심 개념을 '서恕'로 제시했다. 자공이 "종신토록 행할 수 있는 한 마디 말씀이 있습니까"라고 묻자(子貢問曰 有一言而可以終身行之者乎) 공자는 이렇게 답한다.

그것은 서恕니라! 자기가 하고 싶지 않은 것을 남에게 베풀지 말라(其恕乎! 己所不欲 勿施於人).139)

이것의 연장선상에서 공자는 『대학』에서 '서恕'를 정치의 핵심 고리라고 언급한다.

군자는 자기에게 그것을 가지게 된 뒤에 남에게서 그것을 구하고, 자기에게 그것을 가지지 않게 된 뒤에는 남에게서 그것을 구하지 않는다. 자신 속에 품고 있는 것을 남이 서恕하지 못하는데 그것을 남에게 가르칠 수 있는 경우는 아직 없었다(君子有諸己而後求諸人 無諸己而後非諸人. 所藏乎身不恕而能喩諸人者 未之有也).140)

또 공자는 '서'를 자신의 '도道', 즉 자신의 학문적 방법론의 중심 개념으로도 규정한다.

"증삼아! 나의 도는 일이관지하느니라(하나로써 경험지식들을 꿰느니라)."

---

139) 『論語』 「衛靈公」(15-24).
140) 『大學』(傳9章).

이에 증삼은 "그렇습니다"라고 응대했다. 공자가 나가고 문인들이 "무슨 말이냐"고 묻자, 증삼은 "선생님의 도는 충서忠恕일 따름이다"라고 답했다(子曰 參乎! 吾道一以貫之. 曾子曰 唯. 子出 門人問曰 何謂也? 曾子曰 夫子之道 忠恕而已矣).[141]

여기서 공자는 자신의 '도'를 '일이관지'와 등치시키고 있다. 그는 자공 단목사端木賜에게도 자신의 도의 '일이관지' 성격을 다시 확인해주고 있다. 공자는 "단목사야, 너는 내가 경험에서 많이 배워서 아는 식자라고 여기느냐?"라고 묻는다. 이에 자공이 "그렇습니다, 그렇지 않습니까?"라고 되물었다(子曰 賜也 女以予爲多學而識之者與? 對曰 然, 非與). 그러자 공자는 이렇게 답했다.

아니다. 나는 일이관지했느니라.(非也 予一以貫之).[142]

증삼은 '일이관지'의 이 '도'를 다시 '충서'와 등치시키고 있다. 이 '충서'는 『중용』에서 또 다시 '도'(과학방법)로 제시된다.

충서는 도道와 거리가 멀지 않다.(忠恕違道不遠)[143]

이것은 '충서'가 과학방법이라는 명제의 완곡한 표현이다. 여기서도 '충서'는 '도'와 등위에 놓여 있다. 요는, '충서'가 '일이관지'의 '일'과 등치되는 것이 아니라, '도'로서의 '일이관지'와 등치된다는 말이다. 여기서 논의의 전제로서 간과되어서는 아니 되는 또 하나의 사실은 '일이관지一以貫之'가 '일一'을 강조하기 위해 어순을 바꾼 도치문장이라는 점이다. (정치문장이

---

141) 『論語』「里仁」(4-15).
142) 『論語』「衛靈公」(15-3).
143) 『中庸』(20章).

라면 '이일관지以一貫之'이어야 맞다.) 따라서 '일이관지'는 하나의 핵심 개념의 '유일성'을 특별히 강조한 문장이다. 그렇다면 두 번의 '일이관지' 강조와 두 번의 '충서'는 어떤 관계에 있을까?

갈래를 타놓은 대로 본다면, '일이관지'가 '충서'와 등치되고 있으므로 '충서'의 '충忠'이나 '서恕'는 각각 '일이관지'의 '일一'과 짝지어지든지 아니면 '관貫'과 짝지어져야 한다. '충忠'과 '서恕' 중 어느 것이 '일이관지'의 '일一'에 대응하고 어느 것이 '일이관지'의 '관貫'에 대응하는지는 자명해진다. '충忠'과 '서恕' 중 '관貫(관통하다)'과 뜻이 유사한 것은 '서恕'가 아니라, '충忠(충실·충직하다)'이기 때문이다. '일이관지'의 '관貫'이 '충忠'에 대응하면, '일一'은 '서恕'에 대응한다. 따라서 '일이관지'는 '서이충지恕以忠之('서로써 충실한 것)'인 셈이다. 그리고 '충서忠恕'는 '충군忠君'이 '충어군忠於君(임금에 충성하다)'을 뜻하듯이 '충어서忠於恕(서에 충실함)'다. '충서'에서 우리가 충성을 바쳐야 할 한 개념은 바로 '서恕'다. 따라서 여기서 '공자의 도', 즉 공자주의 학문방법에서 모든 경험사실들을 하나로 꿰어 체계를 수립하는 데 핵심 도구가 되어야 할 '하나(一)'의 중심개념은 '충'이나 '충서'가 아니라, 바로 '서恕'다. 같은 취지에서 맹자도 "만물의 본성이 내게 다 갖춰져 있으니, (...) '서'에 힘쓰면 인仁의 추구에 이보다 더 가까운 것이 없다"고 말한다(孟子曰 萬物皆備於我矣. [...] 强恕而行 求仁莫近焉).144)

공자철학의 모든 부문을 하나로 꿰뚫는 핵심 개념으로서 이 '서恕'는 무엇을 뜻하는가? 일찍이 당나라 공영달孔穎達(574-648)은 '서'의 고대한자어적 의미를 추적할 수 있는 중요한 주석을 남겨 놓고 있다.

속마음(中心)은 충忠이고, 마음을 같이하는 것(如心)은 서恕니, 이는 자기 마음을 그와 같이하는 것을 일컫는다(中心爲忠, 如心爲恕 謂如其己心也). 부모를 섬기

---

144) 『孟子』「盡心上」(13-4).

고 군주를 섬기고 멀리 여러 생물과 사물에 미치는 것을 마땅히 마음을 같이함(恕)으로써 지탱하여, 헛되이 속마음(忠)을 속이지 않게 되는 것, 이것이 만사의 근본이다.(事親事君遠及諸物宜恕以待之 不得虛詐忠 是萬事之本)145)

여기서 공영달은 '서'의 핵심 의미를 '서恕'의 파자 '여심如心', 즉 '마음을 같이하는 것'으로 제시하고 있다. '여심'으로서의 '서'는 '동심同心'으로서 동감, 공감, 교감, 감응, 동정 등과 개략적으로 상통하는 말이다.

그러나 공맹으로부터 1300년 이상의 세월이 흘러 '서恕'자가 원의를 다 망실한 시점인 북송 때, 형병邢昺(932-1010)은 —『춘추좌전정의』에 실려 있는 공영달의 저 주석을 알지 못한 채 — '서'를 '자기를 미루어 사물을 헤아리는 것(忖己度物也)'으로 풀이하고, '충忠'을 '속마음을 다하는 것(盡中心也)'으로 풀었다.146) 이것은 『시경』의 '촌탁忖度'이라는 말을 응용한 풀이로 보이기도 하고,147) '서恕'자의 북송시대 어의語義로 보이기도 한다. 이를 따라 북송의 정이천程伊川(1033-1107)은 '서'를 '자기를 미루어 사물에 이르는 것(推己及物)'으로 주석한다. 남송의 주희朱熹(1130-1200)는 '서恕=여심如心'이라는 공영달의 주석을 알고 있었지만 이를 무시하고 정이천의 주석을

---

145) 杜預(注)·孔穎達(疏), 『春秋左傳正義』(開封: 欽定四庫全書, 宋太宗 淳化元年[976年]), 下四六쪽(昭公六年).
146) 何晏(注)·邢昺(疏), 『論語注疏』, 十三經注疏整理本(北京: 北京大學出版社, 2000), 56쪽.
147) 『詩經』「小雅·節南山之什·巧言」에 "남이 마음을 가지면 나는 그 마음을 미루어 헤아리네(他人有心 予忖度之)"라는 구절이 있다. 이 구절은 『孟子』「梁惠王上」(1-7)에서도 제선왕의 말로 나온다. 제선왕은 이 구절을 공감의 의미가 아니라, 자신의 마음을 자기가 몰랐는데 맹자가 잘 해석해주어 후련하다는 맥락에서 쓴다. "왕이 기뻐하며 말했다. 『시경』에 "남이 마음을 가지면 나는 그 마음을 미루어 헤아리네"라고 했는데 선생을 두고 하는 말 같습니다. 내가 이내 행하고 돌이켜 그것을 구해도 내 마음을 해득하지 못했는데, 선생이 이를 말해주니 내 마음이 후련합니다(王說曰 詩云 他人有心 予忖度之. 夫子之謂也. 夫我乃行之 反而求之 不得吾心. 夫子言之 於我心有戚戚焉)."

중시하여 '서'를 '자기를 미루는 것(推己之謂恕)'으로, 그리고 '충'을 '자기를 다하는 것(盡己之謂忠)'으로 단정하고 있다.148) 주희의 성리학을 맹렬히 비판한 다산 정약용丁若鏞(1762-1836)도 '서恕'가 '여심如心'이라는 공영달의 주석을 모르지 않았음에도 알 수 없는 이유에서 주희의 이 뜻풀이를 따른다.149)

형병의 '촌기탁물忖己度物'이나 이를 따르는 정이천, 주희, 다산 등의 '추기급물推己及物'은 둘 다 이에 영향 받은 군소 속류성리학자들의 '역지사지', 즉 '처지를 바꿔 생각하는' 관점교환 또는 역할채택과 본질적으로 같은 뜻이다. '촌기탁물', '추기급물', '역지사지' 등의 해석들은 다 '서'를 감정작용이 아니라 사유작용으로 보는 해석이다. 일본 개화기 직전에 성리학을 근본적으로 비판하며 독자적으로 새로운 공맹철학 해석을 추구했던 이토진사이(伊藤仁齋, 1627-1705)도 '서'를 "남의 마음을 미루어 헤아린다"는 '촌탁인심忖度人心'의 사유작용으로 보는 점에서는 성리학자들과 마찬가지다.150)

이런 풀이들의 오류는 공자가 자공에게 '서'를 "자기가 하고 싶지 않은 것을 남에게 하지 않는 것"이라고 부연해줌으로써 '서'를 '~하고 싶은' 감정적 욕구로 풀이했는데도, '서'를 '헤아리거나 미루어 생각하는' '촌忖,

---

148) 참조: 朱熹, 『四書集註』「論語」.
149) 다산은 주희처럼 "대개 속마음을 충이라고 일컫고[사람들을 위해 모색하는 것이 충이고, 임금을 섬기는 것이 충이다] 남의 마음을 내 마음처럼 헤아리는 것을 서라고 일컫는다(盖中心事人謂之忠[爲人謀忠 事君忠] 忖他心如我心謂之恕也)"라고 하기도 하고, "자기를 다함을 충이라고 하고, 자기를 미루어 생각하는 것을 서라고 한다(盡己之謂忠 推己之謂恕)"고 말하기도 한다. 丁若鏞(全州大 호남학회연구소 역), 『與猶堂全書』「經集 II·論語古今註」(전주: 전주대학교출판부, 1989), 375쪽, 376쪽.
150) 이토진사이(伊藤仁齋)는 '나'를 헤아리거나 나를 미루어 생각하는 '忖己'나 '推己'가 '恕'가 아니라, "다른 사람의 마음을 헤아리는 것이 '恕'다(忖度人之心爲恕)"라는 점을 강조함으로써 형병의 '忖己度物'론과, 정이천·주희의 '推己'론을 둘 다 부정했다. 伊藤仁齋, 『語孟字義』(宝永二年刊本), 『伊藤仁齋·伊藤東涯』(東京: 岩波書店, 1971), 「卷之下·忠恕」. 이토의 이 비판과 주장은 일면 옳다. 그러나 그도 '恕'를 감정작용이 아니라, '헤아림(忖度)'의 사유작용으로 보는 宋儒의 오류를 그대로 답습하기는 다산과 마찬가지다.

탁도, 추推 또는 '역지사지'의 '사思' 등의 사유작용으로 변질시키는 것이고, 공자가 일단 '사물'·'처지'가 아니라, 사람("자기가 하고 싶지 않은 것을 남에게 하지 말라"에서의 '자기'와 '남')을 말하는데도 이를 무시하고 '사물'·'처지'만을 들먹인다는 것이다.

공영달과 함께 생각하건대, '서恕'는 '여如'와 '심心'의 합성문자로서, 파자破字하면 '같은 마음' 또는 '마음을 같이하는 것(如心)'이다. 또한 '서恕'의 고자古字는 '서㤞'다.151) '서㤞'는 파자하면 '여심女心', 즉 '여자의 마음'이다. 남의 심정을 같이 느끼거나 남에게 동정심을 느끼는 감정능력은 남자보다 여자가 더 강렬하다. 여성의 동정심은 결코 사유작용이 아니다. 이것 하나만으로도 '서'를 사유작용으로 풀이하려는 모든 시도는 다 허언임을 알 수 있다. 남의 심정을 같이 느끼는 것은 공감이고, 동고同苦에서 생겨나는 안쓰러워하는 이차적 감정은 동정심이다. 공감으로서의 '서' 개념은 한나라 때에도 아직 '서'자가 "마음으로 마음을 감 잡다(以心揆心爲恕)"는 뜻으로 쓰인 것을152) 통해서 뒷받침될 수 있다. 또한 정현鄭玄(127-200)과 가공언賈公彦(당 고종[650-665] 때의 태학박사)의 『주례주소』에서도 공영달과 동일하게 '서恕'를 파자하여 '여심如心'으로 풀이하고 있다.153) 이익李瀷(1681-1763)도 공영달의 풀이를 받아들인다. "속마음(中心)은 '충忠'이고 같

---

151) 林尹·高明(主編), 『中文大辭典(四)』(臺北: 中國文化大學出版部, 中華民國 74年 [1982]), 95쪽. '서恕'의 어원적 의미를 ―'㤞'자를 무시하고 ― '如'자의 옛 의미('갈 往')로만 풀려는 고증 시도는 참조: 뤄양(駱揚), 「공자의 충서사상 논고」, 『동서사상』 제6집 (2009. 2.), 100-102쪽.

152) 『楚辭』 「離巢」의 한 구절 "羌內恕己以量人兮"에 대한 注. 『中文大辭典(四)』, 95쪽에서 재인용. 그리고 '恕己' 항목 참조.

153) 『주례주소』 「第十 大司徒」의 六德에 대한 주석에서 가공언은 "마음을 같이하는 것(如心)은 恕인데 如자 아래에 心자를 놓은 것이고, 속마음(中心)은 忠인데 中자 아래 心자를 놓은 것이다(如心曰恕 如下從心, 中心曰忠 中下從心)"라고 말한다. 참조: 鄭玄(注)·賈公彦(疏), 『周禮注疏』, 十三經注疏編纂委會 간행(北京: 北京大學校出版部, 2000), 315쪽.

은 마음(如心)은 '서恕'다. (...) 사람의 감정은 다 동일해서, 내가 사랑하고 미워하는 것을 남도 또한 사랑하고 미워한다. 뭇사람들과 더불어 두루 동일한 마음이 '서'다."154)

나아가 청대의 단옥재段玉裁(1735-1815)는 심중에서 드러나지 않고 작용하는 '서恕'의 내심적 감정작용과, 이 '서'를 바탕으로 닦아 갖추게 된 덕성의 실행을 통해 외부로 드러나는 '인덕仁德'을 구별하였다. "인仁의 실행이란 서恕에서는 밖으로 드러나지 않으니, 인과 서를 나누어 말하면 유별하고, 이것들을 섞어 말하면 유별하지 않다(爲仁不外於恕 析言之 則有別 渾言之 則不別)"고 갈파한다.155) 이것은 '공감'과 '인'이 동류로서 결합되어 있지만, 구분하기로 하면 양자는 다르다는 말이다. 공감은 내감의 감정작용이고, 이 공감에서 생겨난 제2의 감정(공감감정)으로서의 측은지심을 확충한 '인'은 '위인爲仁' 행위(인의 실천행위)로 외부로 드러나는 품성으로서의 덕성이기 때문이다. ('공감감정'에 대해서는 후술한다.) 따라서 '서', 즉 공감은 아직 '인'은커녕 '공감감정'(측은지심)도 아니다. '공감'은 내감의 감정작용으로 끝날 수도 있고, 공감된 감정('동고同苦')으로부터 측은지심의 공감감정을 유발할 수도 있다. 측은지심은 사랑의 한 형태이되, 어려운 처지에 처한 사람, 작고 연약한 사람이나 동물에 대한 사랑이다. (반면, '축하지심祝賀之心'은 자신의 처지를 개선한 사람에 대한 사랑의 표현이다.) '인덕'은 이 동정심을 확충하여 몸으로 익힌 품성이다. 그러므로 '공감'은 '인덕' 또는 인덕의 실천(爲仁)을 포함하지 않는다. 반면, '인덕'은 늘 '공감'을 전제한다. 인의 실천은 꼭 동정심의 뒷받침을, 동정심은 다시 '공감'의

---

154) 李瀷, 『星湖僿說』. 이익, 『국역 성호사설(X)』(서울: 민족문화추진회, 1977·1985), 35쪽(원문: 卷之二十五, 經史門, '忠恕', 7쪽): "中心爲忠 如心爲恕. 此兩句宜相勘. ... 中者不偏以理言也. 如者大同以事言也. ... 人情皆同 吾所愛惡 人亦愛惡. 其與衆普同之心則恕也."

155) 後漢 許愼(著), 淸 段玉裁(注), 『段注說文』. 『中文大辭典(四)』, 95쪽에서 재인용.

뒷받침을 받아야 하기 때문이다. 즉, '공감'은 '인덕'과 '위인'의 필수적 기반감정이다. 단옥재의 저 주석은 이런 뜻에서 이해될 수 있다.

위 탐색을 종합하면, '서'는 일단 '공감'을 뜻한다. '같을 여如'자와 '마음 심心'자로 합성된 '서恕'는 '마음이 같아지는' 심적 작용을 통해 동감을 낳는 '공감'의 뜻으로 풀이된다.156) 공자 이전에 공감과 동감에 대한 고대인들의 각별한 인식은 "군자는 (...) 그 친함을 친히 하고, 소인은 그 즐거움을 즐거워한다(君子 [...] 親其親 小人樂其樂)"라고 노래한 『시경』에서부터 이미 명백하다.157) 또 『역경』에서도 공자는 "성인은 백성과 더불어 같이 걱정한다(聖人 [...] 與民同患)"고 말한다.158) 또한 맹자도 이런 공감의 의미에서 "백성과 더불어 같이 즐거워하고(與民同樂)", "백성의 즐거움을 즐거워하고(樂民之樂)", "백성의 근심을 근심한다(憂民之憂)"라고 거듭 말한 것이다.159) 또한 맹자는 인간이 동물의 감정에 대해서도 공감한다는 사실을 논한다. "군자는 금수에게서 그것이 살아있는 것을 보았다면 차마 그것이 죽어가는 것을 보지 못하고, 그것이 죽는 소리를 들었다면 차마 그 고기를 먹지 못한다."160) 그러나 하버마스의 무無공감적·사이코패스적 논의윤리학은

---

156) '恕'를 '공감'으로 해명한 최근의 논의는 참조: 박재주, 「유가윤리에서의 공감(sympathy)의 원리」, 『도덕교육연구』 제18권 2호(한국도덕학회, 2007. 2.). 그러나 이 논의는 일방적 자기희생도 가능하게 하는 '恕'를 '호혜성(reciprocity)'에 가두고 있고(217-223쪽), 아담 스미스의 도덕감정론에 말려들어 '공감' 개념을 思惟(상상)와 뒤섞고 있다(217-227쪽). '恕'를 감정작용으로서의 '공감'으로 풀이한 논의는 참조: 황태연, 「공자의 공감적 무위·현세주의와 서구 관용사상의 동아시아적 기원(上)」, 17-36쪽, 『정신문화연구』 제36권 제2호 통권 131호(2013 여름호)[8-187쪽]; 이영재, 「공자의 '恕' 개념에 관한 공감도덕론적 해석」, 『정치학회보』 47집 1호(2013) [29-46쪽].

157) 『大學』 傳5章에 『시경』의 시구로 제시되어 있지만, 『시경』에 전하지 않는다. 유실된 것으로 보인다. 주희는 『詩經』 「周頌·烈文」의 시구라고 했는데, 「周頌·烈文」에는 이 구절이 보이지 않는다.

158) 『易經』 「繫辭上傳」, §11.

159) 『孟子』 「梁惠王下」(2-1)(2-4)(2-5).

160) 『孟子』 「梁惠王上」(1-7). "君子之於禽獸也 見其生 不忍見其死 聞其聲 不忍食其肉.

동물과 동고동락하지 못하고, 따라서 동물의 존재에 대한 인간의 도덕적 행위의무와 동물의 권리(동물보호법)도 인정할 수 없다.

사람과 동물에 대한 공감은 '동심'(사랑으로서의 '일체감')을 유발한다. 『역경』「계사전」에 "두 사람의 동심은 그 예리함이 쇠를 끊고, 동심의 말은 그 냄새가 난과 같다(二人同心 其利斷金 同心之言 其臭如蘭)"는 말이 있다.161) 난향을 풍기듯 풍미로우면서도 쇠를 끊는 이 부드럽고도 파격적인 힘을 품은 '동심'을 일어나게 하는 것은 바로 '공감'이다. 여러 가지 이차·삼차 감정으로서의 사랑(일체감, 연대감, 유대감), 측은지심(동정심 또는 연민), 축하祝賀지심, 수오지심(수치심+공분감), 공경지심(사양지심), 선망(부러움), 자부심(긍지) 등 여러 도덕적, 긍정적 '공감감정'을 낳는 것도 궁극적으로 '공감'이다.

그런데 공자의 '서' 개념을 '공감'과 등치시키는 데에 좀 더 신중할 필요가 있다. 인간은 가령 타인을 도덕적으로 미워하는 경우라면 이 타인이 아프더라도 타인에게 공감하지 않는다. 즉, 동고同苦하지 않는다. 오히려 고소해할 수도 있다. 그런데 상대방의 아픔을 고소해하려면, 적어도 상대방의 아픔을 어떤 식으로든 인지해야 한다. 즉, 이 아픔을 공감 없이 감지해야 한다. 필자는 이렇게 상대방의 감정을 공감 없이 감각적으로 인지하는 것을 일단 '교감'이라고 정의하고, 뒤에 이를 철학적, 뇌과학적으로 상세하게 논증할 것이다. 공자가 이 '교감'을 『역경』과 『예기』에서 '응應', '감응感應', '응감應感' 등으로162) 표현했기 때문에, 동아시아에서 '교감'은

是以君子遠庖廚也."
161) 『易經』「繫辭上傳」, §8.
162) 가령 『易經』比卦「彖傳」. "彖曰 比 吉也 ... 不寧方來 上下應也."; 澤山咸卦「彖傳」. "彖曰 咸 感也 柔上而剛下 二氣感應以相與. 止而說 男下女 是以亨 利貞 取女吉也. 天地感而萬物化生 聖人感人心而天下和平 觀其所感 而天地萬物之情可見矣!"; 『禮記』「樂記 第十九」. "應感起物而動", "動己而天地應焉" 등.

보통 '감응'과 동의어로 쓰인다.

일단 여기서 요점은 공감(Mitgefühl)과 교감(Nachgefühl)은 다르다는 것이다. 간략히 밝히면, '교감'은 남의 표정과 상황을 오감(외감)으로 지각하고 이 외감을 통해 전달된 오감정보에서 남의 감정을 내감의 내적 지각으로 인지해내는 것이다. 그러나 '교감'은 타인의 감정을 인지할 수 있을 뿐이고, 타인과 같은 감정을 재생하여 이 재생된 감정을 같이 느끼는 것에까지 이르지 못한다. 반면, 공감은 타인의 감정을 교감적으로 인지하는 것을 넘어 이 인지를 바탕으로 타인의 희로애락 감정과 동일하거나 유사한 감정을 자기 안에서 재생하여 느끼는 것이다. 즉, '공감'은 곧 '동감'을 낳는다.

교감과 공감을 잠정적으로 이렇게 구분할 때, 공자의 저 '서恕'가 공감을 뜻하는지, 교감을 뜻하는지 판단하기 어렵다. 공자가 '서' 개념에다 "자기가 하고 싶지 않은 것을 남에게 베풀지 말라"고 덧붙인 점을 고려할 때, 공자의 '서' 개념의 강세는 교감이 아니라 공감에 있는 것으로 어렴풋이 짐작할 뿐이다. 그러나 어떤 이유에서든 상대방에 대해 불쾌감이나 추함, 증오심 또는 공분감이나 도덕적 거부감 등 그 어떤 반감을 갖는 경우에 우리는 그의 감정을 인지하되, 그의 감정에 공감하지 않는다. 이럴 경우에 우리는 공감 없는 차가운 '교감적 인지'에 그친다. 따라서 공자의 방법에서 당연히 이 '교감'도 '서' 개념에 함께 포함된 것으로 간주해야 할 것으로 보인다. 말하자면, 공자의 '서' 개념은 차가운 '교감'과 뜨거운 '공감'을 둘 다 포괄한다는 말이다.

결론적으로 '서恕'는 이성적으로 '자기를 헤아리거나 자기를 미루어 생각하는'(忖己·推己) 사유작용이 아니라, 내가 남의 감정을 내 감각과 감정으로 느끼는 '교감'과 '공감'이라는 감각·감정작용이다. 그러나 '서恕'를 '공감'이 아니라 '추기推己'로 풀이하는 성리학자들은 이 '서'자와 관련하여 오랜 세월 의미론적 혼란에 빠져있다. 가령 주희의 수제자 진순陳淳(1159-1223)은 말한다.

한나라 이래 '서恕'자의 의미는 심히 불분명해져서 심지어 '선서기량주善恕己量主'라고 말하는 자도 있었다. 우리 왕조의 범충선范忠宣 공도 역시 '이서기지심서인以恕己之心恕人'이라고 말했다. '서恕'라는 글자가 자기에게는 적용될 수 없다는 것을 모르는 것이다. 그가 말한 '서'자는 단지 남을 너그럽게 봐준다는 뜻과 비슷할 뿐이다. 이렇다면 이것은 자기에게 과오가 있고 또 스스로 자기를 너그럽게 봐주고, 남이 과오가 있으면 또 아울러 남을 너그럽게 봐준다는 것이다.163)

그러나 '선서기량주善恕己量主'와 '이서기지심서인以恕己之心恕人'에서도 '서恕'자는 '추기推己'나 '너그럽게 봐주는 것'을 뜻하는 것이 아니라, '공감'을 뜻한다. '공감'을 '자기 자신'에게 적용하는 '자기공감'도 있는 것이다. 자아는 '나는 죄지은 나를 뉘우친다'는 말에서처럼 자기와 또 다른 자기로 곧잘 분화될 수 있기 때문이다. 가령 "내심을 공감하여 크게 슬퍼하다(內恕孔悲)"라는164) 『예기』의 한 구절의 "내심공감(內恕)"은 보듯이 '자기공감'을 가리킨다. 굴원屈原(기원전 343-278?)은 『이소離巢』에서 이 "내서內恕"를 "안에서 자기에 공감하여 남을 헤아리네(羌內恕己以量人兮)"로 변형시켜 활용했다. 따라서 '선서기량주善恕己量主'는 "잘 자기에 공감하여 주인을 헤아린다"로 옮겨지고, 범충선의 '이서기지심서인以恕己之心恕人'은 "자기마음을 공감함(恕己之心)으로써 남의 마음을 공감한다"로 옮겨진다. 이 자기공감과 타인공감의 상응은 인간본성의 상호근사성(性相近)에 의해서라기보다, 후술하듯이 습관차이나 학습차이(習相遠)까지도 꿰뚫고 자타의 감정을 느끼는 본성적 공감능력에 의해 가능한 일이다.

'서'가 '촌기忖己'나 '추기推己' 또는 '역지사지易地思之'의 이성적·추론적

---

163) 陳淳, 『北溪字義』 「忠恕(9)」. "自漢以來 恕字義甚不明 只有爲善恕己量主者. 我朝范忠宣公 亦謂以恕己之心恕人. 不知恕之一字 就己上著不得據. 他說恕字 只似箇饒人底意. 如此則是己有過 且自恕己 人有過 又并恕人."
164) 『禮記』 「孔子閒居 第二十九」.

사유작용이 아니라, 타인의 심정을 감지하여 그 심정을 같이 느끼는 여심 如心의 감각·감정작용임은 공자의 제자 고시高柴에게서도 확실했다. 공자는 고시의 공감적 행적을 '서' 개념으로 이해하여 이렇게 말한다.

고시는 공자를 뵙고부터 문호를 들어가면 남의 신발을 넘지 않고, 왕래하면서 남을 지나치면 그의 그림자를 밟지 않았고, 겨울잠에서 깨어나는 동물을 죽이지 않았고, 한창 자라는 것을 꺾지 않았고, 부모의 상을 집전할 때는 치아를 보이지 않았다. 이것이 고시의 행동이다. 공자는 "고시가 부모의 상을 (진실로 슬퍼한 나머지 경황이 없어) 잘 집전하지 못했고, 겨울잠에서 깨어나는 동물들을 죽이지 않은 것은 하늘의 도이고, 한창 자라고 있는 식물을 꺾지 않은 것은 공감(恕)하는 것이고, 공감하면 인애한다(恕則仁也). 탕임금은 공감(恕)으로써 공경했고 이런 까닭에 나날이 발전했다"라고 말했다.[165]

고시는 산 사람과 죽은 사람, 그리고 모든 생물의 마음을 교감·공감하여 산 사람의 마음을 느껴 남의 그림자도, 남의 신발도 함부로 밟지 않고, 동물도 죽이지 않고, 한창 자라는 나무도 꺾지 않은 것이다.

상술했듯이 후한 시대까지도 '서'가 공감의 의미를 잃지 않고 있었음은 후한後漢 말 왕부王符의 논고 속에서도 입증된다. 왕부는 공감(恕)을 '인'이 아니라 '인의 근본(夫恕者 仁之本也)'으로 규정하고,[166] "자신 안에 품은 것을 공감하지 못하는데 남에게 그것을 잘 깨닫게 해주는 경우는 아직 없었다"는 『대학』의 가르침을 따라 '서'에서 그 어떤 '사유' 요소도 불식하고 '서'를 '느낌(感)'의 차원에서 사용한다.

---

165) 『大戴禮』「第十九 衛將軍文子」. "自見孔子 入戶未嘗越屨 往來過人不履影 開蟄不殺 方長不折 執親之喪 未嘗見齒. 是高柴之行也. 孔子曰 高柴執親之喪 則難能也 開蟄不殺 則天道 方長不折 則恕也 恕則仁也. 湯恭以恕 是以日躋也." 高柴는 노나라 비읍(費邑)의 읍재(邑宰)를 지낸 공자 제자다.
166) 王符, 『潛夫論』「交際」(30-10).

소위 공감(恕)이라는 것은 군자가 남을 대할 때 그가 내게 '공감'하여(彼恕於我) 마음에 움직임이 생기고 사라지는 것을 말한다. 자기에게 마음의 움직임이 없으면 아랫사람에게 바라지 못하고, 내게 마음의 움직임이 있으면 그를 나무라지 못한다. 자기가 공경을 좋아함을 느끼기(感己之好敬) 때문에 선비를 예로써 대접하고, 자기가 사랑을 좋아함을 느끼기(感己之好愛) 때문에 남을 만남에 인정이 있는 것이다. '자기가 입신하고 싶으면 남을 입신시켜주고 자기가 달하고 싶으면 남을 달하게 해준다'. 남이 나를 근심하는 것을 좋아하기 때문에 남에게 먼저 노력하고, 남이 나를 잊는 것을 싫어하기 때문에 남을 항상 생각하는 것이다. 평범한 성품의 사람은 이렇지 않다. 이것은 남이 자기에게 공감(恕)하지 않고, 동작하면서 마음을 생각지 않고, 자기 마음이 동하지 않는데 남에게 하기를 바라고, 내 마음이 동하는데 (그가 한 것을 두고) 그를 나무라고, 자기가 무례하면서 남에게 공경을 바라고, 자기가 인정이 없으면서 남에게 사랑을 바라고, 빈천하면 남이 애초에 나를 사랑하지 않는다고 비난하고, 부귀하면 내가 남을 근심하지 않는 것을 옳다고 여기는 것을 말하는 것이다. 이와 같이 자기를 행하면 인仁이라고 칭하기 어려운 것이다.[167]

왕부의 이 설명에서 우리는 그가 '서'를 '감感'으로 풀이하는 것을 명확하게 알 수 있다. 여기서 '감感'은 '감응感應', 즉 '교감'의 뜻으로 쓰이기도[168] 하고 '공감'의 뜻으로 쓰이기도 한다. 나아가 우리가 왕부의 설명에서 알 수 있는 또 하나의 중요한 사실은 그가 공감으로서의 '서'를 소극적

---

167) 王符, 『潛夫論』「交際」(30-11). "所謂恕者 君子之人 論彼恕於我 動作消息於心. 己之所無 不以責下 我之所有 不以譏彼. 感己之好敬也 故接士以禮 感己之好愛也 故遇人有恩. '己欲立而立人 己欲達而達人.' 善人之憂我也 故先勞人, 惡人之忘我也 故常念人. 凡品則不然. 論人不恕己 動作不思心, 無之己而責之人, 有之我而譏之彼, 己無禮而責人敬, 己無恩而責人愛, 貧賤則非人初不我愛也, 富貴則是我之不憂人也. 行己若此 難以稱仁矣."
168) 공자는 『주역』의 함괘(咸卦) 「단전(彖傳)」에서 "'咸'은 '感'이다. 유(柔)가 위이고 강(剛)이 아래이면, 두 기(氣)가 감응해 서로 어울린다(咸 感也 柔上而剛下 二氣感應以相與)"라고 말한다.

제2절 공감적 해석학의 철학사적 단초 129

공감 관점의 '기소불욕己所不欲 물시어인勿施於人'과만 관련시키는 것이 아니라, '자기가 입신하고 싶으면 남을 입신시켜주고 자기가 달하고 싶으면 남을 달하게 해준다(己欲立而立人 己欲達而達人)'는 적극적 공감 관점의 명제와도169) 연결시키고 있다는 것이다.

맹자는 공자의 '서'를 공감 및 동감으로 파악하여 온 백성의 ('여론'이 아니라) '공감대'로서의 '민심' 및 '여민동락'과 '여민동우與民同憂'를 치국의 원리로 강조하고 동물에까지 확대 적용했고, 공감감정으로서의 '사단지심'을 도덕의 주요 단초로 갈파했다. 이런 까닭에 최근의 서양철학자들도 공자의 이 '서'를 '공감'의 의미로 이해하고, 현대 공감도덕론의 논의에 공자와 맹자의 공감 개념을 원용하기도 한다.170)

---

169) 『論語』 「雍也」(6-30).
170) 가령 드발(Frans de Waal)은 'Mencius and the Primacy of Affect'라는 소제(小題) 아래서 이렇게 말한다. "우의감정이든 보복감정이든, 응보감정들에 대한 웨스터마크(E. Westermarck)의 강조는 종신 동안의 규범으로 쓰일 말한 어떤 한 마디 말이 있는지를 묻는 물음에 대한 공자의 대답을 생각나게 한다. 공자는 이런 말로 '怒'를 제시했다. '怒'는 물론 인간적 도덕성의 총괄적 요지로서 여전히 더할 나위 없는 것으로 전해오는 황금률('자기가 하고 싶지 않은 것을 남에게 하지 말라') 속에도 들어 있다. 필수적으로 요청되는 공감(empathy)과 함께 이 황금률 뒤에 있는 심리의 어떤 것이 다른 동물 종류 속에도 있을 수 있다는 것을 아는 것은 도덕성이 최근의 발명품이라기보다 오히려 인간본성의 일부라는 관념을 보강해준다." de Waal, "Morality Evolved", 48쪽. 다른 곳에서 드발은 '교호적 이타주의'의 맥락에서도 공자의 '서(恕)'를 인용했다. 참조: Frans de Waal, *Our Inner Ape* (New York: Riverhead Books, 2005), 203쪽. 드발이 '공감'의 맥락에서 인용하는 '서(恕)'를 영역본 『논어』가 'reciprocity'로 옮기고 있는 것은 적절치 않다. 'empathy'나 'sympathy'로 옮겨야 할 것이다. 카렌 암스트롱도 '서(恕)'를 '동정(consideration)'으로 옮기고 있다. 그리고 '인(仁)'을 연민, 공감과 뒤섞고 있다. "인은 삶을 쥐어짜지만 기쁘게 하는 길이다. 인은 그 자체가 네가 추구한 초월성이었다. 연민적, 공감적 삶을 사는 것은 너를 너 자신 너머로 데려가고 너를 또 다른 차원으로 인도했다." Karen Armstrong, *The Great Transformation: The Beginning of Our Religious Traditions* (Toronto: Vintage Canada, 2006), 247-248, 250-251쪽. 그러나 '서'를 '동정'으로 이해하는 것은 너무 나간 것이고, '인'을 '공감'과 등치시키는 것은 미진한 것이다. '인'을 '연민'과 등치시킨 것은 그래도 좀 봐줄 만하다. 하지만 이런 해석은 '서'와 '인'을 동정(연민)·공감과 뒤섞고 있는 점에서 찜찜하다.

공자는 자신의 '도', 즉 자신의 과학방법을 '일이관지'라고 말하고, 증삼은 공자의 도를 '충서'라고 말했다. 이것은 그의 인간과학 방법이 '공감으로 일이관지하는 것' 또는 '공감에 충실한 것'이라는 말이다. 그런데 돌이켜보면 동양철학계에서는 '일이관지'의 '일—'이 '서'인가 '충서'인가를 두고 오랜 세월 아무 성과도 없이 논란을 벌여왔다. 주희 등 성리학자들은 '충서'를 '충'과 '서'로 나누어 대등한 두 병렬개념으로 보았다. 그러나 이렇게 둘로 보는 것은 '일이관지'의 '일'의 도치법적 강조와 모순되는 것이라서 어불성설이다. 그리고 상론했듯이 '충서'는 '일'과 등치되는 것이 아니라, 공자의 도로서의 '일이관지'와 등치된다는 전제적 확인과도 모순된다. '충서'가 '일'과 등치되는 것이 아니라 '일이관지' 전체와 등치되는 것이라면, '충서'를 하나('충실한 서', 또는 '충실하게 서하는 것')로 보느냐 둘('충과 서)로 보느냐를 둘러싼 전통적 논란도 심히 빗나간 논쟁이다. 정이천과 주희는 '충'과 '서'를 두 개념으로 보고, '충'을 '체體'로 '서'를 '용用'으로, '충'을 대본으로 '서'를 달도達道로 풀이한다.171) 주희의 제자 진순은 '충'과 '서'를 안팎으로 나누어 보면서 다음과 같이 논한다. "대개 충서는 단 하나일 뿐인데 그 가운데를 양편으로 재단하면 둘이 된다. 상채上蔡는 충서를 형체와 그림자 같다고 말했는데 좋은 말이다. 무릇 마음속에 지니고 있는 것이 이미 '충'이라면, 내보내 밖으로 나오는 것이 곧 '서'다."172) 그러나 다산은 정이천, 주희의 해석에 반대하여 '충서'를 한 개념으로 풀이하고, '서'를 행하는 방도를 '충'으로 보았다. "생각하건대, 공자는 본래 '일이관지'라고 말했는데, 증자는 이에 '충서' 두 글자로 말했다. 이 때문에 학자들이 이 두 글자가 하나가 아닐 것이라고 의심한다. 그러나 『중용』에

---

171) 朱熹, 『四書集註』 「論語」.
172) 陳淳, 『北溪字義』 「忠恕(2)」. "大槪忠恕只是一物 就中載112 作兩片 則爲二物. 上蔡謂忠恕猶形影 說得好. 盖存諸中者旣忠 則發出外來便是恕." 주희를 따르는 최근의 논의는 참조: 이상익, 「유교의 忠恕論과 自由主義」, 『哲學』(제80집, 2004).

서 이미 '충서는 도와 멀지 않다'고 말했고 그 『석의』에서 하나의 '서'가 있을 뿐이라고 했으니, '충서'는 곧 '서'요, 본래 분할하여 둘로 만들지 않아야 한다. 일이관지는 '서'이고, 이 '서'를 행하는 방도가 '충'이다."173) 다산은 "'서'를 '충'으로써 행하므로 공자는 '서'만을 말했으나 증자가 '충서'를 연결하여 말했다"고 생각한 것이다.174) 다산의 풀이가 주희보다 조금 나은 것 같다. 하지만 '충'을 '서'의 실행방도로 본 것은 '서'가 본성상 그 실행에서 필연적으로 '충'을 수반하는 것처럼, 즉 '서'가 '충'을 포함하는 것처럼 말하는 것 같아서 양자의 의미연관이 석연치 않다. 이 때문에 다산이 '오도일이관지吾道一以貫之'에서 '충'을 빼버리고 "공자의 도는 진실로 이 '서' 한 글자다"라고 실언失言하는 것으로 보인다.175) 그러나 주지하다시피 증삼은 '서'가 아니라 '충서'를 공자의 도로 정의했다.

올바른 해석은 '충서'와 '일이관지'의 등치라는 전제로부터 출발해야 한다. 그런데 이것도 종전의 논란의 관점에서 보면 본의를 일탈할 수 있다. '충서'의 '충'을 동사로 '서'를 '충'의 목적어로 보는 것('서 개념에 충실하다')이 아니라 '서'를 동사로 보고 '충'을 '서'를 꾸미는 부사어로 보는 견해('충실하게 서하다')가 있기 때문이다. 전자는 '공감의 한 개념에 방법론적으로 충실한 것'이라는 뜻이고, 후자는 '공감을 충실하게 하는 것' 또는 '충실하게 공감하는 것'이라는 뜻이다. 후자로 보면, '충서'는 '일이관지'로서의 '공자의 도'일 수 없다. '충실하게 공감하는 것'은 뭇사람에 대한 사랑을 이루어 인덕을 추구하는 '수신'일 수는 있어도, 공자를 '식자'

---

173) 丁若鏞, 『與猶堂全書』「經集 II·論語古今註」, 375쪽. "案夫子本云一以貫之而曾子乃言忠恕二字. 故學者疑二之非一. 然中庸旣云'忠恕違道不遠'而及其釋義仍是一恕字而已 則忠恕卽恕 本不必分而二之. 一以貫之者恕也 所以行恕者忠也."
174) 丁若鏞, 『與猶堂全書』「經集 II·論語古今註」, 376쪽. "行恕以忠 故孔子單言恕 而曾子連言忠恕也."
175) 丁若鏞, 『與猶堂全書』「經集 II·論語古今註」, 375쪽. "夫子之道眞是一恕字而已."

로 만들어준 '과학의 도(방법론)'일 수는 없기 때문이다. 또 '충실하게 공감하는 것'으로 풀이하면, '일이관지'의 '일'이 '충'인지 '서'인지 알 수가 없다. 따라서 전자로 보아야 하는 것이다.

전자로 보면, 다시 확인하는 것이지만, '일이관지一以貫之'의 '일一'은 공감(恕)이고, '관貫'은 '충忠'이고, '일이관지'는 '공감 하나로 경험지식들을 관통하는 것'이다. 자연스럽게 '충서'는 '공감에 충실 또는 충성을 바치는 것', 즉 모든 의미 이해에서 '공감을 충실히 견지하는 것(恕以忠之)'이다. 즉, '충서'와 '일이관지'가 같다면, 응당 '일이관지一以貫之'의 '일一'은 '공감(恕)'에 대응하고, '관貫'은 '충忠'에 대응한다는 말이다.176) 총괄하면, '일이관지一以貫之'는 곧 '서이충지恕以忠之'이고, '충서忠恕'는 '충어서忠於恕'다.177) 이것이 경험에서 많이 배우지 않았어도 공자를 '식자'로 만들어준 '공자의 도', '공자의 과학적 방법론'이다.

이런 관점에서 일관되게 해석하면, 『논어』의 "오도일이관지吾道一以貫之"와 "부자지도夫子之道 충서이이의忠恕而已矣"라는 구절은 마침내 다음과 같이 풀이된다. 공자가 "나의 도는 (경험자료들을) 하나로 꿰는 것이니라"라고 말하니 이에 증삼은 "선생님의 도는 공감에 충실한 것일 따름이다"라고 풀었다. 또 『중용』(10장)의 "충서위도불원忠恕違道不遠"도 "공감에 충실한 것은 도와 거리가 멀지 않다"는 뜻이다. 따라서 서두의 『논어』 어록 중 '기서호其恕乎 기소불욕물시어인己所不欲勿施於人'은 "그것은 공감이니라! 자기가 하고 싶지 않은 것을 남에게 베풀지 말라"는 뜻이다. 그리고 맹자

---

176) 다산은 직관적으로 "일이라는 것은 恕다(一者恕也)"라고 갈파한다. 丁若鏞, 『與猶堂全書』 「經集 II·論語古今註」, 376쪽.
177) "恕를 忠으로써 행한다(行恕以忠)", "恕를 행하는 방도는 忠이다(所以行恕者忠也)"라는 다산의 풀이는 언뜻 보면 필자의 주장과 비슷해 보이지만, 실은 '충실하게 서한다'는 말이나 다름없다. 이것은 본문에서 논파되었다. 또 다산은 '恕'란 애당초 오직 '忠'으로써만 행할 수 있는 것이라고 말한다. 이것도 꺼림칙하다.

의 '강서이행強恕而行 구인막근언求仁莫近焉'은 "공감에 힘쓰면 인의 추구에 이보다 더 가까운 것이 없다"로 풀이된다.

위 명제들은 모두 다 '공맹의 도', 즉 공자주의 인간과학(인문·사회과학)의 방법을 '공감적 해석학'으로 규정하는 공맹철학의 핵심명제들이다. 말하자면, 공감의 '일이관지' 또는 '충서'는 '공감' 개념 하나로 인간과학을 관통하는 과학방법이다. 이처럼 방법상 일관되게 공감에 충실한 인간과학의 방법은 자연과학의 방법과 본질적으로 다르다. 자연과학은 사물의 '속성'과 그 인과적 속성관계를 인식하는 과학이다. 사물의 속성은 '공감'으로써가 아니라 오직 다섯 가지 외감과 이성적 사유(지성)로써만 '인식'할 수 있다. 공감으로는 고등동물의 감정 및 식물의 생명욕도 느낄 수 있고, 다만 아무런 감정과 감각 없는 무생물들과 교신할 수 없기 때문이다. 공감은 인간과 동물의 감각과 감정적 마음, 식물의 생명·성장욕, 타아와 자아의 존재감, 사회조직, 사회변동 등의 '의미'와 그 의미연관을—'인식'하는 것이 아니라—'이해'하여 알게 해준다. 따라서 '충서'는 철두철미 인간과학의 방법이다.

속성의 '인식'이 아니라, 의미의 '이해'를 객관적으로 추구하는 과학방법은 오늘날 '해석학(hermeneutics)'이라 한다. 따라서 '공자의 도'는 공감으로 일이관지하는 해석학, 또는 공감에 충실한 해석학, 즉 '공감적 해석학'인 셈이다. 이 '공감적 해석학'은 아마 특정 철학에 갇힌 눈에는 전대미문의 것으로 보일 것이다. 그러나 '공감적 해석학'은 그렇게까지 전대미문의 것이 아니다. 앞서 시사했듯이 1902년 이미 미국의 독창적 사회학자 찰스 쿨리는 『인간본성과 사회질서』에서 '공감(sympathy)'의 정확한 개념화로써 '공감적 이해(sympathetic understanding)'와 '공감적 해석' 이론을 시도했다. 막스 베버도 1920년대에 『경제와 사회』에서—공감을 '감정이입(Einfühlung)'과 혼동한 것은 오류일지라도—'합리적 이해'의 명증성과 대립되는 '감정이입적 이해(einfühlendes Verstehen)' 또는 '감정이입적 명증성'을 인정했다. 심지어 현상학자 훗설(Edmund Husserl, 1859-1938)도 학문적 경쟁자들의 용어이기 때문에 공간된 모든 저작에서 '공감'이라는 술어를 거부하고 경멸했으면서도 미공간 「유고」속에 숨어 몰래 '공감적 현상학'을 시도했다. 심지어 하이데거조차도 베버처럼 공감을 '감정이입'으로 오해하고 무시했을지라도 유사한 해석학을 계획했고, 비록 이 계획을 전혀 실행하지 못했을지라도 "감정이입의 해석학"이라는 제목을 남겨놓았다. 오늘날은 철학과 심리학이 통합되면서 '시뮬레이션이론'이라는 '사이비공감해석학'도 등장한 상황이다.

자기 자아와 타인 자아의 존재를 알아야만 모든 사회적 행위를 자기나 타인에게 귀속시킬 수 있을 것이다. 우리는 오로지 공감적 이해를 통해서만 나·너·그의 자아의 '존재'를 알 수 있다. 그리고 '공감적 해석학'을 통해서만 공리적·유희적·미학적·도덕적·교제적 행위를 포함한 자타의 인간자아들의 사회적 행위, 사회조직(집단적 자아), 사회변동, 역사를 이해할 수 있다. 공감과 공감적 해석학 없이는 어떤 사회·도덕이론도 전개할 수 없는 것이다. 따라서 공감이론과 공감적 해석학의 튼튼한 확립은 '도덕과 국가의 일반이론'의 대전제다. 공자의 도덕·국가이론은 특히 학문의 '도'에 대한 그의 명시적 언명에서 알 수 있듯이 이런 대전제에 기초해 있다.

'지인知人'을 위한 인간과학(인문·사회과학)의 '도道'(과학방법)로서의 공자의 '공감적 해석학'은 2014년에 이미 복원되었다.[178] 현대 심리학적·진화생물학적 감정·공감·도덕연구와 공감·교감작용의 뇌과학적 규명의 기반 위에서 경험과학적으로 복원된 이 공감적 해석학은 하버마스의 '불가능한' 합리적 해석학의 대안으로 제시될 수 있을 것이다.

---

178) 황태연, 『감정과 공감의 해석학(2)』, 특히 2007-2200쪽.

제3절
공감적 해석학

'교감'은 타인의 감정을 인지하는 데 그친다면, '공감'은 이 인지를 넘어 타인의 감정을 내 안에서 재생하여 같이 느끼는 것이다.[179] 교감과 공감(恕)으로써 사회적 경험사실들을 하나로 꿴다는 공자의 '서일이관지恕―以貫之' 또는 '서이충지恕以忠之'로서의 '충서忠恕'는 사회적 의미와 의미연관을 교감적·공감적 해석자의 '객관적' 관찰 관점에서 '이해하여' 이렇게 얻어지는 여러 '이해'를 본성적 의미연관에 따라 '해석하여' 정리하고 하나로 꿰어 일관성 있는 체계적 지식으로 수립한다는 말이다. 즉, 공자의 '일이관지'의 도道는 이 공감적 '해석'의 도인 것이다. 따라서 공자가 말한 이 공감적 해석의 도, 또는 '공감적 해석학' 일반의 가능성은 저 공감적 관찰자의 객관적 이해·해석의 가능성에 달려있는 것이다.

---

[179] 교감과 공감의 차이에 대한 상론과 뇌과학적 설명은 참조: 황태연, 「감정과 공감의 해석학(1)」, 136쪽.

3.1. 공감적 이해의 객관성과 공감적 해석학의 과학성

사람들의 행위의 의미와 이 의미체험을 '교감적·공감적'으로 이해한다는 것은 화행話行, 즉 언어행위에 의한 '언어적 이해'를 배제하지 않는다. 인간은 타인의 행위나 심경을 그의 말을 듣고서도 알 수 있고, 또 적잖은 사회적 행위들은 바로 언어행위로 이루어지거나[180] 언어행위를 많이 요구하기 때문이다. 그리고 언어나 단어를 아는 것은 언어와 단어가 이미 담고 있는 많은 지식을 얻는 것이다. 따라서 어떤 사회상황을 단순히 적절한 언어로 묘사하거나 관련 단어를 듣기만 해도 그 상황을 이해할 수 있다. 그러나 주지하다시피 공감적 해석학은 언어적 이해에 초점을 맞추지 않고 교감적·공감적 이해에 초점을 맞춘다.

그 첫 번째 이유는 상론한 바와 같이 화행적 역지사지의 이해가 불가능하기 때문이다. 둘째, 우리는 타인의 거의 모든 행위의 의미를 일상적으로 교감적·공감적 느낌을 통해 이해하기 때문이다. 타인 행위자에게 행위의 의미를 물어 알거나 타인의 구술을 통해 아는 것은 일상적이지 않다. 셋째, '감사합니다', '축하합니다'처럼 언어로만 이루어지는 감사·축하행위도 궁극적으로 타인의 감정적 의미(고마워하는 심정과 축하지심)를 교감적·공감적으로 느낌으로써야 비로소 이해해야 하기 때문이다.

네 번째 이유는 상호이해를 위한 언어적 의사소통은 대개 실패확률이 높기 때문이다. 언어는 이해는커녕 오해의 원인이 되거나 거짓말이나 다툼과 언쟁의 수단이 될 개연성도 크다. 종종 '화자話者는 말하는 전사戰士이기'(푸코) 때문이다. 또 거짓으로 '축하한다'고 말하는 경우에 이 말이 거짓말임을 아는 것은 언어를 통해서가 아니라, 거짓 축하자의 속마음의 미세

---

180) 가령 호객·광고·상담 등의 공리적 행위, 담소·수다·농담·개그 등의 유희적 행위, 시·문예·연극·영화 등의 미학적 행위, 감사·축하·위로·약속·계약·명령·선고·판결 등의 도덕행위, 담화·언론·논의·선전·홍보·선언·포고 등의 소통·전달행위 등.

하지만 선명한 비언어적 신체표현들(포커페이스의 얼굴표정과 정황, 억지웃음, 눈동자의 움직임과 떨림, 불안한 시선, 시선회피, 부자연스런 호흡 등)의 의미에 대한 교감적·공감적 이해에 의한 '객관적 진의파악'을 통해서다.

다섯째, 의사소통적 상호이해가 성공하는 경우에도 그 성공 이유는 화행능력에 있는 것이 아니라 여러 감정적 동기들과 기분좋음(이로움), 재미있음, 아름다움, 훌륭함, 사랑과 미움의 의미에 대한 쾌통감각적·재미감각적·미추감각적·시비감각적·애증감각적 공감과 공감적 이해에 있다. 진화론적으로 언어소통은 공감에서 발생한 것이다. 공감 기제가 '어미'라면, 언어소통은 '자식'이다. 언어소통의 성공은 공감의 뒷받침에 달려있기 때문이다. 따라서 언어소통에 기초한 하버마스의 관념적 해석학이 공감을 무시한다면 그것은 그 생존을 어미에 의존하는 아이가 어미를 멀리하는 꼴이다. 언어는 공감의 '부처님 손바닥'에서 벗어날 수 없다. 벗어난다면 언어소통의 종말, 또는 '부지이작不知而作'의 '작화作話'가 있을 뿐이다. 이것은 뇌과학에 의해서도 그대로 입증된다. 뇌의 보다 새로운 부위들은 감정적 준비기제와 체험의 기본회로들을 대체하는 것이 아니라, 이 회로들을 다만 "확장"했을 뿐이기 때문이다. 언어도, 아니 "특히 언어"는 "감정적 연관"의 방식, 즉 공감의 방식을 대체한 것이 아니라, "고양시킨 것"이다.[181]

여섯째, 언어적 의사소통은 셋째, 넷째, 다섯째 이유에서 상술했듯이 이해의 수단이라기보다 오히려 그 자체가 공감적 이해의 대상이다. 이런 여러 가지 이유에서 해석학적 논의의 초점은 이제 의사소통적 이해로부터 교감적·공감적 이해로 옮겨져야 한다.

공감과 교감은 인간본성상 '객관적인' 것이다. 관찰자의 교감 또는 공감의 기제는 인류보편의 본성적 변별감각들에 순응하여 개폐되는 까닭에

---

181) Dacher Keltner, Keith Oatley & Jennifer M. Jenkins, *Understanding Emotions* (Malden, MA: Blackwell Publishing, 1996·2006), 146쪽.

인지대상이 적군들이라도 이들이 군인으로서 훌륭하다면 적군에 대한 적개심과 별도로 적군의 '군인다움'도 이해하고 인정하고 칭찬할 만큼 불편부당하게 객관적으로 작동한다. 또한 뇌과학자 마르코 야코보니(Marco Iacoboni)는 뇌가 거울뉴런의 발화 정도의 차이로 나의 원原감정과 교감된 타인감정을 구별한다는 것을 뇌과학적으로도 확인했다. 가령 타인의 슬픈 감정을 공감할 때나 내가 슬플 때나 이를 담당하는 변연계의 동일한 부위가 발화하는데 내가 슬플 때의 발화정도가 타인의 슬픔을 공감할 때의 발화정도보다 훨씬 더 크다. 거울뉴런은 자기행위 시의 발화율과 타자의 행위 시의 발화율을 달리함으로써 자타를 준별한다. 거울뉴런과 관련된 모든 실험에서 타인들의 행동에 대해서보다 자기의 행동에 대해서 "훨씬 더 강렬한" 방전이 일어난다는 것이 거듭 확인되어왔다. 거울뉴런은 자기의 행동에 대해 더 강력하게 발화함으로써 우리가 동시에 느끼고 요구하는 "독립성"을 "체현하는 것(embody)"이다.[182] 거울뉴런의 이런 '발화 차이' 때문에 여기로부터 뇌섬에 전달되는 명령도 차이를 보일 것이고 변연계의 활성화도 차이를 보일 것이다. 이로써 데이비드 흄이 말한 '객관적 공감' 테제는 두뇌과학적으로 확증된 셈이다.

말하자면 공감과 교감의 능력은 참여자의 가상적 관점전환 없이 우리로 하여금 객관적 관찰자의 자세에서 일상적·자연적 행위자들의 일상적, 자연적 이해와 해석을 이해하고 해석할 수 있게 만들어준다. 인간 뇌의 거울뉴런은 상호주관성의 생물학적 기제이기 때문이다. 행위자들끼리만이 아니라 공감적 관찰자와 행위자들 간에도 서로 분리된 존재들 간에 필수불가결한 '생물학적 상호주관성'도 개체들의 독립성과 상호결합성을 둘 다 보장하는 거울뉴런의 교감적 시뮬레이션 기능으로 확보된다.

---

[182] Marco Iacoboni, *Mirroring People: The Science of Empathy and How We Connect with Others* (New York: Picador, 2008·2009), 133쪽.

이쯤에서 이탈리아 뇌과학자 지아코모 리촐라티(Giacomo Rizzolatti)·비토리오 갈레세(Vittorio Gallese) 연구팀의 '시뮬레이션' 개념을 되돌아볼 필요가 있다. 그들에 의하면, "사회적 상호작용을 비생명적 세계의 지각과 그토록 다르게 만드는 것"은 "우리가 타인들의 행동과 감정을 목도하기"만 하는 것이 아니라, "우리가 (타인과) 유사한 행동을 수행하기도 하고 우리가 유사한 감정을 체험하기도 한다는 것"이다. 이 현상들에 대한 "1인칭적 체험과 3인칭적 체험" 간에는, 역지사지의 입장 바꾸기가 존재하는 것이 아니라, "공유된 어떤 것"이 존재하는 것이다. 내가 수행하는 감정행위와 내가 관찰하는 타인의 감정행위를 정밀하게 매치시키는 이 '공유성' 덕택에 타인들의 행동과 감정에 대한 나의 이해는 '추리적'으로가 아니라 '직관적'으로 이루어질 수 있는 것이다. 이러한 직관적인 "사회적 인지"를 가능케 하는 "결정적 요소"는 이 공유성을 바탕으로 "이 현상들의 1인칭적 경험과 3인칭적 경험을 직접 연결시킴(가령 '내가 행하고 내가 느낀다'를 '그가 행하고 그가 느낀다'와 연결시킴) 수 있는 뇌의 역량"이다. 그들은 자아에 의한 감정행위의 '주관적 수행'과 자아에 의한 타아의 감정행위의 '객관적 관찰'을 정확하게 매치시키는 이 연결역량의 메커니즘을 "시뮬레이션"으로 정의했다. 그들은 우리의 뇌 안에 "타인들의 행동과 감정을 명시적 반성매개 없이 내적으로 복제함(시뮬레이션함)으로써 타인들의 행동과 감정의 의미를 직접 이해하는 신경기제(거울기제)가 존재함"을 신경생리학적으로 입증했다. 이러한 직접적 시뮬레이션적 이해에는 "개념적 추리"가 전혀 필요 없다. 우리에게 추리하고 개념적으로 이해할 수 있는 능력이 있을지라도 우리에게 "타인들의 마음의 직접적인 체험적 파악"을 가능케 해주는 "기본기제"는 "개념적 추리"가 아니라, "거울기제를 통한 관찰 사건들의 직접적 시뮬레이션"이다.[183] 1인칭과 3인칭, 또는 1인칭과 2인칭은 역지사지

---

183) Vittorio Gallese, Christian Keysers, & Giacomo Rizzolatti, "A Unifying View

를 통해 서로 입장을 바꾸거나 동일시하는 것이 아니라, 체험과 이해를 뇌신경적으로 '시뮬레이션'으로 '공유'한다. 역지사지의 상상이나 반성적 추리는 전혀 필요 없다. 리촐라티와 갈레세는 이 거울뉴런적 시뮬레이션 명제로써 세계 최초로 "행동 이해와 감정 이해에 대한 경험적 차원의 신경생리학적 설명"을 제공함과 동시에 — 자신들이 의식하지 못했을지라도 — 개인적 인간의 존재감과 행동의 의미를 이해·해석하는 '공감적 해석학'의 과학적 기반을 놓았다.

상술했듯이 거울뉴런의 이 시뮬레이션은 '교감적 인지'의 본질이고, 이것이 변연계에서의 타인 감정의 재생과 감지에까지 이르면 '공감'이 된다. 그러나 상호작용과 그 이해에는 늘 교감적·공감적 시뮬레이션만 동원되는 것이 아니다. 사람들이 너무 많아 익명화되거나 교류관계가 일상화되어 의식적 공감과 교감이 이 교류를 감당할 수 없을 때에는 무의식적 '감정전염'의 기제를 통해 이 교류를 수행한다. 감정전염의 이 무의식성은 가령 대중집회나 떠들썩한 오락장에서의 감정전염처럼 주체들이 적어도 그 시작과 끝을 통제할 수 있으므로 처음과 끝의 의식적 상기를 통해 처리하고 극복할 수 있다. 따라서 감정전염의 무의식성도 문제가 되지 않는다. 교류의 빈도와 종류가 폭증하는 경우에는 인간들이 자신들의 개체적 독립성을 보장하는 교감과 공감으로 이 교류를 다 처리할 수 없기 때문에 감정전염 기제를 활용하는 것이다. 이 엄청난 양의 교류를 다 소화하려고 하는 경우에는 이에 필요한 엄청난 에너지를 감당할 수 없고 그 정보를 다 보관할 수도 없다. 따라서 이럴 경우에는 인간들이 개체성을 버리고 익명성 속으로 사라져 집단과 하나가 되거나, 각자가 개성을 버리고 개성적 느낌과 판단을 습관적 집단심리나 전래된 전통풍속에 맡겨

---

of the Basis of Social Cognition", *Trends in Cognitive Science*, Vol. 8 No. 9 (2004), 396쪽.

융해시키는 '사회적 학습', 즉 소위 '사회화' 과정에 순응한다. 감정전염은 거울뉴런과 변연계의 연결을 순조롭게 하는 공감촉발 메커니즘으로 기여할 뿐만 아니라, 사전 이해자료로서 전통과 집단정서에 대한 공감적 관찰자의 반성적·객관적 이해와 해석에 기여한다. 이 점에서 감정전염은 공감의 원시적 기반, 또는 밑받침이라고 할 수 있다. 이 원형 공감이 존재하기에 본래적 공감도 신속하게 작동할 수 있는 것이다. 주관적 감정전염의 객관성은 감정전염 위에서 벌어지는 교감과 공감에 의해 실시간 또는 사후적으로 보장된다.

또한 교감과 공감을 통한 이해와 해석은 또 다른 '객관성'을 보장한다. 오감이 수동적으로 모든 대상을 인식하는 것이 아니라 '주의(attention)'가 주어지는 대상만을 인식하고 이 주의가 주어지지 않은 대상들을 건성의 무의식과 잠재의식 속에 남겨두듯이 교감과 공감도 수동적으로 행위자들의 모든 행위와 의도를 이해하려고 하는 것이 아니라 공감적 관찰자가 주목하는 주의대상의 행위와 의도만을 이해의 대상으로 삼는다. 즉, 공감과 교감은 오감처럼 능동적이기도 하다. 이로써 공감과 교감은 이 능동성으로써 자연적 행위주체들의 주관적 압박에 대해서도 스스로의 객관적 지위를 보호한다.

또한 교감과 공감은 관찰자 자신의 가변적이고 일시적인 주관적 정서나 이해관계, 또는 행위주체의 주관적 타당성(쾌통·손익, 유희적 재미, 미학적 미추, 도덕적 시비) 주장이나 판단에 대해서도 독립된 객관성을 발휘하고 견지한다. 교감과 공감은 이해와 해석의 판단에서 해석적 관찰자와 자연적 행위자들을 아우르는 인류보편의 본성적 판단력으로서의 쾌통·재미·미추·시비·애증감각에 대해서만 순응하여 의미를 변별하고 개폐되기 때문이다. 따라서 공감적 이해 또는 해석은 지극히 객관적일지라도 결코 가치중립적인 것이 아니라, 언제나 가치변별과 판단인 한에서 본질적으로 가치판단적이고 비판적이다. 여기서 가치란 쾌락·재미·미美·선善·사랑이다.

따라서 사회과학은 본질적으로 '해석적'이지만 인식론적으로 설명적인 부분(인구, 지리적 위치, 강수량, 빈부정도 등)도 포함한다. 사회과학은 이 설명 측면을 제외할 때 반드시 가치판단적이어야 한다. 해석적 사회과학의 객관성은 해석자의 가치중립성에 있는 것이 아니라, 가치판단의 '올바름'에 있다. "이 과학은 '가치중립적(wertfrei)'일 수 없고 18세기에 이해된 것보다 더 근본적인 의미에서 도덕과학이다"는 찰스 테일러의 명제는[184] 그가 인간의 가치를 도덕에만 가두지 않고 쾌락(=이익)·재미·아름다움·사랑 등으로까지 확대한다면 지당한 명제다. 따라서 이 명제를 필자의 관점에서 재정식화한다면, "사회과학은 가치중립적일 수 없고, 18세기보다 더 근본적인 의미에서 가치과학이다"는 그의 명제는 전적으로 옳다.

이 가치판단의 '올바름'은 행위자들과 해석자들의 본성적인, 따라서 인류보편적인 가치판단력능에 의해 확보된다. 어떤 사회과학 이론이 아무런 올바른 가치판단과 이에 따른 올바른 의미해석을 담지 않았다면 그것은 이론으로서 무가치한 것이다. 그리고 해석적 사회과학을 가능케 하는 공감적 이해의 비판적 가치판단과 그 능력은 일상적 해석자들의 합리적 타당성 주장에 접목된 전문적 해석자의 타당성 요구에 대한 '논의'(하버마스)에 근거하거나, 해석자가 "타인의 의견 자체를 따로 떼어내어 이해하는 것"을 뒤로 밀어내고 "사실에 훤히 정통하는 것"(가다머)에 근거하는 것이 아니라, 뉴기니 고산족에서 맨해튼 뉴요커까지 망라하는 모든 인간의 생물학적·보편적 본성에 근거한 쾌통·재미·미추·시비·애증분별의 다섯 가지 판단감각과 내감적 감정변별 능력에 근거한다.

---

184) Charles Taylor, "Interpretation and the Sciences of Man". Fred R. Dallmayr & Thomas A. McCarthy (eds.), *Understanding and Social Inquiry* (Notre Dame·London: University of Notre Dame Press, 1977), 130쪽.

이런 확고한 이유에서 이해와 해석에서의 공감적 관찰자의 불편부당한 객관적 지위는 가능한 것이고, 따라서 공감적 해석학은 과학적으로 가능한 것이다. 흄은 비록 '미美'의 의미에 한정된 것이기는 하지만 이 미美를 교감과 공감에 의해 이해하는 '공감적 관찰자'에 대하여 이렇게 말한다.

> 이 미는 단순히 교감(communication)에 의해서만, 그리고 우리가 숙소의 소유자와 공감함으로써만 우리를 기쁘게 함이 틀림없다. (...) 그러나 이것이 소유자와만 관계되는 이점利點이어서, 관찰자의 관심을 끌 수 있는 것은 공감 외에 아무것도 없다.185)

흄의 이 논변은 여기서 이점利點과 등치되는 그의 속류적 미美 관념을 제쳐놓을 때 바로 공감적 관찰에 의한 이해에 대하여 말하고 있다. 또한 흄은 이렇게 말하기도 한다. "우리의 미감은 이 공감원리에 아주 많이 달려있다. (...) 우리가 아무런 우인友人관계를 맺고 있지 않은 낯선 사람들의 쾌감은 공감에 의해서만 우리를 기쁘게 한다. 그러므로 유용한 모든 것에서 발견하는 아름다움은 모두 다 이 공감 원리에 기인한다. 이 공감 원리가 아름다움의 얼마나 상당한 부분인지는 잘 숙고해보면 쉽게 드러난다. 어떤 대상이 그 소유자에게서 쾌감을 산출하는 경향이 있는, 환언하면 쾌감의 본래적 원인인 경우에는 어떤 경우든, 그것은 이 소유자와의 미묘한 공감에 의해 관찰자도 확실히 기쁘게 해준다."186) 나아가 흄은

---

185) David Hume, *A Treatise of Human Nature*, Book 2. *Of the Passions*, edited by David Fate Norton and Mary J. Norton, with Editor's Introduction by David Fate Norton (Oxford·New York·Melbourne etc.: Oxford University Press, 2001·2007), 235쪽.
186) David Hume, *A Treatise of Human Nature*, Book 3. *Of Morals*, edited by David Fate Norton and Mary J. Norton, with Editor's Introduction by David Fate Norton (Oxford·New York·Melbourne etc.: Oxford University Press, 2001·2007), 368쪽.

도덕행위와 도덕적 성품에 대한 관찰에서 도덕감각에 순응하는 공감의 "공통관점"의 객관적 성격, 즉 객관적 "동일성, 불변성, 보편성"에 대해서도 언급한다.[187] 타인의 이익과 쾌락에 대한 모든 관찰자의 공감적 내용의 '동일성', '불변성', '보편성'은 공감적 관찰자의 개인적 이익이나 쾌락과 독립된 '객관성'을 뜻하는 것이다. 상술했듯이 공감의 '객관성'의 보장은 공감 자체에서 나오는 것이 아니라, 저 본성적 판단력(5대 평가감각)에 대한 공감의 순응 메커니즘에서 나온다. 이 순응 메커니즘에 대한 이해가 없으면 교감과 공감이 공감적 관찰자의 감수성이나 주관적 상태와 처지, 관찰자와 행위자 간의 친소 관계 등에 따라 진폭과 강약이 크기 때문에 교감과 공감의 해석적·판단적 객관성을 회의하거나, 흄이나 스미스처럼 이 객관성을 공감 단독으로 보장하는 것으로 오해할 수 있다. 그러나 교감과 공감은 저 5대 판단력(쾌통판단·재미판단·미추판단·시비판단·애증판단)의 변별에 따라서 교감으로 그칠지 공감으로까지 나아갈지가 객관적으로 결정된다. 가령 어떤 사람의 행동에 대한 가치판단에서 그 행동이 선善하다면 해석자는 타인의 이 선한 도덕감정을 공감적으로 재생하여 함께 느끼지만 악惡하다면 교감적 인지로 그친다. 그리고 교감과 공감에 나타나는 평가는 범인류적·보편적 인간본성에 의해 객관적으로 결정된다.

공감적 관찰자의 자기기만 위험과 타락 위험은 일차적으로 논의적 공론장에 의해서가 아니라, 인류보편적 평가본성을 가진 '모든' 공감적 관찰자들의 편재적遍在的 '공감대', 즉 전국적·전인류적 공중의 생동하는 본능적 쾌통·재미·미추·시비·애증판단과 도덕감정 및 국민정서를 체현한 '공감대'에 의해 교정된다. 일찍이 다윈은 가·불가판단을 체현한 공감과 공론의 관계를 이렇게 갈파했다.

---

187) Hume, *A Treatise of Human Nature*, Book 3. *Of Morals*, 377쪽.

염두에 두어야 하는 것은 우리가 공론에 얼마나 큰 비중을 귀속시키든 우리의 동료들에 대한 가·불가감정은 공감에 달려있다는 것이다. 공감은 (...) 사회적 본능의 본질적 부분을 형성하고, 진정으로 이 사회적 본능의 주춧돌이다.188)

인간의 행위와 그 의미를 변별하고 비판하는 개개 인간이 교간적·공간적 평가능력이 '본성적'인 한에서 이것은 '보편적'이고 '객관적'인 것이다. 이 객관성은 인간들끼리의 '객관성'에 그치는 것이 아니다. 이것은 이중적 의미에서인데, 첫째, 이 본성적 객관성은 부분적으로 공감능력과 자연적 소덕(인내심, 배려심, 순종심, 충성심 등)을 가진 모든 동물들에게도 적용될 수 있다. 둘째, 우리가 인간 전체를 대상으로 대한다면 개개 인간의 그런 보편적 판단본성은 인간 대상에 내재하는 객관적 사실이 된다. 인간의 본성적 판단력이 이런 이중적 의미에서 객관적인 한에서, '편재적 공감대'를 뜻하는 불편부당한 '만인관찰자'의 보편적 관점도 이중적 의미에서 객관적인 것이다.

공감적 관찰자의 객관적 지위와 해석적 판단의 보편성을 아담 스미스는 '불편부당한 관찰자(impartial spectator)' 개념으로 포착한다. 스미스의 이 불편부당한 관찰자 개념으로부터는 해석적 관찰자가 해석학에 의해 비로소 설정되는 것이 아니라, 우리의 일상적 삶 속에서 자연적 행위자들의 사회적 행위의 항구적 조건으로 설정되어 있다는 깨달음을 얻을 수 있다. 스미스는 말한다.

우리는 인간 정신의 정당성에 관하여 아주 미심쩍어 해야 하고, 인간정신의 탐닉에 관하여 우리는 아주 조심스럽게 우리의 본성적 적절성 감각을 참고

---

188) Charles, Darwin, *The Descent of Man, and Selection in Relation to Sex* [1871·1874] (London: John Murray, 2nd edition 1874), 99쪽.

하거나, 냉철하고 불편부당한 관찰자의 감정들일 것을 열심히 고려해야 한다.189)

이것은 자연본성적으로 행동하는 비전문적 보통인간들이 이 '냉철하고 불편부당한 관찰자'의 공감여부를 고려해야 한다는 말이다. 따라서 전문적 관찰자의 이론적·해석적 객관성도 자연적으로 상정되는 이 '불편부당한 관찰자'만큼 현실적 가능성을 가진 것이다. 일상적 행위자들이 도덕행위나 미학행위 또는 공리적 행위 시에 늘 실제로 전제하는 모든 일상의 공감적 해석자들이 수행하는 자연적 해석학은 하버마스가 말하는 '언어소통적 행위자들끼리'의 '상호적인' 자연적 해석학보다 '더' 객관적이고 더 본질적으로 '공공적인' 것이다. '모든' 불편부당한 관찰자는 자연적 행위자들에게 늘 공감적 해석과 비판을 제공해준다. 가령 "감사나 분개의 적절하고 가하다고 느껴지는 대상이라는 것은 본성적으로 적절한 것처럼 보여 가한 느낌을 받는 감사의 대상과 분개의 대상이라는 것 외에 다른 것을 뜻하지 않는다. 그러나 인간본성의 다른 감정들과 마찬가지로 이 감정들은 모든 불편부당한 관찰자의 가슴이 이 감정들에 공감할 때, 모든 사심 없는 옆 사람(disinterested by-stander)이 이 감정들에 동감하고 이에 보조를 맞춰나갈 때, 적절한 것처럼 보여 가한 느낌을 받는다."190) 그러므로 '모든' 불편부당한 관찰자의 공감적 이해와 해석은 모든 일상적 행위자의 실천적 전제다.

모든 관찰자에게는 타인의 성공이나 보존이 우리 자신의 성공이나 보존보다

---

189) Adam Smith, *The Theory of Moral Sentiments*, [1759, Revision: 1761, Major Revision: 1790], edited by Knud Haakonssen (Cambridge/New York: Cambridge University Press, 2002·2009[5. printing]), I. ii. iii. §7.
190) Smith, *The Theory of Moral Sentiments*, II. i. ii. §§1-2.

정당하게 더 흥미로울 수 있지만, 우리 자신에게는 그럴 수 없다. 그러므로 이 타인의 이익에 우리가 우리 자신의 이익을 희생시킬 때, 우리는 관찰자의 감정에 우리 자신의 감정을 맞추고, 제3자에게 자연스레 일어나지 않을 수 없다고 느끼는 사물의 저 관점에 따라 대범한 도량의 노력으로 행동한다. 장교의 목숨을 지키기 위해 자신의 목숨을 내던지는 병사는 저 장교의 죽음이 그 자신의 잘못으로 일어나는 것이 아니라면 아마 이 장교의 죽음에 거의 영향 받지 않고, 병사 자신에게 닥친 아주 작은 재앙이 훨씬 더 생생한 슬픔을 일으킬 것이다. 하지만 그가 갈채를 받을 만하고 불편부당한 관찰자를 그의 행동의 원리에 동참하도록 만들게끔 행동하려고 노력할 때, 그 병사는 그 자신을 제외한 만인에게 그 자신의 생명이 장교의 생명에 비해 하찮은 것이고, 그가 장교의 생명을 위해 자신의 생명을 희생시킬 때 그가 아주 적절하게 행동한다고, 그리고 모든 불편부당한 관찰자의 자연스런 이해(natural apprehensions)일 것에 부합하게 행동한다고 느낀다.191)

"모든 불편부당한 관찰자", 즉 불편부당한 공감적 만인관찰자의 "자연스런 이해"는 현재적 행위자들을 제외한 '만인'의 이심전심적 '공감대'로서의 진정으로 '객관적이고 공공적인' 자연적 해석학이다.

필자는 공자의 공감적 해석학의 전문적·이론적 이해와 해석을 하버마스의 언어소통적 행위자들의 가상적 역지사지의 '논의적 상호주관성'의 자연적 해석학에 근거 짓는 것이 아니라, 가상적 역지사지로 입장을 바꿀 필요 없이 관찰자로서의 자기의 자리를 지키는 관점에서 행위자와 '이심전심'하는 불편부당한 공감적 만인관찰자의 바로 이 '객관적·공공적 공감장'의 자연적 해석학에 뿌리박게 할 것이다. 관찰자의 제자리를 지키는 행위자와, 그와 공감하는 불편부당한 만인관찰자 사이의 관계는 공자의 공감적 덕치 이념과192) 구조적으로 일치한다.

---

191) Smith, *The Theory of Moral Sentiments*, IV. ii. §10.
192) 『論語』「爲政」(2-1).

덕으로 정치를 하는 것은 비유컨대 북극성이 제자리를 지키고 뭇별들이 다 이 북극성을 공감하는 것과 같다(爲政以德 譬如北辰居其所而衆星共之).193)

여기서 북극성은 정치행위자에 해당하고, 공감적 '뭇별(衆星)'은 '불편부당한 공감적 만인관찰자'로서의 신하와 백성대중에 해당한다. 북극성과 뭇별은 위치를 바꾸거나 뒤섞을 필요 없이 각기 제자리, 제 궤도에서 서로를 바라보며 공감함으로써 서로를 이해하고 서로 도우며, 서로를 판단하고 평가한다.

흄과 스미스의 '불편부당한 공감적 관찰자' 개념은 해석의 기초자료인 객관적 '이해'가 이 불편부당한 공감적 관점에서 얻어질 수 있다는 해석적 가능성을 열어준다. 이 객관적 '이해'는 본성적 의미연관에 입각한 일이관지의 지성적 가공과 정리의 해석작용을 통해 '해석적' 지식체계로 완성될 수 있다. 즉, 교감을 넘어 공감에까지 오가는 교감적·공감적 관찰자는 쌍방적 대화 형식의 언어적 의사소통 없이 객관적 관찰자 위치에서 일방적으로 보고 듣는 것만으로도 타인자아의 실재성과, 이 타인자아가 느끼는 의미들을 공감적으로 이해하고 인정함으로써 이해의 객관성을 확보할 수 있다. 내감의 '교감' 기제는 전전두피질의 거울뉴런의 시뮬레이션을 통해 이해대상의 감정적 의미와 의도를 인지하고, 내감의 5대 판단력은 이 교감적 인지내용의 쾌통·재미·미추·시비·애증을 변별하고, '공감' 기제는 이 변별결과에 입각하여 교감된 감정의미의 재생 여부를 판단하여 상대방의 행위의 동기적 감정의미가 기분좋고 재미있고 아름답고 훌륭하고(선하고) 인애로운 것으로 판단될 시에 그 동기적 감정의미를 재생하여 실감하게 해준다. 상대방의 행위의 동기적 감정의미가 기분나쁘고 재미없고 추하고 악하고 가증스런 것으로 판단될 시에는 내감은 교감판단에

---

193) 『論語』「爲政」(2-1).

서 그치고 공감이 아니라 반감 또는 거부감을 일으켜 그 행위를 비판할 수 있는 감정적 기반을 만든다.

의미를 공감과 반감에 의해 긍정적·부정적 방식으로 실감하는 이해는 '열정적' 이해, '뜨거운 이해(heißes Verstehen)'다. 반면, 해석자는 행위자의 행위의미가 자신과 무관하거나 엉뚱하거나 신비롭거나 왜곡된 경우처럼 공감과 반감을 표할 가치가 없을 때, 또는 이론구성을 위해 '거리취하기'를 할 경우처럼 공감과 반감을 표할 필요가 없을 때, 또는 공감의 에너지 소모가 지나칠 만큼 정보투입과 자극이 너무 많을 때 공감적·반감적 실감 없이 단순히 '교감적' 인지만으로 이해할 수 있다. 또한 '언어표현'의 감정적 의미에 대한 이해는 종종 교감적 이해로 충분할 수 있다. 언어의 감정적 의미에 대한 이해는 어떤 대상, 행동 또는 사건의 감정적 내용에 대한 지식에 관한 것으로서, '감정적 경험' 자체와 다르다. 이 감정적 함의의 지식은 기쁨·슬픔·분노·두려움 등과 같은 감정과 직결된 것이 아니다. 차라리 이 지식은 이 대상, 행동이나 사건이 특별한 감정을 불러일으킬 수 있을 것이라는 함의된 지식이다. 가령 상이한 동물들의 지식은 곰이 위험한 동물이고, 그러므로 두려울 것이라는 점을 가리켜 준다. 또는 생일잔치에 관한 우리의 지식은 이 잔치가 보통 기쁜 일이라는 것을 가리켜 준다. 이러한 지식, 즉 언어의 감정적 의미가 의심할 바 없이 적어도 부분적으로 감정을 일으키는 생일잔치·곰이나 기타 대상들, 행동이나 사건들에 대한 경험으로부터 생겨나는 것인 한편, 이 감정적 의미의 지식과 감정적 경험 사이에는 구분선이 그어질 수 있다. 감정적 의미를 이해하기 위해 감정이 어느 정도 불러일으켜져야 하는 것인지가 불명확한 한편, 어떤 대상, 행동이나 사건의 감정적 함의를 이해하기 위해 감정을 체험하는 것이 불필요하다고 말하는 것은 안전하다. 환언하면, 곰이 두려운 감정을 불러일으킨다는 것을 이해하기 위해 곰과 대면하고 서 있을 때 경험할 강렬한 두려움을 다시 그대로 불러일으킬 필요가 없다는 말이다. 언어의 감정적 의미가 강렬한 감정의 공감의 부재 속에서도 이해되고 평가될 수 있다는 사실, 즉 축구라는 말만 듣고도 전운동피질의 이 발화하듯이 곰이라는 단어만 듣고도 이 발화하는 교감적 이해는 잠재적으로 위험한 상황의 감정적 함의를 배워서 이 상황과 이 상황이 불러일으킬 강한 감정을 회피하기 위한 조치를 취할 수 있도록 하는 유용한 수단일 수 있다.[194] 이런 여러 가지 경우의 '교감적 이해'는 모두 다 '차가운 이해(kaltes Verstehen)'다.

그러나 '교감적 이해'도 강렬한 공감과 반감의 실감이 없을 뿐이고 공감적 이해만큼 사실적이고 정교하며, 4대 내감적 변별력이 결합하여 작동하기 때문에 변별적·비판적이고, 그럼에도 감정과 4대 내감적 판단력이 보편적 인간본능인 한에서 보편적이고 객관적이다. 왜냐하면 내감적 판단력은 진화론적으로 늦어도 4-5만 년 전에 지금과 같은 가치·평가체계를 유전자화한 현생인류 일반에게 본성적이고, 고등동물들이 도덕감정과 별도로 인간의 도덕감각과 동일한 도덕감각까지 가진 것은 아닐지라도 인간은 공리적·유희적·미학적 쾌통·재미·미추판단력을 모든 고등동물들과도 부분적으로 공유하기 때문이다. 또한 본성적 도덕감각과 도덕감정에 기초한 여러 근본적 도덕원칙들이 맨해튼의 뉴요커에서 뉴기니 고산족에 이르기까지 전 세계의 모든 인간집단들 안에서 유사한 점에서, 구체적으로 말하자면 "맨해튼 사람과 뉴기니 고산족이 역사상 5만 년 동안 분리되어 있었지만, 그들의 공통적 인간성이 그들의 공통조상 이래 공유하는 유전자 속에 보존되어 있다는 근본적 이유 때문에 여전히 서로를 이해하는" 한에서[195] 도덕은 언어보다도 훨씬 더 본성적이기 때문이다. 이런

---

194) M. Allison Cato Jackson & Bruce Crosson, "Emotional Connotation of Words: Role of Emotion in Distributed Semantic Systems", 205~206쪽. Silke Anders, Gabriele Ende, Markus Junghöfer, Johanna Kissler & Dirk Wildgruber, *Understanding Emotions* (Amsterdam: Elsevier, 2006) [205-216].

'교감적 이해'는 경우에 따라 많은 행위정보를 처리하고 이해의 객관성을 기하는 데 보다 편리할 수도 있다.

그러므로 내감의 '차가운' 교감적 이해와 '뜨거운' 공감적 실감이해는 둘 다 직관적 의미변별에 근거한 객관적 '의미이해와 해석'을 가능케 한다. 그러므로 이 공감적 관찰자의 관점에 서면, 기존의 언어물신주의적인 합리적·철학적 '해석학'과 달리 모든 자기기만과 자가당착성을 해소한 새로운 해석학, 즉 '공감적 해석학'의 과학적 가능성을 열 수 있는 것이다. 따라서 지금까지 논의한 것은 공자가 공감적 일이관지 또는 '충서'의 간명한 말로써 천명한 '공감적 해석학'과 그 핵심원리에 해당한다.

교감과 공감에 의한 객관적 이해와 평가는 상술했듯이 상호간의 친밀성은커녕 적개심에 의해 특징지어지는 적군에 대해서도 가능하다. 해석대상과 친밀할수록 공감이 강렬해지는 것은 사실이다. 그러나 공감의 강약과 유무는 이해와 변별을 뜨겁게 또는 차갑게 할 수 있지만, 이해의 객관성·보편성·정교성을 바꾸지 못하고 이해를 축소하거나 확장하지 못한다. 따라서 가령 적군에 대한 교감적·공감적 이해를 심화·확장하기 위해 필요한 것은 적군과 친밀해지는 것이 아니라, 적군에 대한 정보와 자료 수집을 늘리고 교감적 인지를 튼튼히 하여 해석을 철저히 하는 것이다. 적군에 대한 공감의 보편적 기반은 적군이 인간이라는 사실이고 이런 지식으로 인해 가능한 보편적 생명애나 인간애는 공감의 최소한의 기초로서 충분하고, 인간의 4대 평가감정과 생존·정체성도덕의 몇몇 기본항목의 범인류적 보편성은 그 이해대상이 비록 적군이더라도, 가령 이 적군의 '도덕행위'에 대해서도 교감과 공감을 바탕으로 분석적 해석을 수행하기에 충분한 것이다.

---

195) Edward O. Wilson, *Naturalist* (Washington, D.C.: Island Press, 1994), 333쪽.

3.2. 자아와 행위에서 의미의 개념

사회는 일차적으로 수많은 개인적 자아('나')들과 집단적 자아('우리')들, 이들의 사회적 행위와 이것의 집적을 통한 사회변동 등으로 이루어지는 한에서 이 자아들의 본성적인 인격적 존재의미와 본성적 감정의미들의 집체로 현상한다. 따라서 사회과학은 일차적으로 이 자아들의 존재의미와 행위 및 행위작품의 의미들에 대한 이해와 의미연관적 해석의 지식체계다. 그러나 미드·콜버그·하버마스 등의 사회학, 아니 거의 모든 해석학적 사회과학은 자아의 행위의미의 이해에만 집착하고 자아의 존재의미에 대한 이해와 해석, 즉 자아를 아는 문제를 망각하거나 헛짚는다. 그들은 사회화를 통한 '사회적' 자아의 (재)구성에만 매달릴 뿐, '개인적' 자아가 타아를, 그리고 자아가 자아를 인지·이해하는 문제에는 신경을 쓴 적이 없기 때문이다. 그도 그럴 것이 공감에 무지하거나 공감을 적대하는 그들은 공감으로만 수행할 수 있는 자아와 타아의 이해와 해석의 과업, 특히 '주의 자아(attentive ego)'의 인지 과업을 피안의 일로 돌려버렸기 때문이다. 자아를 아는 것에 '면경面鏡 자아(looking-glass self)' 개념으로 가까이 접근했던 유일한 학자는 찰스 쿨리일 것이다.[196] 물론 그의 시도가 '상호작용론'으로 일탈하여 '면경'을 '난면경'으로 만들어버림으로써 '주의자아'의 인지에 실패했음은 안타까운 일이다.[197]

나와 남의 자아는 모든 사회적 행위의 주체다. 자아는 자신의 내감의 감정변별 능력과 4대 평가감각(판단력)으로 타아의 행위를 평가하는 것으

---

196) Charles Cooley, *Human Nature and the Social Order* (New Brunswick·London: Transaction Publishers, 1902·1922·1930·1964·1984, 7th printing 2009), 183-184쪽.
197) 쿨리의 '면경 자아'에 대한 상세한 분석은 참조: 황태연, 『감정과 공감의 해석학(1)』, 921-929쪽.

로 그치는 것이 아니다. 자아는 자기의 행위도 가령 도덕적으로 '떳떳하다, 뿌듯하다, 수치스럽다, 창피스럽다, 죄스럽다'는 결백감, 자찬감, 수치심, 자괴감, 죄책감으로 평가한다. 그러므로 이 자아와 타아의 존재를 전제하지 않고는 어떤 도덕적 행위도 자기나 타인의 자아에게 귀속시킬 수 없다. 따라서 자아와 타아에 대한 명증적 지식이 없는 어떤 사회이론이든 사상누각의 독단일 것이다. 올바른 자아인지론의 확립은 '도덕과 국가의 일반이론'의 대전제에 속한다는 말이다. 그러므로 자아와 타아의 명증적 인지가 모든 도덕이론과 국가이론의 급선무다. 그래서 우리는 자아와 타아의 이해의 과업을 이미 위에서 힘들여 수행했던 것이다.

공감적 해석학의 논의에서는 이 자타의 개인적·집단적 자아(여러 '나'와 '우리')와 존재의미의 이해에 대한 선행논의를 전제한다. 다만 여기서 강조할 것은 자아는 개인적 자아만이 있는 것이 아니라, 집단적 자아, 즉 '우리'도 있다는 것이다. 조직적이든 아니든, 법적으로 승인되어 법인의 형태를 취하든 취하지 않든 우리는 존재하는데 조직된 법인형태로서의 국가와 국제기구, 그리고 국가 안의 수많은 사회적 결사체들은 바로 집단적 자아들, 즉 '우리들'이다. '우리'의 존재의미는 이 '우리'로서의 '집단적 자아'를 대신하는 단수·복수의 자연인, 즉 자타의 '나'로서의 개인적 자아에 의해 표현된다.

또한 집단적 자아의 사회적 행위는 이 개인적 자아의 '대리행위(vertretende Handlung; vicarious action)' 또는 '대의행위(repräsentative Handlung; representative action)'에 의해 수행된다. 이 인격적 대리·대의행위는 연출·연기행위와 더불어 인간의 '공감적 행위(empathetic action)'의 전형적 유형이다. 이 공감적 대리·대의행위를 통해 '집단적 자아'로서의 '조직된 우리'의 응축된 '상호주관성'이 현실성을 얻는다. 과 공감기제의 존재는 바로 복수적 '자아들'의 개체적 독립성과 동시에 이 자아들의 — '우리'로서의 — 그 불가분적인 상호주관성, 이 양 측면의 조직적 결합가능성에 대한 생물학적 증거인 셈이다. 하지만 막스 베버는 집단적 자아로서의 '우리' 개념을 개인들로 환원하고 '우리'의 행위를 '나'의 행위로만 분석한다. 따라서 진정으로 근대 특유의 '사회적 행위'인 집단적 자아의 행위로서의 '대의적 행위' 개념이 베버 사회학에는 존재하지 않는다. 따라서 그는 '단체행위'도 공감적 의미연관이 아니라 인과관계 속에 들어 있는 것으로 오해한다.198) 베버는 집단적 자아, 즉 조직된 '우리'의 교감적·공감적 '상호주관성'을 몰각한 것이다.

하지만 시에예스(Emmanuel Joseph Sieyès, 1748~1836)는 일찍이 대의개념에 대한 루소의 비판을199) 과감하게 물리치고 이 '대의행위'를 근대의 가장 중요한 행위로 강조한 바 있다.

사회적 국가에서는 모든 일이 대의적이다. 대의는 사적 질서에서든 공적 질서에서든 도처에서 발견된다. 그것은 생산적, 상업적 산업의 어머니이고, 자유와 정치 진보의 어머니다. 나는 그것이 바로 사회생활의 본질이라고까지 말하고 싶다.200)

---

198) Weber, *Wirtschaft und Gesellschaft*, 6-7쪽.
199) 루소는 '대의'를 이렇게 비판한다. "백성의 대표자들(deputies)은 대의자가 아니고 대의자일 수 없다. 대표자는 백성의 집사일 뿐이다. (..) 영국 백성은 스스로를 자유로운 것으로 간주하지만, 이것은 큰 오해다. 그들은 오직 의회 의원들의 선거기간 동안에만 자유로울 뿐이다. 이들이 선출되자마자 노예제가 그들을 덮치고, 백성은 아무것도 아니다. (...) 대의 관념은 현대적이다. 하지만 그것은 봉건통치체제로부터, 인간성을 격하하고 인간의 이름에 치욕을 주는 부당하고 부조리한 체제로부터 우리에게 유래한 것이다." 그리하여 "어떤 경우든 백성이 자신을 대의되는 것을 허용하는 순간, 이 백성은 더 이상 자유롭지 않다. 백성은 이제 더 이상 존재하지 않는다." Jean-Jacques Rousseau, *The Social Contract* [*Du Contrat Social*, 1762], 266쪽, 268쪽. Jean-Jacques Rousseau, *The Social Contract and Discourses*, translated and introduced by G. D. H. Cole, revised and augmented by J. H. Brumfitt and John C. Hall, updated by P. D. Jimack (London·Vermont: J. M. Dent Orion Publishing Group, 1993).
200) Emmanuel Joseph Sieyès, "Opinion" (1975). Istvan Hont, "The Permanent Crisis of a Divided Mankind: 'Contemporary Crisis of the Nation State' in Historical

시에예스는 '대의적' 행위를 분업적·상업적 사회성에 기반을 둔 '사회적 국가'의 근본조건으로 파악하고 정치적 대의행위를 인민의 소리를 직접 종합할 수 없는 인구 많은 광역국가의 항구적 필연성으로 이해했다. 그러나 과문일지 모르지만 시에예스 이래 단 한 명의 사회과학자도 이 '대리·대의행위'를 '사회적 행위'의 한 형태로 논의하지 않았다.

모든 정치행위는 그것이 민주제적이든 군주제적이든 '대의행위'다. 따라서 대의행위는 '근대'사회의 근본조건일 뿐만 아니라, 정치사회 '일반'의 근본조건일 것이다. 보통사람들의 '대리·대의행위'는 여인동감與人同感의 행위이어야 하는 한에서 공감능력이 없다면 불가능할 것이고, 단체의 대표자와 정치가의 '대의행위'는 여민동락與民同樂·여민동환與民同患의 행위이어야 하는 한에서 대표자가 남다른 공감능력을 갖추지 않았다면 불가능할 것이다. 이런 의미에서 모든 정치행위는 국민의 공리적·유희적·미학적·도덕적·애국적 정체성과 감정을 공감하고 종합하여 대표하는 공감적 대의행위다.

따라서 공자는 덕치를 북극성과 그 주의를 도는 뭇별들 간의 공감관계에 비유했던 것이다. 그러므로 '정치의 장'은 백성들이 소리 없는 평이한 '대악大樂'과 보이지 않는 간소한 '대례大禮' 속에서 위정자들의 의도와 행동을 느끼고 시비하는 '공감장共感場', 즉 거대한 '민심의 바다'로 현상한다. 이 '공감장' 안에서 위정자와 백성들 간의 감응과 공감은 그야말로 광속으로 순식간에 천리를 오간다. 공자는 위정자의 말과 행동을 백성들이 천리원방에서도 위정자의 선하고 불선한 정치에 정확하게 '감응하는' 정치적 공감매체로 간주했다.[201] 따라서 대리·대의행위로서의 정치적 행위에서

Perspective". John Dunn (ed.) *Contemporary Crisis of the Nation State?* (Oxford: Wiely, 1995), 198쪽 각주 59)에서 재인용.

201) 『易經』「繫辭上傳」, §8. "子曰 君子居其室 出其言善 則千里之外應之 況其邇者乎? 居其室 出其言不善 則千里之外違之 況其邇者乎? 言出乎身 加乎民 行發乎邇 見乎

능력보다 더 중시되는 것은 그 무슨 합리성이 아니라, 대리되는 국민들의 인격적 존재의미와 감정에 민감하게 감응할 수 있는 대리자의 공감능력이다. 대리·대의자의 권한과 지위는 전적으로 대리·대의자에게 정사를 위임한 개인적 자아들이 대의자의 대리책임에 부여하는 공감적 '신임', 즉 공감감정으로서의 '믿음'에 달려있다. 대의·대리행위로서의 정치적 행위는 다른 자아들의 공리적·유희적·미학적·도덕적·인애적 정체성과 감정을 대신 표현하는 공감적 인격행위다. 집단적 자아와 대리·대의행위에 대한 의미이해를 이것으로 가름하고 우리의 분석을 개인적 자아와 자아들의 가장 중요한 사회행위인 공리행위, 유희행위, 미학행위, 도덕행위로 관심을 돌리자.

　나와 남의 자아는 이 모든 중요한 사회적 행위의 주체다. 자아는 교감적 쾌통·손익감각으로 자아나 제3의 자아에 대한 타아의 공리적 행위를 그 중도와 과·불급에 따라 '기분좋다·나쁘다', '이롭다·해롭다'라고 평가한다. 이 쾌통·손익의 평가감각과 평가감정은 본성적이고 이것이 바로 타아의 쾌락적·공리적 사회행위의 쾌락적·공리적 의미인 '기분좋음과 기분나쁨 및 이로움과 해로움'이다. 자아는 본능적인 교감적 재미감각으로 자아나 제3의 타아와 어울리는 타아의 유희적 행위를 그 중화여부에 따라 '재미있다·없다'로 변별하고 평가한다. 이것도 본성적이고, 이것이 타아의 유희적 사회행위의 유희적 의미인 '재미'의 유무다. 또한 자아는 본능적인 교감적 미추감각(교감미감)으로 자아나 제3의 타아를 향한 타아의 미학적 행위를 그 중화여부에 따라 '아름답다·추하다'로 변별하고 평가한다. 이것도 본성적이고, 이것이 타아의 미학적 사회행위의 미학적 의미인 '미'의 유무다. 마지막으로 자아는 본능적 시비감각으로 자아와 제3의 타아에 대한 타아의 도덕행위를 그 중화여부에 따라 '선하다(훌륭하다)·악하다(나쁘다)'

遠, 言行 君子之樞機. 樞機之發 榮辱之主也 言行 君子之所以動天地也 可不慎乎."

고 판단·평가한다. 이것도 본성적이고, 이것이 타아의 도덕행위의 도덕적 의미인 '시비', 즉 '선악'이다.

상술했듯이 이 인격체로서의 타인자아, 즉 타아는 눈에 보이지 않는다. 반면, 사람의 육체는 생물학자와 의사가 보듯이 아무나 볼 수 있다. 그러나 '육체(Körper; body)'를 보이지 않는 인격의 표현으로, 즉 '인신', 또는 '일신'을 뜻하는 '신체(Leib; personal body)'로 대한다면, 저 생물학적·의학적 눈에 타아의 이 '신체'는 보이지 않는다. 동시에 육체기관과 근육의 움직임과 생리작용을 토대로 이 신체에 현상하는 사람의 얼굴표정·제스처·몸짓·태도 등도 생물학적·의학적 눈에 결코 보일 수 없다. 한마디로, '타아' 자체와 '타아의 신체'는 생물학적·의학적 눈에 보이지 않는다.

타아는 사물이 아니므로 아무런 물적 '속성'도 없다. 이 '속성'을 아는 것은 '인식'이다. 인식은 오감으로서의 외감에 의해 사물의 속성들을 지각하고 이 다문다견의 지각에 대한 많은 기억으로서의 경험사실들의 관계를 이리저리 가르고 연결시키는 사실순응적 귀납이다. 물적 속성이 없는 타아는 이런 '인식'의 대상일 수 없다. 타아는 '속성'과 '지각된 속성들 간의 관계'를 아는 '인식'의 방법으로 인지할 수 없기 때문이다. 상술했듯이 우리는 속성적 대상화가 불가능한 타아를 교감적·공감적 '이해'의 방법으로 안다. '이해'는 속성을 아는 것이 아니라, '의미'를 아는 것이다.

'sense' 또는 독일어 'Sinn'으로서의 이 '의미'는 사회적 행위에서의 '가위표'나, '태극기' 상징, 지명 표지판, 주유소 표시, Fe 등의 지시적·표시적 '의의' 또는 '뜻함'('Bedeutung'; 'meaning')과 다르다. '가위표'는 틀린 것을 '뜻하는(mean)' 표시에 불과하고, '태극기'는 대한민국을 '뜻하는(bedeuten; mean)' 상징기표일 뿐이고, 군산임을 알리는 지명 표지판은 군산 땅을 '뜻할 뿐이고, 주유소 표시는 주유소를 '뜻할' 뿐이고, Fe는 주기율표상의 자연원소 철을 '뜻할' 뿐이다. 이 '뜻함(의의)'의 기표들이 가리키는 대상은 이 표시나 상징적 기표에 있는 것이 아니라, '틀림(어긋난 느낌)'이나 '대한민국' 등의 궁극적 '의미'나, 군산 땅, 주유소, 철 등의 실물일 뿐이다. 따라서 모든 기표의 궁극적 대상은 '실물'에 대한 내적 평가감각이나 감정, 또는 '궁극적' 의미, 즉 '본성적' 의미다. 궁극적 대상이 의미인 기표들 중 '틀림'을 가리키는 가위표의 궁극적 '의미'는 공리적·유희적·미학적·도덕적 '의미'와의 '어긋남'이고, 태극기가 가리키는 '대한민국'의 궁극적 의미는 대한민국 사람들의 '본성적' 일체감·충성심의 공감대다. 결국 사회적 의미를 가리키는 가위표, 태극기 등의 기표의 궁극적 기의記意는 '지시되는' 또는 '뜻해지는' 중간적 매개의미 '틀림'이나 '대한민국'이 아니라, 우리의 본성적 '의미'(저 5대 의미와 어긋남이나 한국인들의 일체감·충성심)로 다 환원되고 만다. 따라서 '사물적' 기의가 아니라 '사회적' 기의를 표시하는 상징적 기표의 경우에 일차적 기의(중간적 매개의미)에만 머무른다면 이것은 무의미한 동어반복으로 그칠 것이다. 따라서 공감적 해석학은 사회적 기의를 담은 상징적 기표의 경우에 이 기표를 반드시 궁극적으로 본성적 의미들로 환원하여 이 본성적 의미를 이해해 들어간다. 행위자가 관계하는 피상적·부분적인 상징적 기의가 아니라 심층의 그 본성적 의미로 환원하여 이 본성적 의미를 반성적으로 파고들어 이해한다는 뜻에서 공감적 해석학은 늘 '심층해석학'이다. '심층해석학'은 행위자들에 의해 소여되는 모든 문화적·상징적 의미와 부분맥락을 단순히 전체적 맥락에서 이해하는 것으로 그치는 것이 아니라, 본성적 인간감정과 인류보편적 평가감정의 의미로 비춰보는 심층적 환원, 사회적 공감대(불편부당한 만인관찰자)의 고려, 해석자의 반복적 경험과 광범한 박물지적 정보수집에 기초한 '분석적 해석'의 방법론을 뜻한다.

공감적 심층해석학의 이 평가감각적·감정적 의미개념은 우리말과 중국어·일본어의 '의미意味'가 입의 미각적 '맛(味)'에서 유래하고 영어·독일어·불어로 '의미'가 'sense'나 'Sinn', 'sens'라는 감성적 단어에서 전의轉義되어 쓰이는 점에서도 피할 수 없는 것이다. 또한 독일어 'Verstehen(이해하다)'의 영역어英譯語는 'understand, understanding'(이 단어는 영미철학에서 원래 '인식'과 '지성'을 뜻한다)이 아니라,202) 정확히는 'make sense of(이해하다)'이어야 하다는 데 주목할 필요가 있다.

간단히 말하자면, 해석학은 '의미'를 이해하고 해석하는 방법론이고, 공감적 해석학이 이해하고 해석하려는 '의미'는 5대 평가감정, 수많은 비도덕적·도덕적 감정들, 이 감정들의 집체로서의 자아의 존재감 등과 등치되는 감성본성적 '의미(Sinn; sense, sens)'다. 심리학의 '감정혁명'을 주도한 실번 톰킨스(Silvan S. Tomkins)에 의하면, 정동情動 또는 감정만이 사실을 '의미 있게' 만들기 때문에 감정이 없으면 아무것도 의미 있지 않고, '감정이 있으면' 어떤 것이든 '의미 있다'.203) 이 본성감정적 '의미'는 언어 이전의 본성적 정동情動감정과 기타 본성적 고차감정들을 담고 있는 한에서 생의 '가치'를 구성한다. 자악 팽크셉은 "말로 표현하기 어려운 주관적

---

202) 'Understanding'의 '인식' 관련 의미 때문에 독일어 'Verstehen'을 'Understanding'으로 영역하는 것은 꺼림칙하다. 이 점을 곤혹스러워 하며 정신요법학자 패터슨은 이렇게 말한다. "영어에서 'understanding'이라는 단어는 어떤 것에 '대한' 지식, 어떤 것에 '관한' 인식(understanding)을 뜻하게 되었다. 과학의 목표 중의 하나는 인식(understanding), 즉 대상들과 대상들의 조작의 결과의 인식이다. 그러나 이것은 우리가 이 단어를 상담이나 정신요법에서 사용할 때 관계하는 understanding의 종류가 아니다. 여기서는 우리가 환자들에 '관해서' 아는 것과 관계하는 것이 아니라, 그들이 일들—그들 자신과 그들을 둘러싼 세계—을 어떻게 느끼는지, 어떻게 생각하는지, 어떻게 지각하는지를 아는 것과 관계한다. 그것은 소위 객관적, 또는 외적 준거틀이라기보다 오히려 내적 준거틀로부터의 understanding이다. 어떤 언어, 가령 프랑스와 독일어는 아는 것에 대해 두 단어, 즉 외적 준거 틀로부터 아는 것을 뜻하는 단어와 단순히 주관적으로 아는 것을 뜻하는 단어를 가지고 있다. 영어가 이 구분을 하지 못하기 때문에 우리는 'understanding'이라는 단어를 수정하는 표현을 필요로 한다. 이런 목적에서 '공감적'이라는 단어를 붙여 쓴다. 공감적 이해(empathetic understanding)는 정신요법에서 중요한 요소로 인정되어온 지 오래다." Cecil H. Patterson, *Therapeutic Relationship* (Monterey, California: Broos/Cole, 1985), 52쪽.

203) Silvan S. Tomkins, "The Quest for Primary Motives: Biography and Autobiography of an Idea", *Journal of Personality and Social Psychology*, Vol. 41(2), 1981 [306-329쪽].

느낌 요소"를 '정동감情動感 또는 정동감정(affects)'으로, 즉 부분적으로 신체현상들(배고픔과 목마름에 대한 항상성유지적 충동)과 연결되고 부분적으로는 외부자극(입맛, 촉감 등)과 연결된 '정동감들'로 정의하고, 행위지향적 정동감·인지·행동·표현 등과 관련된 모든 심리적 변화들을 망라하는 지붕 개념을 "감정(emotion)"으로 정의하면서[204] 근본적 '인간가치'의 근원을 이 정동감과 감정으로 천명한다.

정동적 느낌들의 다양성은 엄청나고, 많은 인간들은 그들의 삶 속에서 이러한 느낌들의 의미에 관하여 '언술하는' 데 능란하다. 하지만 원래의 정동감적 경험들은 그 핵심에서 본성의 전前언술적 능력 — 우리들에게 우리의 신체의 상태, 우리의 생존을 지지하거나 손상시키는, 그리고 우리의 마음을 넘치게 가득 채울 수 있는 다양한 다른 유형의 감정적 유발에 관하여 알려주는, 인식적으로 침투할 수 없는 삶의 도구 — 인 것으로 나타난다. 정동감들은 생존을 훌륭하게 지원하는 발견론적 가치코드들을 반영하고, 생에 가치를 준다.[205]

동물들보다 더 풍요롭고 더 강렬하고 더 고차원적인 인간적 '감정들'(미추감정, 도덕감정, 도덕적 평가감정 등)도 인간이 동물과 공유하는 '감정적 핵심정동감들(core emotional affects)'과 마찬가지로 생존과 문화생활을 훌륭하게 지원하는 발견론적 가치코드들을 반영하고, 인간생활 전체에 가치를 준다. 따라서 본성적 차원의 감정적 '의미'는 생의 모든 사회적, 문화적, 상징적 '중간의미들'의 원천이고, 이 사회적, 문화적, 상징적 '중간 의미들'은 궁극적으로 모조리 이 본성적·본능적 의미로 환원될 수 있고, 또 이해와

---

[204] Jaak Panksepp, "Affective Consciousness: Core Emotional Feelings in Animals and Humans", *Consciousness and Cognition*, Vol.14, Issue1 (2005), 3쪽.
[205] Jaak Panksepp, "On the Embodied Neural Nature of Core Emotional Affects", *Journal of Consciousness Studies*, 12, No.8-10 (2005), 169쪽.

해석을 위해서는 반드시 이 본능적 감정=의미로 환원되어야 한다. 왜냐하면 성인들의 행동에서 이러한 본능적 감정의 표출이 인지활동과 학습에 의해 다듬어지고 본능적 감정이 단순부호나 상징기표로 또는 언어로, 나아가 조탁된 개념과 절제된 비유적·예술적 문장으로 둔갑한다고 할지라도 이 본능적·감정적 의미는 성인 인간의 모든 행동의 진정한 숨은 동기이기 때문이다. 이에 대해서도 다시 팽크셉은 말한다.

> 인간들이 다른 포유동물만큼 많은 본능적 작동체계를 가지고 있다는 것이 점차 명백해지고 있다. 하지만 성인 인간들에게서 이러한 본능적 과정은 이 과정이 더 이상 성인의 행동 속에서 직접적으로 표현되는 것이 아니라 더 고차적인 인지활동에 의해 여과되고 수정되기 때문에 관찰하기 어려울 수 있다. 그리하여 성인 인간들에게서 많은 본능들은 행동에 대한 내적 지침을 제공하는 주관적 감정상태와 같은 미묘한 심리적 성향들로서만 표현된다. 현대 뇌과학에 관해 거의 아무것도 모르는 학자들이 아직도 인간의 행동이 본능적 과정에 의해 제어되는 것이 아니라고 기꺼이 주장하는 이유는 우리 뇌의 작동체계의 많은 것이 실은 개방되어 있고 따라서 학습이 허용하는 인지적·감정적 복합성의 방대한 층위들에 의해 수정되기 아주 쉽기 때문이다.[206]

팽크셉은 지금까지 심리학은 이 본능적 감정과정을 포착하는 데 실패했다고 단언한다. 필자는 이 '실패'가 비단 심리학만의 문제가 아니라, 의미를 이해·해석한다는 간판 아래 '의미'가 무엇인지를 몰랐던 종전의 모든 해석학의 '실패'이기도 하다고 생각한다. 인간의 사회적 행동의 진정한 인간적·생명적 의미와 가치는 이 본성감정적 의미의 형식으로 환원될

---

[206] Jaak Panksepp, *Affective Neuroscience : The Foundations of Human and Animal Emotions* (Oxford: oxford University Press, 1998), 122쪽.

때만 실감하고 이해할 수 있다. 이 점에서 본성적 '의미(Sinn)'는 '의의(Bedeutung)'나 '기의(signifié)'의 심층적 의미라는 점에서 이 '의의'나 '기의'와도 다르다. 이 '의의'나 '기의'는 '본성적 심층의미'에 비하면 '중간의미' 또는 '표층의미'에 불과하기 때문이다.

기표(signifiant)가 '뜻하는' 것, 즉 기표의 의의, 소위 '기의'는 '지시, 표시, 상징'의 '관념적' 내용에 지나지 않는 것이다. 이해해야 할 것이 기의의 이 '관념'에 불과하다면, '기의'는 이미 이 '관념'으로 드러나 있거나 이미 알려져 있으므로 새삼 이해하거나 해석할 필요가 없다. 기표는 '비석', '대통령', '교통사고'라는 단어들로 특정한 사물, 사람, 사실을 표시하고, 이정표로 방향을 지시하고, 도로·교통표지판으로 행동을 지시하고, 우체국을 빨간 표지판으로 대체하여 알리고, 평화를 비둘기로 바꿔 상징한다. 따라서 '기의'는 특정한 사물, 사람, 사실, 방향, 행동, 우체국, 평화 등이다. 단어, 이정표, 도로교통표지판, 빨간표지판, 비둘기 등의 이런 지시, 표시, 상징에 의한 대체·치환관계는 종종 관행, 관습, 법률, 협약 등에 의해 이미 약속되어 있다. 따라서 '의의(meaning)'는 지시적·표시적·상징적·대체적·치환적이고 동시에 대개 관습적·협약적이다. 그리고 '표시적 의의'는 원래의 실물, 실제사실, 살아있는 사람 등에 대비하면 '간접적·허구적'이다.

이런 '표시적 의의'와 달리 '본성적 의미(instinctive natural sense)'는 바로 인간과 동물의 본성적 감정(단순감정+공감감정), 마음씨, 내감의 평가감각과, 이에 따르는 감정으로 실감되는 실재적 타당성이다. 이 본성적 의미의 타당성이 바로 '가치'다. 즉, '의미'는 대략 ①약 12개로 압축되는 본성적 단순감정, ②약 8개로 압축되는 본성적 공감감정(4개의 도덕감정+4개의 비도덕적 공감감정), ③본성적 교감감정(부정적 도덕감정, 시기심, 고소함 등), ④4대 평가감각 ⑤4대 평가감정 등 30-40가지 감정·감각으로 열거할 수 있다. 물론 도덕감정도 다시 많은 미묘한 감정들로 구분되고, 4대 평가감정도 여러 감정들로 세분되고, 도덕적 평가감정도 마찬가지다. 가령 이 도덕적 평가감정을 보면, 타아의 도덕행위에 대한 '선하다, 훌륭하다, 악하다, 나쁘다'는 칭찬과 비난의 느낌, 자아의 행위에 대한 '떳떳하다, 뿌듯하다, 죄스럽다'는 자찬감과 죄책감의 느낌 등으로 세분화된다. 하나의 사회적 행위나 사회적 사실은 이 중 한 감정과 감각을 의미로 구현하거나, 이 여러 감정과 감각들을 복합적으로 구현할 수 있다. 따라서 복합적 감정의 사회적 행위사실은 의미들이 조합된 의미복합체이고, 감정들의 순서만 바꿔도 복합체의 '경우의 수'는 30C30로, 즉 $30 \times 29 \times 28 \times 27 \times \cdots 5 \times 4 \times 3 \times 2 \times 1$이다. 즉, 거의 무한대다. 자아의 존재, 행위, 일체의 사회현상과 사회변동의 의미들은 이 의미복합체의 구성의 내적 '맥락(context)' 속에서 구체적 색조가 결정된다. 이 맥락은 각 의미에다 구체적 색조와 뉘앙스의 변화만이 아니라 위치가位置價도 부여한다. 다양한 의미양상들에 의해 구성되는 행위의 '의미맥락'은 문법·게임수칙·법규 등과 같은 그런 '규칙(rule)'이 없다.

따라서 해석학의 대상으로서의 '본성적 의미'는 이 본성감정적 복합체로서 결코 30여 개의 감정 중의 하나에 불과한 본능적 '욕망'으로 단순화될[207] 수 없고, 의미가 감정인 한에서 개인적·집단적 자아(나와 우리)의 실재적 존재의미와 사회적 행위의 어떤 의미도 인간의 소위 '이성'에 의해 — 정리되거나 조작·변형될 수는 있어도 — '이해'될 수 없다. 해석학적 '의미'는 '합리적'이지 않다는 말이다. 따라서 하버마스가 말하는 합리성들로서의 진리성·효율성·규범성·진정성(진실성)은 이 가운데 '진리성'과 '진정성'은 '의미'가 아니다. 또 '규범성'은 합리성이 아니다. 왜냐하면 '규범성'은 무엇보다도 먼저 도덕적 평가감정(시비지심의 '시是')이기 때문이다. 따라

---

[207] 그러나 1950년대 생물진화론자들은 '가치'를 "욕망의 충족"으로 단순화했다. Judson C. Herrick, *The Evolution of Human Nature* (Austin: University of Texas Press, 1956), 136~157쪽.

서 "어떤 의미에서 모든 해석은 합리적 해석이다"라는 하버마스의 단언은[208] 그야말로 해석학적 '망언 중의 망언'이다.

예를 들어보자. 가령 김연아 피겨스케이팅 선수가 국가대표로서 2연패를 노리고 2014년 3월 소치동계올림픽에 출전했는데 일부 심판들의 편파적 채점과 개최국 프리미엄에 의해 저지되어 은메달에 그쳤다. 그녀는 조국의 팬들의 항의성 성화 분위기와 달리 러시아 측 선수를 비난하지 않고 수모를 늠름하게 감내했다. 국가대표 선수로서의 그녀의 이 피겨스케이팅 댄스 공연과 편파채점에 대한 대응은 여러 가지 의미를 복합적으로 담고 있다. 그녀는 국가대표로서 행동하므로 그녀는 일단 대한민국 국민의 '대리행위'를 하고 있다. 그녀의 대리행위는 국민들에게 믿음의 감정을 준다. 팬들은 그녀의 부당한 수모에 정의의 공분을 느낀다. 동시에 그녀의 성숙한 대응태도를 도덕적으로 훌륭하게 느끼고 자랑스러워한다. 그녀의 피겨스케이팅은 체력을 기르기 위한 공리적 의미의 행위를 유희·예술행위와 결합시킨 것으로서 이로움, 재미, 아름다움 등 여러 가지 느낌을 동시에 준다. 따라서 김연아 선수의 동계올림픽 활동은 믿음, 수모감, 정의감, 훌륭함, 자랑스러움, 이로움, 재미, 아름다움 등의 감정들이 합쳐진 의미복합적 사회행위다. 팬들은 이 다多감정적 의미복합체에서 여러 의미들을 교감적·공감적 평가 감각들에 의해 앙상블로 동시에 느끼거나, 연이은 또는 선택적 맥락 속에서 색다른 뉘앙스와 위치가로 느끼는 것이다.

본성감정적 '의미'는 행위를 발동시키는 관점에서 본다면 '동기'로 나타난다. 말하자면 사회적 행위는 본성적 의미(인격적 존재감, 각종 감정들, 욕망충족적 쾌락[기분좋음], 이로움, 재미, 아름다움, 도덕적 선의 감정 등)에 목적적 근

---

208) Jürgen Habermas, "Interpretative Social Science vs. Hermeneuticism", 259쪽. Norma Haan, Robert N. Bellah, Paul Rabinow and Willian M. Sullivan (eds.), *Social Science as Moral Inquiry* (New York: Columbia University Press, 1983).

거를 둔 심리적 동기에 의해 발동된다. 따라서 모든 사회적 행위의 목적적 동기는 이 본성적 의미들이다. 그러나 행위는 진행되지만 그 동기는 불투명할 수 있다. 행위의 의미들이 여러 가지 이유에서 교감적·공감적 직관의 시선 앞에 드러나지 않은 채 숨겨져 있을 수 있기 때문이다.

이에 대한 예를 들어보면, 가령 맹자, 흄, 다윈, 드발이 말하는 순간적인 본성적 충동행위들, 가령 본능적 '지각행동 메커니즘(PAM)'이나 습관적 '조건화'에 따른 운동신경적 도덕행위(moral motor action)는 행위 시에 행위자의 의식에 포착되지 않을 수 있다. 물론 행위가 종료된 뒤에는 행위자가 그 행동의 도덕적 의미 등을 알 수 있을 것이다. 객관적 관찰자도 적어도 행위 순발瞬發 시에 이 행위의 의도를 직감할 수 없을 수 있다. 그리고 사회적 행위에 의해 표현되는 감정적 의미들은 희비극처럼 종종 갈등관계에 들어 있다. 이럴 경우 나중에 장기적으로 우세를 점할 의미가 초장에 주변으로 밀려나 있을 수 있다. 또한 전통적 행위, 군중유흥장의 유희적 행위, 침략규탄 궐기대회 형태의 정치적 도덕행위 등의 사례처럼 행위에 의미가 무의식적 감정전염 메커니즘에 의해 감염되는 경우에 재미감정과 도덕감정의 이 의미들은 무의식적이거나 무아적일 수 있다. 물론 자아가 이 행위의 시작 전에 그 분위기 속으로 들어갈 것을 의식적으로 작정하거나 끝난 뒤에 자기의 행위를 되돌아 느낀다면, 이 행위의 본성적 의미감정들은 명증적으로 의식화될 수 있다.

또한 조건화된 병리적·물신적 행위상황에서는 본성적 의미가 물화物化되어 왜곡·억압되거나 신비화되어 감춰질 수 있다. 가령 시장메커니즘의 수락에 의해 조건화된 자본물신적 시장행위의 상황에서 자아의 욕망충족적 쾌락과 이로움의 본성적 의미를 추구하는 '쾌락적·공리적 행위'는 목적에 대해 무차별적인 목적합리성(효율성)만을 따지는 '목적합리적 행위'로 물화되고, '공리적 행위'의 쾌락적·공리적 의미(목적)는 자본주의적 '목적합리적 행위'의 목적합리성(수익성)에 의해 소외·은폐되고 욕망충족의 본성적 쾌락과 이로움은 왜곡되고 억압되고 신비화된다. 즉, 자본주의적인 '목적합리적 행위'란 목적('이윤)을 위해서라면 그 '수단'이 무엇이든—쾌락과 이로움의 공리든, 재미든, 아름다움이든, 덕성이든—'수단'에 대해 무차별적인 자세에서 이 이윤의 극대화를 추구하는 행위다. 이 목적합리적 행위의 본질은 인간적 가치들을 수단화하여 목적에 대한 수단의 합리성, 즉 이윤 극대화(목적)를 위한 무차별적인 수단적 합리성(수익성)을 지향하는 행위인 것이다. 그러므로 목적합리적 행위모델은 그야말로 이윤의 극대화가 가능하다면 곡류·주택·의상, 유흥·예술·교육, 철강·전쟁물자·전투용역, 종교시설·언론·도덕훈화방송 등 아무 데나 그 대상에 신경 쓰지 않고 투자하는 자본가의 무차별적 이윤추구 모델을 그대로 반영한 것이다. 싸늘한 자본주의적·무감정적 타산행위로서의 목적합리적 행위의 건전한 자연적 원형행위는 원래 복합감정적 탐구探求행위다. 건전한 '목적지향적 행위'로서의 이 탐구행위는 팽크셉이 갈파했듯이 원래 식욕적 '욕구'의 복합적 신경체계가 일관된 유기체적 충동을 매개하여 주변환경을 탐사하고 육체적 필요와 외적 유인에 응해 자원을 탐구하도록 하는 개념에서 정점에 달하는 통합된 유인적 동기유발 모델에 속하는 것이다. 팽크셉은 이 통합된 유인적 동기유발 모델을 '탐구/욕망/기대감 체계'로 개념화했다. 목적지향적 행위의 핵심적 감정행태에 속하는 '탐구'는 좋은 것에 대한 욕망, 이것을 얻을 것이라는 기대감, 호기심 등이 섞인 복합감정에서 생겨난 행태다. 동물과 인간의 많은 감정적 행위들은 본능적으로 목적적·의도적 행위다. 이런 감정측면을 완전히 탈각시키고 관심의 초점을 감정(목적)에 무차별적 수익성으로 이동시켜 고착화하는 것이 바로 인간감정적 가치를 파괴하는 자본주의적 '목적합리적 행위'의 '물화物化性' 또는 '물신성物神性'의 본질이다.

우리는 자본주의 시장에 의한 '조건화' 또는 '조건반사화'를 거부함으로써, 즉 사업이나 증권투자를 그만두고 자본주의적 시장 일선에서 물러난

다른 활동들(단순·전통·소비시장과만 접촉하는 농업, 축산업, 공방, 화방, 전통가게, 교사, 문인, 화가, 수선소, 술집, 음식점, 공무원, 샐러리맨 등 각종 중산층 직업들)을 택함으로써, 또는 시장 저편의 시민사회 안에서 퇴근 후 또는 휴일의 가정생활, 친목·여가·유흥·유희활동, 예술·문화·종교활동, 시민·정치운동, 언론·학습활동 등을 펼치는 자연인적 자아의 관점에서 사고함으로써 시장에서의 사회적 행위의 물화상태와 본성적 의미의 왜곡·억압·신비화 상태를 꿰뚫고 이 본성적 의미를 의식차원에서 복원시켜 명증적으로 이해할 수 있다. 이 감정적 '의미들'은 교감에 의해 이해되든, 공감에 의해 이해되든 이해는 늘 직접적이고, 직관적이다. 교감이나 공감에 의해 인지되고 실감되는 이 제諸감정적·쾌락적·유희적·미학적·도덕적·교제적 의미의 변별적·비판적 이해는 '본성적·본능적'이기 때문이다.

3.3. 공감적 이해와 공감적 해석의 이론

이제 '의미이해'에 대한 논의를 완결짓자. '의의(Bedeutung)'는 '지시적·협약적·간접적·허구적' 동어반복인 반면, 내감의 '의미'는 '본성적·직감적·직접적·실재적·감각적' 내실이 있다. 그리고 베버와 하버마스의 이해의 '합리적 명증성' 개념으로 조작되는 '합리적 의미'는 속성관계나 일정한 감정(가령 도덕감정)을 '합리성'으로 오해한 '허구'인 반면, 공감적 해석학의 '의미'는 감각적·감정적 '실재성'이 있다. 자타의 '나'와 '우리' 자체의 존재 의미와 자타의 사회적 행위의 의미는 이런 감각·감정들인 한에서 내감의 감정지각 능력 및 평가감각(쾌통감각, 재미감각, 미추감각, 도덕감각, 애증감각)과 교감·공감능력의 결합작용에 의해 인지되고 변별되고 판단된다. 따라서 '공감적 해석학'의 대상은 교감적·공감적 내감에 의해서만 포착되는 'Sinn' 또는 'sense'로서의 감성적 '의미'다. 이 의미 인지와 이해는 최초의 인지 단계에서 보고 듣고 맛보고 냄새 맡는 등의 외감의 도움을 받지만, 이 외감자료들이 뇌의 내감영역들에 전달된 뒤에는 내감의 감정지각능력·평가감각과 교감·공감의 공동작용에 의해 수행된다. 따라서 'Sinn'으로서의 '의미'는 외감의 속성감각(시각, 청각, 미각, 후각, 촉각)과 근감각 및 내장감각을 제외한 모든 내부감각적 지각과 감정을 포괄한다.

따라서 '이해'는 이 내부감각적·감정적 내용으로서의 '의미들'을 내감의 교감적·공감적 변별·판단력에 의해 아는 것이다. 의미의 '실재적' 이해는 최초에 외감신경들이 전해준 행위자의 신체적 감정자료를 전전두피질의의 활성화에 의해 시뮬레이션하는 교감작용에 의해 개시되어 제諸감정이 변별되고, 5대 평가감각에 의해 적어도 기분나쁨, 재미없음, 추함, 그름, 혐오의 부정적 판단을 받지 않은 경우에 행위자의 감정을 재현하여 동조적으로 실감하는 공감이나 이 부정적 판단을 받은 경우에 교감적 이해로, 또는 반감으로 완결된다. 따라서 '이해'는 내감의 작용이 공감이나 반감에까지 이르지 않고 교감에만 머무르는 상태의 차가운 교감적 이해와, 동조와 거부를 실감하는 단계의 뜨거운 공감적·반감적 이해로 나뉜다.

상술했듯이 단순한 '교감적 이해'는 차가워서 자연채색의 '실감'을 결하지만 분명한 변별과 판단을 갖춘 '명암선명하고 윤곽판명한' 이해다. '교감적 이해'는 경우에 따라 '공감적 이해'보다 더 편리할 수 있다. 해석적 관찰자가 ①타인의 행위의미를 가령 그것이 정떨어질 정도로 황당한 일로 느끼거나, ②실감나게 이해할 가치가 없는 일로 판단하거나, ③스스로 피곤하거나, ④처리해야 할 인물·행위 자료가 너무 많거나, ⑤이론형성을 위해 거리를 취해야 하는 경우들이 있다. 이때에는 교감적 이해가 공감적 이해보다 더 편리한 것이다.

'공감적 이해'는 의미의 감정재생적 이해다. 따라서 '공감적 이해'는 '교감적 이해'에 비해 아주 '뜨겁다'. 즉, 그것은 자아와 타아(이 '나'와 저 '나' 그리고 이 '우리'와 저 '우리')의 존재감이나 그 행위의 실재적 의미를 감정적으로 재생하여 '실감'하고 동조감과 반감을 부여하는 것이다. 따라서 공감적 이해는 때로 공감적 관찰자의 '앙가주망'을 유발한다. 이런 까닭에 '공감적 이해'는 해석적 관찰자에게 많은 에너지를 요구하여 비교적 수행하기 힘든 이해다. 공감은 의미를 변연계에서 자신의 생생한 감정으로 활성화하여 의미를 '실감'하고 동기적同期的으로 동조와 반대의 감정을 발화發火시키는 과정을 반드시 포함하기 때문이다. 그러므로 우리는 여러 행위들이 동시에 벌어지는 사회현장에서 이해목표로서 주의력을 요하거나 관심을 끄는 행위와 인물들을 공감적으로 실감나게 이해하지만, 기타 행위와 인물들에 대해서는 교감적 이해로 그친다. 물론 우리는 교감적 이해로 그친 '기타 행위와 인물들' 중에서도 나중에 관심의 초점으로 떠오른 행위나 인물에 대해서는 언제든 다시 공감적 이해를 수행할 수 있다. 만약 필요하다면 하시라도 이해 단계를 교감적 이해로부터 공감적 이해로 바꿀 수 없는 사람은 사이코패스일 것이다.

 종합하면, 공감적 해석학의 의미 이해는 교감과 공감에 의해 수행된다. 교감적 이해는 흑백대비처럼 '차가운' 이해, '냉정한' 이해이지만, 동시에 공감적 이해 못지않게 '선명하고 사실적이고 정교한' 이해다. 교감적 이해는 변연계의 작동을 생략하기 때문에 비교적 '가볍고 쉽다'. 반면, 공감적 이해는 변연계까지 작동하는 '뜨거운' 실감적 이해, '열정적' 이해이고, 따라서 비교적 '무겁고', 매번 '수고롭다'. 물론 '공감적 해석학'은 대개 주의력이 부여되는 인물과 그의 행위에 대한 전문적 이해를 목표하기에 대개 '공감적' 이해를 추구한다. 그럼에도 공감적 이해가 수고롭기 때문에 해석자의 객관적 관찰관점에서는 관찰대상이 너무 많을 경우에 종종 더 손쉽고 덜 수고로운 교감적 이해가 선호되기도 한다. 따라서 필자는 공감적 해석학의 '의미 이해'를 차가운 '교감적 이해'와 뜨거운 '공감적 실감이해'를 포괄하는 것으로 정의한다. 이 교감적·공감적 이해는 둘 다 일단 '직관적'이고 '객관적'이고 '사실적'이고 '정교하다'.

게오르그 폰 라이트와 오토 아펠에 의하면, '이해'와 '설명'을 최초로 구별하여 사용한 학자는 요한 드로이센(Johann G. Droysen)이다. 드로이센은 1858년 『역사학의 개요(Grundrisse der Historik)』의 원고에서 이해와 설명을 구분한다.

> 인간사유의 대상과 본성에 따라 세 가지 과학적 방법이 있다. (철학과 신학에서 정식화된) 사변적 방법, 수리적·물리학적 방법, 그리고 역사적 방법이 그것이다. 이 방법들의 제각기 본질은 아는 것, 설명하는 것, 이해하는 것이다.209)

이것은 '설명'과 '이해'의 구별이 역사과학을 방법론적으로 근거 짓고 이것을 자연과학(정확히는 수리적 물리학)과 구별하기 위해 쓰인 최초의 사례다. 이후 독일학계에서 '이해'와 '설명'은 선명한 대립적 술어로 쓰여왔다.

그러나 해석학에서 전통적 술어구성은 '이해'와 '설명'을 구별하지만, '해석'은 모호하게 '이해'와 동의어로 쓰이고, '인식'은 '이해'에도, '설명'에도 차별 없이 마구 쓰인다(딜타이, 셸러, 가다머).210) '해석'을 '이해'와 구별

---

209) Apel, Karl-Otto, *Understanding and Explanation: A Transcendental-Pragmatic Perspective* [*Die Erklären/Verstehen Kontroverse* (Frankfurt am Main: Suhrkamp, 1979] (Cambridge, Massachusetts·London: The MIT Press, 1984), 1쪽에서 재인용; Georg Henrik von Wright, *Explanation and Understanding* (Ithaca, New York: Cornell University Press, 1971·2004), 5쪽 및 5쪽 주석 19) (172쪽).
210) 이런 혼동은 아주 오래된 것이다. 딜타이는 말한다. "외부에서 감각적으로 주어진 기호로부터 내적인 것을 인식하는 과정을 우리는 이해라고 부른다". Wilhelm Dilthey, "Die Entstehung der Hermeneneutik" [1900], 318쪽. Wilhelm Dilthey, *Gesammelte Schriften*, Bd. 5 (Stuttgart: Teubner, 1964). 또 그는 심지어 "이해는 인식의 일반개념의 범주에 속한다"라고도 말한다. ('Zusätze aus den Handschriften', 332쪽) 딜타이는 '인지(Kognition; cognition)'나 '앎·지식(Wissen; knowing)'이라는 술어를 써야 할 자리에서 '인식(Erkennen; cognizance)'이라는 술어를 잘못 쓰고 있다. 이런 혼동들은 해석학 초창기에 인식론과 해석학의 의식분화가 아직 뚜렷하지

없이 나란히 쓰는 학자들이 많고, 심지어 '해석'과 '설명'을 서로 혼용하는 학자(가령 베버)도 있다. 또 '인식' 또는 '인식론'이라는 말은 '이해'와 '설명'을 가리지 않고 사용된다. 나아가 '설명'과 '이해'도 영어와 독일어에서 일상어와 학술어를 가리지 않고 마구 뒤바뀌어 쓰이는 경향이 강력하다. 로버트 브라운(Robert Brown)은 심지어 설명을 이해의 견지에서 정의한다. "설명은 방해의 제거, 즉 타인들에 대한 어떤 사람의 관계나 지성적 이해에 대한 방해의 제거다."211) 테일러는 "해석"을 "연구대상을 명백하게 하려는, 즉 의미 있게 만들려는 시도"로 정의함으로써212) '명백하게 하는 것'을 '의미 있게 하는 것'과 등치시켜 설명의 뜻과 해석의 뜻을 뒤섞고 있다. 이런 지경에 이안 자비는 "일상어 '설명'과 '이해'가 거의 바뀌어 쓰이기 때문에 설명문제와 이해문제를 융합하는 것은 손쉽다"고 일갈한다.213) 아니나 다를까 제인 페이(Jane Faye)는 '설명'과 '해석'의 차별을 해소한답시고 '해석'을 '의미의 설명'으로 재정의함으로써 해석과 설명의 대립을 해소하고 양자를 드디어 통합했다고 자위한다.214) 참으로 아수라장이다!

않은 탓일 것이다.

211) Robert Brown, *Explanation and Experience in Social Science* (New Brunswick·London: Transaction Publishers, 1963·2008), 41쪽.
212) Charles Taylor, "Interpretation and the Science of Man", 101쪽. Fred R. Dallmayr & Thomas A. McCarthy (eds.), *Understanding and Social Inquiry* (Notre Dame·London: University of Notre Dame Press, 1977).
213) Ian C. Jarvie, "Understanding and Explanation in Sociology and Social Anthropology", 189쪽. Fred R. Dallmayr & Thomas A. McCarthy (eds.), *Understanding and Social Inquiry* (Notre Dame·London: University of Notre Dame Press, 1977).
214) Jane Faye, "Explanation and Interpretation in the Sciences of Man". Dennis Dieks, Wenceslao J. Gonzalez, Stephen Hartmann, Thomas Uebel, and Marcel Weber (eds.), *Explanation, Prediction, and Confirmation* (Dordrecht·Heidelberg·London·New York: Springer, 2011).

그간 서양학계에서 세 차례 걸쳐 전개된 이른바 '설명-이해 논쟁(Explanation- Verstehen Controversy)'을 악화시킨 것도 설명과 이해의 이런 개념혼란 때문이었다.215) 아펠은 영어와 독일어의 이해와 설명의 일상어적 어의와 해석학적 개념어 간의 의미론적 상극성을 이렇게 말한다.

그것은 '이해하는 것'이 어원적으로 '이해'에, 즉 자료를 어떤 것으로 언어에 의해 표현 가능하게 파악하는 것에 속하는 한편, '설명하는 것'이 어원적으로 '명백하게 하는 것'에 속하고 그리하여 이해에서 생기는 난관들에 의해 필요하게 되는 추가적인, 어쩌면 방법적이고 과학적인 추가행위를 뜻한다는 전제로부터 시작한다. 이런 한에서 '설명하는 것'은 사건들 간의 자연적, 법칙적 연결과만 관계하는 것이 아니라, 가령 (단어, 문장이나, 텍스트의 설명에서처럼) 언어학적 주장들의 의미와도 관계할 수 있다. 당연히 이런 언어적 어법 자체에 대해서는 어떤 반론도 제기될 수 없다. 그러나 이와 똑같이 명백한 것은 이 어의가 정신과학의 철학의 창시자들에 의해 사용된 전문술어적 언어를 이해할 수 없는 것으로, 그리고 진정 정당화되지 않은 것으로 만든다는 사실이다.216)

어원부터 훑어보는 아펠의 이 해설도 오류가 섞여 있어 어지럽기 짝이 없다. 왜냐하면 '이해'나 '해석'은 그 어원적 의미가 "자료를 어떤 것으로 언어에 의해 표현 가능하게 파악하는 것"이 아니고, '설명'의 어원적 의미는 "이해에서 생기는 난관들에 의해 필요하게 되는 추가적인, 어쩌면 방법적이고 과학적인 추가행위"가 아니기 때문이다. 독일 철학자 아펠은 독일어 어원사전을 한 번도 찾아보지 않은 것으로 보인다. (어원에 대해서는 뒤에 상론한다.) 따라서 필자는 차제에 관련 술어들을 정밀하게 정의하여

---

215) 참조: Apel, *Understanding and Explanation*, 102쪽.
216) Apel, *Understanding and Explanation*, 103쪽.

이 어지러운 술어 사용에 질서를 부여하고자 한다.

일단 필자는 자세한 개념해설은 뒤로하고 위에서 시사했듯이 동사적 의미의 '앎(knowing)'을 의미에 대한 '이해'와, 속성에 대한 '인식'으로 대별한다. 그리고 '해석'을 의미'연관'의 이해로, '설명'을 속성'관계'의 인식으로 정의한다. 동사적 의미의 '앎'은 '이해'와 '해석', '인식'과 '설명'을 다 포괄한다. 이에 따라 이해·해석을 다루는 방법론은 '해석학', 인식·설명을 다루는 방법론은 '인식론'이라고 부르기로 한다. 그리고 '이해'와 '해석', '인식'과 '설명'에서든 얻어지는 앎의 '성과'는 '지식'으로 규정한다. 나아가 이해와 해석에서 '개연적 경향'을 찾고 이 경향에 따라 이해와 해석을 체계적으로 서술하는 지식은 '해석적 이론', 즉 '해석적 과학'이다. 따라서 '해석적 이론'은 사회과학에서 우세하다. 인식과 설명에서 '개연적 규칙성'을 찾아 이에 따라 체계적으로 서술하는 지식은 '설명적 이론', 즉 '설명적 과학'이다. 따라서 '설명적 이론'은 자연과학에서 우세하다. 그리고 이 '해석적 이론'(인간과학[인문·사회과학])과 '설명적 이론'(자연과학)을 합하여 '과학적 지식', 또는 '과학'으로 정의한다.

아펠이 착각하듯이 '이해'는 '설명'과 대비되는 것이 아니라, '인식'과 대비된다. '설명'과 대비되는 것은 '이해'가 아니라 '해석'이다. 따라서 어원을 추적하려면 이해를 포함하는 '해석'이라는 단어의 어원과 '설명'이라는 단어의 어원을 추적해야 할 것이다. 아펠은 어원논의에서 어의적 의미혼동을 노정하고 있다. 현대 독일인들은 아펠처럼 Verstehen(이해), Deuten (해석), Erklären(설명)을 의미론적으로 뒤섞어 쓰는 경향이 흔하고, 이것은 학문분야에서도 마찬가지다.

이 단어들을 학문적으로 가장 혼돈스럽게 만든 학자는 아마 막스 베버일 것이다. 따라서 어원 논의로 넘어가기 전에 잠시 그의 어법을 들여다볼 필요가 있다. 베버는 '현재적 이해(aktuelles Verstehen)'라는 표현을 쓰고 있는데,217) 이것은 '직관적 이해'를 뜻하는 것으로 보인다. 그는 이에 대립되는 비직관적 이해를 "설명적 이해(erklärendes Verstehen)"라고 부른다. 이 표현에서 의미론적 혼동은 매우 극적이다. 베버는 이 '현재적 이해'와 '설명적 이해' 외에도 저 '감정이입적 이해'와 '합리적 이해'의 그릇된 구분을 언급한다. 일단 그는 언표와 행위의 '현재적 이해'를 합리적·비합리적 이해로 세분한다.

> 이해는 1. (언표를 포함한) 행위의 의도된 의미의 '현재적' 이해일 수 있다. 우리는 가령 우리가 듣거나 읽는 2×2=4 명제의 의미를 현재적으로 이해하거나(사상의 합리적인 현재적 이해), 얼굴표정·감탄사·비합리적 움직임들로 표명되는 분노폭발을 현재적으로 이해할 수 있거나(감정들의 비합리적 현재적 이해), 벌목꾼의 행태 또는 문을 닫기 위해 손잡이를 움켜쥐거나 총으로 동물을 겨냥하는 사람의 행태를 이해할 수 있다(행위의 합리적인 현재적 이해).218)

여기서 베버가 수리적 '사상의 합리적인 현재적 이해'라고 부르는 것은 수리적 사상의 직관적 '인식'을 '이해'로 오해한 것이다. 이것은 초장부터 그의 의미 개념이 흔들렸기 때문에 빚어진 오류다. "벌목꾼의 행태", "문을 닫기 위해 손잡이를 움켜쥐는" 행위, "총으로 동물을 겨냥하는 사람의 행태" 중에서 전자의 두 행동은 목재획득과 안전확보의 이익을 위한 공리적 행위이고, 동물사냥은 먹거나 팔기 위한 공리적 행위, 또는 재미를 위한 유희적 행위일 수 있고, 또는 공리와 재미가 중첩된 공리적·유희적 행위일 수 있다. 공리적 행위와 유희적 행위의 의미인 육체적·경제적 욕구충족의 쾌락과 유희적 재미는 둘 다 감정적 의미이지, 결코 이성적(합리적)

---

217) 아펠은 베버의 '현재적 이해'를 "실제 현재하는 것과 관련된 행위, 제도, 작품을 묘사하는 차원에서 생기는 물음에 대한 응답"으로 풀이한다. Apel, *Understanding and Explanation*, 16쪽.
218) Weber, *Wirtschaft und Gesellschaft*, 3-4쪽.

의미가 아니다. 따라서 이 행위들을 "행위의 합리적인 현재적 이해"라고 부른 것은 오류다. 베버가 오해한 이 "행위의 합리적인 현재적 이해"와 저 "감정들의 비합리적 현재적 이해"만이 공감적·직관적인 '현재적 이해'의 정확한 사례일 것이다. 그러나 이 '현재적 이해' 개념은 그의 이론의 시야에서 곧 사라지고 만다.[219]

베버는 이어서 '현재적 이해'에 대립되는 '설명적 이해'를 제시한다. 전통적 해석학의 관점에서 이 '설명적 이해'는 '뜨거운 얼음', '둥근 네모' 등과 같은 언어파괴적 형용모순이다.

또한 이해는 2. 설명적 이해일 수 있다. 어떤 사람이 상업적 결산, 또는 과학적 증명이나, 기술적 계산에 관계하거나, 그가 진술하거나 필기한 2×2=4 명제가 우리에게 이해될 수 있는 의미에 비추어 '속하는' 맥락을 가진, 즉 이 명제가 우리에게 이해될 수 있는 의미연관을 얻는 기타 행위에 관계하고 있는 것을 우리가 본다면, 우리는 이 명제를 진술하거나 필기한 사람이 그가 바로 지금, 그리고 바로 이 맥락에서 이것을 '행한다'는 사실에 어떤 의미를 부여하는지를 '동기'의 견지에서 '이해한다'(합리적 동기이해). 벌목꾼이 임금을 받고 또는 자기의 필요에서 또는 자신의 기분전환을 위해서 (합리적으로), 또는 가령 '그가 흥분을 진정시키기 때문에'(비합리적으로) 이 행위를 수행한다는 것을 안다면, 또는 총 쏘는 자가 처형 또는 적과의 투쟁을 목적으로 한 또는 명령에 따라(합리적으로) 또는 복수심에서(감정적으로, 따라서 이런 의미에서 비합리적으로) 이 행위를 수행한다는 것을 안다면, 우리는 벌목이나 거총을 현재적으로 이해할 뿐만 아니라, 동기의 견지에서도 이해한다. 마지막으로 우리는 분격의 기저에 시기심, 상처 입은 자만심, 손상된 명예가 가로놓여 있다는(감정적으로 제약된 것, 따라서 비합리적으로 동기지어진) 것을 안다면 이 분격을 동기의 견지에서 이해한다. 이 모든 것은 이해할 수 있는 의미연관들이고, 이 의미연관의 이해를 우리는 사실적

---

[219] 아펠도 이것을 확인해준다. Apel, *Understanding and Explanation*, 16쪽.

행위경과의 '설명'으로 간주한다. 따라서 행위의 의미를 취급하는 과학에 있어 '설명'은 현재적으로 이해될 수 있는 행위가 주관적으로 의도하는 의미에 따라 속하는 의미'연관'의 파악과 같은 것을 뜻한다.[220]

행위의 의미'연관'을 동기의 견지에서 파악하여 이해하는 것인데도 베버는 '설명'이라 하고 있다. 이런 개념혼동과 저 "설명적 이해"라는 가공할 형용모순의 말로써 베버는 사회·문화과학적 '이해'와 자연과학적 '설명'의 구분으로부터 시작된 해석학의 전통적 이해, 해석, 설명 개념을 완전히 파괴해버리고 있다.[221] 그리고 "상업적 결산, 또는 과학적 증명이나, 기술적 계산" 등은 인식작업에 지나지 않는 것임에도 베버는 감정적 '의미'가 실린 '행위'로, 나아가 '사회적 행위'로 착각하고 있다. 이것은 자신이 정의한 '행위'와 '사회적 행위' 개념에 반하는 것이다. 또한 그는 반反인과적 의미연관을 이해하는 '해석' 개념도 파괴한다. "모든 해석은 명증성을 추구하기는 하지만, 해석은 아무리 그렇게 의미상 명증적일지라도 그 자체로서, 그리고 이 명증성 성격 때문에 아직 인과적으로 타당한 해석이기도 할 것을 요구할 수 없다. 의미 있는 명증적 해석은 늘 그 자체에 있어 특히 명증적인 인과적 '가설'에 불과하다."[222] 여기서 베버가 신경 쓰는 것은 그가 인과적인 '그레샴의 법칙'을 예시하며 강조하는 가설의 경험적·통계적 검증일 뿐이고, 의미상의 '연관'과 인과적 '연결' 간의 엄청난 본질적 '차이'에 대해서는 신경 쓰지 않는 '통큰' 무차별성의 태도를 과시한다. 이리하여 베버에게서 전통적 해석학의 개념들은 수난을 겪는다. 정의를 내리는 것을 그렇게 좋아하는 베버가 '설명'을 저렇게 엉터리로나마 정의

---

220) Weber, *Wirtschaft und Gesellschaft*, 4쪽.
221) 아펠은 "설명적 이해"라는 표현을 "베버가 다시 자연과학 모델을 따르는 과학주의에 적어도 가까워지는" 것으로 해석한다. Apel, *Understanding and Explanation*, 16쪽.
222) Weber, *Wirtschaft und Gesellschaft*, 4-5쪽.

했을지라도 '해석'은 어디에서도 정의하지 않은 채 심지어 "해석적 설명과 관찰적 설명"이라는 말을 운위하기도223) 한다.

베버에 의하면, 어떤 해석이 명증성을 특별히 높은 정도로 보유한다고 하더라도 이것은 그 자체로서 그 경험적 타당성에 대해 아무것도 입증하지 않는다. 그 외적 경과와 결과가 동일한 행위가 지극히 서로 상이한 동기들의 관계상황에 기인하는 바, 이 동기들 중 가장 이해할 수 있게 명증적인 동기도 언제나 현실적으로 작용하는 것이 아닐 수 있기 때문이라는 것이다. 오히려 연관의 이해는 이렇게 명증적인 해석이 타당한 "이해 가능한 설명"이 되기 전에 인과적 귀속의 통상적 방법으로써 검증되어야 한다는 것이다.224)

그리고 베버는 심지어 사회학이 반대할 테제는 "이해"와 인과적 "설명"이 아무런 관계가 없다는 가정일 것이라고 말한다. 양자는 생기의 대립적 극단에서 작업을 시작하는 것이 옳을지라도, 특히 어떤 행위의 통계적 빈도수가 이 행위를 조금도 의미 있게 이해할 수 있는 것으로 만들어주지 않고 최적의 '이해가능성' 자체가 빈도수를 위해 아무것도 말해주지 않고 심지어 절대적인 주관적 합목적성에도 불구하고 빈도수와 아주 대립된다는 것이다.225) 이와 같이 전체적으로 볼 때 베버는 이런 개념혼란을 통해 의미연관적 해석과 인과적 설명을 방법적으로 매개시키는 방향으로 움직였다. 이것은 아펠이 역사상 3차에 걸친 'E-V논쟁'이라고 부른 '설명(Explanation)과 이해(Verstehen) 논쟁'의 분석에 아주 중요해진다. '해석적

---

223) Weber, *Wirtschaft und Gesellschaft*, 7쪽. 초기에는 심지어 "이해 가능한 설명 (verständliche Erklärung)"이라는 표현도 한다. Max Weber, "Über einige Kategorien der verstehenden Soziologie". *Gesammelte Aufsätze zur Wissenschaftslehre* (Tübingen: J. C. Mohr, 1922·1988), 428쪽.
224) Weber, "Über einige Kategorien der verstehenden Soziologie", 428쪽.
225) Weber, "Über einige Kategorien der verstehenden Soziologie", 436쪽.

설명'이라는 괴언怪言은 아벨이 그러듯이 '이해'가 인과적 설명의 직무 안에서 단순히 전前과학적 또는 발견론적 역할을 맡는 신실증주의적 (neopositivist) 관점을 예고해주는 것으로 보인다.226) 그리고 베버의 논변들은 '이해' 개념에 관해 그의 심각한 문제점을 보여준다. 이해가 방법론적 관점에서 중요할지라도, '이해된' 근거들이 인과적으로 효과적인 동기라는 것을 보여주는 것이 가능할 수 있을 뿐만 아니라, "해석적 설명"의 경험적 정확성을 확증하기 위해 필수적일 수 있다는 것이다.227) 베버의 극심한 개념혼란으로부터 아벨, 포퍼, 헴펠 식의 신실증주의를 도출하는 것은 '식은 죽 먹기'다. 베버의 이런 극심한 개념혼란과 신실증주의적 개념혼용 때문에 심지어 오늘날도 '설명'과 '해석'의 차별을 해소한답시고 '해석'을 '의미의 설명'으로 정의함으로써 해석과 설명을 통합했다고 자위하는 저런 웃지 못할 언어유희도 출몰하는 것이다. 이런 베버주의적·신실증주의적 혼란은 제3단계 'E-V논쟁'을 일으킨 포스트-비트겐슈타인적 논변에서 다시 '행위가 이해되는 언어유희'와 '현상들이 인과적으로 설명되는 언어유희'라는 두 언어게임을 새로운 이원론의 형태로 명확하게 구별하기까지 계속되었다.

이런 혼란을 제쳐두고 차라리 독일어 'Deuten(해석)'과 'Erklären(설명)'의 어원적 어의에 관심을 돌리는 것이 나을 것이다. 두덴(Duden)사전에

---

226) 헴펠을 계승한 매니카스는 설명과 이해를 뒤섞으면서 "사회과학에서의 이해는 물리학에서처럼 우리가 인과적 기제를 입수할 때 획득되지만, 물리학과 달리 마음을 갖춘 인간들이 손에 닿는 재료들을 가지고 일함으로써 사회적인 인과적 기제를 구성할 것이다"라고 말한다. 그리고 베버의 논변을 헴펠의 관점에서 이해하여 "베버는 물론 현재의 관점에서 옳게도 verstehen과 인과적 설명(exklären) 사이에 어떤 대립도 없고 실은 양자가 인간과학에서 요구된다고 주장했다"고 말하면서 자신의 신실증주의적 논변에 베버를 적실하게 활용한다. Peter T. Manicas, *A Realist Philosophy of Social Science: Explanation and Understanding* (Cambridge: Cambridge University Press, 2006), 2쪽, 10쪽.

227) 참조: Apel, *Understanding and Explanation*, 18쪽.

의하면, 독일어 'Deuten'의 어원적 어의는 "모인 백성에게 이해할 수 있게 하는 것(für das versammelte Volk verständlich machen)"이다. 'Deuten'은 'deutch'와 어원이 같다. 'deutch'는 오늘날 '독일'을 뜻하지만 어원상으로는 '백성(Volk)'을 뜻했다. 따라서 'deutch'는 태고대에 'volkmäßig(백성의, 또는 인민적으로)'를 뜻했다. 따라서 'Deuten'은 어원적으로 '모든 보통백성이 이해할 수 있게 하는 것'을 함의한다. 물론 현대에 들어 'Deuten'은 "①손가락으로 무엇을 가리키다, ②분별하다, 기대하게 하다, 암시하다, ③해석하다(auslegen), 설명하다(erklären), 어떤 사실에 일정한 의미를 부여하다(einer Sache einen bestimmten Sinn beilegen), 일정한 의미를 집어넣다(einen bestimmten Sinn hineinlegen), 아무개의 행동을 일정한 방식으로 해석하다(jmds. Verhalten in bestimmte Weise auslegen) 등 다양한 어의를 획득했다. 그러나 이 'Deuten'의 사전적 어의를 독일어 '설명(Erklären)'의 어의와 비교하면 간과할 수 없는 차이가 느껴진다. 'Erklären'은 어원적으로 "명백하게 또는 분명하게 만드는 것(klar od. deutlich machen)"을 뜻한다. 그러나 이 단어는 오늘날 ①상세하게 논하다(in allen Einzelheiten auseinandersetzen), ②타인이 연관들을 이해하도록 해명하다(so erläutern, daß der andere die Zusammenhänge versteht), ③근거를 밝히다(begründen, seine Begründung in et. finden), ④가리키다, 알리다, 표명하다(deuten, mitteilen, äußern) 등의 많은 어의를 획득했다.228) 두 단어의 어의를 비교하면, 일부 어의들이 겹치지만 그래도 '해석'은 '의미를 사람들에게 이해시키는' 데 강세가 있는 반면, '설명'은 '사실관계를 상세하게 밝히는' 데 강세가 있다. 이것은 어원적으로 보면 더욱 분명하다. '해석'의 어원적 의미는 "모인 백성에게 이해할 수 있게 하다"인 반면, '설명'은

---

228) *Duden. Das große Wörterbuch der deutschen Sprache*, in 8 Bänden (Mannheim: Dudenverlag, 1993).

"명백하게 만들다"이기 때문이다. 'Deuten'은 애당초 '의미'이해의 공감적 차원과 관련되는 반면, 'Erklären'은 어원적으로 '사실관계'의 인식적 명증성 차원과 관련된다.

우리말 '해석'과 '설명'의 사전적 어의도 이와 비슷하다. 따라서 우리는 근거 있게 아펠, 베버 등의 의미론적 개념문란을 물리치고 공감적 해석학의—비교적 전통적인—개념체계를 견지할 수 있을 것이다. 이런 뜻에서 다시 한 번 '해석'과 '설명'의 차이를 분명히 하자면 '해석'은 의미'연관'을 '이해'하는 것인 반면, '설명'은 물질적 속성들의 '연결관계', 또는 사물들의 인과적·시공적·이동적異同的 '연결관계'를 '인식'하는 것이다. 필자의 이 차별적 개념사용이 다른 어떤 해석학자들의 개념체계보다 '해석'과 '설명'의 어원과 사전적 어법, 그리고 슐라이어마허, 드로이젠, 딜타이 등의 시원적 개념체계에 더 부합되는 것이다. 평범한 해석학적 논의들에서의 '설명'과 '해석' 개념의 사용은 평균적 어의와 어긋나지 않는 사용을 보여준다. 이런 논의에서 '설명'은 인과적 해명인 반면, '해석'은 행위의 의미복합체를 이해할 수 있게 만드는 것이다.[229]

이제 '이해'와 '인식', '해석'과 '설명', '해석학'과 '인식론', '해석적 이론'과

---

[229] 바른케의 다음과 같은 평이한 논변은 '해석'과 '설명'의 구별적 사용의 전형을 보여준다. "우리는 인간행위의 인과적 설명, 즉 경험적 관찰에 의해 검증되고 과학자의 개인적 가치에 의해 영향받지 않는 일반법칙과 이론에 기초한 설명을 구성하려고 노력해야 한다. 반대로, '이해사회학'의 대변자들은 … 그들이 연구하는 대상의 성질 때문에 사회과학은 자연과학의 논리에 순응할 수 없다고 논변한다. 믿음과 행위, 규범과 가치, 역할과 제도는 내재적으로 의미 있는 것들이다. 즉, 이것들은 주관적 의도와 문화전통, 이 양자와의 모종의 관계 속에 들어 있다. 따라서 사회과학의 임무는 단순히 인간행위의 불변적 법칙을 상세히 밝히는 것이 아니라, 이 행위를 이해할 수 있게 만드는 것, 즉 이 행위의 합리성을 문화적 상정想定과 주관적 의도의 견지에서 조명하는 것이다. 그러므로 이 관점에서 사회과학은 반드시 해석의 차원을 포함해야 한다. 사회과학은 관찰과 설명에만 의존할 수 없고, 주어진 사회집단의 행위와 실천의 맥락을 형성하는 '의미들'의 복합체를 해명해야 하는 것이다." Warnke, "Translator's Introduction", vii쪽.

'설명적 이론' 등의 개념들을 구체적으로 정의하고 해명해야 할 순서다.

위에서 '이해'는 타아의 존재와 행위의 '의미'를 교감과 공감에 의해 직관적으로 아는 것으로 정의했다. 이와 대비되는 뜻에서 '해석'은 행위들의 의미'연관'을 교감적·공감적으로 이해하는 것으로 정의했다. 이 단계의 '해석'은 단순한 '이해'만큼 '직관적'이고, 따라서 이 의미연관은 반反인과적이다. 의미'연관'은 의미'연결'이 아니기 때문이다. 가령 '김 씨는 아들을 잃고 통곡하는 이웃을 위로하고 있다'는 기술 속에 등장하는 '위로'행위를 뜯어보자. 통곡은 슬픔을 드러내는 행위다. 이 통곡행위가 김 씨의 위로행위에 동기를 부여했다. 통곡행위의 동기적 의미는 슬픔이고, 위로행위의 동기적 의미는 측은지심이다. 그리고 이웃과 그 자식은 사랑관계로 맺어져 있다. 자식을 잃는 것은 자식과 함께 자식사랑의 행복한 '의미'를 영원히 상실하는 것이다. 따라서 이웃의 슬픈 의미는 죽음으로 영원히 불가능해진 자식사랑 행위의 의미(사랑하는 감정)와 연관되어 있고, 김 씨의 동정심이라는 의미는 이웃의 슬픈 의미와 연관되어 있는 것이다. 즉, 상실된 자식사랑, 이웃의 슬픔, 김 씨의 측은지심은 '연관' 속에 들어 있다.

의미'연관'은 의미'연결'과 다르다. '연결'은 속성관계의 '필연적 인과관계'를 뜻한다. 상술했듯이 '인과적 필연성'의 개념은 유사한 시공적 조건에서의 A사건과 B사건 간의 '반복된 연관'(유사사건들, 즉 A_1과 B_1, A_2와 B_2, A_3와 B_3 … A_n과 B_n의 연관)을 '연결'로 여기는 습관적 믿음, 즉 A_1, A_2, A_3 … A_n이 B_1, B_2, B_3 … B_n을 일으킬 '힘'을 가졌다고 여기는 '습관적 믿음', 즉 '습관에 의해 조건화된 믿음(습관적 조건반사의 믿음)'에서 나온다. 강추위가 수도관을 동파시키는 일이 거듭된다면, 우리의 믿음은 ― 강추위(기온한랭), 수돗물의 동결과 부피팽창, 수도관의 변동(동파)이 별개의 여러 속성일지라도 ― 조건반사적으로 추위를 동파와 연결시켜 이 속성관계를 인과관계로 만든다. 그리하여 우리는 강추위를 모든 수도관을 동파시킬 '힘'이 있는 것으로 믿는다. 이 '믿음'은 강추위에 의한 동파를 '법칙'으로 여길 정도로 강력하다. 예외가 있다면, 이 예외는 방해요소로 인한 것으로 처리된다. 유사한 속성들의 사건적 연관의 '반복', 즉 시공을 초월한 '반복'은 이 '연관'이 필연적 '연결'로 여겨지기에 충분한 습관적 조건반사의 믿음감정을 만들 '근거'인 것이다.

연관의 '반복'을 근거로 하여 '연관'을 '필연적인 인과적 연결'로 여기는 감각적 인지 습관을 낳는 인간의 뇌신경적 비밀메커니즘은 팽크셉에 의하면 호기심과 기대감에 기초한 뇌신경적(외측 시상하부 회로의) 탐구探求체계다. "이 조화롭게 작동하는 신경감정적 (탐구)체계는 인간들이 관심, 호기심, 탐구욕의 지속적 느낌들로 체험하는, 그리고 충분히 복잡한 피질의 현존 시에는 보다 고차적인 의미의 추적의 지속적 느낌으로 체험하는 많은 심적 복합성을 추동하고 활력화한다. 이 뇌 상태는 다른 모든 기본적 감정상태와 같이 시초에 내재적 인지 내용이 없을지라도 점차적으로 세계 안에서의 인과적 연결의 지각을 강화하게 하고 이럼으로써 관념을 창조한다. … 이 뇌 상태는 주변사건들 속의 상관관계를 인과성의 지각으로 번역하는 것으로 보이고, 그것은 '확증 편향(confirmation bias)'의 주요 원천, 즉 우리의 가설에 대한 증거를 선택적으로 탐구探求하는 성향의 주요원천일 것이다."230)

그러나 아들의 죽음과 이웃의 슬픔 사이에는 '반복'이 없으므로 의미들의 '연관'을 인과적·필연적 '연결'로 믿을 '근거'도 없다. 이웃과 아들은 추위와 수도관처럼 원래 별개인 것이 아니라, 오래 전부터 부자관계였다. 사람들 간에는 대개 가변적 친소·애증·이해·우적관계, 역시 가변적인 쾌락적·유희적·미학적·도덕적 판단, 도덕적·비도덕적 감정의 강약, 양 감정 간의 얽힘과 갈등, 성적 호오관계, 믿음과 약속 등이 있는 것이다. 따라서 아들의 죽음은 아비에게만 절절한 슬픔을 초래하고 이 아비를 이웃으로

---

230) Panksepp, *Affective Neuroscience*, 145쪽.

두지 않은 낯선 사람들 또는 이 아비를 싫어하거나 적대하는 사람들은 이 아들의 죽음과 아비의 슬픔의 소식을 들어도 그토록 절절히 또는 전혀 슬퍼하지 않는다. 즉, 이 죽음과 슬픔의 관계는 보편화될 수 없다. 또 아들의 죽음도, 아비의 슬픔도 반복되지 않는다. 이웃의 아들이 외아들이라면 두 번째 아들의 죽음이 있을 수 없을뿐더러, 작은아들이 있어 이 아들이 또 죽더라도 이것은 반복적 죽음이 아니다. 두 아이들이 다른 아들이기 때문이고, 또 두 아들의 죽음은 '쌍초상', '줄초상'으로 달리 이해되어, 작은아들의 죽음은 이웃에게 큰아들의 죽음보다 더욱 절망적인 슬픔을 초래할 것이기 때문이다. 어떤 아비가 50명의 아들이 있어 이 중 십수 명의 아들을 잃더라도 이 십수 명의 아들의 죽음을 반복으로 느끼는 것이 아니라, 전대미문의 유일무이한 사건으로 느끼고 졸도할 것이다. 아킬레스에게 50명의 왕자 중 13명을 잃은 트로이의 왕 프리아모스가 이런 천벌의 불행을 겪지 않았던가! 이런 죽음과 이런 천벌적 비극은 역사상 한 번도 반복되지 않았고, 그렇기 때문에 지금도 기억되고 있는 것이다. 역사적 사건에는 강추위 속의 수도관 동파와 같은, 시공을 초월한 반복이 없다.

또는 부자관계가 아들마다 다 다르기 때문에, 가령 이웃 아비가 작은아들을 더 끔찍이 사랑한다면, 이 아들의 죽음은 이웃 아비에게 먼저 죽은 큰아들의 죽음보다 더 큰 슬픔을 야기할 것이다. 또한 유사한 일이 다른 사람에게는 각기 다른 감정적 의미를 가져올 수 있다. 이웃은 그가 누구냐 또는 어떤 감정상태에 있느냐에 따라 사랑하는 자식의 죽음에 통곡하지 않고 그 슬픔을 드러내지 않고 마음속에서 통감할 수도 있고, 소리 없는 피눈물로 대신할 수도 있고, 절망한 나머지 정신을 잃고 아무런 슬픔을 느끼지 않을 수도 있고, 미쳐버릴 수도 있고, 원수 같은 망나니 아들의 죽음이라서 속 시원해 할 수도 있기 때문이다. 즉, 이웃의 인간적 기질과 감수성, 4대 평가감각, 감정상태와 도덕감정, 사회적 감정관계와 친소관계, 인격, 연령과 경험, 지혜로움과 우둔함, 현명과 불초 등 셀 수 없는 감정적 의미연관들에 따라 자식의 죽음과 연관된 이웃의 행위에는 여러 가지 무정형의 자발적·품성적·도덕적 선택성과 의표의 개성적 다양성이 있는 것이다. 이것은 위로행위의 경우에도 마찬가지다. 즉, 아들의 죽음도, 슬픔도, 동정심도 결코 유사한 형태로 반복되지 않는다. 상실된 사랑, 통곡, 위로행위는 모두 반복 없이 일회적이고 유일무이하다. 또 상실된 사랑은 저 강추위가 동파를 야기할 힘을 가진 것처럼 통곡을 야기할 '힘'이 없고, 통곡은 위로를 야기할 '힘'이 없다. 따라서 상실된 사랑, 통곡, 위로행위는 필연적 관계에 있지 않다. 그럼에도 이 3자의 관계는 인간적 감정연관의 매트릭스 안에 들어 있기 때문에 공감적으로 이해 가능하다. 여기서 통곡행위와 위로행위는 '필연성'으로 연결된 것이 아니라, 행위자들의 '심적 자발성(쾌통·재미·미추·시비판단, 타고난 생물학적 성격과 변하는 습관적 성품, 상이한 의욕·결심·경향 등)', 감정상태, '친소·이해利害·호오·우적관계'에 입각한 자유선택적 친화관계에 있다. 말하자면 통곡과 위로는 '연결된' 필연적 행위들이 아니라, 선택적으로 '연관된' 자유행위들이다. 통곡과 위로는 행위의 물적 토대가 말려들어 있는 필연적 인과관계를 초월적으로 제압한, 또는 자의自意로 활용한 자유선택적 행위들이다. 가령 음료수를 챙겨주며 위로의 말을 건네는 위로행위는 동정심을 일으키는 변연계의 발화, 이웃을 찾아가는 발과 몸의 동작, 음료수의 존재, 음료수를 옮기는 손의 근육운동, 위로하는 말의 목소리와 음운을 만드는 성대와 입의 작동 등의 인과적 작동이 자아의 의지에 전적으로 순종하는 것을 전제하는 행위이기 때문이다. 따라서 저 상실된 사랑, 통곡, 위로의 연관에 대해서는 이 행위들의 연관적 발생이 반복되는 상황을 상상할 수 없다. 그러므로 관찰자에게 결코 이 '연관'을 '연결'로 느낄 '습관적' 믿음, 즉 '인과적 필연성'의 인상이 형성되지 않는다. 의미들은 필연적 인과관계가 아니라, 이 인과성을 초월한 자유선택적 '연관'관계에 들어 있을 뿐이다.

물론 감정 중에서도 가장 강렬한 감정인 도덕감정, 이 도덕감정 중에서도 특히 '정언적인' 정체성도덕의 도덕감정들(측은·수오·공경지심 및 근친상간금기)과 정언적 생존도덕의 도덕감정들(상호성·호혜성, 침략군사살 의무, 이기적 정의감, 신체·음식·성性의 정결·부정감정 등)은 인과적 필연성과 '유사한' 의무성을 산출할 수 있다. 이 도덕감정이 강렬하면 강렬할수록 의무도 무거워진다. 특히 동정심(측은지심)과 사랑은 방치하면 죽음에 이를 연약한 자기 아이에 대한 부모의 모성애와 부성애, 노약한 부모에 대한 자식의 효성, 그리고 가까운 사람들과 자기 공동체에 대한 친애와 애국심에서 정점에 달하고, 정의감(수오지심)은 자기가 중시하는 사람들과 자기 공동체 구성원에 대해서 고조되고, 공경심은 자기의 상관과 자기집단의 수장에 대해서 가장 강렬해진다. 따라서 이런 특별한 관계의 경우에 저 정언적 도덕감정들과 도덕적 의무들은 '법적' 의무로까지 고양된다. 이 법적 의무가 단지 행동을 강요하는 힘의 강렬성의 측면에서만 보면 저 '필연성'과 비교될 법한 수준에 있을 것이다.

칸트는 '도덕적·법적 의무성'과 자연법칙의 '인과적 필연성' 간의 '비유'의 유혹에 빠져 '자연법칙과 도덕법칙의 동일성'을 입론한다. "자연의 어떤 사물이든 법칙에 따라 작용한다. 오로지 이성적 존재만이 법칙의 관념에 따라, 즉 원칙에 따라 행동할 능력을, 또는 의지를 갖는다."231) 따라서 도덕적 '의무'는 필연성이다. "의무는 법칙의 존경에서 비롯되는 행위 필연성이다."232) 칸트는 심지어 '도덕적 의무와 인과적 필연성의 통합'을 운위한다.

---

231) Immanuel Kant, *Grundlegung zur Metaphysik der Sitten* [1785·1786], BA36쪽. *Kant Werke*, Bd.6, Erster Teil (Darmstadt: Wissenschaftliche Buchgesellschaft, 1983).
232) Kant, *Grundlegung zur Metaphysik der Sitten*, BA14쪽.

자유로서의 인과작용성과 자연메커니즘(본성메커니즘)으로서의 인과작용성의 통합은 — 이 중 첫 번째 것은 도덕법칙을 통해, 두 번째 것은 자연법칙(본성법칙)을 통해, 그것도 동일한 주체, 즉 인간 속에서 확실히 존재하는데 — 이 인간을 첫 번째 법칙과의 관계 속에서 본질 자체(Wesen an sich selbst)로, 두 번째 것과 관련해서는 현상으로, 전자를 순수한 의식 속에서, 후자를 경험적 의식 속에서 관념함이 없이 불가능하다. 이렇게 하지 않으면 이성의 자기모순은 불가피하다.[233]

그러나 '비유'는 '비유'일 뿐이다. 도덕의무의 수행에는 예외 없는 반복이 존재하지 않고, 따라서 인과적 필연성에 대한 습관적 믿음의 근거도 없다. 왜냐하면 특정한 도덕적, 법적 의무도 궁극적으로 저 정언적 도덕감정들에 근거하는 한에서 도덕감정들 간의 주도권 갈등에 의해 폐기될 수도 있고, 욕심·격노·공포 등의 비도덕적 감정에 의해 태만해지거나 무력화되거나 전복당할 때도 있기 때문이다. 의무의 폐기, 무력화, 전복의 이유들을 따져보자.

첫째, 평시인지 위기시인지에 따라 생존도덕적 의무(가령 침략자격퇴 의무)와 정체성도덕적 의무(보편적 살인금지)는 서로를 번갈아 밀어내고 주도권을 잡을 수 있다.

둘째, 자아가 도덕적 비난을 의식적으로 무릅쓰고 비도덕적 감정들에 따른 선택지를 치켜들 수 있다. 동정심은 탐욕에 의해, 정의감은 격노에 의해, 침략군살해 의무와 용기는 공포심에 의해 무력화되기 쉽다. 동정과 정의의 포기, 침략군의 비겁한 방치 등은 비록 부도덕하지만 자아가 이 부도덕성 비난과 양심의 가책을 무릅쓴다면 자아의 자유선택에 속하는 것이다.

---

233) Kant, *Kritik der praktischen Vernunft*, Vorrede, A7~8쪽.

셋째, 같은 정체성도덕 안에서도 사랑, 정의감, 공경심의 세 정언적 도덕감정들에 기초한 의무들이 상호 갈등하는 경우가 있다. 신파조로 말하면 사랑을 택하자니 정의가 울고, 정의를 택하자니 충성이 운다. 이 경우에 선택은 자아의 자유로운 결단에 좌우된다. 이 중 어떤 것을 택해도 그 선택이 적어도 완전히 부도덕한 것은 아니다. 그러나 수행되지 못한 다른 쪽의 도덕행위를 이행하지 못한 것을 안타깝게 여기는 도덕적 불만족은 당연히 따라다닌다. 반면, 추운 겨울날 수도관을 감싼 볏짚 때문에 수도관이 동파되지 않을 수도 있는데, 그렇더라도 동冬장군은 이에 대해 불만을 품지 않을 것이다.

넷째, 정언적 도덕감정을 베풀 대상자들이 복수라서, 또는 이 대상자들끼리 이해관계가 적대적이라서 특정한 도덕감정의 발휘가 갈등에 빠지는 경우가 있다. 가령 어린 자식에 대한 부모의 정언적 사랑과 동정심에 기초한 자식부양 의무조차도 어린 자식이 여러 명이면 갈등에 처하는 까닭에 부모는 우선순위에 따라 선택과 차별을 한다. 그리하여 상술했듯이 끔찍이 사랑하는 자식이 있고 그렇지 않은 자식이 있는 것이다. 자식에 대한 사랑과 동정심의 이런 차별로 인해 부모는 사랑을 받아야 하는 자식들이 많고 장차 서로 으르렁댈 것 같은 경우에 미리 극단적 선택, 즉 영아유기와 유아살해의 선택을 하기도 하는 것이다. 정의감도 이 덕성을 베풀어야 할 대상자들이 다양하고 게다가 이 대상자들이 서로 적대하는 경우에 자아의 선호에 따라 이들 중 특정대상자를 선택하게 된다. 이 선택은 특정대상자의 '안전'과 '행복'을 지향한다. 또한 가령 상관에 대한 의무적 공경도 상관이 여러 명이면 선택적이고, 국가원수와 조국에 대한 '절대의무적' 충성조차도 조국이 바뀐다면, 즉 조국이 독재국가가 되거나 부패한다면, 또는 자아가 이민을 떠난다면 선택적이 된다. 따라서 이 모든 도덕적 갈등상황에서는 어떤 선택도 부도덕하지 않을 수 있다. 따라서 도덕적 의무도 결코 인과적 필연성과 닮지 않았고, 본질적으로 선택적인 것이다.

다섯째, 인간은 어떤 이유에서든 처벌과 가책의 내외제재를 '감수'하고 자유의사(自意)로 도덕의무에 순종하지 않을 수 있다. 그러나 자연필연성은 외부요인의 개입이 없다면 불발할 수 없고, 외부요인의 개입으로 불발할 시에도 처벌과 가책의 제재가 따르지 않는다.

따라서 칸트도 스스로 도덕법칙적 필연성을 자연법칙적 필연성과 동일시하는 자신의 입장에 대한 인간의 현실적 의지의 도전을 이렇게 슬그머니 인정한다.

> 이성이 의지를 완전무결하게 결정한다면, 객관적으로 필연적인 것으로 인식되는 이러한 존재의 행위들은 주관적으로도 필연적이다. 즉, 의지는 이성이 성향과 무관하게 실천적 필연성으로 인식하는, 즉 선善으로 인식하는 것만을 선택할 능력이다. 그러나 이성이 그 자체만으로 의지를 충분히 결정하지 않는다면, 이 의지는 객관적 조건들과 항상 일치하는 것이 아닌 주관적 조건들(모종의 동기들)에 아직도 굴복해 있다. 한마디로, 의지는 (현실적으로 사람에게서 그렇듯이) 그 자체로서 이성에 전적으로 적합한 것은 아니다. 그래서 객관적으로 필연으로 인식되는 행위들은 주관적으로 우연한 것이고, 객관적 법률에 따른 이러한 의지의 결정은 강제다.[234]

칸트가 여기서 자연법칙의 인과적 필연성과 동일시한 '이성'의 법칙적 필연성마저 포기한 것은 아니지만, 의지를 현실적으로 "모종의 동기", 즉 감정과 욕구의 '자의自意'를 따르는 것으로 규정하고 있다. 따라서 칸트가 자기 입으로 '도덕적 당위'를 "일어나야 하지만 결코 일어나지 않을 수도 있는 것"으로 정의하듯이, 도덕영역에서는 도덕적 행위들의 상관관계가 반복 없는 '자의'를 따를 수 있기 때문에 인과적 필연성에 대한 습관적

---

234) Kant, *Grundlegung zur Metaphysik der Sitten*, BA36-7쪽.

믿음이 생길 근거가 존재하지 않는다. 그럼에도 자기모순적으로 칸트는 의지를 '강제'로 장악한 '순수한' 실천이성 차원에서 도덕적 의무를 자연법칙적인 인과적 필연성과 동일시하여 양자를 구별하지 않고, 이럼으로써 단순한 도덕적 '상관관계'를 '필연적 인과관계'로, '연관'을 '연결'로 과장한다. 이 점에서 칸트는 '사람을 괴롭혀서는 아니 된다'는 '도덕적 규칙'을 '엄동설한에 외투를 입지 않고 외출해서는 아니 된다'는 '인과적, 관행적 행동수칙'과 구별하지 못하는 사이코패스를 닮았다. 도덕적 '연관관계'를 필연적 '인과관계'로 과장하는 이 성벽을 팽크셉은 정동적情動的 탐구체계의 과잉활동성 장애로 해석한다.

> 이 동일한 탐구체계들은 우리에게 세계에 능동적으로 관여하고 우리의 다양한 환경으로부터 의미를 추출하고 싶은 충동을 준다. 이 체계들이 과잉활동적일 때, 우리의 상상력은 현실의 제약조건을 초탈한다. 우리는 단지 상관관계(correlations)만 존재할 뿐인 곳에서 인과성(causality)을 보기 시작한다. 이전 시대에 이러한 개인들은 아마 사회 안에서 예언자, 점쟁이, 무당, 또는 (푸에블로 인디언의 - 인용자) 신성한 광대로서 자리 잡았을 것이다. 그러나 이러한 사람의 환상이 제한된 정도면, 또는 지나치게 야릇하다 싶은 정도면, 이 사람은 아마 단순히 기이하다고 여겨졌을 것이다. 오늘날 우리는 이보다 더 심각하게 손상당한 많은 개인들을 정신분열증자 또는 광인(또는 정신병의 다른 변종들 중의 하나)이라고 부른다.[235]

인간들 간의 도덕적 의무관계는 필연적 관계가 아니라 당위적 상관관계다. 이 당위성을 필연적 인과성으로 과장하는 자는 "단지 상관관계만 존재하는 곳에서 인과성을 보는" 자로서 유사사건의 '반복'이라는 근거도 없이 뇌신경적 탐구욕의 과잉활동성에서 호기심과 기대감에 들떠 '연관'

---

235) Panksepp, *Affective Neuroscience*, 145쪽.

을 '연결'로 믿는 정신병자다. 이런 정신병자가 아니라면, 그는 도덕적 의무를 불이행하고도 이것을 '엄동설한에 외투를 입지 않고 외출하는' 반칙과 동일시하고 아무런 안타까움이나 가책도 느끼지 않는 자, 즉 사이코패스다!

"객관적 법률에 따른 의지의 결정은 강제다". 이 강제에 의해 강요되는 도덕적 억지행동은 '엄동설한에 옷을 따뜻하게 입는 것'처럼 인간에게 인과적 자연필연성으로 '작동'할 것이다. 그러나 도덕적 의무의 순수한 당위성에 입각한 자발적 행동과, 강제의 인과적 필연성에 기인한 억지행동 간의 차이는 어떤 사정으로 이 행동이 불발했을 때 이 불발에 대해 보이는 행위자의 감정에서 확연히 드러난다. 그래서 공자는 안인安仁(인자의 자발적 인), 이인利仁(지자의 이기적 인), 강인强仁(외죄자畏罪者의 강제된 인) 간의 차이와 관련하여 갈파하기를, "인에는 세 가지가 있는데, 세 가지 인은 효과가 같지만 감정이 다르다. 인들이 똑같이 효과를 낼 때면 그 인들은 식별할 수 없다. 하지만 세 가지 인이 똑같이 실패한 뒤에는 그 인들을 식별할 수 있다(子曰 仁有三 與仁同功而異情. 與仁同功 其仁未可知也. 與仁同過 然後 其仁可知也)"라고 했던 것이다.236) 안인자安仁者는 실패를 안타까워하고, 이인자利仁者는 손실로 느끼고, 강인자强仁者는 '해방'으로 느낄 것이기 때문이다. '정형政刑'의 비인간적 역효과와 사람의 공감적 모방능력에 주목한 공자는 '정형'을 멀리하고 안인자의 수범적 덕치로 이 차이를 메우려고 한다. 반면, 칸트는 '정형'의 강제로 협박하고 있다.

종합하면, 인과성이 속성들의 사건적 연결에 대한 습관적 믿음에 근거하기 때문에 속성관념들의 '인과관계'는 '속성적인 것'이 아니라 본질적으로 '감정적인 것'이다. 이 믿음의 감정이 간뇌의 시상하부(여러 자율신경 조절체계 부위)를 관통하는 뇌신경적 본능의 '탐구探求체계'에서 생겨나는

---

236) 『禮記』「表記 第三十二」.

일종의 조건반사적 '과잉기대'이기 때문에 '감정'으로 느껴지지 않을 뿐이다. 그러나 강추위와 수도관 동파의 '연결'에 대한 습관적 믿음이 전제되면 우리는 강추위로부터 수도관 동파를 조건반사적으로 '예감'할 것이다. 속성들 간의 이 인과관계는 '매우' 필연적이고, 보편적이고, 따라서 예견적(predictive)이다. 반면, 법적 의무를 포함한 '의미연관'은 필연성으로부터 자유롭게 '매우' 선택적이고, 따라서 늘 얼마간은 의표성意表性을 포함한다. 도덕행위를 포함한 모든 사회적 행위는 독특한 인격적 자아들의 성향과 자질, 자발성과 결심, 친소관계와 감정상태, 도덕감정·판단감각(쾌통·재미·미추·시비감각)·평가감정의 존부와 강약에 따르거나 이 자아들이 의욕하는 목표와 방향에 따르기 때문이다.

김연아 선수의 예를 다시 들자면, 부당판정에 대한 이 선수의 대응은 감정적, 공리적, 유희적, 미학적, 도덕적 판단에 따라 선택지가 무수하게 있을 수 있고, 가령 도덕적 선택지를 선택한 경우에도 의로운 항의, 금메달을 절실히 필요로 하는 주최국의 심정을 고려한 관대한 또는 대범한 감수, 경멸, 무시 등 여러 가지가 있을 수 있다. 김연아 선수는 금메달을 절실히 원하는 쪽에서 금메달을 갖는 것이 좋다는 양보와 배려의 관점에서 결과를 대범하게 감수한다는 '의표의 대응'을 했다. 어떤 경우든 김 선수의 인격적 존재감에서 표출되는 자율적 선택은 김 선수가 어떤 선택지를 택할지를 인과적으로 설명할 수도, 예측할 수도 없지만, 일단 선택되면 어떤 의표의 선택도 누구나 인간적 제諸감정의 연관 틀 안에서 직관적으로 이해할 수 있다. 따라서 예측할 수 없지만 이해할 수 있는 이 '의표의, 또는 뜻밖의 자유로운 의미선택'은 저 인과적 필연성과 합치될 수 없는 것이다. 인과적 필연성은 결과에 대한 예측을 줄 수 있지만, 이해할 수 없기 때문이다. 따라서 공감적 해석학에 기초한 해석적 인간과학은 사건의 설명·예측에 관심을 두는 자연과학과 달리 행위와 의미표현물들의 의표적 의미의 '적중한' 이해에 관심을 둔다. 따라서 인간사회에 대한 어떤 이론이 불완전하다면 그 불완전성은 우선 설명의 예측적 확실성의 결여에 있는 것이 아니라, 사건들의 연발과 연관을 이해할 수 있게 만드는 해석의 의미평가적 '적중성'의 결여에 있는 것이다.

사회적·역사적 행위에 반복이 없고 모든 행위가 시공을 초월할 수 없고 일회적이고 얼마간 의표적이라면, 사회적 행위와 사회의 '법칙'을 논하는 것은 불가능할 것이다. 그렇다고 사회적 행위의 '이론'조차도 불가능한 것인가? 필자는 '법칙'이 없어도 '이론은 가능하다'고 답하고 싶다. '법칙'만이 이론을 가능케 하는 것이 아니라, 인간적 제諸감정의 연관 틀을 벗어나지 않는 몇몇 '경향들'의 발견과 체계적 서술은 이론을 가능케 하기 때문이다. '경향들'의 발견은 사회와 역사에서도 얼마든지 가능하다. 상론한 대로 우리가 공간적·지리적 격차와 원근에도 불구하고 다른 문화와 사회를 인간본성의 보편성을 바탕으로 이해할 수 있다면, 이전 시대에도 우리와 유사한 보편적 인간본성을 가진 사람들이 살고 행동한 한에서 우리는 오랜 시간적 격차에도 불구하고 이전의 역사시대를 이해할 수 있고, 이 이해를 바탕으로 장기적인 역사적 사회변동과 발전 속에서 인간본성에 의해 규정되는 일정한 경향들을 발견하고 이 경향을 체계적으로 서술하여 이론화할 수 있다. 이 일정한 경향들은 가령 심각한 공리적 활동, 심각하지 않지만 열광적이고 진지한 유희와 특정 유희의 유행·전파·계승, 진지하고 열정적인 예술활동과 특정한 예술사조, 그리고 그 오래 가는 영향, 어디서나 신성한 국방의무, 악덕과 침략전쟁에 대한 대중적 적개심과 규탄, 이 적개심의 전승, 도덕적 사필귀정, 이를 촉진하는 인애와 정의의 법제도, 종교적 감화와 광신 경향 등을 들 수 있다. "역사적 과정들은 무한히 가지가지 상이하지만", 그래도 "우리는 이 과정들 간에 일정한 폭넓은 유사성을 추적할 수 있는 것이다."[237] 이것은 개인들의

---

237) Robert M. MacIver, *Social Causation* (New York: Harper & Row, Publishers,

미시적·단기적 행위 차원에서 의미연관이 아무리 비非반복적, 비非재생적, 의표적 자유선택이라고 할지라도 거시적·장기적 차원에서 보면 일정한 '경향들'이 '반드시' 존재한다는 것을 함의한다. 왜냐하면 개인들이 취할 자유로운 선택들은 인류보편적으로 공통된 감정들과 판단들의 본성적으로 한정된 연관 틀 안에 들어 있는 선택들이기 때문이다.

그렇다면 로버트 매키버가 주장하듯이 인과적 필연성과 사회적 경향성간의 차이는 '질적' 차이가 아니라 "정도의 차이", "양적 차이"에[238] 지나지 않는 것인가? 매키버의 주장이 옳다면, 사회적 경향성을 파악하는 해석학은 사회의 법칙적 필연성을 파악하는 실증주의적 인식론에 비해 '미성숙한' 방법이고, 해석학적 인간과학은 실증주의적 인간과학보다 '낙후한' 과학일 것이다. 그러나 필자는 단연코 그렇지 않다고, 아니 그 반대라고 생각한다.

'사회적 경향성'은 생존필연성을 초월한 자유로운 정체성도덕적·미학적·유희적 행위의 인간선택적 진화를 반영하고 이 '심각한' 도덕행위와 '진지하고' 또 '심각해진(전문·직업화된)' 예술·유희행위('예술을 위한 예술', '놀이를 위한 놀이')의 고차적 자유와 자유선택을 함의하는 반면, 실증주의자들이 유일하게 주목하는 사회의 '법칙적 필연성'은 인간의 생존(생명의 물리화학적 구조유지와 영양·생식·안전)과 이를 위한 공리적 행위(노동·경제활동)의 필연성, 이에 따른 자연선택적 진화의 소산인 생존도덕, 사회적 소외현상(가령 야만적 이윤·자본활동) 등을 반영한다. 그러므로 사회적 경향성의 해석은 필연성의 설명을 초월하는 고차적 과업이다. 그리고 평시에 모든 사회행위를 고차적·궁극적으로 평가·조절하는 것은 본성적 시비·미추·재미감각이다. 이것은 도덕·예술·유희행위와 이에 얽힌 모든 사회행위가

1942·1964), 257쪽.
238) MacIver, *Social Causation*, 259쪽.

거시적·장기적으로 생존과 물화로부터 자유로운 '사회적 경향성'을 좇는다는 것을 함의한다. 따라서 인간과학 차원에서 사회적 경향성을 해석하는 해석학은 '과학성' 면에서 자유선택에 대한 고려 없이 필연성만을 설명하는 실증주의적 인식론을 능가하고, 과학 대 과학의 비교 차원에서 인식론에 의해 보완된 해석학적 인간과학은 해석학에 의해 보완되어야 할 자연과학보다 결코 낙후하지 않은 것이다.

이런 까닭에 인과적 자연필연성과 사회적 경향성 간의 차이는 질적인 것이고, 경향성으로서의 사회적 유사성도 통계적 수량이 아니라, 질적인 것이다. 즉, 가령 특정 시대, 특정 전쟁을 지지하는 사람들의 통계적 머릿수가 사회과학적 경향성인 것이 아니라(그렇다고 이것이 사회과학적으로 중요치 않다는 말이 아니다), 유사한 '의미(이유)'에서 전쟁을 지지하는 사람들의 감정적·정서적 성향이 사회·인간과학이 중시해야 하는 바로 그 경향성인 것이다. 따라서 쿨리가 주장하듯이 사회통계는 반드시 공감적으로 이해되어야 한다. 순수한 통계적·계량적 접근은 가령 외국어의 어떤 특정 단어의 사용빈도수를 기록함으로써 외국어를 연구하려는 시도와 같은 짓이 될 것이다. 이런 접근은 외국어 연구에 무엇이 가장 중요한 것인지를 알 수 없게 만든다. 즉, 언어적 표현들이 특별한 사용맥락에서 인간본성적·감정적 의미를 가진다는 사실을 몰각하기 때문이다.[239]

따라서 거시적·장기적 차원에서는 인간 일반의 보편적 본성과 주어진 시대, 주어진 사회의 행위자의 선택지의 일정한 제한성이 교차·결합되면서 비교적 뚜렷한 '질적' 유사성을 갖는 '인간적 성향의 선호'로서의 '사회적 경향들'이 개인들의 자유선택의 의미연관들의 다양성을 뚫고 크고 작은 몇 갈래로 분화되어 나타나기 마련인 것이다. 이를 바탕으로 해석적 이론가는 설명적 이론과 질적으로 다를지라도 이 설명적 이론에 못지않

---

[239] 참조: Kögler & Stueber, "Introduction", 18쪽.

게 '객관적인' 해석적 이론을 거시적 차원에서 구축할 수 있다. 인간본성의 인류보편적 유사성과 인간정체성, 인간행동의 — 정체성에 기인한 — 보편적 제약성, 그리고 주어진 시대와 사회의 실천적 선택지의 제한성이 의미를 갖기 때문이다. 이에 관한 쿨리의 논의를 통해 밝혀졌듯이, 공감적 관찰의 정확성과 검증가능성이 인식적 관찰보다 덜하다고 해서 이것이 사회적 현상들의 '객관적' 이해와 '이론적' 해석지식의 역사적 발전과 누적을 가로막지 못한다. 이 발전과 누적은 인간적 경향성의 질적 차원을 점차 더욱 뚜렷하게 만들어준다. 결론적으로 개인들의 미시적·단기적 행위 차원에서 의미연관이 아무리 자유선택적, 의표적이더라도 거시적·장기적 차원에서 사회과학적·역사과학적 지식으로 누적할 수 있는 '객관적 이론 구성'이 충분히 가능한 것이다. 그리고 이 해석적 이론의 타당성은 시공적으로 보편적이고 영구적인 '인간과학적 해석공동체'의 '공감대' 또는 인간과학 분야의 공감적 만인관찰자의 '공감대'에 의해 얼마든지 시시각각 검증될 수 있다.

보통 의미연관은 관련된 의미들이 많더라도 대개 직관적으로 '해석'할 수 있다. 가령 결혼잔칫날 노래하는 가창행위는 사람의 결혼과 기쁨 간의 의미연관 및 이 기쁨과 노래 간의 의미연관에 의해 동기화된 사회적 행위다. 물론 이 행위는 더 많은 감정들과 연관될 수도 있다. 이 가창행위의 동기는 기쁨의 비도덕적 단순감정 외에 친애·공경심 등의 도덕적 감정도 담을 수 있다. 그러나 이 모든 감정을 우리는 교감 또는 공감에 의해 직관적으로 이해한다. '해석', 또는 — 옛 그리스어로 — '헤르메네이아(ἑρμηνεία)'는 이 비도덕적 의미(기쁨)와 도덕적 의미(친애와 공경심)의 연관을 직관적으로 이해하고 이 의미들이 다시 가창행위와 맺고 있는 연관을 직관적으로 이해하는 것이다. (연관된 의미들의 '앙상블'을 교감적·공감적으로 직관하거나, 주마등처럼 연상적으로 떠올려 서술한다.)

'해석'의 또 다른 측면은 가령 사람의 죽음을 애도하는 상징적 상례문화나 문상예법에 따른 상징행위와 상징적 언표를 이것들이 본래 지시하는 본성적 의미(슬픔, 친애, 공경심)로 환원하여 심층적으로 이해하는 것이다. 따라서 가령 로크를 도덕적 무정부주의자로 만든 결혼문화의 문명권적 차이도 얼마든지 해석학적으로 돌파될 수 있다. 이슬람율법에 따라 아내를 4명까지 맞는 것이 허용되는 이슬람의 일부다처제 결혼문화나 미국 몰몬교의 일부다처제, 아니 티베트 벽촌에 잔존하는 일처다부제도 나름대로 보편적으로 이해 가능한 이유와 의미가 있다는 말이다. 왜냐하면 일부다처제나 일처다부제에서도 일부일처제 문화와 마찬가지로 부부의 진실한 사랑과 혼인의 순결성, 그리고 부부의 권리와 의무, 자식부양 의무 등이 엄수되는 것이 법적, 종교적, 도덕적으로 분명히 확인되기 때문이다. 또한 일부다처제, 일처다부제의 역사적 도입도 끊임없는 전쟁, 청년들의 대량전몰과 항구적 여초현상(일처다부제의 경우에는 원인을 알 수 없는 항구적 남초현상), 그리고 자식 딸린 미망인의 지속적 대량발생으로 인해 남녀성비의 심각한 파괴와 처자부양의 사회문제에 직면한 비상한 사회상황에 대한 계시종교적, 사회복지정책적 긴급조치로 해석될 수 있기 때문이다. 이렇게 해석하면, 일부다처제나 일처다부제도 상황에 따라 결코 '야만'이 아니라, 궁경에서 만들어낸 일종의 '덕목'임을 알 수 있다. 일부다처제도 구체적 사회상황에서 시행되는 한에서 인간의 본성적 의미(청상과부들의 최소한의 성적 쾌락의 보장과 남성적 사랑자원의 균등한 할당, 아내 없는 남성과 미망인들의 사회적 유대의 복원, 청상과부와 자식의 양육과 부양, 온정적 남성우위 등)로 환원하여 이해할 수 있다는 말이다. 또한 우리는 이런 방식으로 티베트 벽촌의 일처다부제도 공감적으로 이해할 수 있을 것이다. 또한 평화가 오늘날처럼 길어지면 항구적 남초현상으로 인해 일처다부제가 도입되지는 않을지라도 '모정적 여권'이 크게 신장되어 장차 — '페미니즘적' 여성우위가 아니라 — '모정적' 모성우위의 대동시대가 도래할 가능성도 내다볼 수 있다. 이런 사회과학적(인간과학적) 이론의 타당성은 보편적인 '인간과학적 해석공동체'의 범인류적 '공감대'에 의해 검증된다.

그러나 사회적 행위와 그 표현물들의 감정적 의미들이 항상 교감적·공감적 직관에 의해 이해될 수 있는 형태로 드러나는 것은 아니다. 왜냐하면,

1) 자아들의 존재와 어떤 사회적 행위는 본성적 충동, 전통, 습관 등 무의식적 요인에 근거할 수 있기 때문이다.
2) 한 자아의 존재와 하나의 행위가 여러 의미들의 '갈등적' 연관 속에 들어있을 수 있기 때문이다.
3) 자아들의 존재와 어떤 사회적 행위는 소외된 구조 속에서 저 '목적합리적 행위'처럼 친숙하지만 물화된 형태로 벌어질 수 있기 때문이다.
4) 자아들의 존재와 어떤 사회적 행위는 그 본성적 감정의미가 그로테스크하거나 미개한 문화적·상징적 행위와 상징적 기표에 의해 구겨져서 본성적 의미연관이 가려질 수 있기 때문이다.
5) 자아들의 존재와 행위는 감정적 의미연관들이 종종 행위자 자신에게 오해되거나 은폐되고 때로 억압되고 착종되고 왜곡된 낯선 형태로, 또는 매개된 간접적 형태로 나타날 수 있기 때문이다.
6) 자아들의 존재와 사회적 행위는 오래전에 지나간, 따라서 기록조각, 글, 흔적(유물과 유적)으로만 전해지고 탐지되는 역사적 행위로 변할 수 있기 때문이다. 이러면 이 역사적 행위의 맥락과 배경이 오래전에 사라져서 행위의 의미연관은 이미 퇴색하거나 파괴되어 직관적 해석이 불가능할 것이다.
7) 자아들의 존재와 사회적 행위는 현재적으로 사용되는 유무형의 문서, 기록, 기념물, 상징물, 법률, 제도 등의 문화사회적 생산물이나 시문, 소설, 연극, 음악 등의 상징적 예술작품을 창작할 수 있기 때문이다. 이 문화·사회적 생산물과 예술작품들의 상징적 표현들에 담긴 인간본성적 의미는 그 의미연관과 의미맥락의 '지나친 복잡성' 때문에 직관적으로 단순하게 이해·해석할 수 없다.

따라서 이 일곱 가지 경우에 무의식적 의미를 드러내고, 뒤엉킨 의미갈등이나 복잡한 의미연관들을 분해하여 일목요연하게 만들거나, 은폐되고 왜곡되고 파괴된 의미맥락들을 분해하고 보완하여 다시 직관적으로 해석 가능한 의미연관으로 재구성하고, 소외되고 착종되고 억압된 의미연관들을 직관 가능한 본성적 의미연관으로 해방하여 직관적 이해와 단순한 해석에 의해 검증하고 정리하는 분석·검증·종합작업, 즉 '특별한' 유형의 해석작업이 필수적이다.

따라서 필자는 해석 개념을 둘로 나누어, 사회적 행위의 직관 가능한 '의미연관'에 대한 교감적·공감적 이해를 '단순한 해석'으로 정의하고, 가려지고 구겨지고 물화된 의미연관들까지 지성적 사유작용에 의해 분해하고 재구성하여 본성적 의미연관에 따라 직관할 수 있도록 의식 속으로 일목요연하게 드러내어 이해하는 기법의 비판적 종합작업을 '분석적 해석'으로 정의한다. 여기서 '분석'은 직관적으로 이해되지 않는 의미연관을 분해하여 직관 가능한 의미연관으로 재구성하는 기법을 뜻한다. 의도되지 않는 충동적 감정이나 오해, 물화와 물신성, 병리적 의식왜곡이나 체계적 허위의식(이데올로기) 등에 의해 감춰진 무의식적 의미도 의식적 의미와 마찬가지로 이러한 분석과정을 거쳐 일관되게 '해석'될 수 있다. 여기에는 '설명'의 어떤 도움도 필요 없다.

교감적·공감적 직관의 이해를 가능케 하는 행위나 말의 원초적 '이해'나 '단순한 해석'과 구별되는 필자의 이런 '분석적 해석' 개념의 맹아는 해석학의 시조들인 클라데니우스(Chladenius), 슐라이어마허, 딜타이 등에게서도 찾아볼 수 있다. 이들을 훑어보면 해석학의 창시 당시부터 '이해'와 '해석'은 구별되었다. 이때 '이해'와 차별되는 '해석'은 필자의 '분석적 해석'과 거의 같은 의미다. 가다머에 의하면, "클라데니우스에게 이해와 해석은 동일한 것이 아니다. 그에게는 어떤 구절의 해석필요성이 특별한 경우라는 것, 그리고 일반적으로 구절 속에 다루어지는 사실을 아는 한에서

(...) 이 구절을 직접적으로 이해한다는 것은 완전히 분명하다." 따라서 클라데니우스는 "인간의 모든 책과 말이 이해할 수 없는 어떤 것 – 즉, 사실적 통찰의 부족으로 어두운 측면들 – 을 지니고 있기 때문에 올바른 해석이 필요하다"고 생각했다는 것이다.240) 클라데니우스의 이런 해석 개념과 배치되지 않게 슐라이어마허는 이해에는 '기술(Kunst)'이 필요하다고 보고, 해석학을 "이해의 기술론(Kunstlehre des Verstehens)" 또는 "이해의 기술(Kunst des Verstehens)"이라고 부른다.241) 그리고 그는 텍스트 속으로 "보다 고차적인 비판의 원리, 즉 이해의 완전한 기술, 분석적 재구성의 기술"을 "투입해야" 한다고 주장한다.242) 해석기법을 '분석적 재구성의 기술'로 보는 이 개념규정은 필자의 '분석적 해석'의 개념과 꼭 닮았다. 이를 계승하여 딜타이는 "낯선 것과 지난 것"을 재현하고 대리체험하여 이해하는 "개인적 천재성"을 "역사의식의 발전과 더불어 발전하는 "기술(Technik)"로 규정하면서, "해석"을 "고정된 생生표현들"의 "기술적 이해"로 정의한다.243) 딜타이의 이 '기술적 이해'로서의 해석 개념도 필자의 '분석적 해석'과 가까운 개념이다. 또 오늘날 테일러의 '해석' 개념도 필자

---

240) Chladenius, Einleitung zur richtigen Auslegung vernünftiger Reden und Schriften (1742), §648, §682. Hans Georg Gadamer, *Wahrheit und Methode: Grundzüge einer philosophischen Hermeneutik*, 186쪽, 187쪽. Hans-Georg Gadamer, *Gesammelte Werke*, Bd. 1, *Hermeneutik I* (Tübingen: J. C. B. Mohr, 1960·1986).

241) Friedrich E. D. Schleiermacher, *Hermeneutik* (Heidelberg: Carl Winter· Universitätsverlag, 1959), 55쪽.

242) W. Gass (ed.), Friedrich Schleiermacher's *Briefwechsel mit J. Chr. Gass* (Berlin: 1959), 6쪽. Roger Hausherr, "Three Major Originators of the Concept of Verstehehen: Voco, Herder, and Schleimacher", 58쪽에서 재인용. Anthony O'Hear (ed.), *Verstehen and Humane Understanding* (Cambridge: Cambridge University Press, 1996).

243) Wilhelm Dilthey, *Der Aufbau der geschichtlichen Welt in den Geisteswissenschaften*, [1910], 216-217쪽. Wilhelm Dilthey, *Gesammelte Schriften*, Bd.7 (Stuttgart: Teubner, 1965).

의 '분석적 해석' 개념에 근접한다. "해석학에 중요한 의미에서의 해석은 연구대상을 명백하게 하려는, 즉 의미 있게 만들려는 시도다. 그러므로 이 대상은 어떤 식으론가 혼돈되고 불완전하고 흐릿하고 모순되게 보이는, 이러저런 방식으로 불명확한 텍스트이거나 텍스트 유사물이어야 한다. 해석은 근저에 놓인 일관성이나 의미를 밝히는 것이다. 이것은 확장된 의미에서도 '해석학적'이라고 불릴 수 있는 어떤 과학이든 혼돈스럽게 서로 얽힌 이런저런 의미 형태들을 다루어야 한다는 것을 뜻한다."[244] 이해할 수 없음, 어두운 측면, 혼돈, 불완전, 흐릿함, 모순, 불명확성으로 특징되어지는 텍스트로서의 해석대상들은 거의 필자의 저 일곱 범주를 벗어나지 않는 것들이다. 이런 의미에서 '이해'와 '해석'은 혼용되어서는 아니 될 것이다.

상술한 대로 '분석적 해석'은 의식적으로 의도된 의미행위만이 아니라, 의도적 의미가 감춰진 무의식적 행위들도 '설명'의 도움 없이 충분히 해석해낼 수 있다. 그러나 아펠은 해석적 사회과학이 행위자의 이해를 넘어가는 의도되지 않은 결과나, 행위와 해석의 전체적 틀에 영향을 미치는 자기오해와 체계적 왜곡을 단독으로 다룰 수 없고 '설명'의 도움을 필요로 한다고 생각한다. 그는 심리적 질환을 심신약화로 인한 자기오해의 사례로 지적한다. 이 경우에 개인들은 자기 자신과 자신들의 행위에 관해 적절한 해명을 제시할 수 없다. 사실, 그들이 이것을 하려고 시도하는 데서 그들이 도입하는 바로 그 어휘들이 문제의 일부다. 아펠에 의하면, 이때 치료사는 병리적 행위와 해석에 쓰이는 언어를 둘 다 제약하는 승인되지 않은 요소들을 밝히기 위해 환자가 자신에 관해 묘사하는 진술의 배후를 보아야 한다. 따라서 아펠은 행위의 '실제적' 의미를 해독하는 것은 '단순한 해석 이상의 것', 즉 '해석과 설명의 결합'을 요구한다고 주장한다.

---

244) Taylor, "Interpretation and the Science of Man", 101쪽.

행위는 행위자가 도입하는 어휘들로 이해될 수 없기 때문에 이해나 해석은 행위와 이 행위의 해석에 영향을 미치는 무의식적 요소들의 설명과 결합되어야 한다는 말이다.245) 간단히, "병리적 한계 사례"는 "이해를 포기하고 자연과학의 노선에 따른 인과적 설명이나 진단상 중요한 일반화를 채택해야 하는 경우"라는 것이다.246) 이런 '병리적 한계사례들'에 대한 이해는 설명의 도움으로 '교정'되어야 한다는 말이다.

그러나 필자는 교감·공감능력을 가진 인간이라면 '의미 있는' 행동을 수행하지 못하는, 따라서 '해석'도, '설명'도 할 수 없는 미치광이 수준의 정신병자를 제외한 우울증과 같은 심리적 질환을 앓는 정신질환자들의 행위도 '설명의 도움' 없이 '분석적 해석'에 의해 공감적으로 이해할 수 있고, 또 오직 이 분석적 해석을 통해서만 그 행위의미를 정확하게 알 수 있다고 주장한다. 거짓말쟁이가 쓰는 말을 중시하는 것이 아니라 감정상태를 드러내는 표정과 태도를 교감적·공감적으로 파악하여 거짓말쟁이의 거짓말을 폭로할 수 있는 공감적 해석자는 정신질환자가 쓰는 '어휘들'과 말을 제치고 이 정신질환자의 감정상태를 교감적으로 인지하여 거꾸로 그의 언행의 의미를 공감적으로 분석·해석해낼 수 있다. 가령 고층건물에서 뛰어내리려는 우울증 환자의 자살기도는 '우울증'과 '뛰어내리는 행동' 간의 인과관계로 '설명'하면 아무것도 밝힐 수 없다. '우울증 때문에 뛰어내리려 했다'는 '설명'은 거의 동어반복에 지나지 않기 때문이다. 그러나 우리가 환자의 일상적 표정과 반복적 행동 또는 긴 침묵에 대한 교감적·공감적 이해와 '분석적 해석'을 통해 '생에 대해 절망감과 무의미를 지속적으로 느낀다'는 우울증의 감정상태를 드러내 — 공감적으로 '실감'하지 못하더라도 — 교감적으로 인지한다면, 우리는 생을 무의미하게 느

---

245) Apel, *Understanding and Explanation*, 212-216쪽.
246) Apel, *Understanding and Explanation*, 21쪽.

끼는 그의 절망적 감정상태와 '뛰어내리는 행동' 간의 의미연관을 교감적·공감적으로 '이해'할 수 있다. 왜냐하면 고래로 절망은 자살의 동기였고, 또 우리 자신도 때로 자살을 강요하는 듯한 절망의 감정적 특성을 체험하기 때문이다.[247] 또한 우리는 절망적 비애를 유발하는 우울증의 일반적인 병리적 심리도 교감적·공감적으로 이해할 수 있다. 왜냐하면 정상인들도 인간본성상 심리적 취약성 때문에 이런 병리적 상태를 가끔 스스로 체험하기 때문이다. 따라서 '의식적' 의미는 '이해'로 충분히 알 수 있는 반면, '무의식적' 의미는 '설명과 이해의 결합'을 통해서야 비로소 알 수 있다는 식의 사고방식은 부적절한 것이다. '의식적' 의미든, '무의식적' 의미든 둘 다 '분석적 해석'의 '이해'만으로 족한 것이다. 물론 무의식적 행위의 경우에 인과적 '설명'은 해석적 '이해'의 보완요소일 수 있다. 그러나 아펠은 '설명'을 '보완'요소로 간주할 뿐만 아니라, '그릇된' 해석적 이해를 바로잡는 '교정'요소로도 간주하고 있다.

우울증의 치료에서 대인기피증과 대화기피증을 동반하는 우울증 환자에 대한 증세 '설명'이나 '대화' 처방은 치료를 저해할 것이다. 필요한 것은 말이 아니라, 아마 말없는 따뜻한 '공감적' 관심, 친밀한 보살핌, '감정조절'

---

[247] 이미 1980년대 초부터 정신분석학에서도 '공감적 이해'가 일정한 역할을 해왔다. 상론했듯이 코허트의 독해에 의하면 후기 프로이트도 공감을 정신분석의 한 방법으로 채택했고, 코허트 등은 더욱 그렇다. 물론 정신분석학계에서 공감의 역할에 대한 논란이 없지 않다. 이 논란 및 '공감적 이해'에 관한 회고적 논평과 '정신분석적 해석'의 기반과 단서로서의 공감의 역할에 관한 논의는 참조: Michael F. Basch, "Empathic Understanding", *Journal of the American Psychoanalytic Association*, Vol.31 (1983), No.I [101-126쪽]. 상술했듯이 패터슨은 '이해'를 '인식'("환자에 관해 외적인 또는 소위 대상적인 참조 틀로부터 아는 것")과 구별하여 "환자가 어떻게 사실들을 느끼고 생각하고 지각하는지를 내적 참조 틀로부터 주관적으로 아는 것"으로 정의하고, 이것을 '공감적 이해'라고 부른다. 그리고 이 '공감적 이해'는 "정신요법에서 중요한 요소로 인정되어온 지 오래다"라고 확인한다. Patterson, *Therapeutic Relationship*, 52~59쪽. 또 의사와 환자 간의 '해석학적 행위'로서의 공감의 '중심성'을 강조하는 글로서는 다음을 보라: Ellen S. More, "Empathy as a Hermeneutic Practice", *Theoretical Medicine* 17 (1996): [243-254쪽].

호르몬제 등의 투입일 것이다. 코허트에 의하면 프로이트 자신도 말년에 정신분석적 대화기법을 버리고 공감적 접근을 시도했다고 전해지고, 또 프로이트심리학이 코허트에 의해 공감론적으로 재건되었고, 오늘날은 본격적으로 공감적 치료이론이 개발되고 있는 것[248] 등은 '말없는 공감'의 치료효과를 입증한다. 아펠은 '의식적 의미'와 '무의식적 의미'를 근거 없이 이원화하여, 병리상태에 의해 영향받은 사회적 행위의 '무의식적 의미'에는 '설명과 이해의 결합'이라는 그릇된 처방을 하고 있다. 그러나 동정충동으로 사람을 구하러 불 속에 뛰어드는 무의식적 PAM의 구조행위의 의미를 아는 일이 '이해'와 '해석' 외에 '설명'의 교정적 도움을 요하지 않듯이, 병리적 동기로 수행된 이 사회적 행위의 해석도 '설명'의 교정적 도움을 요하지 않는다.

또 아펠은 자기오해의 또 다른 사례로 자본주의 하에서 등가교환의 이데올로기를 든다. 여기서 '이데올로기 비판'은 정의·평등 원칙과 경제적 착취의 실제적 실행 간의 차이를 밝히기 위해 자본주의 사회의 자기이해를 넘어가야 한다. 따라서 이 경우에도 그는 해석적 통찰은 다시 충분치 않다고 말한다. 왜냐하면 문제가 해석의 틀 자체에 영향을 미치기 때문이라는 것이다.[249] 물론 '정치경제학'은 주어진 자본주의를 알기 위해 인간을 소외시키는 자본의 물화된 운동법칙을 인과적으로 '설명'해야 할 것이고 또 '설명'할 수 있을 것이다. 이 '설명'이 바로 자본주의를 촉진하고 신봉하는 정치경제학자들의 일이었다.

그러나 공감적 해석학의 경우에 '정치경제학 비판'과 이에 기초한 '이데올로기 비판'은 상보성 차원에서 '설명'의 보조를 받을 수 있지만 이 '설명'

---

248) 참조: Arthur C. Bohart & Leslie S. Greenberg (eds.), *Empathy Reconsidered: New Directions in Psychotherapy* (Washington, DC: American Psychological Association, 1997·1999).

249) Apel, *Understanding and Explanation*, 212~216쪽.

을 담당하는 것이 아니다. 공감적 해석학은 ─ 마르크스가 스미스와 리카도, 그리고 여러 속류경제학자들의 이론적 '설명'을 비판적 해석대상으로 삼았듯이 ─ 바로 기존 경제학자들의 '설명적 이론'을 자본주의의 축소판으로 보고 '분석적 해석'의 대상으로 삼아 이 '정치경제학적 설명'의 '비판'이라는 '해석이론'을 추구한다. '분석적 해석'은 정치경제학자가 우회하는 자본주의적 불만·불공정 감정과 고통감각에 대한 교감적·공감적 이해, 즉 자본주의 경제의 부조리를 가장 처절하게 체감하는 노동자들의 육체적 고통, 경제적 불만, 도덕적 분노 등의 감정과 감각적·근감각적 지각에 대한 교감적·공감적 이해를 바탕으로 부르주아적 '설명'을 '분석'하여(즉, 소외된 그 자본주의적 의미연관을 분해하고 직관 가능한 의미연관으로 재구성하여) 자본주의적 교환과 생산의 공리적·도덕적 의미연관(일상적 쪼들림과 불공정 감정)을 의 교감적 모사와 변연계의 공감적 재현의 두 감성능력에 의해 직관적으로 '이해'할 수 있게 '단순한 해석들'의 연쇄로 서술해낸다. 가령 '도덕적 불공정성의 해석'이라는 한 사슬은 단순하고 직관적이다. 비교본능에 기초한 공정성·공평성 감각은 인간에게만이 아니라 일부 영장류동물에게도 본성적이기 때문이다.

아펠은 속류경제학자의 일로서의 '정치경제학적 설명'과 분석적 해석의 이론가 마르크스의 일로서의 '정치경제학 비판', 나아가 '이데올로기 설명'과 '이데올로기 비판'을 혼동하고 있다. '이데올로기의 설명과 홍보'는 이데올로그의 일인 반면, '이데올로기 비판'은 해석이론가의 일인 것이다. '체계적 허위의식'으로서의 이데올로기 속에서 무의식적으로 수행하는 행위의 소외된 의미는 일상적 경험지평에서 반드시 행위자의 고통, 불만, 분노 등의 부정적 감정으로 느껴져 오는 법이다. 따라서 이 느낌들의 반反의미성(Unsinnigkeit; nonsense)이 적절한 분석기법에 의해 해석자에게 드러나 공감적으로 실감되자마자 저 소외된 의미는 직관적으로 이해되고 해석적으로 이론화될 수 있는 것이다.

따라서 '이데올로기 비판'이든, '신경과적 치료'든, 이것들은 '분석적 해석'의 이해과정 안에서 다 해결되고 '설명의 교정적 도움' 없이 자기완결적 이론화에 도달할 수 있다. '이데올로기 비판'과 '신경과적 치료'는 둘 다 '분석적 해석'에 의거하면 이데올로기적·병리적 행위자의 자기반성적·비판적 자기이해나 이에 대한 해석자의 해석작업의 본령에서 결코 '설명'의 지원과 교정을 요하지 않기 때문이다. 공감적 해석학의 분석적 심층해석은 설명적 인식론의 교정적 지원 없이도 행위자의 자기이해를 병리적·이데올로기적 장애로부터 자유롭게 본성적 감정과 감각의 관점에서 비판적으로 이해하는 해방적 관심도 자연스럽게 충족시킬 수 있다. 해석자는 병리적·이데올로기적 행위자 자신에게 육체적 고통으로도 느껴져 오는 삶의 쾌락적·공리적 불만족과 유희적 무미건조함과 무료함, 그리고 도덕적 분개와 울분을 우회할 수 없고 동시에 이를 직접 교감적·공감적으로 느끼기 때문이다. 그러므로 인식적 '진위판단'이 아니라 본성적 '의미판단'이 필요한 '행위'의 사안에서 '분석적 해석'은 병리적·이데올로기적 행위와 텍스트의 정상적인 또는 왜곡된 쾌통의미, 재미의미, 미추의미, 선악의미와 기타 감정적 의미들을 비판적으로 이해하는 데—상보성 차원에서 설명으로부터 '보조적' 도움을 받을 수 있지만 '교정적' 도움은 받지 않고 완전한 해석을 수행할 수 있다는 의미에서—'자기완결적'인 것이다. 왜냐하면 교감적·공감적 이해와 분석적 재구성을 결합한 '분석적 해석'은 해석자와 행위자의 보편적·객관적 내감본성의 교감적·공감적 판단력에 기초하여 텍스트를 분해하고 분해된 텍스트를 본성적 배열로 재구성하여 재구성된 텍스트를 직관적으로 이해하고 어떤 원본 텍스트의 변질된 의미를 비판적으로 복원하여 해석해내기 때문이다. 그 누가 조용히 심적으로 몸부림치며 힘없이 느리게 움직이는 우울증 환자의 정신적 고통을 교감적·공감적으로 이해하지 못한단 말인가? 또 어떤 해석자가 '광인'의 행동을 몰각할지언정 사이비종교에 빠져 종교적 엑스터시에 날뛰는 '광신도'

의 멀쩡한 광신행위를 분석적으로 해석하지 못한단 말인가! '이해'를 '설명'의 도움으로 '수정한다'는 아펠의 사고방식은 실증주의적 '과학주의 환상'에 말려든 것으로 여겨질 수 있다. 이 사고방식은 은연중에 '설명' 방법의 활용이 역사주의와 주관주의의 난관을 해결해줄 것이라는 환상을 전제하는 것으로 보이기 때문이다.250)

따라서 행위들의 의미연관과 연관활동 속에 숨겨진 '개연적 경향(probable tendencies)'을 찾아내어 이 경향에 따라 일관되게 분석적으로 해석하고 서술하는 작업을 해석학적 '이론구성'으로 정의한다. 이 이론구성의 성과물이 바로 '해석이론'이고, 이 이론이 '해석적 사회과학' 또는 '사회과학의 해석적 측면'을 이룬다. 이 '해석이론'이 바로 '지인知人'의 이론이다. '단순한 해석'으로 이해하기에 족한 직관적 의미연관은 이론구성을 요하지 않지만, 행위들과 현재적·과거적 행위작품들의 착종되고 소외된 복잡한 의미연관들은 '분석적 해석'을 통해 일반적 경향성을 찾아내어 이것의 기반 위에서 기술된 '해석이론'의 관점에서야 비로소 거시적으로 이해될 수 있다. 이런 까닭에 과학적 해석은 자기 행위에 대한 행위자의 자연적 이해에 비해 훨씬 더 세련되게 직조된 것이다. 분석적 해석의 이론적 지식이 비단옷이라면 행위자의 자연적 이해와 자연적 해석은 누에고치에 불과한 것이다.

이런 까닭에 과학적 해석을 간단히 행위자들의 자연적 이해로 대체하는 것이 불가능한 것이다. 또는 과학적 해석은 간단히 행위자들의 자연적 이해와 자연적 해석의 누적이 아니다. 대중적 행위자들의 자연적 이해는 바로 이제야 비로소 분석적으로 해석되고 분석을 통해 드러나는 '일반적

---

250) 참조: Georgia Warnke, "Translator's Introduction", xx쪽. Karl-Otto Apel, *Understanding and Explanation: A Transcendental-Pragmatic Perspective* (Cambridge, Massachusetts: The MIT Press 1979·1984).

경향'에 따라 체계적으로 서술되어야 할 대상이기 때문이다. '일반적 경향의 탐색과 검증도 막스 베버가 주장하듯이 적절한 질문구성에 기초한 포커스그룹인터뷰와 대중적 여론조사결과, 기존의 통계자료 등에 의해 가능한 것이 아니라, 모든 의미와 맥락을 본성적 인간감정과 보편적 평가감정에 비춰보는 본성환원, 사회적 공감대의 고려, 사건의 전체적 의미맥락, 해석자의 많고 넓은 경험('多聞多見'), 광범한 박물지적 정보수집 및 실험('博學·審問') 등을 바탕으로 한, 저 인터뷰결과·여론조사자료·통계자료 등에 대한 공감적·심층해석학적인 '분석적 해석'을 통해서야 비로소 가능할 것이다.

물론 '지식'은 '이해'와 '해석'에 의해서만 얻어지는 것이 아니다. 우리는 '인식'과 '설명'에 의해서도 지식을 얻는다. 동사적 뜻의 '앎(knowing)'은 이해와 인식을 둘 다 포괄하고, '지식(knowledge)'은 ①의미이해와 의미연관의 해석과 ②속성인식과 속성관계의 설명을 둘 다 포괄한다. '이론'은 해석적 이론이든, 설명적 이론이든 지식의 최정점이다. 상술한 인식과 설명의 정의를 바꿔 말하면, '인식'은 오감에 의해 지각된 자연대상의 속성, 즉 물성物性에 대한 인상과 관념을 얻는 것(to have impression and ideas of natural qualities)으로 정의되고, '설명'은 이 물성관념들의 상관관계를 지성적 사유에 의해 7가지 객관적 범주(유사성, 동일성, 시공성, 수량, 정도, 상반성, 인과성)에 따라 인식하는 것으로 정의한다. 대상적 속성으로부터 이 물성관념들의 관계들 중 특정한 관계(가령 수량이나 수량을 뺀 기타 관념관계)를 추상하여 순수한 사유의 규칙으로 전개하는 것은 수학이나 논리학이다. 이 수학과 논리학에서 규정된 수리적·논리적 관계도 인식과 설명 차원에 속한다. 한편, 속성관념들의 관계운동에서 숨겨진 '개연적 규칙성(probable regularities)'을 밝혀 이것에 따라 법칙론적으로(nomologically) 설명하고 체계화하는 작업은 '이론구성'이고, 그 성과는 바로 '법칙설명적 이론', 또는 '법칙이론'이다. 이것은 '설명적 자연과학', 즉 '자연과학의 설명적 측면'이다. 필자는 이 인식과 설명의 방법론을 '인식론'으로 정의하여, 이를 이해와 해석의 방법론인 '해석학'과 구별한다. 그러나 딜타이는 해석학의 초창기에 인식론과 해석학의 의식분화가 아직 뚜렷하지 않은 탓에 "우리는 이해를 영혼적 삶의 감각적으로 주어진 표현들로부터 이 삶이 인식에 이르는 과정이라고 부른다"라고 말하고 있다.[251] 하버마스는 딜타이처럼 '인식론'을 '의미의 이해'에도 잘못 사용하는 경우가 없지 않을지라도 '해석학'과 구별하여 제대로 사용하기도 한다. "인식론은 언어와 실재 간의 이 마지막 관계만을 다루지만, 해석학은 발화 안의 삼면적 관계, 즉 화자의 의미 표현, 화자와 청자의 상호주관적 관계를 확립하기 위한 표현, 그리고 세계 내의 어떤 것에 관한 표현과 동시에 씨름해야 한다."[252]

그간 많은 해석학자들은 '해석학'을 인식론의 '한' 분야로 간주한 까닭에 적잖은 이론적 혼란과 개념적 표현의 혼돈('의미의 인식', '해석학적 인식론' 등)을 겪었다. 그러나 베이컨, 데카르트, 홉스, 로크, 흄, 칸트에 이르기까지의 '인식론'은 해석학을 포함한 적이 없었다. 이들에게 의미와 의미연관에 대한 이해로서의 앎은 아직 생소한 분야였기 때문이다. 물론 이들도 '의미', 가령 미학적·도덕적 의미를 다루었지만 이 의미를 인식이론('인간지성론', '지성론', '순수이성비판' 등의) '바깥'에서 다루면서도 이 의미연관을 이해와 해석에 의해 알려고 한 것이 아니라, 유사인식론적·유사자연과학적으로 설명하려고 하거나, 가령 도덕적 의미와 미학적 의미를 둘 다 (칸트의 실천이성적 도덕이론과 합리적 미학에서처럼) 알려고 한 것이 아니라 이해할 수 없는 '이성의 도그마'로 '제정'하려고 들었고.[253] 쾌통감

---

251) Dilthey, "Die Entsteheung der Hermeneneutik", 'Zusätze aus den Handschriften', 332쪽.
252) Habermas, "Interpretative Social Science vs. Hermeneuticism", 254쪽.
253) 따라서 로티는 "그들(갈릴레오와 그 추종자들 - 인용자)은 데카르트와 로크와 칸트에

각과 재미감각이 미추감각이나 시비감각과 다름없는 본성적 판단력임을 알지 못했다. 이래서 일찍이 데카르트의 반反역사주의에 대한 비코의 적대적 반발, 허치슨의 미감적 미학과 도덕감각적 도덕론의 도전, 칸트에 대한 헤르더의 해석학적 반란, 자연과학에 대한 슐레겔, 슐라이어마허, 딜타이 등의 해석학적 '저항'이 일어났던 것이다.

'해석적 사회과학'이란 상보성 차원에서 사회과학의 '설명적' 측면에 여지를 남겨주는 표현인 반면, '설명적 자연과학'은 자연과학의 '해석적' 측면에 여지를 남겨주는 표현이다. '해석'은 자연과학을 보완해주고, '설명'은 사회과학을 보완해주기 때문이다. 의미와 의미관계에 대한 이해·해석과, 속성과 속성관계에 대한 인식·설명을 둘러싼 논의를 비트겐슈타인식의 말투로 재정리하면, 해석학은— 언어로 기술되어야 하는 한에서— 인간행위와, 이 행위와 얽힌 의미로서의 의도, 이유, 목표와 목적, 그리고 이 행위가 관계하는 규칙, 규범, 준칙을 이해하고 해석하는 방법에 관한 언어유희다. 이 규칙, 규범, 준칙은 어떤 관점에서도 예외 없이 타당한 것이 아니다. 오히려 이것들은 일탈이나 거부의 가능성을 포함한다. 반면, 인식과 설명을 다루는 '인식론'은 엄격하게 관찰 가능한 자연적 사건들을, 이 사건들의 원인과, 예외 없이 타당한 필연적 규칙성이나 법칙을 인식하고 설명하는 방법에 관한 언어유희다. 이 법칙은 예외가 없이 반복적으로 확증된다.

게 죄송한 말이지만 어떤 인식론적 도도 시사해주지 않는다"고 비꼰다. Richard Rorty, "Method and Morality", 155쪽. Norma Haan, Robert N. Bellh, Paul Rabinow and Willian M. Sullivan (eds.), *Social Science as Moral Inquiry* (New York: Columbia University Press, 1983).

3.4. 사회과학과 자연과학에서 해석학과 인식론의 상보성

공감적 해석학은 내감의 교감적·공감적 감지·변별·판단을, 개인적·집단적 자아와 행위 및 작품의 의미를 비교적 완전히 이해하는 '유일한' 길로 천명한다. 교감과 공감으로 이해·해석되지 않는 의미는 지성적·이성적으로도 이해될 수 없다. 지성이나 이성, 그리고 언어는 교감적·공감적 의미이해를 틈틈이 지원하고 그 최종적 이해와 해석의 결과를 신사愼思하고 그 본말·시종·선후를 명변하여254) 작화作話 없이 그대로 서술序述하는 (일관되게 정리하는)255) 보조자이지만, 결코 발기자도 아니고 주도자도 아니기 때문이다. 그러나 '공감적 해석학'은 사회가 의미행위만으로 구성되어 있다고 보는, 따라서 사회과학의 방법이 몽땅 해석학에 의해 독점되어야 한다고 주장하는 '해석학주의(hermeneuticism)' 또는 '해석주의(interpretativism)'도 경계한다. 행위와 사회는 의미행위 외에 속성과 속성관계의 보조적 뒷받침 없이 성립할 수 없다. 예술적 행위도 재료를 필요로 한다. 영화제작은 많은 비용과 현지로케이션, 배우들의 연기동작을 필요로 하고 무용 같은 예술의 경우에는 많은 몸동작이 요구된다. 인사·경례·지원 같은 도덕행위도 일정한 몸동작과 재원을 요구한다. 따라서 행위와 사회는 속성의 인식과 속성관계의 인과적 설명 없이 다 알 수 없다. 그러나 사물과 자연에 대한 앎도 공감적 이해와 해석의 도움 없이 이론적으로

---

254) 『大學』(首章)은 "사물에는 본말이 있고 일에는 시작과 끝이 있으니 선후를 알면 근도하는(도에 가까워지는) 것이다(物有本末 事有終始 知所先後 則近道矣)"라고 말한다.
255) 신사와 명변("愼思之 明辨之" - 『中庸』(二十章)), 작화 없는 서술과 경험에 대한 믿음과 애호("述而不作 信而好古" - 『論語』「述而」[7-1]), 일이관지("一以貫之" - 『論語』「衛靈公」[15-3]) 등은 경험적 지식 형성에서 공자가 '경험에서 배우고 나서 생각하는(學而思之)' 원칙에 따라 인정한 사유와 언어의 고유한 역할들이다. '서술'은 언어로만 할 수 있다.

시작하거나 완결될 수 없다. 이와 관련하여 지금 상론하려고 하는 핵심명제는 '해석학'과 '인식론'이 사회과학과 자연과학 양면에서 상호보완적이라는 것이다.

일단 '사회' 쪽에서 먼저 살펴보자. 모든 사회적 행위와 사회적 사실은 찰스 쿨리가 말했듯이 이중적 관점에서 이해되고 설명되어야 한다. 사회적 행위와 사실들이 의미연관과 속성관계의 결합체이기 때문이다. 멀리 있는 사람에게 인사로 손을 흔드는 사회적 행위는 그 사람의 존재감을 알아주는 의미를 가지고 있으면서 동시에 팔, 손, 어깨, 그리고 그 근육의 인과적 작동을 포함하고 있다. 부상으로 팔과 손을 쓸 수 없거나 오십견 등의 근육질환으로 어깨와 팔을 움직일 수 없으면 손을 흔드는 인사행위는 할 수 없을 것이다. 따라서 모든 사회적 행위의 지식은 이 행위의 의미가 이해될 수도 있고, 그 작동이 인과적으로 설명될 수도 있다. 이것은 확대하면 사회적 행위의 연관과 맥락으로 구성된 '사회'의 지식, 즉 '사회과학'도 마찬가지다.

칼-오토 아펠은 게오르그 폰 라이트의 논의를 발판으로 삼아 자신의 **선험화용론**(인과적 설명에 앞서는 인과성 개념의 구성과 사회적 행위로서의 '설명' 개념을 둘러싼 전前과학적 논의 구조에 관한 이론)의 관점에서 자연과학과 사회과학에서의 설명과 이해의 관계를 설명과 이해 간의 지식적 '상보성' 관계로 해명한다. 사회과학은 행위를 인과적 사건으로 설명할 가능성을 배제하지 않는다. 설명의 언어행위를 포함한 모든 행위는 동시에 육체적·물질적 사건이므로 반드시 인과적 설명을 내재적으로 요구하고 또 전제한다. 따라서 사회과학은 모든 행위를 인과적 사건으로 설명할 수 있다. 그것은 다만 '설명'이 인간행위에 대한 '유일한' 과학적 해명이라는 실증주의적 통일과학의 대변자들의 주장만을 배격할 뿐이다. 나아가 자연과학적 인과성 개념의 가능성 조건은 순수한 관찰조건을 조작적으로 설정하는 자유로운 '의도적 행위'의 가능성을 전제한다. 그렇다면, 이러한 행위의 배후에 있는 의도나 이유는 정당한 과학적 관심이다. 행위의 상호주관성에 대한 해석학적 강조는 '확장된' 지식 개념과 '확장된' 과학 개념의 필수적 주제로 인증되어야 한다. 이해나 해석이 없다면 자연과학적 '설명'의 개념도 붕괴될 것이기 때문이다.

따라서 아펠은 인과성을 "이해의 범주"로 간주할 뿐만 아니라, 이 인과성 범주의 "의미"를 '선험화용론적' 관점에서 "실험과학 속에 전제된 것"으로 간주한다. 그는 칸트의 인식론을 선험화용론적으로 변형하여 인과성 범주를 이렇게 풀이한다.

칸트는 오직 "자료가 우리에게 주어진다면 우리도 만들었을 수 있었을 것만을 우리는 정확하게 이해할" 수 있을 뿐이라는 카자누스, 홉스, 비코의 저 옛 주제를 코페르니쿠스적 전회를 위한 토대로 주장한다. 하지만 실험적 자연과학의 경우에 "만들 수 있음(Machen-Können)"은 (우리가 우리의 이론의 관점에서 해석하는) 자연 속으로의 신체적 개입을 통해 우리가 우리의 인과적·법칙론적 가설을 확증하는 가운데 자연 자체가 완성하는 저 물질적 과정의 초기조건을 산출할 수 있다는 것을 뜻한다. 나는 ― 우리가 신체적 개입이 없다면 발생하지 않을 것이라고 가정하는 ― 자연적 효과를 산출할 수 있는 능력의 토대 위에서 우리의 범주적 인과성 개념이 구성된 것이라고 생각한다.[256]

우리는 우리가 '만들 수 없는' 자연현상들, 가령 천체 등에 대해서도 미리, 즉 선험화용론적으로 구성된 동일한 인과적 '의미'를 전제한다.[257]
나아가 아펠은 자연과학적 인식·설명 자체도 호기심 대상에 대한 선험화용론적 상호이해를 전제한다고 갈파한다. "자연과학자는 그 자신이 혼자서 무언가를 설명하려고 할 수 없다. 그가 무엇을 설명해야 하는지를

---

256) Apel, *Understanding and Explanation*, 59쪽.
257) 참조: Apel, *Understanding and Explanation*, 59~60쪽.

알기 위해서도 이에 관해 타인들과 상호이해를 이루었어야 한다. 자연연구자들의 실험공동체는 항상 (...) 기호학적 해석공동체에 상응한다. 상호주관성 차원에서 이 상호이해는 객관적 과학(science)의 가능성 조건이기 때문에 결코 객관적 과학의 절차에 의해 대체되지 않는다. 그리고 여기서 우리는 객관적·설명적 과학의 모든 프로그램의 절대적 한계에 부딪힌다. 사람들이 의도하는 것과 의욕하는 것에 관한 상호이해는 객관적 과학에 대해 기왜정의된 의미에서 상보적이다."258) 따라서 '설명적' 과학 또는 과학적 '설명'의 행위는 사전에 이해되어 정의된 상호주관적 '의미' 공유라는 대전제가 없다면 성립할 수 없다는 말이다.

한편, 해석학적 의미의 본질을 구성하는 단순감정과 공감감정의 발생, 5대 판단감각(쾌통판단·재미판단·미추판단·시비판단·애증판단)·교감·공감능력의 발생과 작동원리 등은 뇌과학, 진화론, 사회생물학, 고생물학 등의 자연과학적 이론으로 설명되었다.259) 나아가 공감적 '이해' 기제 자체도 물론 뇌과학적으로 '설명'되었다.260) 그렇다면 '이해'하는 인공두뇌도 원칙상 디자인할 수 있을 것이다.

위르겐 클뤼버(Jürgen Klüver)는 이러한 방향에서 독보적이다. 클뤼버는 수학과 해석학의 부분적 통합가능성을 증명하고자 한다. 그러나 여기서 그가 말하는 수학적 방법은 전통적 의미에서가 아니라, 위상기하학적 의미에서 (컴퓨터의) 인공신경망과 세포자동자(cellular automata) 및 이 모델에 기초한 컴퓨터 시뮬레이션의 기술을 망라하는 '소프트 컴퓨팅의 기술

---

258) Karl-Otto Apel, "Szienstik, Hermeneutik, Ideologiekritik: Entwurf einer Wissenschaft- lslehre in erkenntnisanthropologischer Sicht", 112쪽. Karl-Otto Apel, *Transfomation der Philosophie*, Bd. 2: *Das Apriori der Kommunikationsgemeinschaft* (Frankfurt am Main: Suhrkamp, 1973·1993).
259) 참조: 황태연, 『감정과 공감의 해석학(1)』, 255-655쪽.
260) 참조: 황태연, 『감정과 공감의 해석학(1)』, 101-124쪽.

들'을 가리킨다. 인공신경망의 위상기하학의 분석은 '이해를 인식하고 설명하는' 데 중요한 기여일 수 있다는 것이다. 그는 우리가 약간의 기본적인 위상기하학적 과정의 어떤 작용이나 시뮬레이션을 수행할 수 있는 인공신경망을 구성할 수 있다고 주장할 뿐만 아니라, 이러한 신경망의 위상기하학적 분석은 이 신경망이 시뮬레이팅하는 경험적 과정을 이해하는 한 길이라고 주장한다. 그는 이 신경망을 이해과정을 시뮬레팅하는 과업에 쓰는 한편, 이 신경망의 특별한 작동을, 따라서 이 신경망이 시뮬레이팅하는 인간들의 특별한 행위를 설명할 수 있는 특별한 알고리즘 동작과 이 신경망의 수학적, 즉 위상기하학적 특징을 찾는다. 따라서 '수학적 방법'은 동시에 "시뮬레이션 모델의 구성과 이 모델의 수학적 분석"을 뜻한다. 요약하면 첫 단계는 인간 개인들에 의한 제한된 정보 소화의 일정한 과정과 같은 각각의 문제들의 확인과 정의다. 그 다음, 보통 인공신경망의 형태로 적합한 수학모델을 구성하고, 이것을 컴퓨터 프로그램에 따라 실행한다. 관찰 가능한 규칙성을 발견해내고 이 규칙성을 이 모델의 수학적 특징으로 설명한다. 모델의 작동이 모델화된 인간적 인지과정과 충분히 유사하다면, 이 과정만이 아니라, 인공지능의 요소들로서의 프로그램을 설명하는 것이 가능하다. 그리하여 우리가 적합한 수학적 모델을 구성할 수 있다면, 컴퓨터 프로그램에 따라 "우리는 '이해'할 수 있는 인공체계를 구성할 수 있다"는 것이다.[261] 클뤼버는 여기서 이 인공체계가 '진짜로' 이해하는 것인지, 아니면 단지 이해를 '모사하는 것'일 뿐인지는 중요치 않다고 생각한다.[262]

종합하면, 공자의 '공감적 일이관지'를 모토로 하는 필자의 '공감적 해

---

261) Jürgen Klüver & Christina Klüver, *Social Understanding: On Hermeneutics, Geometrical Models and Artificial Intelligence* (Dordrecht·Heidelberg·London·New York: Springer, 2011), 2~3쪽.
262) Klüver & Klüver, *Social Understanding*, 3쪽 각주 1).

석학'은 자연과학과 사회과학 간의 실증주의적 일원론과 헤세·하버마스·기든스 등의 해석학적 일원론에 동의하지 않고 자연과학과 사회과학을 차별하는 '방법론적 이원론'을 대변한다. 하지만 공감적 해석학은 동시에 자연과학과 사회과학에 대해 위와 같이 인식론적 방법과 해석학적 방법의 상호 보완하는 부분적 타당성과 내재적 전제성前提性을 교호적으로 인정하는 점에서, 자연과학에 설명을, 사회과학에는 이해·해석을 교조적으로 나눠 배당하는 딜타이·가다머 등의 해석학이나 리케르트 등의 신칸트주의의 교조적 이원론에 대해 거리를 취한다. 또한 아벨·헴펠·포퍼 류의 사회과학적 '실증주의'도, 가다머·로티 류의 사회과학적 '해석학주의'도 물리친다. 일단 해석적 이해는 의미지향적인 반면, 설명적 인식은 속성지향적·인과적인 점에서, '이해(해석)'와 '인식(설명)'은 본질적으로 구별된다. 이 양자는 자연과학에 있어서나, 사회과학에서 있어서 제각기 다른 비율로 상호보완적인 것이다.

　자연과학의 '인식·설명'에는 '이해·해석'의 보완적 지원이 필수적인데, 그것은 삼중적 의미에서다. 첫째, 자연과학의 대상들 중 동식물, 특히 동물들의 많은 종들이 감정, 공감능력, 사회성, 지능, 자기인지능력을 가졌고 자연필연성을 뛰어넘는 자율적이고 사회적인 감정동기적 행동들을 전개하기 때문에 이런 자연적 존재자들에 대해서는 공감해석학적 접근이 필수적이라는 말이다.

　둘째, 자연과학의 과학성 또는 법칙성(필연성)도 확신·믿음이라는 감정에 기반을 둔 것이고, 과학성·법칙성(필연성)의 일반적 인정은 이 확신과 믿음에 대한 과학공동체의 공감적 공유에 기초한다. 가령 돌멩이를 하늘로 던지면 낙하하고, 두 번 던져도 낙하하고, 열 번 던져도, 1000번 던져도 낙하한다. 한두 번 던져 낙하하는 것과 100번, 1000번 던져 낙하는 것은 낙하의 지식에서 변함이 없다. 그러나 전자와 후자 간에 돌멩이가 언제나 낙하할 것이라는 '확신' 또는 믿음의 차이는 엄청나다. 그리하여 전자의 지식은 과학적 지식이 아닌 반면, 후자의 지식은 과학적 지식으로 인정받는다. 후자의 지식만이 낙하의 필연성에 대한 지식이라는 말이다. 과학공동체가 수백 번, 수천 번 던져 형성된 돌멩이의 낙하에 대한 확신의 감정을 공감하자마자 돌멩이의 낙하는 과학적 법칙으로 올라서는 것이다. 이와 같이 자유낙하의 법칙적 필연성에도 공감적 확신이 중요한 역할을 한다. 이것은 자연과학적 인과법칙 또는 인과성의 개념에서도 그대로 확인된다. 가령 바람이 불면 나뭇잎은 버티지 못하고 떨어지기 마련이다. 이 현상을 한두 번 본 사람은 세 번째 바람에 나뭇잎이 떨어질 것이라는 인과성의 지식을 가질 수 없다. 그러나 이 현상을 다섯 번 이상, 또는 열 번 이상 경험한 사람은 다음 번 바람에도 나뭇잎이 떨어질 것이라는 바람과 나뭇잎의 낙하 간의 일정한 인과관계에 대한 믿음 또는 예감적 확신을 갖는다. 이 믿음 또는 확신의 감정이 일반에 의해 공감적으로 공유된다면 이 인과관계는 과학적 법칙 또는 필연성으로 인정된다. 자연과학이 가장 중시하는 이 인과관계 또는 인과법칙의 기저에도 이와 같이 '믿음' 감정에 대한 공감의 역할이 들어 있다. 따라서 공감적 해석학은 자연과학적 인식과 설명에서도 조연해야 하는 것이다.

셋째, 과학공동체 속에서 진행되는 자연과학적 '인식'과 '설명' 과정도 호기심과 궁금증의 '감정'에 의해 동기화된 사회적 행위인 한에서 이 행위의 감정적 동기도 오직 '해석'을 통해서만 '이해'할 수 있는 '의미연관'이고, 정작 자연과학적 '설명'의 핵심범주인 '인과성'도 빈번한 '연관(conjunction)'을 '연결(connection)'로, 개연적 '규칙성'을 필연적 '법칙'으로 느끼는 인간본성의 '습관적 믿음'인 한에서 — '인식'과 '설명'을 통해서는 알 수 없는 — 오직 공감적 '해석'을 통해서만 '이해'할 수 있는 '의미연관'이기 때문에, 자연과학적 인식행위와 개념구성 자체에 대해서도 공감해석학적 접근이 필수적이라는 말이다. 그러나 로티처럼 '설명'이 원천적으로 '해석적 이해'의 지식이기 때문에 설명과정 자체가 이해에 의해 대체될 수 있는 양 인식과 이해, 설명과 해석의 개념적 차이를 없애버리는 것은 물론 그릇된 것이다. 이것은 나무숲이 이 나무숲을 낳고 키운 토양에 의해 대체될 수 없는 것과 같은 이치다. 역으로 '이해' 개념도 뇌과학적으로 '설명'될 수 있고 심지어 인공두뇌모델의 위상기하학적 '이해' 기능에 의해 모사될 수 있다. 그럼에도 불구하고, 마찬가지로 나무숲이 나무숲을 키운 땅에 의해 대체될 수 없듯이, '이해' 자체는 '설명'에 의해 대체될 수 없는 것이다.

행위가 이중적 측면을 가진 한에서 행위의 감정적 동기(이유)와 원인은 둘 다 밝혀져야 되고, 따라서 사회적 행위의 지식에서 이해와 인식, 해석과 설명은 상호 보완되어야 한다. 그러나 자연과학을 따라 사회와 행위를 인과적으로 설명하는 사회과학의 실증주의 전통은 이유(동기)와 원인을 뒤섞을 뿐만 아니라, '이유'를 '원인'과 동일시한다. 하지만 물리력으로 강제되지 않은 자발적 행위는 '이유'를 가질지언정 '원인'을 가질 수는 없는 법이다.

그러나 베버·포퍼·아벨·헴펠 등 많은 실증주의적 사회과학자들과 합리적 선택론자들은 행위가 '인과적으로 야기될' 수 있다고 주장한다. 우리가 이 견해에 반대해야 하는가? 상론한 이유에서 반드시 그렇지는 않다. 그런데 행위가 '원인'을 가진다고 생각하는 실증주의자들은 '원인'을 훨씬 더 넓은 의미에서 사용한다. 그리고 '행위'를 다르게 이해한다. 실증주의자들의 의미에서 행위는 '원인'을 갖는다고 말할 수 있다. 일상어가 흔히 그렇게 쓰이기 때문에 그렇게 말해도 될 것이다.

그러나 이에 관한 해석학자와 실증주의자의 견해차가 단순히 술어차이라고 생각하는 것은 큰 잘못일 것이다. 실증주의자들은 의도·동기·이유를 '원인'으로 간주하고 행위를 '사건'으로만 본다. 해석학자들은 행위를 의도·동기·이유와 연결시키고, 사건은 원인과 연결시킨다. 실증주의자들은 원인의 개념 형성에서 실험에 중대한 역할을 부여하고 싶어 하지 않는다. 아니, 그들은 실험이 행위의 한 양식이라는 것을 인정하려고 들지 않는다.

그들은 다른 세계관을 배경으로 세계를 달리 본다. 이 세계관을 역사적 관점에서 보면 그것은 갈릴레오의 인과적·수학적 설명의 엄정과학 전통과 연결되어 있다. 해석학은 사회과학에서 바로 이 전통적 교조를 주변으로 밀어내려는 과학적 운동으로 탄생했다.263)

결론적으로, 이해와 해석은 인문·사회과학에서 필수적이고, 인식과 설명은 자연과학에 필수적이지만, 이해와 해석은 자연과학의 경험과학적 인식과 설명을 보조해 주어야 하고 인식과 설명도 인문·사회과학의 과학적 이해와 해석을 보조해야만 한다. 따라서 공감적 해석학은 인문사회과학을 본령으로 삼고 인식론은 자연과학을 본령으로 삼지만, 공감적 해석학과 인식론은 제각기 자연과학과 인문·사회과학의 과학적 지식형성에서 상호보완적인 것이다.

한편, 공감적 해석학은 완성을 위해 배경적 '준거 틀'을 필요로 한다. 공감적 이해와 해석의 주체가 대상을 마주하는 주체철학적 틀은 이해와 해석을 고립시켜 세상과 동떨어진 지식을 생산할 위험이 있기 때문이다. 이 위험을 막고 공감적 해석학 방법을 완성시켜줄 '준거 틀'은 공론장이 아니라, 바로 공론장의 기저에 있는 민심으로서의 '공감장'이다. 공감적 해석학 이론과 인간과학이 공론장과 여론에 영합한다면 그것은 곡학아세로 전락할 것이다. 그러나 이 해석학과 인간과학이 공감장으로서의 장기적 민심에 호응한다면 그것은 학문의 곡학아세가 아니라 공감해석학적 인간과학의 객관성과 과학성의 강화일 것이다. 따라서 누적된 판단과 정서의 무제한적 저장고로서의 공감장은 공감해석학적 인간과학이 가일층적 객관화와 과학화를 위해 반드시 의존해야 할 궁극적 배경지식이고 판정기준인 것이다. '공감해석학적 인간과학'도 내적으로 공감해석학적으로 구축되었더라도 국민적·전全인류적 공감장과 유리된다면 '과학'일 수

---

263) 참조: von Wright, *Explanation and Understanding*, 'Preface', viii.

없을 것이고, 또 사람 사는 이 세상에서 '정상과학(normal science)'으로 통용될 수 없을 것이다. 공자는 천명한다. "도道는 세상사람과 멀지 않은 것이니 사람이 도道를 하면서 세상사람을 멀리하면 도라 할 수 없다"고 천명한 데(子曰 道不遠人 人之爲道而遠人 不可以爲道) 이어 주지하다시피 "공감에 충실한 것이 도와 거리가 멀지 않은 것이다(忠恕違道不遠)"라고 단언했다.264) 여기서 세상사람과 멀지 않아야 하는 '인도人道'로서의 '도道'는 "충서忠恕"의 도로서의 공감적 해석학과 인간과학을 가리킨다. '인간과학'과 공감적 해석학은 공감에 충실하자면 세상만인이 자기 언행의 거울로 삼는 공감장에까지도 '일이관지'로 충실해야 하는 것이다. 이럼으로써만 공감적 해석학과 인간과학은 '정상과학'으로서의 자기완성을 기할 수 있을 것이다.

---

264) 『中庸』(十三章).

공감장의 이론

호르크하이머와 아도르노는 언론매체와 공론장의 지성적·문자언어적 보도와 논의를 고전적·정상적 언론기능으로 설정하고 사유와 논의가 중시되는 문자언어의 고전적 언론시대로부터 라디오와 영상매체가 등장하면서부터 대중매체들의 보도와 통신이 사유를 중지시키고 감각적 이미지를 송출하는 기제로 전락한 시대로 전환했다고 주장했다. 1930-40년대 새로운 언론매체의 기능에 대한 호르크하이머와 아도르노의 이 일면적 부정평가는 하버마스의 공론장 연구에 결정적 영향을 미쳐 하버마스는 1960년대 라디오·영화·TV영상시대를 마찬가지로 부정적으로, 즉 문자언어로 이루어지는 사색적 토론의 고전시대에서 토론과 사유를 추방한 감각적 이미지의 시대로 전락한 것으로 평가했다. 주지하다시피 하버마스는 1980년대에 이 일면적 부정평가를 '양兩가치적' 평가로 수정했다. 그러나 2022년 그는 SNS·동영상공유서비스(가령 유튜브 등) 등 소셜 미디어가 새로운 대중매체로 자리 잡자 공론장의 새로운 구조변동이 일어나고 있는 것으로 파악하고 가짜뉴스의 범람을 동반하는 소셜 미디어에 대해 부정적 평가를 내렸다. 그는 호르크하이머와 아도르노를 비판했지만 그들과 논의적 지성의 언어와 토론이성을 언론과 공론장을 평가하는 중요한 기준으로 공유하고 있다.

따라서 호르크하이머와 아도르노, 그리고 하버마스는 공히 많건 적건 공론장의 구조변동을 '진보'가 아니라 '퇴락'으로 단죄하든가 '양가치성' 테제로 유보했다가 다시 '부정적' 평가로 기울어지고 말았다. 그들은 문자언어로 표현되는 소통적 이성과 논의적 '지성의 언어'만을 참된 것으로 긍정하기 때문에 행동과 장면들에 대한 말없는 공감과 시각적 인심전심이 사건의 이해와 해석에서 언어와 사유보다 본질적인 것이고 또 '공감적 언어'가 '지성적 언어'보다 현장상황의 이해와 해석에서 중요한 역할을 한다는 사실에 대해서 꿈도 꿀 수 없었다. 따라서 18-19세기로부터 21세기까지 계속 진행되어온 공론장의 구조변동을 달리 바라볼 수 있는 해석적 대안을 봉쇄해버렸다. 동시에 공론장의 기저에 위치한 이심전심의 민심으로서의 말없는 '공감장'에 대해서는 전혀 알지 못했다.

그러나 말없는 공감과 공감적 언어를 중시하고 공감장을 염두에 두는 대안적 관점에서 보면 호르크하이머·아도르노·하버마스의 공론장 이해는 완전히 그릇된 것으로만 보인다. 이런 공감과 공감적 언어의 관점에서는 공론장의 구조변동은 완전히 달리 보이기 때문이다. 지금까지 300여 년 동안의 구조변동은 공론장이 지성적 토의에 의해 상대적으로 주도되는 문자언론의 시대에서 사건현장의 공감적 음성언어와 고화질영상 통신과 보도에 의해 주도되는 공감적 언론시대로 발전해 온 것으로 나타난다. 공론장이 발전할수록 상호적 소식전달보다 상호적 의미전달이 더 중요하고 사실인식보다 의미이해가 중요하고, 따라서 언어소통적 뉴스해설과 근거를 설명하는 이성적(지성적) 논의보다 공감적 의미전달과 일체감적 신뢰가 중요해진다. 그렇다면 지금까지 공론장의 구조변동은 '진보'로 이해되어야 하는 것이다. 하버마스가 중시하는 상호작용의 조절도 언어적 의사소통보다 공감적 의미(감정)소통에 따를 때 성공가능성이 더 크다.

여기서는 소셜 미디어와 스마트 미디어에까지 이르는 공론장의 구조변동에 대한 공감적 이해와 새로운 해석을 바탕으로 공감장 이론을 모색한다. 이로써 호르크하이머·아도르노와 하버마스의 공론장 이론을 물리치고 공감장 이론을 수립하고 현실정치와 공감해석학적 인간과학의 탄탄한 기반을 마련할 것이다.

제1절

아도르노의 '문화산업' 테제

막스 호르크하이머(Max Horkheimer, 1895-1973)와 테오도르 아도르노 (Theodor W. Adorno, 1903-1969)가 제2차 세계대전이 끝나가는 시기에 미국에서 공동 집필한 『계몽의 변증법(*Dialektik der Aufklärung*)』은 *Philosophische Fragmente*(철학적 단편)라는 제목으로 1944년 뉴욕에서 처음 간이簡易인쇄로 출판되어 동료와 친구들 사이에서 회람되었다. 출판사는 10년 전 프랑크푸르트 암 마인에서 뉴욕으로 이전한 '사회조사연구소'였다. 조금 손질된 개정판은 1947년 네덜란드의 Querido출판사에 의해 *Dialektik der Aufklärung*이라는 제목으로 암스테르담에서 출판되었고, 새 머리말을 단 신판은 1969년 다시 프랑크푸르트에서 출판되었다.[265]

프랑크푸르트 비판이론의 핵심 텍스트 가운데 하나라고 할 수 있는

---

[265] Max Horkheimer & Theodor W. Adorno, *Dialektik der Aufklärung* (Frankfurt am Main: S. Fischer, 1969). 영역본: Max Horkheimer & Theodor W. Adorno, *Dialectic of Enlightenment* (New York: Herder and Herder, 1972; reissues by Verso from 1979 reverse the order of the authors' names); *Dialectic of Enlightenment* (Stanford: Stanford University Press, 2002).

『계몽의 변증법』은 프랑크푸르트학파가 계몽주의의 실패로 여기는 것에 책임이 있는 사회심리적 현상現狀을 탐구한다. 호르크하이머와 아도르노는 계몽의 실패는 파시즘, 스탈린주의, 문화산업과 대량소비 자본주의 사회의 흥기에서 정점에 달했다고 주장한다. 핵심논지는 계몽주의가 약속한 대로 인류를 해방하기보다 그 반대로, 즉 전체주의, 야만과 사회적 지배의 새로운 형태로 귀결되었다는 것이다. 『계몽의 변증법』에서 나타나는 비판이론의 한 특징은 사회적 지배의 궁극적 원천 또는 기초에 대한 양가치성 또는 모호성이다. 이런 태도는 인간의 해방과 자유의 가능성에 대해 비판이론의 '비관주의'를 낳았다. 이 모호한 양가치적 태도는 『계몽의 변증법』이 원래 집필되던 역사적 상황에 기인한다. 저자들은 나치즘, 스탈린주의, 후기자본주의, 문화산업을 전통적 이론의 술어들 안에서 적절히 설명될 수 없는 완전히 새로운 형태의 사회적 지배로 단정했다. 그들이 보기에 경제에 대한 국가 간섭은 생산관계와 생산관계 간의 자본주의적 긴장을, 즉 전통적 이론에 의하면 자본주의 내부의 일차적 모순을 구성하는 긴장을 철폐했다. 재화를 무의식적으로 분배하는 기제로서의 시장이 중앙의 계획에 의해 대체되었다는 것이다. 이런 과장된 이해관점에서 그들은 기업가들의 행동을 지배하며 파국으로 향하던 객관적 시장법칙이 사라졌다고 말한다. 그 대신에 경영이사들의 의식적 결정이 (가장 맹목적인 가격기제보다 더 의무적인) 결과로서 옛 가치법칙과 자본주의의 운명을 집행한다. 이 때문에 마르크스의 유명한 예측과 반대로 이 변동은 "사회혁명의 시대"로 들어간 것이 아니라 오히려 파시즘과 전체주의로 귀결되었다. 아도르노와 호르크하이머에게 이것은 전통적 비판이론에 따르면 지배 자체의 원천인 바로 그 모순의 부재 상태에서 지배의 명백한 지속을 설명해야 하는 문제를 제기한다.

자유주의 국가의 종말, 시장의 종말과 더불어 파시즘의 흥기에 의해 제기된 문제들은 『계몽의 변증법』의 전반적 논리를 구성하는 이론적·역사적 관점을 이루고 있다. "예로부터 계몽주의는 진보적 사유의 가장 포괄적인 의미에서 인간으로부터 공포를 없애고 인간을 주인으로 세우는 목표를 추구해왔다. 그러나 완전히 계몽된 지구는 승기 등등한 재화災禍의 징후 속에서 빛나고 있다. 계몽주의 프로그램은 세계의 탈주술화였다. 계몽주의는 신화를 해체하고 망상을 지식으로 전복시키고자 했다."266) 그런데 이 논변은 머리말에서 역설적으로 종합된다. "이미 신화가 계몽이고, 계몽이 신화로 퇴락한다."267)

계몽된 세계상은 신화적 세계상에 대해 우위에 있는 것처럼 보였을 뿐이라는 것이다. 그러나 실은 이 두 단초는 아주 긴밀하게 연결되어 있다. 계몽의 이상은 자연을 지배하기 위한 세계의 합리적 설명이다. 합리적 설명 속에서 개념은 공식으로 대체된다. 계몽주의의 합리성 원리는 신화적 세계해석의 논증적 방어를 통해 이미 승인된다. 이를 통해 이 합리성은 모든 대결 속에서 더 강력해진다. "계몽주의에 의해 통일성으로 파악될 수 있는 것만 존재와 생기生起로 인정받는다. 계몽의 이상은 만물만사가 도출되는 '체계'다."268) 모든 신과 특질들은 파괴되어야 한다. 이러는 가운데 계몽주의는 신화들이 이미 계몽의 산물이라는 것을 간과했다. "자연에 대한 지배자로서 창조적 신과 질서를 세우는 정신은 서로 동일화된다."269) 신과 정신은 동일한 뿌리를 가졌다. 왜냐하면 "신화들은 마법적 의례처럼 자기반복적 자연이라고 여기기" 때문이다.270)

인간사회의 역사는 개인적 자아 형성의 역사와 마찬가지로 그들이 역

---

266) Max Horkheimer und Theodor W. Adorno, *Dialektik der Aufklärung*, 19쪽. Theodor W. Adorno, *Gesammelte Schriften*, Bd.3 (Frankfurt am Main: Suhrkamp, 1997).
267) Horkheimer und Adorno, *Dialektik der Aufklärung* (Suhrkamp-Ausgabe), 16쪽.
268) Horkheimer und Adorno, *Dialektik der Aufklärung* (Suhrkamp-Ausgabe), 29쪽.
269) Horkheimer und Adorno, *Dialektik der Aufklärung* (Suhrkamp-Ausgabe), 31쪽.
270) Horkheimer und Adorno, *Dialektik der Aufklärung* (Suhrkamp-Ausgabe), 39쪽.

사의 궁극적 결과로서 그때 지각한 것의 관점으로부터 재평가된다. 그 궁극적 결과는 나치즘의 흥기와 더불어 이성이 바로 그 미신과 신화 형태를 닮은 어떤 것으로 붕괴·퇴락한 것이다. 이성은 역사적 진보 또는 발전의 결과로 이 미신과 신화로부터 탈피했다고 믿어져왔다. 그들은 계몽의 과정에서 현대철학이 '과잉합리화'되어 테크노크라시의 도구가 되었다고 생각한다. 그들은 이 과정의 정점이 '사실을 숭배하는' 실증주의에서 완결되었고 말하고 특히 비인학파의 논리실증주의 및 이와 가까운 기타 사조들을 마치 '원흉'인 양 지목했다.

1.1. 문화산업: '대중기만으로서의 계몽' 의 변증법

호르크하이머와 아도르노는 18세기 계몽주의 시대를 '이성의 시대'로 보는 유럽대륙적 합리주의 철학의 틀에 갇혀 서양의 이성개념을 그리스 철학의 '이성'에서 유래하여 계몽주의로 이어진 것으로 착각한다. 그러나 18세기 계몽주의 시대는 결코 '이성의 시대'가 아니라 단연코 '감성의 시대(age of feeling)'였다.

베이컨의 자연해설적 경험론은 1590년대 이래 '본성(자연)의 빛'의 철학으로 소개된 공자철학의 도덕감정론과 중국의 경험론적 과학·기술론을 수용하여 감성을 복권시키고 4대 우상의 비판으로 '이성 비판'을 수행하고 그간 우쭐했던 이성을 형이상학적 "단잠(deep sleep)"으로부터 깨워 제자리로 '격하'시키고[271] "경험의 빛"으로 유럽인들의 자연인식을 합리주의적 형이상학의 몽매로부터 깨워 계몽했다.[272] 베이컨 이래 컴벌랜드·

---

[271] Bacon, *The New Organon*, 223쪽. "Preparation for a Natural and Experimental History", 'Outline of a Natural and Experimental History, adequate to serve as the basis and foundation of True Philosophy'.

로크·섀프츠베리·허치슨·흄·스미스 등 기라성 같은 18세기 영국 철학자들은 스콜라철학적 합리론을 철저히 비판하고 공맹의 길을 따라서 감성적 경험·감정·공감·도덕감각·도덕감정 등을 제자리로 복귀시켜 도덕감정론적 '도덕과학'을 수립하고 인식론에서 경험을 중심에 세움으로써 근대 경험론 철학을 완성했다.273) 공자철학과 영국 모럴리스트들의 이 경험론은 대륙에도 영향을 미쳐 라이프니츠·볼프·볼테르·루소 등 합리주의자들의 철학조차도 부분적으로 경험론으로 기울어지게 만들었다.274) 또한 18세기 내내 유럽의 예술사조는 중국 예술과 공예를 본뜬 시누아즈리(chinoiserie)가 유행하는 가운데서 생겨난 밝고 맑고 청백淸白한 로코코 예술에 의해 지배되었다. 로코코의 밝고 맑은 청백 색감은 바로 중국 강남의 선비들이 애호하던 그 감성적 색상이었다. 그래서 1922년 아돌프 라이히바인이 『18세기 중국과 유럽(China und Europa im Achtzehnten Jahrhundert)』에서 계몽주의 시대를 분석하고 이 시대를 '감성의 시대'라 결론지었던 것이다.275) 무슨 '이성의 시대'? 『칸트에서 헤겔까지: 서양

---

272) 공자철학·중국과학기술과 베이컨의 관계에 대해서는 참조: 황태연, 『근대 영국의 공자 숭배와 모럴리스트들(상)』 (서울: 한국문화사, 2023), 471-528쪽; 황태연, 『도덕의 일반이론(상)』 (서울: 한국문화사, 2024), 16-108쪽; 황태연, 『베이컨에서 흡스까지: 서양 경험론과 정치철학』 (서울: 생각굽기, 2024), 제2장 "프란시스 베이컨의 비판적 경험론".
273) 컴벌랜드·로크·섀프츠베리·허치슨·흄·스미스의 경험론 철학과 공자철학의 관계에 대해서는 참조: 황태연, 『감정과 공감의 해석학(2)』 (파주: 청계, 2014·2015), 1688-1756쪽; 황태연, 『도덕의 일반이론(상)』, 245-442쪽; 황태연, 『로크에서 섀프츠베리까지: 서양 경험론과 정치철학』 (서울: 생각굽기, 2024), 제4장(컴벌랜드), 제5장(로크), 제7장(섀프츠베리), 제8장(허치슨); 황태연, 『데이비드 흄에서 다윈까지: 서양 경험론과 정치철학』 (서울: 생각굽기, 2024). 제9장(흄), 제10장(아담 스미스).
274) 라이프니츠·볼프·볼테르·루소 등의 공자철학과의 관계 및 경험론화에 대해서는 참조: 황태연, 『근대 독일과 스위스의 유교적 계몽주의』 (서울: 한국문화사, 2023), 71-266쪽(라이프니츠), 267-350쪽(크리스티안 볼프); 황태연, 『근대 프랑스의 공자 열광과 계몽철학』 (서울: 한국문화사, 2023), 273-335쪽(볼테르), 435-463쪽(루소); 황태연, 『라이프니츠에서 루소까지: 서양 경험론과 정치철학』 (서울: 생각굽기, 2024), 제8장(라이프니츠), 제10장(볼테르), 제11장(루소).

합리론과 정치철학』에서 상론詳論했듯이276) '이성의 시대'라는 견폐성犬吠聲은 칸트의 반동으로부터 개시되었고, 그것은 제국주의·공산주의·파시즘의 '이데올로기 시대'로 귀결되었다. 18세기에는 '이성의 시대'라는 말은 없었다.

18세기 말, 19세기 초 계몽주의를 종식시킨 칸트의 반동 이후 오늘날까지도 칸트를 '계몽주의의 비판적 계승자'로 착각해온 독일 철학자·사회학자들은, 그리고 푸코를 위시한 프랑스 포스트모더니스트 '덩달이들'도 18세기 계몽주의 시대를 '이성의 시대'로 오인해 왔다. 호르크하이머와 아도르노는 이 엄청난 오인 속에서 칸트식의 '이성적 이성 비판', 즉 '이성의 자기 비판'의 패러다임을 벗어나지 않는 가운데 "도구적 이성"을 비판한다. 그들의 '이성적 이성비판'은 바로 존재하지도 않았던 '계몽의 이성'이 "도구적 이성"(기술적 이성)으로 전락하여 테크노크라시를 뒷바라지하며 "독점자본"의 강화에 이바지하고 있다는 것이다. 그러나 '도구적 이성에 대한 이성적 비판'으로서의 그들의 '이성적 이성비판'은 하버마스의 "소통적 이성에 의한 기능주의적 이성 비판"만큼이나 '비판 아닌 비판', '솜방망이 비판'에 불과한 '합리주의 패러다임 안에서의 자기변명'일 뿐이다. 진정한 이성비판의 길은 물론 '신비주의적 이성비판'으로 퇴락하는 것이나, 베버가 비관주의적 세계관에서 '거부하는 몸짓'으로 말려드는 것 같은 신비주의적·헤브라이즘적 '삶의 의미'를 복고하는 것이 아닐 것이다. 이것은 호르크하이머와 아도르노가 '문화산업' 장章의 첫 구절에서부터 부정하고 있다. "객관적 종교 안에서의 안식처의 상실, 마지막 전前자본주의적 잔재의 해체, 기술적·사회적 분화와 전문화 추세가 문화적 카오스로 이행

---

275) Adolf Reichwein, *China und Europa im Achtzehnten Jahrhundert* (Berlin: Oesterheld Co. Verlag, 1922).
276) 참조: 황태연, 『칸트에서 헤겔까지: 서양 합리론과 정치철학』(서울: 생각굽기, 2025).

했다는 사회학적 의견은 일상적으로 거짓으로 처벌받고 있다. 오늘날 문화는 만물을 유사성의 몽둥이로 내리친다. 영화, 라디오, 잡지는 하나의 시스템을 이룬다. 각 부문이 자기 안에서 같은 소리이고 모든 것이 합쳐져 있다."277) 여기서 "사회학적 의견"은 베버의 신비주의적·비관주의적 시대진단을 가리킨다.

문제는 이성이냐 신비냐, 로고스냐 미토스냐(Logos oder Mythos)의 양자택일 또는 양자합일의 형이상학적 관점을 설정하는 호르크하이머와 아도르노의 사고방식 자체가 바로 근대화를 '미토스에서 로고스로'의 이행으로 오인하는 합리주의 패러다임에 갇혀 있다는 것이다. 이 합리주의 패러다임에서는 이성에서 감성으로, 언어에서 공감으로, 내세에서 현세로, '형이상학'에서 '경험과학'으로, 주술적(종교적) 계시도덕에서 본성적 도덕감정과 세속적 경험에 기초한 도덕과학으로 이행한 근대화의 진짜 역사를 시야에서 완전히 놓치고 만다. '진짜 근대화'를 이끌었고 지금도 '현대화'를 이끌고 있는 영미세계의 점잖은 경험주의 패러다임과 대립되는 대륙의 획일적 합리주의 패러다임은 이성으로 사람을 죽이는 "이리살인以理殺人"의 패러다임으로서 플라톤으로부터 칸트·헤겔·마르크스·니체에 이르기까지 인간학살과 자연파괴의 홀로코스트를 자행해온 바로 그 헬레니즘적·헤브라이즘적 패러다임이다.

유럽문화의 심층에 잠복해 있다가 자본주의 사회의 위기 때마다 거칠게 터져 나오는 유럽 전통의 헤브라이즘은 계시적 신비주의와 희랍적 합리주의를 흡수한 이성신학과 호전주의로 특징지어지고, 르네상스 전통의 헬레니즘은 그리스·로마의 합리주의적 형이상학과 호전적 제국주의로

---

277) Max Horkheimer und Theodor W. Adorno, *Dialektik der Aufklärung: Philosophische Fragmente* (Frankfurt am Main: Fischer Taschenbuch Verlag, 1969·1988·2006[16.Auflage]), 128쪽.

특징지어진다. 이 헤브라이즘과 헬레니즘은 서구 자본주의의 구조적 침체기에 (공자철학의 영향으로 형성된) 근대 유럽사회의 계몽된 군자다운 (신사적) 표층문화를 부수고 공산주의와 파시즘·나치즘으로 폭발하듯 터져 나왔고, 제국주의의 부메랑 효과로 아프리카·중동으로부터 유럽으로 이민자들이 쇄도하고 러시아가 전쟁으로 동구권을 위협하는 오늘날에도 다시 유럽 전역에서 용출하고 있다. 이 현상은 '계몽'이 '반反계몽'으로 뒤집히는 '계몽의 변증법'이 아니고, 헤브라이즘과 헬레니즘의 심층문화가 자본주의 위기 때마다 용출하여 계몽주의 표층문화를 깨부수는 현상일 뿐이다.

18세기 계몽주의는 헤브라이즘과 헬레니즘을 둘 다 배격하는 사상·정치·사회운동이었다.[278] 계몽주의의 인식론과 도덕·정치철학은 헤브라이즘과 헬레니즘을 '몽매주의'로 물리치고 감성과 경험을 중시하는 경험주의에 기초해서 수립되었다. 따라서 로고스와 미토스의 양자택일적 합리주의 패러다임에 갇히지 않는 계몽주의 전통의 '진정한' 이성비판은 '감성적(경험적)·공감적 이성비판'일 것이다. 이 감성적·공감적 이성비판은 헬레니즘·헤브라이즘 전통의 합리주의 패러다임을 깨고 이것을 대체한 경험주의 패러다임 안에서만 수행할 수 있다.

아도르노와 호르크하이머는 계몽주의 시대를 '이성의 시대'로 오인하는 입장에서 반유대주의가 '계몽주의 기획의 실패'와 부르주아사회의 내재적 모순으로부터 유래하는 깊이 뿌리박은 불합리한 현상이라고 논변했다. 그러나 철학적 세계에서 반유대주의를 '계몽기획의 실패'의 소산으로 보는 것은 호르크하이머와 아도르노의 역사관의 일대 패착이다. 반유대주의는 '이성의 시대', '이데올로기의 시대'를 개막한, 그럼에도 그들이

---

[278] 참조: 황태연, 『유교적 근대의 일반이론』」(서울: 한국문화사, 2023), 118-168쪽(제2절 "유럽사회의 세속화와 탈희랍적·탈기독교적 인간해방").

여전히 숭배하는 칸트의 "유대교의 안락사(Euthanasie des Judenthums)" 테제로부터[279] 비롯되었다. 130여 년 뒤 나치스는 칸트의 "유대교의 안락사"를 "유대인의 안락사"로 해석하고 유대인학살을 자행했다. 그런데 칸트의 "유대교의 안락사"는 그가 유대인을 유럽사회의 "사기꾼 민족(Nation von Betrügern)"이자[280] "뱀파이어"로[281] 비방하고 헬레니즘과 기독교적 헤브라이즘의 관점에서 유대교를 기독교와 동화同化함으로써 해소되어야 할 '이단'으로 비판하는 맥락에서 도출된 것이었다. 반유대주의를 합리적으로 수립하려는 칸트의 이론화 시도는 철학사에서 최초의 시도이고, 합리주의 사상계열 안에서 '초超철학자(Überphilosoph)'로 대우받는 칸트가 말년에 슬그머니 내놓은 이 반유대주의 이론의 부정적 여파는 엄청났고, 히틀러와 나치스의 유대인학살을 이론적으로 정당행위로 근거짓고 유도한 '철학적 포그롬(Pogrom) 기획'이나 다름없었다.

아무튼 실제의 역사에 대한 심각한 무지, 칸트철학에 대한 무식한 숭배 속에서 호르크하이머와 아도르노는 귀족적 고답주의와 좌파적 비판주의를 결합한 '강남좌파'의 현학적 관점에서 반유대주의를 '계몽기획의 실패'로 규정하면서 유대인들은 개인과 사회가 그들의 깊은 공포·불안·노이로제 증세를 투사하는 보편적 희생양으로 쓰였다고 지적한다. 그들의 분석에 의하면 현대생활의 복잡하고 가끔 모순적인 성격은 소외·무력성·스트레스 증세를 낳는다. 사람들은 이 스트레스 감정들을 직접 대처할 수

---

[279] Immanuel Kant, *Der Streit der Facultäten*, A81쪽. *Kant Werke*, Bd.9 (Darmstadt: Wissenschaftliche Buchgesellschaft, 1983).

[280] Immanuel Kant, *Anthropologie in pragmatischer Hinsicht* [1798·1800], B130 Amerkung (517-518쪽). *Kant Werke*, Bd.10 (Darmstadt: Wissenschaftliche Buchgesellschaft, 1983).

[281] Walter Kaufmann, *Goethe, Kant, and Hegel: Discovering the Mind*, with a new introduction by. Ivan Soll, vol.1 (New Brunswick, NJ: Transaction; Cambridge: Cambridge University Press, 2009), 124쪽.

없으므로 손에 잡히는 '타자'를 지목해서 이 감정들을 외화外化하려고 했고, 유대인들은 역사적으로 주변화된 그들의 지위와 현대의 교란 요소들과 연결된 이미지 때문에 이 투사의 이상적 표적이 되었다는 것이다.

호르크하이머와 아도르노는 "문화산업"이라는 용어를 조어해서 자본주의 사회에서 "대중문화"는 영화·라디오 프로그램·잡지 등으로 구성된 문화산업이 "표준화된 문화상품"을 생산하는 공장과 흡사하다고 주장한다. 이 균질화된 문화상품들은 대중사회를 순응적이고 수동적이게 조작하는 데 쓰인다. 라디오라는 새로운 대중매체는 더 이상 청취자들에게 전화기에서 가능한 답변과 같은 그런 답변의 기회를 허용치 않는다. 오히려 청취자들은 이제 주체가 아니라, "상이한 방송국들에서 송출하는 동일한 프로그램에 권위주의 방식으로 노정된" 수동적 수용자다.

호르크하이머와 아도르노는 문화산업을 "대중기만으로서의 계몽(Aufklärung als Massenbetrug)"으로 규정한다. 이전에 해방자로서 등장한 '계몽의 도구'인 대중매체들이 대자본에 의해 창설되고 운영됨으로써 대중기만의 도구로 둔갑했다. 경제적 생산성의 상승이 모든 생활영역의 경제화 속으로 진행되고 이럼으로써 마침내 "문화의 판매"로 종결되는데, 이 문화판매에서 "의미(Sinn)"는 "유흥의 계산된 아둔함"으로 대체되고, 경제의 발생은 논리적 합리화 과정의 객관화된 권력의 유출로서 반성 없이 찬미된다는 것이다.

『계몽의 변증법』의 시대진단적 핵심포인트는 "대중기만으로서의 계몽"이다. '문화산업'은 문화의 상업적 시장판매를 위해 목표의식적으로 문화를 생산하는 산업부문이다. 이에 대해서는 "진정한 문화(authentische Kultur)"가 맞선다. 호르크하이머와 아도르노의 견해에 따르면 산업적으로 생산된 문화는 인간에게서 자기의 표상을 펼칠 상상력을 박탈하고 '숙고(Nachdenken)' 기능을 빼앗아 간다. "문화산업"은 인간에게 소비자 역할만을 주는 식으로 "상품"을 공급한다. 모든 것은 대량생산을 통해 획일적이고 기껏해야 사소한 점에서만 서로 구별된다. 모든 것은 도식 속으로 박아 넣어지고 실재하는 세계를 가급적 잘 흉내내는 것이 소망된다. 충동은 승화가 더 이상 가능하지 않도록 부추겨진다.

호르크하이머와 아도르노는 영화를 예로 든다. 모든 영화는 원칙적으로 유사하다. 영화들은 현실을 가급적 잘 재현하는 것을 겨냥한다. 실재와 유사하지 않다고 주장하는 판타지 영화들도 요구들을 공정하게 대하지 않는다. 이 영화들이 얼마나 비상한 것이기를 바라는지 관계없이 결말은 대부분 아주 빨리 간파할 수 있다. 동일한 도식으로 생산된 많은 영화들이 있기 때문이다. 나아가 가령 에로스적 묘사로 욕망은 다른 것으로의 변혁이 이제 불가능할 정도로 아주 많이 강화된다. 문화산업의 목표는 여느 산업과 마찬가지로 경제적 목표다. 모든 노력은 경제적 성공을 겨냥한다.

반면, "진정한 문화"는 목표지향적이지 않다. "진정한 문화"는 자기목적이다. 그것은 자극을 주지만 문화산업과 달리 인간의 독자적 사유에 자유 공간을 허용함으로써 인간의 상상력을 촉진한다. 진정한 문화는 현실을 재현하는 것이 아니라, 현실을 아주 멀리 뛰어넘는다. "진정한 문화"는 개성적이고 도식 속으로 밀어 넣어지지 않는다.

호르크하이머와 아도르노는 문화를 상품화하여 이윤극대화의 목표를 추구하는 것을 문화산업의 발생 원인으로 제시한다. 이런 사정으로 인해 문화는 '진정한 문화'로 남아 있지 않고, 다른 모든 상품처럼 하나의 상품이 되었다. 그들은 '문화산업' 장章의 서두에서 베버의 비관주의와 색다른 이런 비관적 견해를 쏟아 놓는다.

객관적 종교 안에서의 안식처의 상실, 마지막 전前자본주의적 잔재의 해체, 기술적·사회적 분화와 전문화추세가 문화적 카오스로 이행했다는 사회학적 의견은 일상적으로 거짓으로 처벌받고 있다. 오늘날 문화는 만물을 유사성의 몽둥이로 내리친다. 영화, 라디오, 잡지는 하나의 시스템을 이룬다. 각 부문이 자기 속에서 같은 소리이고 모든 것이 합쳐져 있다. 정치적 대립들의 미학적 표명도 마찬가지로 강철 리듬의 찬양을 알린다. 산업의 장식된 관리 장소와 전시장소들은 권위주의적 국가들이나 다른 국가들에서도 다르지 않다. 도처에서 치솟는 밝은 기념비적 건축물들은 국가를 휘감는 콘체른들의 의미심장한 계획성을 표현한다. 자유방임된 기업가층은 콘체른을 향해 돌진하고. 이 계층의 기념물들은 암담한 도시들을 둘러싼 암울한 주택과 상가들이다. (...) 대우주와 대우주의 눈에 띄는 통일은 인간들에게 일반자와 특수자의 그릇된 동일성이라는 그들의 문화의 모델을 알려준다. 독점체 아래의 모든 대중문화는 동일하고, 이 문화의 골격, 즉 저 독점체에 의해 제조된 뼈대가 두드러져 나온다. 조종자들은 독점을 숨기는 데 관심이 없고, 대중문화가 거칠면 거칠수록 독점체의 권력은 강화된다. 영화와 방송은 스스로를 예술로 알릴 필요가 없다. 영화와 방송은 그것들이 사업 외에 아무것도 아니라는 진리를, 고의로 산출하는 삼류작품을 정당화해야 하는 이데올로기로 활용한다. 영화와 방송은 스스로 산업이라 부르고, 영화·방송사업 경영자들의 공개되는 이윤수치들이 그 제품의 사회적 필요성에 대한 의심을 해소한다.[282]

호르크하이머와 아도르노는 도입부의 이 모호한 설명들("대우주와 대우주의 눈에 띄는 통일", "일반자와 특수자의 그릇된 동일성" 등)을 뒤에 차츰 구체화시킨다. 이 통일은 '진지한 예술'의 '바른 일반성'과 '가벼운 예술'의 '그릇된 일반성'(대중적·통속적 일반성)의 그릇된 통일,[283] 또는 "문화산업과 산출된 욕망의 통일(Einheit der Kulturindustrie mit dem erzeugten Bedürfnis)",[284] "전능성과 무력성無力性(Allmacht und Ohnmacht)

---

282) Horkheimer und Adorno, *Dialektik der Aufklärung* (Fischer-Ausgabe, 아래도 끝까지 줄곧), 128-129쪽.
283) Horkheimer und Adorno, *Dialektik der Aufklärung*, 143쪽.
284) Horkheimer und Adorno, *Dialektik der Aufklärung*, 145쪽.

의 통일"285) 등으로 드러난다. '진지한 예술'의 '바른 일반성'은 고전적·미학적 일반성을 뜻하고, '가벼운 예술'은 대중예술을 뜻하고 '가벼운 예술'의 '그릇된 일반성'은 통속적 대중성을 뜻한다.

"문화산업: 대중기만으로서의 계몽주의" 장章에 빈발하는 단어들은 "항상 동일한 것(Immergleich)", "도식주의(Schematismus)", "상투어(Clichés)", "후기자본주의(Spätkapitalismus)", "독점(자산)(Monopol[gut])", "문화독점(Kulturmonopol)", "벙어리로 만들다(verstummen)", "좌절(Scheitern)", "기만당한 대중(betrogene Massen)", "기만(Betrug)", "학살(Massaker; Pogrom)", "폭력(Gewalt)", "난센스(Unsinns)", "정신박약(schwachsinnig)", "거짓말(Lüge)" "순진(naiv; Naivität)", "비진리(Unwahrheit)". "무의미(sinnlose)", "기술적 이성·자본주의적 이성·계획적 이성(technologische, kaptalistische, planende Vernunft)" 등 부정적 단어들로 채워져 있다. 한마디로, "문화산업" 장章은 계몽과 해방의 기수였던 대중매체들이 후기자본주의 시대에 대자본(산업·은행자본)에 종속된 '문화산업'으로 전락하면서 기만·몽매·억압의 도구로 퇴락했다는 혹독한 비관주의적 보고서다.

호르크하이머와 아도르노는 당시의 자본주의 경제와 기술을 너무 단순하게 생각하고 속단·단정·과장·왜곡으로 일관하고 있어서 오늘날 이 글을 읽는 것은 정신적으로 대단한 고역이다. 그들의 단순하고 그릇된 경제관을 나타내는 대표적 구절들을 보자.

이 시대의 객관적 사회추이가 최고경영자들의 어두운 주관적 의도로 체현된다면, 그들은 원래 제조업·철강·전기·화학 부문의 최고경영자들이다. 문화독점체들은 이 부문들과 비교하면 취약하고 종속적이다. 그것들은 그 영역이 대중사회에서 일련의 숙청조치를 당하지 않도록 참된 권력자들을 만족시

---

285) Horkheimer und Adorno, *Dialektik der Aufklärung*, 145쪽.

키기 위해 서둘러야 한다. 그 영역의 특유한 상품유형은 어차피 정감적 자유주의와 유대인 지식인들과 너무 많이 관련된 것이다. 전기산업에 대한 방송회사의 종속성 또는 은행에 대한 영화의 종속성은 그 영역 전체를 특징지어 주는데, 이 영역의 개별부분들은 다시 경제적으로 서로 엉켜있다. 정신의 집중이 [문화적] 기업명칭들과 기술분과들의 분계선을 뛰어넘는 것을 허용할 규모에 도달하는 것은 완전히 아주 쉽게 이해된다. 가차 없는 '문화산업의 통일성'은 다가오는 '정치의 통일성'을 증명한다.286)

대중사회 전체가 산업부문의 대자본가들에 휘둘리고, 이들이 다시 방송·영화 등 문화기업들을 휘어잡고 있어 "문화독점체들"로 성장한 이 문화기업들이 하나로 통일되어 획일화되고, 곧 정치도 좌우구별 없이 그렇게 그릇된 통일성에 이를 것이다. 그러나 1920-30년대부터 미국을 위시한 자본주의국가들은 전국적으로 수천 개의 백화점과 아울렛을 전개한 유통자본들이 제조업부문의 산업자본을 능가하고 지배하는 새로운 상황을 맞았고, 미국 의회는 이것을 막기 위해 30년대에 제조업 자본만이 가격을 결정할 수 있는 권한을 부여하는 일련의 제조업보호 법률을 제정해야 할 정도였다. 그러나 전후에 유통자본은 해외로 눈을 돌려 동아시아에서 주문자상품부착제조 방식(OEM)으로 부품들과 완제품을 제작하여 미국 시장에 유통자본의 상표로 출하함으로써 미국 의회의 제조업보호법을 우회했고, 이로 인해 1970년대부터 미국 제조업은 서서히 공동화空洞化 되었다. 호르크하이머와 아도르노는 이런 추이를 전혀 알지 못했고, 따라서 미래 예견도 빗나갈 수밖에 없었다.

당시 유통자본의 강력한 성장에 대한 호르크하이머와 아도르노의 인식 부재는 그들의 다음 구절도 입증해준다. "현대적 문화콘체른들은 그렇지 않다면 축소되는 중에 있는 유통영역의 한 조각이 상응하는 기업유형들

---

286) Horkheimer und Adorno, *Dialektik der Aufklärung*, 130-131쪽.

과 함께 아직 한동안 살아남아 있는 경제적 장소다."287) 그들은 강력하게 성장하고 있었던 1950-60년대의 미국 유통부문을 "축소되는 중에 있는 (im Abbau begriffen)" 부문으로 오인하고 있다.

호르크하이머와 아도르노의 "문화독점체" 개념도 그릇된 것이다. 문화는 일시적 독점이 가능할지 모르지만 수많은 경쟁자들의 지속적 출현으로 인해 중장기적으로 독점할 수가 없다. 또한 언론도 마찬가지다. 호르크하이머와 아도르노는 새로운 기술 덕택에 문화산업의 문화독점이 가능하다고 하지만 장기적으로는 새로운 커뮤니케이션 기술들의 부단한 등장으로 오히려 매체독점은 부단히 깨진다. 오늘날의 상황은 그것을 여실히 보여주고 있다.

기술 일반에 대한 호르크하이머와 아도르노의 이해도 마르크스의 기술 중립론을 벗어나지 못하고 있다. 칼을 가지고 사람을 죽이면 무기이고 파를 썰고 빵을 썰면 요리·식사도구인 것처럼 기술은 중립적인 것이고 쓰는 목적에 따라 그 기능과 성격이 달라진다는 것이다. "한동안 문화산업의 기술은 단지 표준화와 시리즈생산을 성취시키고 작품의 논리를 사회시스템의 논리와 구분해주는 것을 희생시켰을 뿐이다. 그러나 이것은 조금도 기술 그 자체의 운동법칙 탓이 아니라, 오늘날 경제 안에서 기술이 수행하는 기능(Funktion) 탓이다."288) 그러나 기술은 본질적으로 '중립적'이고 '기능'만 다른 것이 아니다. 중립적 기술도 있지만, 과잉살상무기·원자·수소·중성자탄, 각종 독가스, 불화산화수소(FH), 인간복제기술 등 인간과 자연을 파괴하는 불가역적으로, 즉 전용불가능하게 본질적으로 해로운 기술도 있고, 선박기술·IT 등과 같이 인간과 자연을 살리는 유용한 기술도 있다. 따라서 기술을 일괄 중립적인 것으로 규정하거나, 일괄 해로

---

287) Horkheimer und Adorno, *Dialektik der Aufklärung*, 139쪽.
288) Horkheimer und Adorno, *Dialektik der Aufklärung*, 129쪽.

운 것으로 보거나, 일괄 유익한 것으로 보는 것은 나이브한 것이다.

호르크하이머와 아도르노는 문화산업 장에서 언론매체를 전혀 다루지 않고 있고, 공론장도 거의 다루지 않고 있다. 문화산업도 문화·예술·유흥산업의 관점에서만 다룬다. 대중매체로는 라디오와 영화만 집중적으로 다루지만, 텔레비전은 딱 군데에서 언급할 뿐이고, 언론과 신문(Presse)에 대한 언급은 사실상 전무하다.289) 그들은 라디오에 대해 이렇게 논한다.

[문화산업시대에] 중앙 통제로부터 벗어날 수 있는 욕구는 이미 개인적 의식의 통제로부터 추방된다. 전화에서 라디오로 전진은 역할을 나누어놓았다. 전화는 참여자들에게 아직 주체의 역할을 자유롭게 하게 했다. 라디오는 모든 사람들을 똑같이 민주적으로 청취자로 만들어 권위적으로 방송국들의 상호 동일화되는 프로그램들 아래 청취자들을 처하게 한다. 어떤 응답기구도 발전되지 않았고, 사적 방송은 부자유로 억압당한다. 사적 방송은 공인받지 않은 아마추어 영역에 국한되고, 이것마저도 위로부터 조직된다. 그러나 공식적 방송 영역의 테두리 내에서는 공중公衆의 자발성과 관련된 모든 흔적이 탤런트사냥꾼, 마이크 앞의 경쟁자들, 온갖 피被후원 행사들에 의해 전문가적 선발 속에서 조정되고 흡수된다. 탤런트들은 기업이 그들을 드러내기 전에 일찍이 기업의 소유다. 그렇지 않으면 열심히 적응해야 할 것이다. 문화산업의 시스템을 명의상, 그리고 사실상 선호하는 공중의 심리상태는 이 시스템의 일부이지, 이 시스템을 변명하는 핑계가 아니다.290)

여기서 전화에 라디오방송을 비교하는 것은 정말 "개다리에다 소다리 붙이는" 식의 엉터리 비교다. 왜냐하면 전화로 하는 말은 사적 대화인

---

289) '신문'은 지나치는 식으로 딱 한 번 언급된다. "고객으로서 그들에게는 선택의 자유, 즉 이해되지 않는 것의 자극이 스크린 위에서든 언론 안에서든 인간적·사적 사건들에서 표명된다." Horkheimer und Adorno, *Dialektik der Aufklärung*, 155쪽.
290) Horkheimer und Adorno, *Dialektik der Aufklärung*, 130쪽.

반면, 라디오방송은 공론장에서 전국적으로 뉴스와 소리예술 및 음성예능을 송출하는 대중매체의 공론적 언어이기 때문이다. 양자는 비교대상이 될 수 없다. 그리고 라디오방송도 응답 없는 일방적 송출이 아니다. 청취자들이 우편과 전화로 노래를 신청하고 또 의견을 개진할 수 있기 때문이다. 청취자의 신청과 의견개진을 막는 라디오방송은 자유방송이 아니라 나치스나 공산당의 방송 같은 독재 방송이다. 지금까지 민주국가 세계에서 청취자들과의 피드백을 설치하지 않은 라디오방송은 존재한 적이 없었다. 따라서 라디오방송에서 "어떤 응답기구도 발전되지 않았다"는 호르크하이머와 아도르노의 단정은 당시의 라디오방송에 대한 인식부족에 기인한다.

또한 "사적 방송은 부자유로 억압당하고", "사적 방송은 공인받지 않은 아마추어 영역에 국한되고, 이것마저도 위로부터 조직된다"는 구절도 그릇된 말들이다. 사적 방송은 1968년 학생봉기 이후 프랑스에서 공인되었고, 호르크하이머와 아도르노가 『계몽의 변증법』 재판을 낸 1969년의 시점에는 서구에서 일반적으로 공인되었다. 이후 일부 사적 방송은 아마추어 수준을 넘어 상업화되었다. (오늘날 'YOU튜브' 같은 동영상 공유서비스는 대단히 많은 수가 상업적으로 운영되고, 수백만 명의 구독자를 거느린 어떤 동영상 서비스 방송은 수백만 명의 시청자를 가진 대형 TV방송국을 능하는 수준으로 발전했다.)

호르크하이머와 아도르노는 당시로서 아직 일반화되지 않은 텔레비전 매체에 대해서도 논하지만, 텔레비전 논변은 역시 헐뜯는 식의 비관주의적 비판이다.

텔레비전은 라디오와 영화의 종합을 겨냥하는데, 이해당사자들이 아직 완전히 의견일치를 보지 못하고 있는 동안 그 종합이 중단되고 있다. 그러나 미학 재료의 궁핍은 이 종합의 무한한 가능성을 아주 급진적으로 제고시킬 것을 약속하여 모든 산업적 문화생산물들의 슬쩍 위장된 동일성이 내일 이미 공개적으로 개선행진을 할 수 있을 정도다. 이것은 바그너의 종합예술의 꿈의 박장대소할 실현이다. 말·화상·음악의 합치는 사회적 현실의 표면을 이의 없이 싹 다 기록하는 감성적 요소들이 원리상 동일한 기술적 작업과정에서 생산되고 이 과정의 통일성을 감성적 요소들의 본래적 내용으로 표현하기 때문에 『트리스탄』에서보다 그만큼 더 완벽하게 성공한다. 이 작업과정은 영화를 훔쳐보는 소설의 구상으로부터 마지막 음향효과에 이르기까지 생산의 모든 요소들을 통합한다. 이 작업과정은 투자자본의 승리다. 연출지휘부가 그때그때 어떤 플롯을 선정하든 관계없이, 일자리를 기대하는 무산無産 연출자들(die enteigneten Anwärtern auf jobs)의 가슴을 주인의 유망주로서 불타게 하는 자본의 전능적 권력은 모든 영화의 의미를 만든다.291)

호르크하이머와 아도르노는 텔레비전을 "말·화상·음악의 합치"를 이루는 "종합예술"로 특징짓고 있다. 그러나 이런 종합예술은 이미 영화로 달성된 지 오래였다. 종합예술이라는 특징짓기로는 영화와 텔레비전을 구별할 수 없다. 영화는 영화관에 가서 봐야 하는 불편이 따르지만, 텔레비전은 응접실과 안방이나 심지어 침실에서도 볼 수 있다는 편리함이 있다. 텔레비전에서 비로소 종합예술은 가정용이 된 것이다. 또한 영화관에서 보는 영화는 본 영화 시작 전에 일정한 정부 홍보 뉴스를 방영한다. 이 뉴스는 대개 낡은 것인 데다가 이것마저도 영화관람자들만 볼 수 있다. 따라서 영화의 뉴스 전달 효과는 매우 제한적이다. 본本 영화도 마찬가지다. 반면, 텔레비전은 거의 실시간으로 음성언어와 영상으로 이루어진 뉴스를 매 가정에 매일 매시간 방영하고, 시사특집·탐사뉴스·영화·음악·뮤지컬·오락물 등도 매 가정에 그렇게 송출한다. 텔레비전은 영화와 다른 이런 여러 가지 점에서 실로 획기적인 것이었다. 호르크하이머와 아도르

---

291) Horkheimer und Adorno, *Dialektik der Aufklärung*, 132쪽.

노는 대중매체로서의 텔레비전이 지닌 이 특별한 획기적 장점을 이해하지 못한 것이다. 게다가 그들은 이 텔레비전도 자본의 전능한 권력에 전적으로 예속된 것으로 규정함으로써 TV의 미래를 비관적으로 그리고 있다. TV 중심의 공론장은 지성이 말살된 메마른 공론장이 아니라 정감적으로 풍요로운 '공감적 공론장'이다.

당시 텔레비전은 미국에서 50년대 말에 수백만 명 시청자 수준으로 확산되고, 60년대에는 수천 만 명의 시청자를 확보하고, 60년대 말에는 컬러TV로 바뀌었다. 텔레비전은 컬러TV로 전환되면서 뉴스와 시사를 실시간만이 아니라 실제장면과 동일한 생생한 영상을 송출할 수 있게 되었다. 1970년대 이후 전 세계로 확산되기에 이른 TV는 더욱 널리 보급되고 엄청난 인기를 누리면서 '바보상자'라는 별칭도 얻었지만 각국에서 거의 실시간으로 국내외 뉴스를 동영상과 함께 보도하고 생방송으로 문화·사회·정치토론을 음성언어와 화상으로 중개하기 시작했다. 시청자는 눈으로 보고 귀로 들으면서 감성과 지성으로 실제상황을 생생하게 지각하고 아나운서의 딱딱한 정제된 '지성적 음성언어'와 함께 뉴스현장에서 뉴스와 관련된 사람들의 생생한 '정감어린 언어'도 들을 수 있고 이에 더해 이 사람들의 표정·몸짓·손짓·피땀·눈물·소리(웃음·울음소리)를 듣고 보면서 그들의 위상·처지·상황을 주관적 '감정이입'으로가 아니라 주객관적 '공감'으로 '실감'할 수 있었다. 호르크하이머와 아도르노는 텔레비전 매체에서 극대화되는 이 '공감적 실감' 효과를 완전히 놓치고 있다.

그리고 텔레비전을 통한 종합예술의 실현을 "자본의 승리"로만 보는 호르크하이머와 아도르노의 인식도 형편없는 '속단'이다. 그들이 방송·방영기술의 발달이 소액의 돈으로도 이 텔레비전과 같은 효과를 내는 개인TV가 가능한 시대가 올 수 있다는 낙관적 전망을 원천적으로 배제한 것이다. 오늘날 이런 저렴한 개인TV는 유튜브 동영상방송에서 그대로 실현되었다. 그들은 신문과 잡지 시대에서 라디오·영화·텔레비전 시대로의 공론장의 구조변동만 생각했을 뿐이고, 대중매체기술의 발달로 그 이상으로 공론장의 구조변동이 계속 이어질 것이라고 생각하지 않았다. 이것은 마르크스가 비웃었듯이 "지금까지 역사는 있었으나 앞으로 역사가 없을 것"이라는 부르주아 역사관과 같은 어리석은 시대인식이다.

1.2. 오판과 비관: 지성과 사유의 말살

호르크하이머와 아도르노는 영락없는 칸트적 합리주의자였다. 따라서 그들은 감성보다 이성과 합리적 논리, 감각적·감정적·공감적 실감보다 사유와 관념·이념(Idee)을 높이 치고 감성을 멸시하고, 공감은 아예 아는 바 없다. 그리하여 그들은 라디오·영화·텔레비전 등 대중매체의 기업화와 독점화에 기초한 문화산업의 발전으로 '사유'가 중단된다고 안타까워하기만 하고 감성적·공감적 이해의 증가에 대해서는 일언반구도 없다. 따라서 서적과 사전을 통한 언어의 근대화도 '합리화'로만 이해하고 정감적·공감적 언어의 등장을 완전히 몰각한다. 라디오·영화·텔레비전 매체 중심의 음성언어적·영상적 공론장은 보도국의 방송편성권이 갈등요인일지라도 결코 지성이 말살된 메마른 공론장이 아니라 정감적으로 풍요로운 '공감적 공론장'이다. 그러나 호르크하이머와 아도르노는 영화와 관련해서 사유 차원의 말소를 지적한다.

전 세계는 문화산업의 필터를 통해 이끌어진다. 바깥의 가로를 방금 본 무성영화(Lichtspiel)의 연장으로 지각하는 영화관 방문객들의 옛 경험은 영화연출의 기준이 되었다. 왜냐하면 이 무성영화 자체가 일상적 지각세계를 재현하고자 하기 때문이다. 연출의 기술들이 경험대상들을 더 치밀하게, 더 빈틈없이 이중화하면 할수록, 바깥 세계가 영화 안에서 알게 되는 세계의 이음새 없는 연장이라는 기만은 오늘날 그만큼 더 성공한다. 발성영화(Tonfilm)의 전격적 도입 이래 기계적 복제는 전적으로 이 계획에 이바지할 수 있었다. 삶은 이제 경향상 영화와 구별될 수 없어야 한다. 영화는 마술극장을 훨씬 능가하면서 관람자들의 상상과 사유(Phantasie und Gedanken)에 — 그들이 영화작품의 테두리 내에서 영화의 정확한 사실에 의해 통제받지 않고 소요逍遙하고 실마리를 잃지 않고 벗어날 수 있는 — 어떤 차원도 더 남겨주지 않음으로써 영화에 내맡겨진 사람을 영화를 현실과 직접 동일시하라고 훈련시킨다.292)

호르크하이머와 아도르노는 전격적으로 등장한 발성영화가 영화관람자들에게 독자적 "상상과 사유"의 차원을 전혀 남겨주지 않는다고 과장하고 있다. 그들은 이런 과장에 묻혀 무성영화 시대에 활동사진이 전하려는 주제의 의미를 주관적 감정이입으로 이해하던 단계로부터 흑백·컬러영상과 함께 배우들의 생동하는 정감어린 언어를 듣고 그들의 세밀한 표정과 몸짓을 봄으로써 영화의 주제와 줄거리를 공감으로 실감하는 단계로의 발전적 이행을 완전히 놓치고 있다.

그러나 '사유'의 축소·소멸을 지적하는 호르크하이머와 아도르노의 비판은 줄곧 반복되고 더욱 과장된다.

문화소비자들의 상상력과 자발성이 위축되는 것은 오늘날 심리적 메커니즘으로 비로소 환원될 필요가 없다. 생산물들 자체가, 특히 가장 특징적인 것인 발성영화는 그 객관적 성질상으로 저 능력들을 마비시킨다. 이 생산물들은 이것들을 적절히 이해하는 데 즉각적 신속성, 관찰재능, 노련미가 필요하기는 하지만 관람자가 지나치는 사실들을 소홀히 하지 않으려면 관람자의 사유 활동(denkende Aktivität)을 곧바로 금지하는 성향을 가지고 있다. 물론 긴장에 익숙해져서 긴장을 개별사례에서 비로소 발동할 필요가 없지만 이

---

292) Horkheimer und Adorno, *Dialektik der Aufklärung*, 134쪽.

긴장은 상상력을 추방한다. 영화의 우주, 제스처, 영상, 말에 의해 흡수되어서 자기가 비로소 우주가 되는 것을 영화에 보낼 수 없게 되는 자는 반드시 기계들이 특별한 성능을 발휘하는 순간에 완전히 영화에 점령당할 필요가 없다.293)

호르크하이머와 아도르노는 영화와 관련하여 과장하는 이 '사유중단'의 부작용을 오락으로도 확대한다. "정밀한 정보와 번쩍번쩍 다듬어진 오락의 홍수는 인간들을 깨우치면서 동시에 우민화한다."294) "문화산업은 누가 뭐래도 유흥기업이다. 소비자들에 대한 문화산업의 관리는 유흥을 통해 매개된다. 발가벗은 명령을 통해서가 아니라, 유흥 자체보다 더 많은 것에 대한, 유흥 원리에 내재하는 적대관계를 통해서 유흥은 마침내 해체된다."295) 그런데 문화산업의 유흥은 사유와 전체적 관념을 정지시킨다.

공장과 사무실의 노동과정으로부터 벗어나는 것은 휴식 속에서도 노동과정에 동화되는 가운데서만 가능하다. 이것 때문에 모든 유흥은 치유할 수 없는 어려움을 겪는다. 유희적 쾌락(Vergnügen)은 권태로 굳어진다. 왜냐하면 이 쾌락이 쾌락으로 남기 위해 다시 노력을 하지 않고 엄격하게 다 끝난 연상聯想궤도 안에서 움직이기 때문이다. 관객은 어떤 자기 사유도 필요하지 않아야 한다. 작품이 작품의 사실적 연관을 통해서가 아니라—이 연관은 무리하게 사유를 요구하면 붕괴된다—시그널을 통해서 모든 반응을 미리 구상한다. 정신적 호흡을 전제하는 모든 논리적 연결은 고통스럽게 회피된다. 사건의 발전은 '전체의 이념(Idee des Ganzen)'으로부터가 아니라 가급적 바로 앞 상황으로부터 생겨나야 한다. 개별장면으로부터 이 장면이 어떻게 될지를 미리 도출하는 제작자들의 노력에 반하는 줄거리는 존재하지 않는다.296)

---

293) Horkheimer und Adorno, *Dialektik der Aufklärung*, 134쪽.
294) Horkheimer und Adorno, *Dialektik der Aufklärung*, 5쪽.
295) Horkheimer und Adorno, *Dialektik der Aufklärung*, 144쪽.

자본주의 사회에서는 유흥과 놀이도 '저항의 사유'를 중지시키고 전체의 이념을 몰각하게 하는 마취제다. "사유는 코믹과 전율의 대상들과 똑같이 학살되고 파괴된다."297)

유흥과 놀이까지도 사유와 배치되는 것으로 해석하는 호르크하이머와 아도르노의 이런 사고방식은 계급사회에 대한 그들의 근본적으로 그릇된 인식에 기인한다. 어떤 사회구성체도 지배계급에게만 이롭다면 존립할 수 없다. 노예제 사회를 포함한 모든 계급사회는 피지배계급에게도 매번 이전 시대에 비해 진보적 요소를 안고 있었고 이로운 측면이 있었다. 심지어 노예제 사회도 전쟁포로를 살해하던 야만적 원시시대보다 진보한 사회였다. 노예제 사회에서는 주인들이 전쟁포로를 노예화하여 부려 먹는 이점을 얻었고 노예는 전쟁에 패해 포로가 되었어도 생명을 건진 점에서 이점이 있었기 때문이다. 따라서 자본주의 사회도 부르주아지에게만이 아니라 착취당하는 노동자계급에게도 좋은 점이 있는 것이다. 따라서 노동자의 관점에서도 자본주의는 나쁜 측면과 좋은 측면이 섞여 있다. 따라서 자본주의에 대한 '비판'이란 자본주의의 무조건적·전면적 부정이 아니라 자본주의의 좋은 점을 긍정·보존하고 나쁜 측면을 부정·지양止揚하는 것이다. 그러나 자본주의 전체를 악마화한 호르크하이머와 아도르노는 자본주의에서 노동자들이 휴식하고 노는 것도 이 사회의 지배·착취 메커니즘에 말려든 것으로, 자본주의 풍토병에 전염된 것으로 간주한다.

그리하여 호르크하이머와 아도르노는 유흥과 유희를 무조건 인간을 몽매화·우민화하고 무상무념無想無念하게 만드는 체제긍정 요소로 해석한다.

사회와 유흥의 근원적 친화성은 유흥의 고유한 의미, 즉 사회의 변호에서

---

296) Horkheimer und Adorno, *Dialektik der Aufklärung*, 145쪽.
297) Horkheimer und Adorno, *Dialektik der Aufklärung*, 146쪽.

입증된다. 즐김은 승낙이다. 이것은 유흥이 사회적 과정의 전체에 대해 관심을 틀어막고 스스로를 우둔하게 만들고, 작품의 제한 속에서 전체를 고찰하라는, 모든 작품, 심지어 가장 하찮은 작품도 제기하는 피할 수 없는 요구를 처음부터 부조리하게 포기함으로써만 가능할 뿐이다. 유희적 즐김은 언제나 전체를 생각할 필요가 없다는 것, 고통이 드러나는 곳에서도 고통을 잊는 것이다. 즐김의 기저에는 무력감이 있다. 유희적 즐김은 실은 도피다. 그러나 이 즐김이 주장하듯이 조악한 현실로부터 도피하는 것이 아니라, 이 현실이 아직 남겨놓은 저항에 대한 최후의 사유(der letzte Gedanken an Widerstand)로부터도 도피하는 것이다. 유흥의 약속하는 해방은 부정으로서의 사유로부터의 해방이다. "사람들이 무엇을 가지고 싶어 하는가"라는 수사적 물음의 뻔뻔함은 주체성의 습관을 버리는 것을 자기들의 특수한 과업으로 묘사하는 동일한 그 사람들을 사유하는 주체로 끌어댄다는 데 있다. 공중이 유흥산업에 대해 한번 저항하는 곳에서도 이 산업 자체가 공중에게 교육하는 것은 일관적이게 되는 무저항성이다. 그럼에도 불구하고 장대를 잡고 의지할 사람과 더불어 즐기는 놀이는 점점 더 어려워졌다. 우민화의 진척은 지성의 동시적 진척에 비해 뒤떨어져 있어서는 안 된다. 통계의 시대에 대중은 너무 약아져서 자기를 스크린 위의 백만장자와 동일시하지 않고, 너무 우둔해서 대수大數의 법칙으로부터 벗어나 기분전환도 할 수 없다. 확률계산에는 이데올로기가 숨겨져 있다. 행복은 모든 사람에게 언젠가 오는 것이 아니라, 로또를 뽑는 사람에게, 오히려 높은 권력에 의해 행운에 지명된 사람에게 온다. 그런데 이 권력은 부단하게 찾는 중에 떠오르는 그 유흥산업의 권력이다.298)

호르크하이머와 아도르노가 합리주의라는 '지식인의 아편'에 탐닉해 있다는 사실은 '사람들이 무엇을 가지고 싶은가'라는 질문을 '욕구하는 주체'와 관련시키는 것이 아니라 '사유하는 주체'와 관련시키는 점에서도 입증된다. 그렇기 때문에만 그들은 "유희적 즐김"을 무조건 "전체를 생각

---

298) Horkheimer und Adorno, *Dialektik der Aufklärung*, 153쪽.

할 필요가 없다는 것"과 등치시킬 수 있는 것이다.

호르크하이머와 아도르노는 합리주의적 관점에서 라디오·영화·텔레비전·광고산업으로 짜인 문화산업을 오판하여 지성과 사유가 말살되었다고 비판하고 있다. 그들은 지성과 사유를 좋은 것으로 치고 지성과 사유의 퇴조를 나쁜 것으로 보는 이 비판적 합리주의의 관점에서 ① 라디오·영화·텔레비전 방송산업에 의해 새로운 정감어린 '공감적' 공론장이 펼쳐지게 되었다는 것을 완전히 시야에서 놓쳤다. 그리고 그들은 ② 또한 The New York Times, The Washington Post, The Times, The Guardian, Le Monde, L'Humanité, Le Figaro 등 각국의 유명한 정론지들이 라디오·영화·텔레비전이 주도하는 문화산업 시대에 사라진 것이 치열한 경쟁 속에서 엄존儼存하며 라디오·텔레비전 방송의 의제와 논조를 좌우하고 있었다는 사실을 전혀 모를 만큼 사실인식이 부실했다. 또 각국의 좌우 정론지들은 오늘날도 방송의 의제에 영향을 미치고 논조를 거의 결정하다시피 하고 있다. 따라서 지성과 사유가 말소되었다고 오판하고 비판할 것이 없었다.

1.3. 계몽주의적 언어 순화에 대한 오인

너무 합리주의적인 호르크하이머와 아도르노는 계몽주의 시대에 언어가 문예·신문·잡지·사전발간을 통해 어의적 모호성과 문법적 불명확성으로부터 순화되고 탈脫신화화·탈종교화·계몽된 것을 '합리화'로만 이해한다. 따라서 그들은 단어들과 언어들이 계몽을 통해 체계적으로 정리되어 명확해지는 합리화 외에 문예적·언론적·예술적 용법의 확장을 통해 감정적으로 풍요로워지고 더 공감적이 된 의미론적 발전을 시야에서 완전히 놓치고 있다. 그리하여 이런 계몽과정에서 '합리화된' 언어가 히틀러 시대의 문화산업에서 '시그널'로 전락했다고 비판한다.

고객은 그가 말하는 언어를 통해 그 자신이 문화의 광고성격에 자기 몫을 기여한다. 언어가 전달에서 더 완전하게 역할을 다하면 다할수록, 단어들이 실체적 의미담지체에서 질質 없는 부호(Zeichen)로 더 많이 변하면 변할수록, 단어들이 말하려고 한 것을 더 순수하게, 더 투명하게 전달하면 전달할수록 단어들은 더 비침투적이 된다. 언어의 탈脫신화화는 전체적 계몽과정의 요소로서 마법으로 퇴락한다. 말과 내용은 서로 구별되면서 불가분적이어서 서로 어울린다. '비애', '역사', 아니, '삶과 같은 개념들은 이 개념들을 강조하면서 보존한 단어에서 인식되었다. 단어의 형상이 개념들을 구성하고 동시에 반영했다. 워딩(Wortlauf)을 우연으로, 대상에 대한 단어의 귀속을 자의로 선언하는 단호한 분리조치는 단어와 사물의 미신적 혼효상태를 제거한다. 고착된 문자배열에서 사건과의 상호관계를 뛰어넘는 것은 불명료한 것으로, 그리고 단어형이상학으로 추방된다. 그러나 기술하기만 하고 그 이상 아무 것도 의미해서는 아니 되는 단어가 사건과 상호관계를 뛰어넘으면 공식公式(Formel)으로 굳어질 정도로 사물과 고착된다. 이것은 언어와 대상에 공히 관계된다. 순화된 단어(das gereinigte Wort)는 대상을 경험하게 하는 것이 아니라 대상을 추상적 계기의 사례로 설명하고, 기타 모든 것은 무자비한 명료성에의 강제를 통해 이제 존재하지 않는 표현으로부터 잘려나감으로써 실재 속에서도 기력을 잃는다. 축구에서의 '레프트윙', '흑사쓰', '히틀러유겐트 단원'은 그것이 불리는 것 이상의 것이 아니다.299)

호르크하이머와 아도르노는 언어의 계몽적 '순화'에서 탈신비화·합리화만 보고 언어의 감정적·공감적 풍부화를 놓치기 때문에 " '레프트윙', '흑사쓰', '히틀러유겐트 단원'은 그것이 불리는 것 이상의 것이 아니어야" 한다고 말하고 있다. 언어는 사물을 가리키는 단순한 지시어라도 상징적이다. '돌멩이'라는 음성이나 글자모양은 언어 이전의 사물로서의 돌멩이

---

299) Horkheimer und Adorno, *Dialektik der Aufklärung*, 173쪽. '흑사쓰'는 흑사쓰당(파시스트당)을 가리킨다.

그 자체가 아니지만 동시에 돌멩이와 등치된다. '아버지', '어머니'라는 단어도 마찬가지다. "조오련은 물개다"는 말로 조오련을 물개와 동일시하고 "태극기는 대한민국이다"는 말로 태극기를 대한민국과 동일시하는 표현들이 둘 다 상징적 표현인 것처럼 모든 단어, 모든 언어는 이와 같은 상징적 표현, 또는 상징적 의미체계다. 바로 언어는 이 내재적 상징성 때문에 논리나 사유 이전에 존재하는 인간과 자연적 사물 자체의 오감적·근감각적 표상(Vorstellung)의 감성적·공감적 표현인 것이다. 따라서 계몽주의 시대에 진척된 언어의 감성화와 공감적 풍부화를 놓친다면 언어에 대해 무지한 것이다.

그러나 호르크하이머와 아도르노는 언어의 합리화밖에 모르기 때문에 '흑사쓰'는 '흑사쓰'이고, '히틀러유겐트'는 '히틀러유겐트'일 뿐이라고 이해한다. 언어의 근대적 발전에서 이 감성적·공감적 풍요 측면을 못 보기 때문에 그들은 저 단어들이 지닌 무시무시한 감정적 상징의미와 이에 대한 반파시스트들의 교감 또는 파시스트와 나치스의 공감을 단순히 '시그널'이라고만 이해하고 '마법'을 들먹인다.

말이 합리화 이전에 동경과 함께 거짓말을 풀어놓았었다면, 합리화된 말은 거짓말을 구속하기보다 동경을 더 구속하는 강제조끼가 되었다. 실증주의는 세계를 자료로 환원하는데, 이 자료의 눈멂과 무언성無言性은 언어 자체로 넘어간다. 그리하여 언술들 자체는 침투할 수 없게 되는데, 언술을 그것의 극단적 반대인 주문呪文과 유사한 것으로 만드는 타격력, 흡인과 반발의 힘을 얻는다. (...) 마술이 특히 마법과 연결되는 이름 일반은 오늘날 화학적 변화를 겪는다. 이름은 손에 잡힐 듯 분명한 자의적 언술로 변하는데, 이 언술의 효력은 이제 계산가능하기는 하지만 이 때문에 고대적 언술들의 효력만큼 독단적이다. (...) 의미론이 허용하는 말의 유일한 기능으로서의 의미표명(Signifikation)은 시그널에서 완성된다. 의미표명의 시그너 성격은 언어모델들이 위에서 아래로 유통되는 빠른 속도를 통해 강화된다. 대중가

요들이 정당하게든 부당하게든 상층의 추락한 문화자산이라 불린다면, 그 가요들의 요소들은 아무튼 다양하게 매개되는 오랜 경험과정에서야 비로서 대중적 형태를 취했다. 이에 반해 팝송의 확산은 벼락같이 벌어진다. 전염병처럼 등장하는—고도로 집중된 경제적 권력이 점화하는—유행에 대한 미국 표현 "fad"(선풍적 유행)는 전체적 광고업주들이 문화의 그때그때의 총노선을 관철시키기 전에 일찍이 그 현상을 묘사했다. 어느 날 독일 파시스트들이 "참을 수 없어"와 같은 표현을 확성기를 통해 유행시킨다면 내일은 전 인민이 "참을 수 없어"라고 말한다. 같은 도식에 따라 독일의 '블리츠크릭'(전격전)이 노렸었던 국민들이 이 말을 자기들의 속어로 받아들였다. 조치에 대한 언술의 일반적 반복은 자유시장의 시대에 상품이름이 모든 입에서 회자하면 판매고를 높였던 것처럼 이 조치를 흡사 친숙하게 만든다. 지목된 단어들의 빠르게 확산되는 눈먼 반복은 광고를 전체주의적 구호와 결합시킨다.300)

호르크하이머와 아도르노는 파시즘을 무찌른 미국 사회를 독일과 이탈리아의 파시즘 사회와 등치시키기 위해 엉터리 언어학적 논의를 동원해 '자본주의의 꽃'이라는 광고를 히틀러의 전체주의적 구호와 동일시하는 무리를 범하고 있다.

1.4. 수행적 오류와 자가당착들

호르크하이머와 아도르노는 푸코처럼 자본주의를 조롱하고 경멸하는 그들의 지독한 비관주의적 저서 『계몽의 변증법』의 출판과 판매를 허용하는 자본주의적 '개방사회'와 모든 비판적 서적과 혐오서적들을 분서한

---

300) Horkheimer und Adorno, *Dialektik der Aufklärung*, 174-175쪽.

'전체주의적 나치즘 사회' 사이의 차이를 없애버리고 있다. 그들은 자신들의 문화산업 테제로 사상의 자유가 절멸되었다고 전면적 비판을 가한 영미·네덜란드·독일 등지의 개방된 자본주의 사회 도처에서 『계몽의 변증법』을 100쇄 넘게 인쇄·출판하고 자유롭게 판매한 '수행적 오류(performative error)'를 범하고 있다. 따라서 그들의 비판이론은 하버마스가 푸코를 비판할 때 사용한 '야음夜陰규범주의(Kryptonormatismus)'라는 말로 비판받아야 할 것이다. 그들의 비판이론은 자기들의 비판이 굴종된 자들의 경험에 의존했기 때문에 더 정의롭다는 규범적 입장을 '암암리에' 전제하는 '야음규범주의'의 딜레마에 빠져 있다.

『계몽의 변증법』의 마지막 구절에 이르면 호르크하이머와 아도르노의 문화산업적 시대진단은 푸코의 판옵티콘적 근대관과 합치된다.

> 젊은 처녀가 의무적 데이트를 수락하고 끝내는 방식, 전화에서, 그리고 가장 친밀한 상황에서 나타나는 말투, 대화에서의 단어 선택, 아니 쇠락한 심층심리학의 질서개념들에 따라 분류되는 전체적 내면생활은 자기 자신을 충동에 이르기까지 문화산업에 의해 제시되는 모델에 부합하는 성공적 기구로 만들려는 시도를 입증한다. 인간들의 가장 내밀한 반응들조차도 인간들 자신에 대해 아주 완전하게 물화物化되어서 인간들에게 특유한 것의 이념이 극단적 추상성 속에서만 존속할 정도다. personality는 인간들에게 눈부시게 하얀 이빨과 겨드랑이 땀과 감정으로부터 자유 이상의 다른 어떤 것을 의미하지 않는다. 그것은 문화산업 안에서 광고의 승리이고, 동시에 뻔히 보이는 문화상품에 대한 소비자의 강제적 모방이다.301)

1975년 푸코는 대중의 시선 속에서 소수의 위정자들이 감시하는 개방적 공론장을 망각하고 근대사회를 소수의 위정자들이 대중을 낱낱이 감

---

301) Horkheimer und Adorno, *Dialektik der Aufklärung*, 176쪽.

시하는 단순한 판옵티콘 사회로 묘사함으로써 개방사회와 전체주의 사회를 동일시했다. 그런데 1940년대에 이미 호르크하이머와 아도르노는 이 공론장마저도 인간의 가장 내밀한 내면생활까지도 문화산업에 의해 파괴되어 '판옵티콘'으로 전락한 것으로 묘사하고 있다. 그들의 모든 논의는 "계몽의 쉴 새 없는 자기파괴" 속에서 "공론장이 피할 수 없이 사유가 상품이 되고 언어는 이 상품의 선전이 되는 상태에 도달했다"는 결론을[302] 짜내기 위한 것이었다.

이런 결론으로부터 호르크하이머와 아도르노는 19세기 초 기계파괴운동보다 더 과격한 문화산업 파괴를 제안한다. "가로에서 영화관으로 들어가는 발걸음은 아무튼 이제 꿈속으로 통하지 않고, 제도들이 단순한 존재 때문에 더 이상 이용할 의무를 과하지 않자마자 이 제도들을 이용할 큰 충동도 일어나지 않을 것이다. 이러한 중지는 반동적 기계파괴가 아닐 것이다."[303] 문화산업의 존재를 지워서 이것을 이용할 의무와 충동을 둘 다 없애버리자는 것은 문화혁명의 제안이다. 이 문화산업 물신에 사로잡힌 이 문화파괴 제안은 기계물신에 사로잡혔던 영국 기계파괴운동가들보다 더 과격한, 파시즘과 중국 홍위병들의 '문명파괴' 행위와 흡사하다고 아니할 수 없다.

그러나 『계몽의 변증법』이 문화와 공론장에 대해 전체적·총체적으로 부정적 비판을 가했지만 한 대목에서는 긍정적 요소를 언급하기도 한다.

현 사회의 공론장은 어떤 알아들을 수 있는 항의도 일어나게 하지 않는데, 그런 소리가 들리면 귀밝은(총명한) 자들은 그 소리에서 분개한 자가 그들과 화해하게 하는 징후를 풍기는 명사名士들을 눈치껏 알아챈다. 합창단과 정상頂

---

302) Horkheimer und Adorno, *Dialektik der Aufklärung*, 1쪽(Vorrede).
303) Horkheimer und Adorno, *Dialektik der Aufklärung*, 147쪽.

上 간의 격차가 측정할 수 없을 만큼 크면 클수록 그만큼 확실하게 이 정상에는 잘 조직된 이목끌기를 통해 자기의 우월성을 알리는 모든 사람들에게 자리가 있다. 이것으로써 문화산업 안에서도 유능한 사람들에게 자유로운 출세 길을 보장하는 자유주의의 경향이 살아남는다. 오늘날 저런 능력자들에게 길을 열어주는 것은 아직 그렇지 않으면 이미 광범하게 규제되는 시장의 기능인데, 시장의 자유는 시장의 전성기에 이미 그 밖의 다른 곳에서처럼 멍청이들에게는 아사할 자유였다. 문화산업의 모든 특징적 매체들, 특히 영화관, 라디오, 재즈, 잡지가 비교적 자유주의적인 산업국가들에서 번창하는 바와 같이 문화산업 시스템이 그런 국가들로부터 유래한 것은 이유가 없지 않은 것이다. 이런 매체들의 진보는 물론 자본의 일반법칙에서 생겨났다.[304]

호르크하이머와 아도르노는 유일하게 여기에서 각종 문화매체들의 발전을 자본의 덕택으로 인정하고, 유능한 문화인재들을 발탁하는 자유주의 경향이 문화산업 시대에도 존속할 수 있다는 것을 인정하고 있다. 이것은 이론적 자가당착이다.

호르크하이머와 아도르노는 1969년 『계몽의 변증법』의 재판을 내면서 이 책의 많은 문제점들과 오류를 자인하고 있다. "우리는 이 책에서 말한 모든 것을 수정 없이 고수하지 않는다. (...) 적지 않은 구절들이 오늘날의 현실의 정식화로는 더 이상 적합하지 않다."[305] 이렇게 그들은 "명백하게 부적절한 구절들(die offenkundig inadäquaten Stellen)"의 존재를 인정했다. 물론 이 정도의 자인은 『계몽의 변증법』의 근본적 오류와 부적절성에 대한 지적으로서 턱없이 부족한 것이다.

---

304) Horkheimer und Adorno, *Dialektik der Aufklärung*, 147쪽.
305) Horkheimer und Adorno, *Dialektik der Aufklärung*, "Zur Neuausgabe"(IX쪽).

제2절
하버마스의 지성적 공론장이론

하버마스는 1962년 『공론장의 구조변동』에서 문화산업 자체를 다루기보다 공론장의 구조변동을 따로 떼어 다루면서 호르크하이머·아도르노적 문화산업 테제의 견지에 문자언어를 통해 소통하고 이성적으로 논증하는 것이 가능했던 신문·잡지의 고전시대에서 사유기능이 중지되고 음성언어와 영상이 라디오·영화·텔레비전 시대로 변동한 것으로 기술했다. 당연히 전체적 시대진단은 비관적이었다. 고전시대에 커피하우스·클럽·살롱의 토론과 논쟁, 신문·잡지에 대한 기고와 투고를 통한 논의·토의·비판·논쟁에 의해 형성되던 '공론' 또는 '여론'(öffentliche Meinung; public opinion)은 대자본에 의해 장악된 언론사들에 의해 '발간된 의견(veröffentlichte Meinung; published opinion)'으로 전락했다. '발간된 의견'이란 조작된 여론, 허위보도, 이데올로기적 왜곡보도 등을 말한다. 그리고 특히 1950년대 말부터 널리 확산된 발성영화와 텔레비전 등 새로운 대중매체들은 회사의 설립과 제작에 소요되는 엄청난 자본규모로 인해 모두 대자본에 의해 장악되었다. 대자본을 배경으로 크게 번창한 영화·텔레비전 등 새로운 대중매체가 송출하는 영상들은 공론장에서 사유를 이미지로 대체함으로써 토의·논증·논쟁을 퇴출시켰다. 이런 흐름은 천연색 영화와 컬러TV가 널리 보급되면서 더욱 강화되었다. 공론장에서 '공론'은 사라지고 허위·왜곡·편향보도로 점철된 조작된 여론이 지배하게 되었고, 공중은 토론주체에서 조작당하는 피동적 객체, 또는 발간된 여론과 범람하는 이미지·허위·왜곡기사·홍보·광고·드라마 등의 소비자로 전락했다. 1950-1960년대 공론장의 구조변동을 그야말로 '부정일변도'로 이해한 것이다.

그러나 하버마스는 1981년 『소통적 행위의 이론』에서 그간의 커뮤니케이션 연구를 참조하여 고전적·교양부르주아적 공론장 시대에서 문화산업적 공론장으로의 일직선적 타락이라는 부정일변도의 공론장·언론관을 양가치성 테제로 수정했다. 대중매체의 변동을 해방군에서 사기꾼으로의 전락이 아니라 해방군이면서 동시에 사기꾼이라는 것이다. 대중매체에서는 대중매체에 고유한 센세이셔널리즘으로 인해 진리의 개진과 왜곡이 동시에 벌어진다는 것이다. 언론을 부정일변도로 볼 수 없는 이유는 대강 1)라디오청취자들과 TV시청자들이 보도내용을 곧이곧대로 믿는 것이 아니라 자기의 소통적 생활의 토론과 상식에 비추어 긍정하는 부류, 비판하는 부류, 부분부정·부분긍정 속에서 자기의 별도의견을 형성하는 부류로 나뉜다는 것, 2)다양한 언론매체들끼리의 경쟁으로 인해 허위보도나 왜곡보도가 시청자의 이동으로 인해 공론장에 의해 즉각 제재받는다는 것, 3)매체기술의 발달로 언론매체를 창설하기 쉬워져서 매체가 갈수록 다양해진다는 것 등이었다.

2.1. 공론장의 구조변동

서유럽에서 'Öffentlichkeit' 또는 'publicité'는 계몽주의와 함께 전개된 근대의 역사적 산물이며 언론·출판·표현의 자유의 계급투쟁적 확장

및 통신기술의 발전과 직접 연계되어 형성·확대되었다. 발언자의 시선과 입말의 육성적·확성적 도달거리 내에 직접 동석同席한 공중 앞에서 자유로운 직접적 토론과 연설 또는 동석하지 않는 추상적 공중을 향한 인쇄매체의 글말에 의존한 간접적 의사소통의 자유공론, 현대에는 전자 소통기술의 발전에 힘입은 무선통신, 영화, 라디오방송, 텔레비전 방영, 최근 들어서는 컴퓨터 통신, 소셜 미디어 등의 음파·영상·전자매체를 이용한 더욱 광범한 정보전달과 토론중계 등을 매개로 'Öffentlichkeit'는 확장적 발전을 거듭해 왔다. 따라서 이것은 무엇보다도 주로 언어에 의존한 대중 소통적 공론을 통해 그 공공성·공개성·일반성을 확보한다. 이런 이유에서 'Öffentlichkeit'는 그간 '토론', '논의', '의론', '쟁론' 등의 '논論'자를 중심에 놓는 용어인 '공론장公論場'으로 국역되어 쓰여 왔다. 물론 이 역어가 적절치 않은 대목에서는 공공장, 공중公衆 또는 단순히 공론으로 번역하는 것도 허용될 수 있을 것이다.

'공론장'은 사회의 공익사항에 대한 다측면적 정보를 전달하면서 동시에 이 공익사항에 관해 발언을 통해 따지고 여론적 압력으로 정부의 정책결정을 통제하고 추적, 폭로, 칭찬과 비판, 책임추궁, 악평과 호평 등에 입각해 개인들, 사회적 권력자, 국가관리들의 반反공익적 권력남용을 제재하는 쟁론적 논의의 장場으로 잠정 정의할 수 있다. 이런 한에서 공론장은 소식전달의 기능과 아울러 정치적 영향력 또는 권력의 기능을 행하고 또한 법정의 재판 이전에 정치규범적 심판·평가기능을 수행한다. 이런 한에서 공론장은 문제와 사안에 따른 다측면적 논의들(Diskurse)을 담고 있다. 이 논의들은 어떤 특정 국면에서가 아니라 이상적으로 무한히 지속되는 쟁론과정 속에서 일반적 기준이 되는 인식적 진리성과 윤리적 규범구속성 및 공정성을 밝히고 갱신하고 전수할 수 있는 내재적 힘을 발휘한다.

따라서 하버마스의 공론장 이론은 대大자본주의적 매체기업과 계급국가 소유의 대중매체에 의해 매개되는 공론이 단순히 이데올로기적 논의에 지나지 않는다는 전통적 마르크스주의자들과 1세대 프랑크푸르트학파 이론가들의 이데올로기론적 공론비판뿐만 아니라, 근대적 진리의 편파성 개념에 입각한 미셸 푸코(Michel Foucault)의 진리편향적 논의론(Diskurstheorie)에306) 대한 일관된 반비판을 전제하는 것이다. 근대의 공론장의 논의가 본성상 허위와 조작, 배제와 왜곡 등을 교정해 나가는 내재적 인식합리성(진리이성)과 규범성(실천이성)을 지니고 있음이 이론적으로 논증되고 경험적으로 검증됨으로써만 이 반비판은 수행될 수 있다.

그런데 하버마스의 공론장이론은 이론사적으로 프랑크푸르트학파의 호르크하이머와 아도르노의 비관주의적 공론관에 대한 '구제적 비판(rettende Kritik)'을 수행하면서 형성되었고 이들의 이론체계에서 완전 결여된 '소통적 행위' 개념의 토대 위에서 이론화되었다. 따라서 이데올로기론적 공론비판은 다음에 기술될 내용의 불가분적 일부이므로 서두에서 다룰 필요가 없겠다.

■ 푸코의 고고학적 논의론에 대한 하버마스의 비판

푸코의 진리비판적 논의론에 대한 하버마스의 비판은 이 글의 외적 전제에 해당하는 것으로서 마땅히 서문으로 취급되어야 할 것이다. 하버마스는 푸코이론 전반에 대한 일관된 비판을 틈틈이 수행했고,307) 니체주

---

306) 'Diskurs'는 담론, 담화, 언술 등의 기존의 부적절한 역어를 포기하고 '논의'(論議)로 번역한다. '논의'는 우리말에서 학술적 의미로만 쓰이는 것이 아니라 가령 '우루과이 라운드의 논의구조', '민주당 내 논의구조', '운동권 내 논의구조' 등 실제 사회정치 생활에서 두루 사용한다. 사실 푸코와 하버마스의 'Diskurs'는 우리말 '논의'의 이러한 이론적·실천적 뜻을 모두 아우른다. 따라서 '담론'이니 '담화'니 '언설'이니 하는 부적절한 번역어를 갑작스레 끌어들여 논의이론을 초입자들에게 생경하게 만들 필요가 없을 것이다.

307) Jüregen Habermas, "Mit dem Pfeil ins Herz der Gegenwart - Zu Foucaults Vorlesung über Kants *Was ist Aufklärung*", 126-131쪽; Habermas, "Die Krise des Wohlfahrtstaats und die Erschöpfung utopischer Energie", 222-223쪽.

의적 근대비판에 몰입하던 푸코가 갑작스럽게 입장을 전환해서 그가 이전에 『말과 사물(Les mots et choses)』(1966)에서 "인간학적 수면睡眠"이라는308) 근대적 주체 이성의 자가당착적 히스테리를 기안한 창시자로 비판했던 바로 그 칸트의 근대적 계몽이념을 다시 수락하는 그의 이론적 종착지까지도309) 추적해 왔다.310) 나아가 푸코는 1983년 사망 직전 호르크하이머와 아도르노에서 하버마스에 이르는 프랑크푸르트학파의 근대이성에 대한 '구제적' 비판의 이론적 성과를 수용하고 비이성(미치광이의 광기, 감금된 자의 고통, 권력의 육체적 효과 등의 찌그러진 생체험)의 관점에서 이성 일반을 총체적으로 비판하던 이론기획을 정확히 '이성의 이성적 비판'이라는 아도르노의 개념으로 방향전환함으로써 자아비판을 수행한다.311) 후기 푸코의 이러한 여러 자기반성적 관점들을 감안하면 푸코에 대한 일각의 무비판적 열광은 푸코사상을 편식한 결과라는 것을 알 수 있다. 여기에서는 푸코 이론 전반에 대한 비판이 주제가 아니므로 그의 논의론에 대한 하버마스의 비판을 간략히 요약하고자 한다.

초기 푸코는 70년대 초 이래 역사상 등장하는 '사건들'의 계열을 논의(Diskurs)와 비논의적 (권력)행위(Praktiken)의 — 은밀히 상호 연관된 — 두 측면으로 나누고, 논의의 진리구성적 배제규칙을 탐구하는 일은 금욕적

Jürgen Habermas, *Die Neue Unübersichtlichkeit* (Frankfurt am Main: Suhrkamp, 1985); Jüregen Habermas, *Der philosophische Diskurs der Moderne* (Frankfurt am Main, Suhrkamp, 1988), 279-379쪽.

308) Michel Foucault, *Die Ordnung der Dinge* [*Les mots et choses*, 1966] (Frankfurt am Main: Suhrkamp, 1974), 367-412쪽.

309) Michel Foucault, *Was ist Kritik* [*Qu'est-ce que la critique?*] (Berlin: de Merve Verlag, 1992).

310) Habermas, "Mit dem Pfeil ins Herz der Gegenwart - Zu Foucaults Vorlesung über Kants *Was ist Aufklärung*".

311) Michel Foucault, "Um welchen Preis sagt die Vernunft die Wahrheit?", *Spuren* (1/1983), 23쪽.

'고고학'에, 지배적 논의의 진리성을 가능케 하는 비논의적 행위들의 탐구는 냉소적 '계보학'에 분담시킨다. 역사적 논의에 의해 자의적으로 설정되는 가령 이성과 광기, 진지한 주제와 진지하지 않은 주제 간의 경계는 이성적 언설을 구성하는 배제의 메커니즘을 이룬다. 광기, 진지하지 않은 주제 등을 가령 (입말에 필요한 체력, 발언시간, 지면, 장소, 통신수단, 소통기회의) '희소성 원칙'에 따라 논의에서 제거하는 것은 저항적 화자話者를 논의 밖으로 배제하고 달갑지 않은 주제를 억압하고 표현을 검열하는 보다 눈에 잘 띄는 제도적, 기술적 기능조작과, 진행되는 논의 내에서 타당한 언표와 타당하지 않은 언표를 차별하는 전혀 눈에 띄지 않는 조작기능 간의 중간에 위치한다.

잘못된 언표들을 '미친 놈'의 말에 대한 배척이나 이질적인 것에 대한 혐오의 모델에 따라 개념화하는 것이 일견 그럴듯하지 않은 것처럼 보일 수 있다. 그러나 '진리의 논리적 강제력'은 실은 애당초 자의적이거나 적어도 역사적 우연들을 중심으로 짜이는 경계설정, 즉 경계를 강요하고 보장하는, 나아가 강제적으로, 아니 부분적으로는 폭력적으로 관철되는 총체적 제도망에 의해 지탱되는 경계설정의 효과나 다름없는 것이다.[312] 논의의 진리성이 공정하다거나 권력과 무관한 곳에서만 산출된다는 말은 푸코에 의하면 환상이다. 진리는 애당초 '배제하는' 비논의적 권력행위와의 내적 관계 속에서만 산출되고 따라서 본질적으로 편파적인 것이다. 말하자면 진리는 무색무취한 것이 아니라 색깔이 있고 냄새나며 대소의 크기와 위치를 갖는다. 가령 언론매체의 논의는 마르크스주의자들이 주장하듯이 이데올로기적 허위보도로써 권력을 행사하는 것이 아니라(허위보도나 오보를 자주 내는 매체는 오히려 공신력을 상실한다), 어떤 사실을 기사화하지 않거나, 보도되는 기사의 제자題字·포인트·위치·순서 또는 보

---

312) Foucault, *Die Ornung des Diskurses*, 11-16쪽.

도 내용의 길이, 상세성과 구체성 정도를 조작함으로써 권력을 행사하며 유지한다. 이때 매체의 논의구성체는 그 기사들이 참될면 참될수록 더욱 강력한 공신력과 권력을 응집시킨다. 이 기사의 진리성은 권력과 무관한 공정한 진리성이 아니라 바로 권력을 발휘하는 편향적 진리성이다.

그러나 푸코에 의하면 우리가 다른 영역으로 발걸음을 옮겨 애당초 논의구조 안에서 진리와 허위로 통하는 것이 무엇인지를 정해 주는 거덜난 감각기체基體들, 말하자면 발굴하기 힘든 기층에 눈길을 돌리자마자 특정 논의구성체 내에서 어떤 논증이 갖는 비폭력적 진리성의 허상은 즉각 사라지고 만다. 진리란 요약하면 음험한 배제메커니즘일 뿐이다. 이 메커니즘은 이 안에서 그때그때 관철되는 '진리에의 의지'의 은폐상황의 조건 하에서만 기능하기 때문이다. 지식의 고고학이 논의를 구성하는 규칙들의 지층을 재건하는 반면, 계보학은 일정한 세계해설의 의미론적 틀 안에 인간을 강제적으로 밀어 넣는 (그 자체 근거 없는) 기호질서의 불연속적 계열을 설명하고자 하는 것이다. 말하자면, 계보학은 고고학이 대상으로 하는 논의구성체가 연이은 흥망성쇠의 사행성射倖性 노름 같은 유희 속에서 상호 얽히고설킨 권력행위들로부터 유래하는 것을 설명하는 것이다.

이런 까닭에 지배적 논의와 배제된 논의 간에는 아무런 소통의 가능성도 아무런 공통된 매개도 없다. 배제된 논의가 성공적 저항을 통해 지배적 논의를 압도하여 또 다른 지배적 논의구성체를 형성하는 경우에는 다시 동일한 배제의 메커니즘을 작동시킨다. 따라서 역사는 절대적 진리기준 없이 순환하는 만화경 같은 논의구성체들의 흥망安|||성쇠에 불과한 것이다.

이와 같이 근대 인간과학적 논의들을 이성비판적으로 발가벗기려는 푸코의 냉소적 지식고고학은 근대 인간과학들에 대한 반反과학으로서 이 인간과학(인문·사회과학)들보다 스스로 우월하다는 자부심을 암암리에 깔고 있다. 푸코의 고고학의 반과학적 우월성은 어디에 근거하는가? 그것은 고고학이 기성 과학에 의해 배제되는 억압된 지식 종류를 활용한다는 데 있다. 고고학은 이 굴종된 지식유형의 저항에 매체를 제공한다. 이 굴종된 지식은 푸코에 의하면 은폐되면서 동시에 현존하도록 유지되는 학적 지식의 파편들이 아니라 결코 공공지식으로 올라 선 적이 없고 결코 충분히 표명된 적이 없는 굴종된 집단들(정신병자들, 간호원, 공장노동자와 노무감독, 전과우범자와 간수, 수용소 피감금자, 여성, 마녀, 흑인, 동성연애자, 부랑자, 어린이 등)의 경험이다. 이들의 경험 속에 '투쟁의 역사적 지식들'이 잠자고 있다는 것이다. 이 국지적 회상回想들을 지식의 차원으로 올려놓는 고고학은 권력행위에 저항하는 모든 사람들의 편에 서 있다.

하버마스는 바로 이 대목에서 비판적 개입을 개시한다. 푸코의 이 입장은 『역사와 계급의식』의 초기 루카치를 상기시킨다는 것이다. 루카치에 의하면, 마르크스주의 이론은 생산과정의 임금노동자들의 입장에서 형성된 경험 퍼스펙티브의 인식특권 덕택에 이데올로기로부터 자유롭다고 주장했다. 이 논증은 물론 프롤레타리아의 계급이익 안에 보편이익이, 프롤레타리아의 계급의식 안에 인류 일반의 자기의식이 응결된 것으로 보는 역사철학적 틀 내에서만 타당성을 지니는 것이다.

그러나 푸코의 논의와 권력개념은 이러한 특정경험을 특권화하는 역사철학적 대항권력과 대항논의의 개념화를 허용하지 않는다는 것이다. 일체의 대항권력은 이미 이 대항권력이 맞서 싸우는 지배권력의 지평에서 운동하고, 승리하자마자 또 다른 대항권력을 불러일으키는 권력복합체로 변질된다. 굴종된 지식종류의 저항을 북돋우어 과학적 논의의 강제에 대항하도록 이 지식종류를 동원하는 고고학은 이 악순환으로부터 빠져 나올 수 없다. 오늘의 이론적 전위前衛를 패퇴시키고 기성의 지식위계를 전복한 자는 내일의 이론적 전위를 억압하고 새로운 지식위계를 설치한다. 그리하여 이 고고학은 자신의 지식이 기성의 인간과학에 비해 우월하다는 것을 입증할 수 없어 거듭 자기부정에 봉착한다. 요는 고고학적 역사기술을 이것의 고유한 방법으로써 자기부정에 대해 보호하려는 푸코의 시도는 실패했다. 푸코의 고고학의 진리요구는 기성의 인간과학들보다 나을 것도 없는 '상대주의(Relativismus)'의 딜레마를 탈피할 수 없기 때문이다.313) 동시에 푸코의 고고학은 인간과학의 가치중립성을 비판하는 규범을 세우지 않은 가치상대주의의 고고학적 논의구조 안에서 자기의 반反과학이 굴종된 자들의 경험에 의존했기 때문에 더 정의롭다는 규범적 입장을 '암암리에' 전제하는 '야음夜陰규범주의(Kryptonormatismus)'의 딜레마에 빠져 있다는 것이다.314) 이것을 하버마스는 화용론話用論의 용어로 '수행적 오류(performativer Fehler)'라 부른다.315)

또한 근대 공론장의 논의구조가 겪어온 전복적·확장적 변혁의 역사는 선험적 배제메커니즘에 기초한 푸코의 논의개념이 적용될 수 없는 경험적 지평을 보여 준다. 사실 근대 자유주의와 함께 개창되는 공론장은 초창기에 노동자, 그리고 최근까지도 여성을 배제했다. 그러나 이러한 배제를 타파한 노동운동과 여성운동은 부르주아적 자유공론의 자기이해와 자기동일성(자기정체성)에 내재하는 무제한적 참여, 무제한적 포함(uneingeschränkte Inklusion)의 제권리를 부정하는 것이 아니라, 이 권리들의 동등한 활용을 요구하는 것이었다.

푸코 유형의 '배제' 메커니즘이 작동하기 위해서는 단 하나의 공론장의 형성에 본질구성적인 역할을 하는 집단만이 존재해야 한다. 그러나 동일한 소통구조 속에서 패권적 공론장과 나란히 다른 하위문화적 공론장 또는 계급특유한 공론장들이 고유한 전제 하에서 등장하는 복수적 논장論場들이 동시에 형성되는 경우 '배제'는 푸코적 '배제'와 '다른 의미'를 띠게

---

313) Habermas, *Der philosophische Diskurs der Moderne*, 329-330쪽.
314) Habermas, *Der philosophische Diskurs der Moderne*, 331-335쪽.
315) "만물은 변한다는 테제는 불변이다"는 주장이 내포한 오류를 '수행적 오류'라 한다.

된다.316) 이런 까닭에 이른바 근대적 논의구성체에서 '배제된' 거덜 난 체험들을 언어화하려는 푸코의 '지식의 고고학'조차도 근대적 논의구성체에 의해 배제되지 않고 거꾸로 '포함'되어 있다. 또한 실은 푸코 자신도 암암리에 자신의 '고고학'이 기존의 논의구성체에 '포함'될 것이라는 믿음 속에서 근대의 논의 기제(출판사, 서적 판매, 독자층, 철학적-사회과학적 공론장)를 활용하여 자신의 저작들을 세상에 내놓았다. 한때 푸코에 관한 전全세계적 논의와 관련 저작은 실로 엄청난 양으로 불어났다. 이 점은 푸코의 '지식고고학'이 말려 들어 있는 또 하나의 '수행적 오류'로서의 자가당착성이다. 근대적 논의구성체에서 배제된 체험을 당파적으로 대변하는 푸코의 고고학은 이 고고학적 근본가정에 따르면 기존의 논의구성체에서 배제되어야 하지만 역으로 이 구성체에 포함되어 열띤 논의주제가 되어 있지 않은가!

푸코는 권력화된 논의구성체의 규칙을—그때그때 자신의 타자他者를 정립하는—'선험적' 배제메커니즘으로 파악하고 있다. 이 경우에 내부와 외부 간에는 하등의 의사소통도 존재하지 않는다. 논의에 참여하는 자들과 저항하는 타자들 사이에는 공통언어가 없다. 이 모델은 하버마스에 의하면 근대의 공론이나 인간과학이 아니라 차라리 봉건지배의 눈부신 '표현적 공공성(repräsentative Öffentlichkeit)'과 어둠 속의 민중적 대항문화 간의 관계에 적용되어야 할 것이다. 봉건적 민중은 실제로 다른 논의세계에서 활동하며 자신을 표출할 수밖에 없었다. 이런 까닭에 봉건시대에는 혈통을 중시하는 귀족문화와 의적義賊을 영웅시하는 대항문화가 배제구조를 매개로 쌍대적雙對的으로 결합되어 일자는 타자와 더불어 공망共亡했다.

이에 반해 부르주아적 공론장은 노동운동과 여권운동이 공론장과 이것

---

316) Jürgen Habermas, *Strukturwandel der Öffentlichkeit* [1962] (Frankfurt am Main: Suhrkamp, 1990), 15-16쪽.

의 구조 자체를 내부로부터 변혁하기 위해 활용하고 가담할 수 있었던 개방적 논의형태들 안에서 전개된다. 부르주아 공론장의 보편주의적 논의형태는 애당초 반反푸코적·자기산출적 전제에 서 있다. 공론장의 이 논의들은 내부로부터의 비판에 대해 방역된 것이 아니며 자기변혁의 비판적 잠재력(소통적 이성)을 내장한 점에서 푸코 유형의 논의와 구별된다.317) 요는 일반적 공론장은 다른 항의적 논의를 배제하면 자유공론적 자동성自同性(정체성)으로서의 일반성을 상실할 수밖에 없기 때문에 일반적 공론장의 대내외적 경계들은 원칙적 "투과성(Durchlässigkeit)"을 지닐 수밖에 없는 것이다.318)

하버마스의 이러한 푸코비판은 부르주아적 공론장의 '미완성 프로젝트'를 푸코가 정열적으로 지적하고 있는 주체철학 또는 의식철학의 딜레마에서 탈피시켜 비판적으로 계승·완성하려는 (주객관계의 의식철학에서) 간주체적(intersubjektiv) 소통으로의 '패러다임 전환'에 기반을 둔 것이다. 하버마스는 근대적 소통이성의 이론적 발견과 확장기획을 근간으로 하는 소통패러다임(Kommunikationsparadigma)의 토대 위에서 자신의 스승들인 호르크하이머와 아도르노의 이데올로기론적 '문화산업'테제로부터도 이미 거리를 취했었다.

■ 공론장의 구조변동에 대한 성격규정

호르크하이머와 아도르노는 1944년 『계몽의 변증법』에서 계몽주의 시대 교양부르주아지가 주도하던 근대의 자율적 공론이 대자본을 요구하는 음파와 영상매체의 등장으로 해체되었음을 지적하고 현대문화와 여론이 대형 매체자본가들의 '문화산업'에 의해 제조된 상품으로 전락했다고 탄

---

317) Habermas, *Strukturwandel der Öffentlichkeit*, 20쪽.
318) Habermas, *Faktizität und Geltung*, 452쪽.

핵했다. '문화산업'의 등장과 함께 문화생산자와 문화향유자가 일치하던 상태는 해체되고 공중은 '문화산업' 자본가들이 생산하는 문화상품의 단순한 소비자로 전락했다는 것이다.

이제 문화생산이 문화산업에 의해 자본주의화되고 문화 일반이 상품화됨으로써 대중문화와 여론은 이제 순수성과 공정성을 상실하고 대중을 기만하고 통제하는 자본의 도구로 전도되고 계몽은 자신의 정반대인 '대중기만', 혹세무민惑世誣民의 기능으로 전도되었다. 또한 문자매체 시대와는 달리 이제 이성적으로 따지고 논증하는 것이 중요한 것이 아니라 음파와 영상매체의 특질상 두뇌기능을 중지시키고 교란시키는 이미지의 형성과 조작이 결정적 기능을 담당하게 되었다는 것이다.[319]

문자에서 영상과 음향으로 전환된 전기매체들은 호르크하이머와 아도르노에 의하면 소통적 일상언어를 완전히 삼투하고 지배하는 기제로 정착했다. 이 기제는 근대문화의 적실한 내용을, 기존현상現狀을 단순히 복제하는 살균된, 이데올로기적으로 효과적인 스테레오타입의 대중문화로 변질시킨다. 다른 한편, 이 매체기제는 일체의 전복적·초월적 계기들로부터 순화된 이 대중문화를 약화된 내적 행태통제를 강화하고 대체하는, 개인들에게 덮씌워진 포괄적 사회통제 체계를 위해 활용한다. 문화산업의 기능양식은 개인들의 심리에 내면화된 가부장적 권위가 아직 작동하는 한—마치 기술이 외적 자연을 자신의 지배에 굴복시키듯이—충동을 초자아에 굴복시키는 심리적 기제를 그대로 본뜨고 있다는 것이다.

현대공론에 대한 이러한 부정일변도의 비관주의적 관점은 청년 하버마스의 유명한 교수직 취득논문 『공론장의 구조변동』(1962)에 강력한 영향력을 미쳤다. 이 저작에서 하버마스는 대중매체 자체에 의한 여론 왜곡뿐만

---

[319] Max Horkheimer/Theodor W. Adorno, *Dialektik der Aufklärung* (Frankfurt am Main: Suhrkamp, 1979[55쇄]), 108-150쪽.

아니라 여기서 한 걸음 더 나아가 대중매체의 광고면을 이용한 (매체자본 이외의) 모든 자본가들에 의한 정치성 광고의 이데올로기적 공론기능도 비판하고 있다.320) 요는 공론(öffentliche Meinung; public opinion)은 발간된 의견(veröffentlichte Meinung; published opinion)으로 전락했다는 것이다.

하버마스는 당시 이러한 자유공론의 붕괴를 국가와 사회의 객관적으로 진행되는 기능적 결합의 급진민주주의적 기획을 통해 대응하고 있다. 이런 의도에서 그는 대중매체에 의해 지배되는 논장論場 안에서 대항경향들이 등장하는 모델을 임시적으로 기안한다. 매체의 권력화의 정도는 비공식적·비공론적 의견, 즉 생활세계적 맥락과 공적 의사소통의 기층을 형성하는 저 문화적 자명성이 대중매체를 매개로 제조되는 사이비공론에 맞서 경제와 국가에 얼마나 영향력을 미치려고 시도하는 지에 따라 측정되어야 한다는 것이다. 그는 내부적으로 민주화된 공익결사체와 정당을 이 비판적 자명성 또는 비판적 의견의 담당자로서 관념한다. 정당 내부 또는 단체 내부의 공론장을 그래도 아직 재생가능한 공론장으로 파악한 것이다. 그러나 최근 소동구에서 참담하게 실패한 것으로 입증된 집단적 거대주체 유형의 — 개인구성원들을 '나사'처럼 도구화하는 — '조직사회(Organisationsgesellschaft)' 모델에서 유래하는 이 대항기획으로부터 하버마스는 노동패러다임의 비판과 언어의 이성적 잠재력과 소통행위개념에 대한 강조와 함께 1960년대 말 곧 거리를 취하게 된다.

1960년대의 복지향상과 체제안정 기조의 지속으로 인해 계급투쟁이 '잠재화'되자 계급갈등에 기초한 정당과 사회단체의 활동조차도 국가의 연장된 지절枝節처럼 경직화·관료화되었다. 당시 하버마스에 의하면 이제 중요한 갈등은 자본과 노동 간의 전통적·비공론적 갈등이 아니고, 공론장 안에서의 갈등이다. '후기자본주의'는 이 공론장 안에서 주민대중의 탈脫

---

320) Habermas, *Strukturwandel der Öffentlichkeit* [1962] (1990), 275-292쪽.

정치화를 통해 이 체제의 테크노크라트적 배경이데올로기의 정치적 폭로에 대해 자신을 방어하고 있기 때문이다. 그러나 대중매체들이 주도하는 공론장도 체계적으로 '탈정치화'되고 '메말라' 소통적 합리성(이성)을 상실한 상태에 있다. 그러나 하버마스는 이 메마른 공론장을 재再정치화하는 유일한 방도는 '언어적으로 매개되는 상호작용' 매체를 통해서만, 즉 '의사소통의 탈脫한계화'를 통해서만 수행될 수 있다고 생각한다. 그리하여 1969년 당시 그는 행위지향적 원칙과 규범의 적절성과 소망에 관한 '지배 없는 공개적·무제한적 토론'만이 소통적 합리화를 가능케 하는 유일한 수단이라고 선언한다.[321]

무제한적 공개토론을 어렵게 하고 공론장을 메마르게 하는 완벽한 지배체제에 대항하는 해방수단으로서 다시 동어반복적으로 '지배 없는 공개토론'을 제안하는 하버마스의 이 전환된 관점은 지금까지도 그 이론체계의 한 취약점으로 작용하고 있다. 투쟁과 소통의 변증법으로 전개되어 공론장을 격동시키고 부수는 사회운동의 투쟁과 압박 국면을 소거하고 소통적 토론국면만을 강조하는 이 새로운 소통패러다임적 대항기획은 사회운동의 주도세력을 — 마르쿠제처럼 — 노동자대중에서 학생대중으로 바꿈으로써 더욱 전망 없는 모습을 취한다. 대학생과 고등학생의 일정집단만이 새로운 갈등을 겨냥하는 "유일한 저항잠재력"이라는 것이다.[322]

『공론장의 구조변동』에서 기술된 '조직사회'적 대항기획은 어느새 소통패러다임적 대항기획에 의해 대체되었다. 그러나 이 새로운 대항기획이 상대하는 공론장의 서술도 아직 호르크하이머와 아도르노의 '문화산업' 테제에 기초한 것이다. 이리하여 새로운 소통패러다임적 대항기획은 '계란으로 바위 치는' 어설픈 기획, '무비판적 비판(unkritische Kritik)'으로 비

---

321) Habermas, *Technik und Wissenschaft als 'Ideologie'*, 98쪽.
322) Habermas, *Technik und Wissenschaft als 'Ideologie'*, 100쪽.

치게 된다.

한편, 『계몽의 변증법』에서 호르크하이머와 아도르노는 문화와 공론장을 초기 부르주아의 적실성 있는 문화와 '진담眞談'의 공론이 현대에 전화電化된 음향 및 영상매체 위주의 사회통제적 대중문화와 스테레오타입적 잡담의 대중여론으로 타락하는 것으로 기술하고 있다. 이런 역사기술적 관점은 부지불식간에 초기부르주아 시대의 계급독재적 문화와 공론을 부당하게 이상화하는 오류를 범한다. 이러한 오류는 공론장의 '고전' 시대를 '이상적' 공론장 시대로 설정하는 하버마스의 『공론장의 구조변동』에도 결정적 각인을 남겨 놓고 있다.[323] 아도르노의 영향 하에서 하버마스가 묘사한 근대 부르주아 공론장의 동일한 이상화는 후에 다른 이론가들로부터 정당한 비판을 받게 된다. 근대 공론장과 관련하여 서적과 신문에 의해 매개되고 대화에 초점이 맞춰지는 공개적 의사소통의 동질성과 합리적 측면을 과장하는 것, 공중을 단수로 언급하는 것 등은 근대적 공론의 근거 없는 이상화로 귀착되고 만다는 것이다. 부르주아 공중의 내적 분화를 도외시하더라도 근대 공론장은 애당초 경쟁하는 '복수적' 공론장들로 구성되고, 따라서 부르주아의 지배적 공론으로부터 배제된 저항적 의사소통과정들을 고려하지 않을 수 없다는 것이다.

■ '문화산업' 테제에서 양가치성 테제로

하버마스는 20년 뒤 『공론장의 구조변동』의 재판(1990)을 간행하면서 붙인 서문에서 바로 이러한 이의를 수용하고 자기비판을 행한다. 근대 공론장 안에서는 느슨하게 연합한 개인들로 구성된 여러 개의 정당들이 상호 경쟁하고 있었을 뿐만 아니라 지배적 부르주아 공중이 애당초 평민

---

323) Habermas, *Strukturwandel der Öffentlichkeit* [1962] (1990), 148-160쪽.

적 공중과 맞서 있었다. 그렇다면 부르주아 공론장 안에서 발발하는 갈등과 내적 긴장은 이 공론장의 자기변혁의 내재적 잠재력보다 더 분명하게 강조되었어야 했다는 것이다. 19세기 중반까지의 초기 정치적 공론장과 현대 대중매체의 권력화된 공론장 간의 대조는 이상화·미화美化된 과거와 문화비판적으로 왜곡된 현재 간의 대립성에 대해 얼마간 거리를 취하고 완화되어야 하기[324] 때문이다.

그러나 아도르노의 이러한 이상화된 초기근대 공론모델의 영향보다 하버마스의 새로운 이론체계를 더 위태롭게 하는 것은 여전히 앞에서 시사된 비관주의적 '문화산업'테제의 영향이었다. 호르크하이머와 아도르노의 '바위'처럼 단단한 비관주의적 대중매체관과 대중문화론은 하버마스의 소통패러다임적 대항기획을 '계란 던지기'처럼 어설픈 것으로 전락시키기 때문이다. 이 과잉단순화된 '문화산업'테제에 대한 하버마스의 비판적 회의는 『공론장의 구조변동』을 낸 지 10년 뒤 『소통적 행위의 이론』(1981)에서 분명하게 정식화된다.

하버마스는 그간 축적된 경험적 커뮤니케이션 연구의 토대 위에서 문화산업 테제에 대한 비판을 수행한다. 이 테제는 너무 단순화된 나머지 방송시설의 민간적·공법적·국영적 조직구조의 차이로부터 프로그램작성, 시청습관, 정치문화의 차이에 이르기까지의 뚜렷한 국가별 분화를 고려할 수 없었다는 것이다.

하지만 '문화산업' 테제에 대한 하버마스의 보다 중대한 '원칙적인' 비판은 사회적 상호작용의 매체들에 대한 차별관점에 근거한다. 그는 언어에 대한 기능적 관계를 기준으로 인간들 간의 상호작용을 매개하는 매체를 둘로 나누는 '매체 이원론'을 내세운다. 그 가운데 화폐·권력 매체는 인간 간의 상호작용에 있어서 의사소통의 모든 조절메커니즘이 지닌 불안정성

---

[324] Habermas, *Strukturwandel der Öffentlichkeit*, 1990년 서문, 21쪽.

과 소통적 조절에 의해 초래되는 비용을 경감할 수 있게 해 주는 매체들이다. 이것들은 언어적 소통을 '대체'함으로써 체계(경제체계와 정치체계)를 생활세계로부터 분리시키는 조절매체다. 이에 반해 언어적 소통을 대체하는 것이 아니라 응집하고 이런 까닭에 생활세계적 의미맥락과 분리될 수 없는 '일반화된' 소통형태들이 있다. 소통형태의 '일반화'란 다름 아니라 생활세계적 배경에서 오는 소재에 의존한 언어적 합의형성과정의 전문화를 뜻한다. 대중매체는 바로 이 일반화되고 전문화된 소통형태의 하나다. 대중매체는 소통과정을 시공적으로 제한된 지방적 맥락으로부터 탈피시켜 시공적으로 멀리 떨어진 소통되는 사실내용들 간의 잠재적 네트워크의 추상적 동시성을 산출하고 보도내용을 다면화된 의미맥락에서 활용할 수 있게끔 유지함으로써 공론장들을 생성시킨다는 것이다.

그런데 하버마스에 의하면 이 대중매체적 공론장은 의사소통의 지평을 위계화하고 동시에 확장한다. 이 두 측면은 서로 분리될 수 없다. 바로 여기에 매체적 공론의 "양가치적" 잠재력이 들어 있다는 것이다.[325] 대중매체는 한편으로 의사소통의 흐름을 중앙집중적 네트워크로써 일방적으로 중심에서 주변으로, 위에서 아래로 '회로화'하는 한에서 사회적 통제의 효율성을 현저히 강화할 수 있다. 그러나 다른 한편으로 소통구조 자체에는 해방적 잠재력의 대항추가 내장되어 있기 때문에 이 권위적 통제력의 완전 활용은 늘 위태롭다. 대중매체는 소통적 합의과정을 단계화하고 묶고 응집할 수 있지만 동시에 상호작용을 비판가능한 타당성요구에 대한 '그렇다/아니다'의 입장표명으로부터 전적으로 분리시켜 놓을 수 없다. 제아무리 편파적이고 조작적인 대중매체의 의사소통도 책임능력 있는 행위자들의 반박가능성에 대해 확실히 방어될 수 있는 방도는 없기 때문이다.[326]

---

325) Habermas, *Theorie des kommunikativen Handelns*, Bd.2, 573쪽.

하버마스에 의하면, 일상적 소통 실천의 사물화 차원들을 고려하는 경험주의적 소통연구는 대중매체의 바로 이 '양가치성'을 증거한다. 한편으로 시청상황과 방송프로그램의 경험적 분석은 특히 아도르노가 일정 정도 과장하며 전개한 저 문화비판적 테제에 대한 증빙사례를 거듭 제공한다. 공론장의 구조는 확장되고 전문화된, 새로운 독자층을 겨냥한 서적 생산과 내용적으로 변화된 신문과 잡지언론의 조직·판매·소비형태들의 변동과 더불어 변화했다. 이 공론장의 구조는 전기電氣 대중매체의 등장, 광고의 새로운 정치적 기능, 오락기능과 정보제공의 점증하는 융해, 모든 영역에서의 더욱 강력한 중앙집중화, 자유결사 및 개인적으로 능히 둘러볼 수 있는 작은 범위의 소공동체 공론장의 붕괴 등과 함께 다시 한번 변동했다. 커뮤니케이션 네트워크의 상업화 및 조밀화, 저널리즘 기관의 소요자본 증대 및 조직도 증가와 함께 언로言路는 더욱 강력히 회로화되고 공적 의사소통에의 참가기회는 점점 더 강한 선택압력에 굴복하게 되었다. 이와 함께 조작적으로 투입되는 경우 저널리즘적 공론성의 원칙을 더 이상 순진무구한 것으로 볼 수 없게끔 만드는 새로운 범주의 영향력, '매체권력(Medienamcht)'이 생겨났다. 대중매체에 의해 사전 구조화되고 지배되는 공론장은 영향력을 둘러싸고 씨름할 뿐만 아니라 전략적 의도에 있어서 가능한 한 은폐된, 인간행태에 영향을 끼치는 소통의 흐름의 조종간을 둘러싸고도 씨름하는 "권력화된 장場"으로 성장했다.327)

현실주의적 서술과 분석은 따라서 이 대중매체적 공론장의 무비판적 긍정을 금지한다. 그러나 이 현실주의적 서술과 분석도 중요한 차이들을 경험적으로 평면화해서는 안 될 것이다. 이런 이유에서 하버마스는 느슨한 제도로 운용되고 수평적·개방적으로 조직된 논의형태적 소통과정의

---

326) Habermas, *Theorie des kommunikativen Handelns*, Bd.2, 573쪽.
327) Habermas, *Strukturwandel der Öffentlichkeit*, 27-28쪽 (1990년 머리말).

비판적 기능과, 대중매체적 공론장에 개입하는 조직들의 소비자·유권자·(정부기관에 대한) 의뢰인들에 대한 영향력 주입을 구별한다. 공론장에 대한 사회적 권력집단의 외적 개입은 생활세계적 원천에서 자생적으로 진행되는 의사소통의 저항에 봉착하게 된다. '문화산업' 테제에 대한 이 정도의 이의는 이미 『공론장의 구조변동』에서 제기한 것이다.328) 따라서 권력화된 공론장에 대한 당시의 서술은 대체로 견지될 수 있다.

하버마스는 공중의 문화행태에 대한 매스컴의 영향과 관련된 비관주의적 평가가 더욱 결정적인 수정이 필요하다고 생각한다. 일단 그는 자신이 당시 고등교육의 확산 효과를 과소평가했다는 것이다. 나아가 당시 그는 나중에 알몬드(G.A. Almond)와 베르바(S. Verba)의 '시민문화(civic culture)' 연구 이후 관심을 끌기 시작한 '정치문화'를 전혀 고려하지 못했다는 것이다. 문화적 자명성으로 공고화된 정치적 멘털리티에는 대중적 공중의 저항잠재력이 뿌리박고 있지만, 당시의 정치사회학적 연구는 여기에까지 미치지 못하고 있었기 때문이다. 요약하면 정치적으로 능동적인 공중에서 사사로운 이기주의적 공중으로, '문화를 논하는 공중에서 문화를 소비하는 공중'으로의 일직선적 타락이라는 자신의 '문화산업적 공론장' 진단은 과도한 속단이었다는 것이다. 그리하여 하버마스는 문화적 습성에 있어서 계급적 테두리로부터 벗어나 내적으로 폭넓게 분화된 다원주의적 대중의 저항능력과 비판적 잠재력을 당시 '너무 비관주의적으로' 파악했다고 자아비판을 수행하면서 일면적 '문화산업' 테제를 양가치성 테제로 수정한 것이다.329) 저급문화와 고급문화가 상호 침투하기 용이해짐으로써 초래되는 양가치적 효과, 정보전달이 단순히 오락프로로 동화되지 못하게 하는 '문화와 정치 간의 새로운 친밀성'이라는 또 다른 양가치적

---

328) Habermas, *Strukturwandel der Öffentlichkeit*, 337쪽.
329) Habermas, *Strukturwandel der Öffentlichkeit*, 30쪽(1990년판 서문).

현상 등의 강화와 함께 평가척도 자체도 변화할 수밖에 없었다. 그리하여 시청자에 대한 균일한 일직선적 영향효과를 전제한 과거의 설명모델은 프로그램 편제와 내용에 수동적으로 굴복하는 시청자 집단, 이것에 저항하는 집단, 프로그램을 자신의 비판적 해석으로 종합하는 집단 등 세 범주로 시청자를 분류하는 새 모델로 교체되었다.

하버마스는 '문화산업' 테제를 반박하는 새로운 사실들을 다음과 같이 요약한다.

1) 방송은 경쟁적 이해관계에 노출되어 있고 따라서 경제적 관점, 정치이데올로기적 관점, 전문적 관점, 매체미학적 관점 등을 결코 매끄럽게 통합할 수 없다.
2) 대중매체는 통상 저널리즘에 위임된 사명에서 유래하는 의무를 아무런 갈등 없이 져버릴 수 없다.
3) 방송은 단순히 대중문화의 수준에만 조응하는 것이 아니다. 따라서 시시한 형태의 대중적 오락을 내보내는 경우에도 의당 비판적 사실보도를 내포한다. '대중문화는 대중보복이다.'
4) 이데올로기적 보도는 의도된 의미가 일정한 하부문화적 배경을 가진 시청조건하에서 그 반대로 전도되기 때문에 시청자를 만나지 못한다. 말하자면 허위보도와 과장, 왜곡보도를 일삼는 방송은 일상적 의사소통 과정에 들어 있는 대중들 안에서 신뢰를 상실하거나 비웃음을 사고 대중들은 왜곡혐의가 있는 보도를 모두 뒤집어서 해석하거나 다른 채널로 돌려 버리게 된다. 그리하여 특정 대중매체의 체제보수적 의도는 대중에 도달하자마자 역으로 체제비판의 분노를 자극하는 기능으로 전도된다.
5) 일상의 소통적 실천의 고유한 독자적 고집은 대중매체의 직접적인 조작적 공세에 대해 저항한다. 사회적 의사소통은 매체소통과 일상소통의 2단계 구조로 인해 매체에 대한 수동적 청취와 시청으로 일색화될 수 없고 오히려 시청자들은 일상소통의 고유한 신빙성에 기초한 자기체험과 개인적으로 신뢰하는 다른 사람들에게 들어서 알게 된 내용을 바탕으로

방송국과 신문사에 항의한다. 의견변화를 실제로 야기하는 사람들은 최종적으로 매체를 청취하고 읽고 시청하는 사람들이라기보다는 다른 사람과 대화하는 사람들이기 때문이다.

6) 전자電磁매체의 기술적 발전은 — '비데오 다원주의'와 '텔레비전 민주주의'가 무정부적 상황에까지 이르렀다는 주장은 과장일지라도 — 문화산업 테제에서 상정하는 것처럼 꼭 네트워크의 중앙집권화 방향으로 진행되고 있는 것은 아니다. 기술발전은 방송국을 소자본으로 세우는 것을 가능케 하여 전자매체의 공론을 상대적으로 다원화하는 효과를 가져왔다는 것이다.330)

하버마스는 이와 같이 호르크하이머와 아도르노의 전자매체적 현대공론장에 관한 일면적 '문화산업' 테제를 그간 집적된 경험적 연구뿐만 아니라 자신의 소통적 행위이론의 원칙적 토대 위에서 비판적으로 수정해 현대 대중매체적 공론장의 '양가치성' 테제를 정립했다. 이제 경험적 연구성과를 일정한 방향으로 종합하여 문화산업 테제의 이론적 비판에 동원할 수 있게끔 조절해 주고 있는 소통적 행위의 개념을 잠시 살펴야 할 것이다.

2.2. 공론장의 소통이성적 잠재력

공론장 이론을 뒷받침해주는 하버마스의 '소통적 행위' 개념은 아주 모호하기 짝이 없다. 그는 소통적 행위를 다른 행위들과 개념적으로 구별하기 위해 일단 비소통적 행위를 정의·분류해낸다. 소통적 행위와 대척적인 사회적 행위는 원칙적으로 고독한 단독행위자의 행위모델로서의 '목적

---

330) Habermas, *Theorie des kommunikativen Handelns*, Bd.2, 573쪽 이하.

론적 행위(teleologisches Handeln)'다. 이 행위개념은 아리스토텔레스 이래 철학적 행위이론의 중심에 서 있는 행위개념이다. 하버마스는 베버의 술어에 따라 '목적합리적 행위'라 부르기도 하고, '성공지향적 행위'라 부르기도 한다.

목적론적 행위자는 주어진 상황에서 성공을 약속하는 수단을 선택하여 적절한 방식으로 적용함으로써 목적을 실현하거나 원하는 상태를 야기한다. 여기서 중심 개념은 목적의 실현을 지향하여 준칙에 입각하면서 동시에 어떤 상황해석에 근거한, 행위대안들 간의 결정이다. 이 목적론적 행위 모델은 행위자의 성공타산 속에 적어도 한 명 이상의 목적지향적으로 행위하는 다른 행위자의 결정의 기대가 들어가면 '전략적 행위' 모델로 확장·변형된다. 이 전략적 행위 모델은 종종 실리주의적으로 해석되기도 한다. 이 경우는 행위자가 수단과 목적을 효용 및 효용기대의 극대화의 관점에서 선택하고 계산하는 것을 전제하는 것이다. 경제학, 사회학, 사회심리학의 결정이론적·게임이론적 단초의 기저에는 이 전략적 행위모델이 놓여 있다.[331]

이 목적론적 행위모델은 행위자와 존재하는 사태 간의 관계를 전제한다. 이 존재하는 사태, 일어나는 사태 또는 목표의식적 행위에 의해 야기되는 사태 전체는 행위자가 관계하는 '객체적 세계'다. 이 목적론적 모델은 "인식적·의지적 복합자세(kognitiv-volitiver Komplex)"를 펼쳐 보인다. 이때 행위자는 한편으로 존재하는 사태에 대한 의견(Meinungen)을 형성하고 다른 한편 원하는 사태를 산출할 목표를 지닌 의도(Absichten)를 전개한다. 따라서 이 행위모델에서는 객체적 세계에 대한 두 가지 부류의 합리적 관계가 가능하다. 의견의 명제적 내용은 사실에 견주어 '참되다' 또는 '거짓이다'는 객관적인 평가가 가능하고 의도는 그 결과에 견주어 '성공이다'

---

331) Habermas, *Theorie des kommunikativen Handelns*, Bd.1, 126-127쪽.

또는 '실패다'라는 평가가 가능하다. 행위자와 세계의 관계는 진리(Wahrheit)와 효과성(Wirksamkeit)의 기준에 따라 평가되는 언표를 허용한다. 이것은 단일한 객체적 세계에 대한 두 가지 관점일 뿐이다. 이것은 적어도 두 명의 행위자가 맞서는 '전략적 행위'에 대해서도 마찬가지다. 하버마스는 목적합리적 행위모델이 대상적인 객체와 관계하는 경우를 '도구적 행위'(=노동)라고 하고 인간적 객체인 '상대방'과 관계하는 경우를 '전략적인 행위'로 명명, 분화시키고 있다. 전략적 행위모델에서는 협업이 벌어지는 경우에도 행위자의 이기주의적 실리타산에 합치되는 만큼만 벌어진다. 따라서 전략적 행위로 분화된 합목적적 활동도 그 존재론적 전제에 따라 마찬가지로 단일세계 개념(Ein-Welt-Begriff)이다.

여기서 특별히 지적해야 하는 점은 『소통적 행위 이론』에서 정의된 이 전략적 행위 개념은 위 인용에서 알 수 있듯이 결코 강제에 근거하는 행위로 정의되고 있지 않다는 점이다. 그러나 다른 곳에서는 모든 전략적 행위는 원칙적으로 강제에 의존한 목적론적 행위로 서술된다. 말하자면 하버마스의 전략적 행위개념은 앞서 비판적으로 지적했듯이 개념적으로 애매모호한 측면을 안고 있다.

두 번째 행위모델은 "규범규제적 행위(normenreguliertes Handeln)"이다. '규범규제적 행위'는 다른 행위자들을 접하는 경우에도 자신의 주변환경에서 다른 행위자들을 무의도적으로 단순히 발견하는, 원칙적으로 고독한 행위자의 행태와 관련된 것이 아니라, 자신의 행위를 공동적 가치에 맞춰 조절하는 사회집단의 구성원과 관련된 것이다. 개별적 행위자는 어떤 상황에서 규범이 적용되는 조건이 주어질 때 규범에 따라(또는 위반하여) 행동한다. 규범은 어떤 사회집단에 존재하는 합의를 표현한다. 어떤 특정한 규범이 통용되는 집단의 모든 행위자는 그들이 특정한 상황에서 요구되는 행위를 수행하거나 어떤 행위를 중지하도록 서로서로 기대할 권리가 있다. 규범 준수의 개념은 '일반화된' 행위기대의 이행을 뜻한다.

행위기대는 예상되는 사태의 기대라는 인식적 의미가 아니라 구성원들이 어떤 행위를 기대할 권리가 있다는 규범적 의미를 지닌다. 역할이론(Rollentheorie)의 기저에는 이 규범적 행위모델이 놓여 있다.[332]

'규범적 행위' 또는 '도덕적 행위'라 부를 수 있는 이 '규범규제적 행위'가 관여하는 세계는 두 개의 세계다. 존재하는 사태의 객체적 세계 옆에 역할을 하는 주체로서 행위자가 다른 주체와 마찬가지로 귀속하는 '사회적 세계'가 나타난다. 사회적 세계는 어떤 상호행위가 권리에 기초한 간주체적 관계에 속하는가를 확정하는 규범적 맥락으로 구성된다. 이 세계에서 규범적 행위의 합리성은 객관적 판단이 가능하고 그 합리성의 기준은 '올바름(Richtigkeit)'이다.

세 번째 모델은 "연출적演出的 행위(dramaturgisches Handeln)"다. 이 '연출적 행위' 모델은 고독한 행위자나 사회집단의 구성원이 아니라 서로서로 관객을 이루는 상호작용 참여자들과 관련된 것이다. 행위자는 자신의 주체성을 많건 적건 목적의식적으로 드러냄으로써 자신의 관객에게 자기 자신의 일정한 상像 또는 인상을 일으킨다. 모든 행위자는 자신의 고유한 의도·생각·입장·소원·감정 등의 영역에로 나아가는 자신만의 특권적 통로를 통제할 수 있다. 연출적 행위에서 참여자들은 이 상황을 이용하여 각자 자기의 주체성으로 통하는 상호적 통로를 규제함으로써 자신들의 상호작용을 조정할 수 있다. 이런 이유에서 자기표현의 중심적 개념은 자연발생적 표현행위가 아니라, 자기 체험을 드러내는 관객지향적 표현의 '양식화樣式化(Stilisierung)'를 뜻한다. 이 연출적 행위 모델은 일차적으로 현상학적 방향의 상호작용적 서술에 기여한다. 이 모델은 아직 이론적으로 일반화된 단초로까지 완성되지 못했다.[333]

---

332) Habermas, *Theorie des kommunikativen Handelns*, Bd.1, 127쪽.
333) Habermas, *Theorie des kommunikativen Handelns*, Bd.1, 128쪽.

이 연출적 세계는 내가 나이기 때문에 나만이 '특권적으로' 관여, 표현할 수 있는 주관적 세계이다. 이 행위의 경우에도 객관적 판단이 가능하다. 행위자가 관객 앞에서 자기의 주관적 세계를 향해 있기 때문에 이 경우에 실은 하나의 방향, 하나의 세계만이 존재한다. 자기표현에서 문제는 행위자가 지닌 내적 체험을 적절한 시점에 표현하는지, 그가 말하는 것을 실지로 의미하는지, 그가 표현하는 체험을 단순히 기만하고 있는지 하는 것이다. 누군가 그가 의미하는 바를 말하는지 여부를 따지는 문제는 바로 진실성(Wahrhaftigkeit)의 문제이고 바로 이것이 연출적 행위의 합리성기준이라 한다.334)

그러나 이 연출적 행위 개념은 그릇된 것이다. 연출행위는 농담 또는 유머에서부터 헤어스타일·화장·노래 부르기까지 다양하지만 농담이나 유머는 유희적 연출이고, 헤어스타일·화장·노래 부르기는 미학적 연출이다. 정확히 말하면 하버마스의 연출적 행위 개념은 '유희적 행위'와 '미학적 행위'를 뭉뚱그려 놓은 것이다. '유희적 행위'와 '미학적 행위'의 평가기준은 '진실성'이 아니라 각각 '재미'와 '미美'다. '진실성'은 언어적 소통 일반의 참이냐 거짓이냐를 판단하는 평가범주다. 그리고 '유희적 행위'(놀이)와 '미학적 행위'에서 관중과 관중지향적 연출은 비본질적·부차적인 것이다. 이 두 행위를 빼고 나면 연출적 행위는 각종 '행사' 행위로 축소되어 사회적 행위 개념으로서 의미를 잃고 말 것이다.

원칙적으로 대화의 형태를 취하는 '소통적 행위'는 객관적 세계, 주관적 세계, 사회적 세계를 동시에 개창하는 점에서 다른 행위들과 다르다. 소통적 행위의 개념은 언어를 통해 간間인격체적(interpersonal) 또는 간주체적(intersubjektiv) 관계에 들어가는 두 명 이상의 언어능력 있고 행위능력 있는 주체들의 상호작용이다. 행위자들은 자신들의 행위계획과 행위를

---

334) Habermas, *Theorie des kommunikativen Handelns*, Bd.1, 128쪽.

합의적으로 조절하기 위해 행위상황에 관한 상호양해(Verständigung)를 구한다. 여기서 중심역할을 하는 해석(Interpretation)은 의사소통적 '협력'을 통해 무엇보다도 합의 가능한 상황정의의 타결(Aushandeln)을 겨냥한다. 따라서 언어는 여기서 핵심적인 기능을 수행한다.335) 그러나 이 '상호양해를 구하는 것'이나 합의의 '타결'은 목적론적 행위에 더 가깝다. 하버마스 자신도 어느 글에선가 소통적 상호양해도 일종의 '목적'이라고 시사한다. 이 때문에 그의 소통적 행위 개념은 목적론적 행위와 뒤섞인다. 그리고 '소통적 행위'에서는 어디서 어디까지가 언어적 '의사소통'이고 어디서부터가 사회적 '행위'인지 알 길이 없다. 따라서 소통적 행위도 개념적으로 도깨비불 같다.

아무튼 하버마스는 기능 면에서 목적론적 행위가 성공을 지향하는 반면, 소통적 행위는 상호양해(공동의 지식)를 지향하고, 규범규제적 행위가 기존의 규범에 규제되는 결과적 행위인 반면, 소통적 행위는 규범 그 자체를 창설하거나 갱신하는 행위이고, 연출적 행위가 주체적 내면의 양식적 표현에 본질을 두는, 말하자면 자기를 직접 대상으로 하는 '자기의식적' 행위인데 반해, 소통적 행위는 상대방의 눈에 비쳐진 자신을 3인칭으로 바뀐 자기의 눈으로 객관화하는 행위라고 종합·정리한다.

이 소통적 행위의 개념과 함께 언어 수단은 행위자의 세계연관이 그 자체로서 반영되는 틀을 얻는다. 이 개념의 차원에서야 비로소 사회과학자들에게만 현상하는 합리성 문제가 행위자 자신의 시야에도 들어오게 된다. 타인을 상대로 하는 전략적 행위의 경우에도 언어행위로 매개될 수 있지만 이 모델에서 언어는 제한된 일면적 기능(정보전달)만을 한다. 소통적 행위만이 비로소 언어를 화자話者와 청자聽者가 사전 해석된 생활세계의 지평에서 객체적 세계, 사회적 세계, 주관적 세계 안에서 동시에

---

335) Habermas, *Theorie des kommunikativen Handelns*, Bd.1, 128쪽.

대상과 관계하여 공동의 상황정의를 타협해 낸다. 이 해석적 언어관은 형식적 화용론話用論(formale Pragmatik)의 기저를 이룬다.

목적론적·규범규제적·연출적 행위에서 나타나는 세 가지 다른 언어기능의 일면성은 이 행위들로 특징지어지는 소통유형이 소통적 행위의 한계적 사례로 드러나는 데서 보인다. 목적론적 행위에서 소통은 오직 자신의 목적의 실현만을 염두에 둔 행위자들 간의 간접적 합의로서 기능하고, 규범규제적 행위에서는 이미 존재하는 규범적 합의를 단순히 현재화하는 행위자들 간의 합의적 행위로서, 연출적 행위에서는 관객 연관적 자기연출로서 기능한다. 언어는 여기서 수행적 효과(perlokutive Effekte), 간주체적 관계의 언표외적·비언표적(illokutiv) 산출 기능, 주관적 체험의 표출(언표적[lokutiv] 기능) 중 제각기 한 가지 기능만을 수행하는 것이다.

이에 반해 소통적 행위는 모든 언어기능을 동일하게 고려한다. 여기에서는 사회적 행위가 소통참여자들의 해석작용으로, 행위가 말하는 것으로, 상호작용이 회화會話로 축소되어 버릴 위험이 있다. 그러나 사실 언어적 상호양해는 참여자들의 행위계획들과 목적활동들을 상호적 행위로 통합하는 행위조절의 기제일 뿐이다.336)

하버마스는 행위자가 적어도 하나의 세계와의 관계를 취하는 상징적 표명만을 '행위(Handlungen)'로 본다. 그는 이 사회적 '행위'를 행위 안에서 같이 수행되는 신체운동과 신체적 동작(Operationen)으로부터 구분해낸다. 신체적 운동과 동작은 오직 이차적으로만, 즉 유희적 실행이나 교육으로 포섭되는 경우에야 비로소 행위의 자립성을 얻을 수 있기 때문이다.

'행위'는 일정한 의미에서 신체의 동작에 의해 실현되지만, 이 동작은 다른 어떤 것과 '동시에 수행될' 뿐이다. 여기서 '동시에 수행한다'는 것은 행위자가 행위를 실현하는 신체동작을 의도하고 있는 것이 아니라 어떤

---

336) Habermas, *Theorie des kommunikativen Handelns*, Bd.1, 143쪽.

행위계획의 수행을 의도하고 있다는 것을 뜻한다. 따라서 신체동작은 행위의 구성요소이지만, 그 자체만으로서는 행위가 아니다.337) 여기서 하버마스는 아예 아무런 신체동작도 요하지 않는 부작위의 행위(도덕준칙의 위반을 삼가는 것, 법률을 어기지 않는 것, 폴리스라인을 넘기 않는 것 등)를 잊고 있다.

기능동작으로 산출된 형성물은 그 자체로 고찰할 때 많건 적건 바르다, 그렇지 않다 등으로 평가될 수 있다. 그러나 그것은 사회적 행위처럼 진리성·효과성·올바름·진실성 등의 시각에서 비판할 수 있는 것이 아니다. 왜냐하면 그것은 다른 행위의 하부구조로서만 세계와의 연관을 얻기 때문이다. 말하자면 "동작은 세계와 접촉하지 않는다"는 것이다.338) 동작의 규칙은 아무런 설명력이 없다. 이 규칙을 따르는 것은 행위자가 세계 내의 객체와 관계하여 행위를 동기짓는 근거 또는 이유와 연관된 타당성 요구를 제기하는 것을 뜻하지 않는다.

하버마스는 이런 고구를 통해 소통적 행위에 본질구성적인 합의행위가 이 행위를 수행하게끔 해주는 문법적 명제들을 분석하는 방식으로 분석될 수 없다는 것을 밝힌다. 소통적 행위모델에서 언어는 오직 화자가 문장을 상호양해를 구하는 식으로 사용해서 세계들과의 연관을 받아들이고 이것을 목적론적·규범적·연출적 행위에서처럼 직접적으로 뿐만 아니라 '반성적 형식'으로 행하는 화용론적話用論的 시각에서만 유의미한 것이다. 화자들은 다른 행위모델들에서 개별적으로 또는 쌍을 지어 등장하는 세 개의 형식적 세계개념을 하나의 체계로 통합, 이것을 해석틀로 전제한다. 그들은 이제 객관적 세계, 사회적 세계, 주관적 세계 내의 어떤 것과 직접 관계하는 것이 아니라, 자신들의 표명을 다른 행위자가 이것의 타당성을 부정할

---

337) Habermas, *Theorie des kommunikativen Handelns*, Bd.1, 146쪽.
338) Habermas, *Theorie des kommunikativen Handelns*, Bd.1, 147쪽.

수 있는 가능성에서 상대화한다. 합의는 상호작용 참여자들이 요구된 타당성(Gültigkeit)에 관해 합치를 보는, 즉 상호 제기한 타당성 요구(Geltungsansprüche)를 간주체적으로 인정하는 방식으로만 유효하다. 화자는 자신의 표명으로써 적어도 하나의 세계와 관계하여 행위자와 세계 간의 이 관계가 객관적으로 비판될 수 있는 정황을 활용, 자신의 상대방에게 합리적으로 동기지어진 입장표명을 촉구함으로써만 비판가능한 요구를 타당하도록 만들 수 있기 때문이다. 따라서 소통적 행위의 개념은 참여자들이 세계와 관계하는 데 있어서 상호 수락하고 거부할 수 있는 타당성 요구를 제기하는 합의과정의 매체로서 언어를 전제하는 것이다.339)

말하자면, 이 소통적 행위모델은 상호작용 참여자들이 행위자들의 세 가지 세계연관에 들어 있는 합리성의 잠재력을 '협업적으로 추구되는 합의'를 위해 동원하는 것이다. 이때 화자는 세 가지 타당성 요구를 제기한다. ① 행해진 언표가 참되다. ② 언어 행위가 통용되는 규범적 맥락과 관련하여 올바르다 또는 화자가 이행해야 하는 규범적 맥락이 정통적이다. ③ 표명된 화자의 의도가 표출된 그대로이다. 즉, 진실하다.

어떤 합의과정이든 문화적으로 주입된 사전이해를 배경으로 벌어진다. 이 배경지식(Hintergrundwissen)은 전체적으로 문제없는 것으로 남아 있다. 다만 화자들이 자신들의 해석을 위해 이용하고 문제삼는 지식부분만이 시험대에 오르는 것이다.

합의적 상황정의는 질서를 산출한다. 상황정의로써 소통 참여자들은 행위 상황의 상이한 요소들을 세 세계 중의 하나에 귀속시키고 자신들의 사전 해석된 생활세계의 현재적 상황을 체득한다. 일견에 자신의 상황정의와 어긋나는 상대방의 상황정의는 특이한 문제를 제기한다. 협력적 해석과정에서는 어떤 참여자도 해석상의 독점권을 갖지 못하기 때문이다.

---

339) Habermas, *Theorie des kommunikativen Handelns*, Bd.1, 148쪽.

양편에게 있어 해석 과업은 타자의 상황 정의를 자신의 상황 해석으로 편입하는 것, 그것도 수정된 형태에 있어 '그의' 외부세계와 '나의' 외부세계가 '우리의' 생활세계를 배경으로 객체적, 사회적, 주관적 '세계'와 관련, 상대화될 수 있고 서로 어긋나는 상황 정의가 충분히 합일될 수 있는 방식으로 편입하는 것이다. 이것은 해석이 어떤 경우든 안정적이고 명백히 분화된 질서를 가져 와야 한다는 것을 뜻하는 것이 아니다. 안정성과 명백성은 일상의 소통적 실천에서 차라리 예외에 해당한다. 희미하고 깨지기 쉽고 지속적으로 수정되고 '오직 순간적으로만' 성공하는 소통이 좀 더 현실적인 모습이다. 이런 소통상황에서 참여자들은 문제성 있고 미해명된 선입견에 의존하여 한 경우의 공동성에서 다음 공동성으로 더 듬어 나간다.

하버마스는 소통적 행위를 소통과 구별한다. 언어는 합의에 기여하는 소통 매체인 한편, 행위자들은 서로 합의함으로써 자신들의 행위를 조절하고 그때그때 일정한 목표를 추구하기 때문이다. 소통적 행위의 경우 '협업적 해석과정'을 구성하는 해석작업은 '행위조절'의 메커니즘이다. 즉, "소통적 행위는 해석적으로 수행되는 합의로 끝나는 것이 아니다."[340] 소통적으로 산출된 합의는 구속력 있는 행위조절 기능을 갖기 때문이라는 것이다. 하버마스는 소통적 행위를 언어행위 그 자체와 동일시하는 것이 아니라 이 언어행위를 통해 조절되는 상호작용의 한 유형으로 규정한다.

이런 정의를 듣다 보면 '소통적 행위'는 더욱 모호해지고 무의미해진다. 그의 설명대로라면 '소통적 행위'는 '소통적 행위'라고 거창하게 말할 것도 없이 '언어행위적 행위조절 행위'라고 하면 될 것이고, 그러면 이런 '행위조절'이라는 행위'의 개념 수준은 목적론적·규범규제적·연출적 행위 개념

---

340) Habermas, *Theorie des kommunikativen Handelns*, Bd.1, 151쪽.

과 나란히 설 수 없고, 그저 '목적론적 행위'에 속하는 한 하위범주로 격하되어야 할 것이다. 이런 까닭에 하버마스의 저런 행위의 개념적 구분은 너무 모호하고 혼돈스러워서 ①공리적 행위, ②유희적 행위, ③미학적 행위, ④도덕적 행위, ⑤교제적 행위로 구분하는 것이 더 나을성싶다. 그러면 하버마스의 소통적 행위는 '교제적 행위'에 속하는 하나의 하위 범주에 지나지 않을 것이다.

아무튼 하버마스가 말하는 '공동적' 지식은 까다로운 조건을 충족시켜야 한다. 참여자들이 몇 가지 의견에서 합치를 보거나 그들이 이런 합치를 아는 정도로써 공동지식이 성립하는 것이 아니다. 비판가능한 타당성 요구의 간주체적 수락과 인정에서 완결되는 소통적 합의(Einverständnis)를 구성하는 지식만이 공동지식이다. 합의란 참여자들이 어떤 지식을 타당한 것으로, 즉 간주체적 의무를 띤 것으로 수락함을 뜻한다. 오직 이런 이유에서만 공동 지식은 행위조절의 기능을 떠맡는 것이다. 공동지식의 상호적 구속성은 오로지 간주체적으로 공유하는 설득적 자기 확신(Überzeugung)으로부터만 나온다. 이 공동적 확신은 참여자들을 상호 구속한다는 것이다.341)

간주체적으로 공유되는 확신은 상호작용 참여자들을 상호적으로 구속한다. 설득에 의한 자기 확신과 결합된 '이유(Gründe; reason)의 힘'은 한 행위자가 상대방의 통찰에 호소할 수 있는 기초를 이룬다.342) 이것은 소통적 합의와 대립되는 행위조절 메커니즘인 (전략적 행위의) '영향력주입(Einflußnahme)'이 원인(Ursache)의 야기를 통한 결과 산출이라는 인과율에 입각해 있는 것과 대조를 이룬다. 하버마스는 목적합리적 행위와 소통

---

341) Habermas, "Erläuterungen zum Begriff des kommunikativen Handelns"[1982], 574쪽.
342) Habermas, "Erläuterungen zum Begriff des kommunikativen Handelns"[1982], 574쪽.

적 행위의 대립적 구별에 행위의 원인과 이유의 구별을 조응시키고 있다.

전략적 행위에서 타인의 결정상황에 영향을 미칠 수 있는 강권적 제재나 사례謝禮 대신 소통적 행위 안에서 상호적으로 제기한 타당성요구의 배면에 있는 것은 바로 근거·이유인 것이다.343) 한 행위자가 다른 행위자에게서 가령, 금전, 폭력적 강권, 거짓말을 통해 유인해 낸 확신은 이러한 '이유 있는' 구속력, 즉 합리적 구속력을 가질 수 없다. 화자가 제기한 타당성요구를 필요한 경우—가령 청자의 비판에 부딪힐 경우—기꺼이 충족시키려 하는 소통적 용의 또는 소통적 자세에 따라 형성된 이 "언어소통적 확신과 결합된 근거의 힘"을 하버마스는 "(언어)소통적 이성(kommunikative Vernunft)"이라 부른다. 이 소통적 이성의 작동은 이 소통과정에 참여한 사람이라면 아무도—자신이 인간인 한—거역할 수 없다. 바꿔 말하면 이 이성을 거역하는 자는 인간이기를 포기한 셈이거나 이미 이성적 인간공동체로부터 배제된 무뢰한, 사기꾼(이솝 우화의 '늑대가 나타났다는' 거짓말을 일삼다가 자기의 말을 무력화시킨 양치기 소년), 독재자, 정신병자일 것이다. 상대방의 언표에 동조하여 이 언표를 공동의 지식으로 공유한 자가 이 공동지식의 행위구속력을 느끼지 않고 이것과 어긋나는 행위를 한다면 이 자는 '말이 안 되는 놈', 즉 '소통적으로 비이성적인 (kommunikativ irrational)' 자다.344) 이성은 칸트철학에서처럼 독백적 단독주체에 내재하는 것이 아니라 '우리'의 공동성 안에 생긴 틈새를 메우는 대화적 '소통과정의 완전성'이다.345) 소통적 합의의 확신이 발휘하는 언표외적(illokutionär) 구속력은 규범을 창설하고 연대와 권력의 기초를 형성한다.

---

343) Habermas, "Replik auf Einwände"[1980], 549쪽.
344) 여기에서 말과 이성은 등치되고 있다. 희랍어 logos도 '말'과 '이성'을 동시에 뜻했다.
345) Charles Taylor, "Sprache und Gesellschaft", 42쪽. Axel Honneth/Hans Joas (Hg.), *Kommunikatives Handeln* (Frankfurt am Main: Suhrkamp, 1986).

'생활세계(Lebenswelt)'는 일찍이 의식(주체)철학적 패러다임을 벗어나지 못한 훗설의 현상학과 해석학에 의해 개념화가 시도되었지만 좌초한 바 있다. 하버마스는 의식철학적 틀을 떠나 소통적 행위로 패러다임을 전환하면 이 '생활세계'의 개념화도 능히 완수될 수 있다고 생각한다. 오직 소통적으로 행위를 하는 주체들의 '세계연관들'을 확정하고 생활세계의 '맥락형성적' 기능과 선험적 '구성' 기능을 구별하기 위해 소통적 행위의 관점에서 '상황'개념을 재정의함으로써만, 그리고 소통적 행위 그자체가 생활세계의 유지와 산출에 어떤 기여를 하는지를 알기 위해 행위자 시각을 포기함으로써만 '생활세계의 상징적 재생산'이 개념화될 수 있기 때문이다.346)

일단 '세계'와 '생활세계' 개념은 참가자들이 주제화할 수 있는 영역들의 구획에 기여한다. 참가자의 '상황지향적' 시각에서 생활세계는 행위상황을 제한하는, 주제화가 불가능한 합의형성과정의 '지평형성적 맥락'으로 현상한다. 주제가 변함에 따라 생활세계의 상황 연관적 단면들도 변한다. 이런 방식으로 상황의 구성요소로 만들어지는 것만이 소통적 표명의— 임의적으로 주제화할 수 있는— 전제에 속한다. 물론 이 상황종속적 사전전제는 필요한 맥락을 이루지만, 충분한 맥락을 이루지는 못한다. 따라서 '상황맥락'과 '생활세계맥락'을 구별할 필요가 있는 것이다.

이 대목에서 하버마스는 존 설(John R. Searle)과 비트겐쉬타인(Ludwig Wittgenstein)에 의존하여 텍스트의 의미는 오직 생활세계적 배경지식의 지위를 갖는, 문화적으로 주입된 사전이해를 배경으로 해서만 파악될 수 있음을 환기시킨다. 언어적으로 표준화된 언표의 수락조건에 관한 정보를 암묵적으로 보완하여 청자가 이 언표의 의미를 이해할 수 있게 하는

---

346) Habermas, "Erläuterungen zum Begriff des kommunikativen Handelns"[1982], 584쪽.

이 근원적 배경지식은 묘한 특성을 지닌다. 이 배경지식은 유한한 수의 명제들로 표현될 수 없는 '암묵적' 지식이고 '전체론적으로 구조화된 지식 (holistisch struktuiertes Wissen)'이라서 이것의 지식요소들은 상호 의존적으로 얽혀 짜여 있다.[347] 그것은 의도적으로 의식화하여 의심하지 않는 한 우리가 맘대로 좌지우지할 수 없는 지식이다. 생활세계는 이것을 문제삼을 가능성조차 생각해보지 못할 정도로 소통적 행위자들이 직관적으로 친밀해 있는 자명성으로 현재現在한다. 다만 그때그때의 '상황'과 유관한 생활세계의 '단면'만이 소통참가자들이 무언가를 '세계 안의 그 무엇'으로 주제화하는 언표에 대한 '임의적으로 주제화될 수 있는' 맥락을 형성한다.

그러나 생활세계는 이와 같이 맥락형성적 기능만 하는 것이 아니라 동시에 소통참가자들이 모종의 상황에서 생겨난 대화적 양해의 필요성을 동의 가능한 해석으로 충족시키기 위해 동원하는 '확신의 보관소'로도 기능한다. '자산'으로서 생활세계는 소통과정에 본질 구성적이다. 이와 같이 '세계'와 '생활세계'는 대상의 주제화의 시각에서뿐만 아니라 행위공간의 제한의 시각에서도 구별된다. 우리는 생활세계를 '해석자산'으로 고찰하면 문화적 전승의 형태로 재생산되는 '배경지식의 언어적으로 조직된 비축자산'으로 이해할 수 있다. 문화적으로 전승된 배경지식은 이것의 도움으로 산출되는 소통적 언표에 대해 얼마간 '선험적 위치'를 점한다. 칸트가 인식주체의 '타고난 능력'으로 전제한 '선험적 통각統覺'은 실은 이 생활세계의 선험적 인지·판단기능이었던 셈이다. 이 배경지식은 소통참가자들이 객관적·사회적·주관적 세계 간의 연관을 이미 내용적으로 해석된 것으로 대면하도록 보장하는 것이다. 그리하여 일상적 소통행위에서 절대 미지未知의 상황은 존재하지 않는다. 새로운 상황도 이미 친숙한

---

[347] Habermas, "Erläuterungen zum Begriff des kommunikativen Handelns"[1982], 590-591쪽.

문화적 축적지식으로 구성된 생활세계로부터 출현하기 때문이다.[348]

소통적 행위자들은 언어행위를 수행하고 이해하면서 현재적 언표를 '대상'으로 고찰할 수 없을 만큼 자신의 언어 내부에서만 움직인다. 소통참가자들이 이와 같은 언어수행적(performativ) 자세를 견지하는 한, 현재 사용하는 언어는 소통참여자들의 배경에 머물러 있다. 이런 이유에서 문화와 언어는 통상 상황요소로 간주되지 않는다. 문화와 언어는 행위공간을 결코 제한하지도 않고 또 소통참가자들이 상황에 관해 이해를 주고받을 때 사용하는 형식적 세계개념에도 속하지 않는다.

하버마스는 '생활세계'를 프라이버시로서의 '사적영역'과 '공론장'으로 구분한다. 지성적 언어와 이성만을 기준으로 삼고 '지성적 공론장'을 이상적인 것으로 간주하는 하버마스의 언어소통적 행위의 개념에서는 '공감장'은 아예 배제된다. 그의 공론장 개념은 이런 생활세계의 이런 단순한 구조를 전제한다.

사회적 제도와 개인적 개성구조는 문화전통과 다르다. 이 사회적 제도와 개인적 개성구조는 이중적 지위를 취한다. 이것들은 한편으로 사회적 세계와 주관적 세계의 요소이면서 동시에 생활세계의 구조적 요소이기 때문이다. 생활세계적 배경은 사소한 기회에 의식되는 배경의 확신뿐만 아니라 어떤 상황을 어떻게 처리해야 하는가에 대한 직관적 지식으로서의 개인적 숙련성, 사회적 삶을 통해 주입된 관행, 어떤 상황에서 신뢰할 수 있는 것이 무엇인가에 관한 직관적 지식 등으로 구성되어 있다. 연대에 기초한 사회적 제도와, 능력에 기초한 개성은 제약으로 작용할 뿐 아니라 자원으로서도 기능한다. 소통적 행위의 배경에 있는 생활세계의 자명성은 행위자가 확증된 연대(Solidarität)와 보증된 능력(Kompetenzen)에서 느

---

[348] Habermas, "Erläuterungen zum Begriff des kommunikativen Handelns"[1982], 591-592쪽.

끼는 안전성(Sicherheit)에 근거한 것이다. 이와 같이 가치와 규범으로 통합된 집단의 연대성과 사회화된 개인들의 능력이 문화적 전통과 유사하게 소통적 행위에 유입해 들어온다면, '문화주의적으로 축소된' 생활세계 개념은 교정되어야 마땅하다는 것이다.[349]

그런데 생활세계는 일방적으로 소통적 행위의 배경으로만 기능하는 것이 아니다. 생활세계의 상황 연관적 국면이 행위자에게는 애당초 풀어야 할 문제로서 부과되는 반면, 역으로 이 상황국면은 행위자의 생활세계적 배경에 의해서만 지탱된다. 상황의 처리는 행위자가 책임능력 있는 행위의 '발기자'이면서 동시에 자신이 들어 있는 전통, 자신이 속한 연대집단, 자신이 굴복한 사회화 및 학습과정의 '산물'이라는 '순환과정'으로 나타난다. 여기서 행위자의 시각이 아니라 생활세계의 시각을 택하면, 우리는 행위이론적 문제설정을, '소통적 행위가 역으로 생활세계의 재생산을 위해 어떤 기능을 떠맡고 있는가'라는 본래적 사회학의 문제 틀로 전환시킬 수 있다. 소통적 행위자들은 자신들의 상황에 대해 공동의 이해를 산출하면서 자신들이 이용하면서 동시에 '갱신하는' 문화전통 안에 서 있다. 또한 그들은 비판가능한 타당성요구의 간주체적 인정을 매개로 자신들의 행위를 조절하는 경우 사회적 집단에의 연대적 귀속성에 의지하면서 동시에 이 집단의 연대성을 '튼튼히' 한다. 나아가 자라나는 세대는 행위능력 있는 주변인물들과의 소통적 상호작용에 참여하면서 자신의 사회집단의 가치지향을 내면화하고 동시에 일반화된 행위능력을 '확대'한다.

하버마스는 세대 간 생활세계의 상징적 재생산(즉, 생활세계의 대잇는 전승)과 차세대의 '사회화(Sozialisation)' 작용이 소통적 상호작용을 통해서만 이루어지는 것으로 착각·과장하고 있다. 그런데 아버지와 아들, 할아버

---

[349] Habermas, "Erläuterungen zum Begriff des kommunikativen Handelns"[1982], 593쪽.

지와 손자 간에 언어적 소통이 가능한가? 얼마간 가능할 것이다. 그러나 이 세대 간 교류에서 언어적 소통이 차지하는 비율은 아마 5% 미만, 10% 미만일 것이다. 생활세계의 재생산을 실현시키는 세대 간 교류와 전승은 90-95% 이상 세대 간 공감적 소통(empathetic communication)과 감정전염(emotional contagion)에 의해 이루어진다. 하버마스는 '언어물신物神(Sprachfetisch)'에 신들려서 줄곧 공감·교감·감정전염·감정이입 등의 개념을 완전히 잊고 있다.

아무튼 하버마스는 상호이해(Verständigung)의 기능적 관점에서 소통적 행위는 문화지식의 전승과 갱신의 기능을 맡는다고 주장한다. 행위조절의 시각에서 보면 소통적 행위는 사회적 통합과 연대의 산출에 기여한다는 것이다. '사회화'의 시각에서 보면 소통적 행위는 개인적 자기정체성을 형성한다.[350] 생활세계의 상징적 구조는 타당한 지식의 지속화, 집단적 연대의 안정화, 책임능력 있는 행위자들의 형성적 도야를 통해 재생산된다. 재생산과정은 문화전통의 의미나 내용의 '의미론적' 차원, 사회적으로 통합된 집단의 '사회적 공간'의 차원, 뒤를 잇는 세대들의 '역사적' 시간의 차원에서 새로운 상황을 생활세계의 기존상태에 결합시킨다. 문화적 재생산, 사회적 통합, 사회화의 과정에 조응하는 생활세계의 구조적 요소들이 바로 문화·사회·개인이다. 일상적 소통행위의 상호작용으로 짜인 망網은 이 문화·사회·개인이 재생산되는 매체다. 이 재생산과정들이 생활세계의 '상징적 구조'에까지 확장되는 것이다. 이 상징적 구조의 소통적 재생산은 생활세계의 '물질적 기체基體'의 재생산과 구별되어야 할 것이다. 생활세계의 상징적 구조의 재생산이 소통적 합리성(이성)에 따르는 데 반해 생활세계의 물질적 재생산은 목적합리적 행위(도구적 행위와 전략적 행

---

350) Habermas, "Erläuterungen zum Begriff des kommunikativen Handelns"[1982], 594쪽.

위)의 네트워크인 체계들(Systeme), 즉 경제적 체계와 정치적 체계로 자립화하여 기능주의적 목적합리성(효율성)에 따르기 때문이다.

여기서 하버마스의 소통적 행위의 형식화용론적話用論的 분석을 다 재현할 수는 없겠다. 간략히 그 핵심내용만을 살펴본다. 소통적 행위의 개념은 소통적 합의, 가장 간단한 경우 화자의 언어행위에 대한 청자의 긍정적 자세가 행위조절의 기능을 수행할 수 있다는 것을 증명하는 것에 사활이 걸려 있다. 청자는 '예'라는 대답으로써 한편으로 언표의 내용과, 다른 한편으로는 언어행위에 내재된 보증 및 상호작용의 결과와 유관한 행위구속력과 관계한다. 언어행위에 고유한 행위잠재력은 화자가 명시적인 언어행위의 경우에 언어수행적 동사動詞의 도움으로 그가 말한 것에 대해 제기하는 타당성요구에서 표현된다. 청자는 이 요구를 인정하면서 언어행위로 이루어진 제안을 수락한다. 이 언표외적 효과(illokutionärer Effekt)는 행위 유발적 특성을 갖는다. 이 효과와 함께 화자와 청자 간에 간주체적 관계가 산출되어 행위공간과 상호작용 결과를 질서짓고 일반적 행위대안을 매개로 청자의 가담가능성을 개방하기 때문이다. 문제는 언어행위가 이 행위조절적 힘을 어디서 동원하는지 하는 것이다. 이 소통적 언어행위는 이 권위를 제도적으로 구속된 언어행위의 경우처럼 직접 규범의 사회적 타당성으로부터 원용하거나 명령적 의사표시의 경우처럼 제재력制裁力에 의존하는 것이 아니기 때문이다.

자세히 분석해 보면 합리적으로 행위동기를 부여하는 언어행위의 이 힘은 말해진 내용의 타당성에서 나오는 것이 아니라 화자가 자신의 말이 깔고 있는 타당성 요구를 필요한 경우 충족시키려고 노력한다는 전제 하에 떠맡는 조정능력 있는 '보증'에서 나온다는 것을 알 수 있다. 화자는 말한 내용이 진리이거나 윤리적으로 올바르다는 타당성요구를 할 경우 보증을 '논의적'으로, 즉 근거의 제시에 의해 실현시켜야 하고 진실성을 주장할 시에는 일관된 행위자세를 통해 그 보증을 실현시켜야 한다. 청자가 화자에 의해 제공된 보증을 신뢰하자마자, 말해진 내용의 의미에 내포된 '상호작용의 결과에 따르는 구속력'이 작동하기 시작한다.351) 물론 이 비언표적 구속효과는 소통적 행위자들이 생활세계적 맥락 속에 들어가 있기 때문에만 사회적 범위의 경험적 효력을 획득한다.

여기서 요약된 소통적 행위의 이론으로써 하버마스는 사회이론적 문제와 철학적 문제를 동시에 해결할 수 있는 것으로 자신한다. 그는 이 소통적 행위의 이론이 지니는 철학적 의미를 자못 획기적이라고 여긴다. 이 이론은 마르크스의 생산력개념에 조응하는 베버의 기능적 목적합리성(도구적 이성과 전략적 이성)으로 축소된 '반편화된' 근대적 이성개념에 맞서 이성의 온전한 개념을 이론적으로 회복할 수 있게 해 준다는 것이다. 이 이론은 소통적 일상실천 속에 내장된 이성을 찾아내 '축소되지 않는 이성개념'을 말의 타당성 토대로부터 재건할 과제를 제기하고 해결할 수 있기 때문이다. 우리가 목적합리적 행위가 깔고 있는 명제적 지식을 비非소통적으로 사용하는 것으로부터 출발하면, 경험주의를 매개로 근대를 강력히 각인한 인식적-도구적 이성 쪽으로 사전결단을 내려야 한다. 이에 반해 언어행위 속의 명제적 지식을 소통적으로 사용하는 것으로부터 출발하면, 고대의 로고스 관념과 결부된 보다 더 넓은 합리성 개념 쪽으로 사전결단을 내리게 된다. 이 '소통적 합리성' 개념은 강제 없이 합의하여 동의를 창설하는 논의적 언어의 힘에 관한 중심적 경험에 최종 귀착되는 함의를 가져온다.352) 이 논의적 대화 안에서 상이한 참가자들은 자신들의 단순히 주관적인 이해를 극복하고 이성적으로 동기지어진 확신의 공동성에 힘입어 객관적 세계의 통일성과 동시에 자신들의 생활관계의 간주체

---

351) Habermas, "Erläuterungen zum Begriff des kommunikativen Handelns"[1982], 597쪽.
352) Habermas, "Erläuterungen zum Begriff des kommunikativen Handelns"[1982], 605쪽.

성을 확신한다. 객관적 세계의 통일성과 간주체성의 대립은 물론 인식적-도구적 이성의 계기를 보다 더 포괄적인 이성개념으로부터 떼어내려는 잘못된 근대철학적 시도의 결과이기도 하다.

전문가들의 차원에서 오늘날 이성적 지향은 진리문제, 정의문제, 미학적 취향문제의 반성적 취급이 주제마다 제각기 고유한 논리를 따르는 식으로 분리되어 있다. 그러나 이 차원에서 이성의 통일성은 '과정적'으로, 즉 타당성요구들의 논증적 해결의 절차를 통해 보장되어 있다. 형식화용론적으로 정초된 논증이론은 소통적 행위의 타당성 요구의 차별적 역할에 따라 여러 가지 논의 형태들을 구별하고 이 논의유형들 간의 내적 관계를 해명할 수 있다.

나아가 소통적 행위의 이론은 훔볼트에서 오스틴과 로티에 이르는 언어철학으로부터 출발한 일정한 비판적 자극을 수용하고 있다. 따라서 이 이론은 존재세계에 대한 서구철학의 일면적 편향을 비판한다. 존재론적 사유의 우위성으로 인해 불가피하게 바로 인식론과 과학이론 안에서의 인식의 특권화와, 의미론 안에서의 주장적 명제의 방법적 특화가 초래되는 것이다. 형식화용론적 소통연구는 이런 고정관념을 해체할 수 있다. 그것은 존재론적, 인식주의적 일면화에 대항하여 객관적 세계를 사회적 세계 및 주관적 세계와 결합시켜 진리성, 규범적 올바름, 진실성에 대한 동시적인 정향을 요구하는 저 '탈집중적인 세계이해'를 가져 오기 때문이다.[353]

하버마스는 사회이론의 차원에서 소통적 행위의 이론이 도구적 이성과 기능주의적 합리성에 대한 비판을 새로운 토대 위에서 가능케 하면 막다른 골목에 빠져든 비판이론을 재건할 수 있다고 생각한다. 소통적 행위와 전략적 행위(목적합리적 행위의 한 형태)는 행위자의 관점에서 양자택일

---

[353] Habermas, "Erläuterungen zum Begriff des kommunikativen Handelns"[1982], 606쪽.

적 사회행위의 두 유형으로 이해된다. 상호작용 참여자는 소통적·합의지향적 자세와 성공지향적 자세 중 하나를 선택해야 한다. 이에 반해 관찰자의 입장에서 본 목적행위의 구조와 소통행위의 구조는 오직 '분석적' 관점에서만 분리할 수 있다. 물론 이 구조들은 현실적 행위유형에 따라 여러 가지로 혼효되어 있다. 전략적 행위 안에서도 소통적 행위가 결과 지향적 '언어사용(화용話用; Sprechakt)'이라는 의미에서 투입된다. 그러나 여기서 언어적 합의형성은 소통적 행위에서처럼 행위조절의 기제로 기능하는 것이 아니다. 소통적 행위에서 상호작용 참여자들은 소통적으로 얻어진 합의 조건 하에서 행위계획을 수행하는 데 반해, 조절된 행위 자체는 전략적 목적활동의 성격을 간직한다. 목적활동은 성공지향적 행위에서와 마찬가지로 소통적 행위의 한 구성요소이다. 두 경우 다 행위는 객관적 세계에 대한 개입을 함의한다. 행위목적에 따라 이 행위는 도구적 행위, 즉 물리적 대상의 조작적 변경도 포함할 수 있다. 도구적 행위는 두 유형의 사회적 행위 안에 구성요소로서 등장할 수 있다.

목적활동을 매개로 수행되는 생활세계의 물질적 재생산에는 전략적 행위뿐만 아니라 부분적으로 소통적 행위도 간여한다. 이에 반해 생활세계의 상징적 재생산은 오직 소통적 행위에만 의존한다. 물론 물질적 기체基體의 유지는 생활세계의 상징적 구조의 유지를 위한 필수적 조건이다. 그러나 전통의 체득, 전승, 연대의 갱신, 개인들의 사회화는 일상적 소통의 '자연발생적 해석학'을 필요로 하고 따라서 언어적 합의형성의 매개를 요한다. 타인을 영향의 대상으로 취급하는 전략적 상호작용은 언어적으로 산출된 간주체성의 이 차원을 간과할 수밖에 없다. 상호적 영향주입의 틀 안에서는 문화적 내용이 전수될 수 없고 사회집단이 통합될 수 없고 성장 중에 있는 어린 세대가 사회화될 수 없다.

생활세계의 물질적 재생산에는 사회적 행위에서 목적활동이 중요한 데 반해, 소통적 합의의 측면은 생활세계의 상징적 재생산에 있어 중요하다. 이 차이에 재생산의 종류와 행위유형들의 귀속적 분류가 조응한다. '뒤집어도 될 만큼 일의적—意的인' 귀속관계는 상징적으로 재생산되는 생활세계와 소통적 행위 간에만 존재한다. 우리가 물질적 재생산의 연관을 행위자의 내부시각에서 고찰하는 것이 아니라 체계(System)로서 '대상화'하면, 사회상은 좀 더 복잡해진다. 생활세계의 물질적 재생산은 극단적인 경우에도 개인적으로 좍 둘러 볼 수 있는 차원으로 축소되는 것이 아니라서 집단적 협력의 의도된 성과로 관념될 수 없다. 보통 이 물질적 재생산은 참여자들의 행위지평을 '뛰어넘는' 체계의 기능역할의 단순한 이행으로 진행된다. 협력적 행위들의 통합된 효과들이 물질적 기체의 유지필연성을 충족시키는 한에서 이 행위연관은 '기능적'으로, 즉 기능적 부수효과의 피드백 작용을 매개로 안정화될 수 있다. 행위들의 이러한 잠재적 기능들은 행위지향의 소통적 네트워크화를 뛰어 넘는 행위결과(Resultate)와 행위귀결(Konsequenzen)의 체계연관을 요구하는 것이다.

따라서 우리는 사회를 '생활세계'와 '체계'의 이원론적 관점에서 고찰할 수 있다. 결국 근대에 들어 "생활세계와 체계의 분리(Entkopplung von Lebenswelt und System)"는 가장 선명히 관철되었기 때문이다.[354] 하버마스는 파슨스를 원용하여 체계메커니즘의 부류로서 '화폐'와 '권력'이라는 매체를 든다. 이 '탈脫언어화된' 상호작용매체는 규범과 가치, 나아가 언어적 합의형성 일반과 동떨어진 사회적 교류를 조절한다. 이 매체적 조절은 특히 목적합리적 경제행위와 행정행위 안에서 벌어지는데, 이 체계 행위들은 생활세계의 맥락에 대해 '자립화'되었다. 조절매체들이 여기서 소통적 행위를 매체조절적 상호작용으로 전환하는 것을 강요하기 때문에 전략적 행위와, 매체에 따라 분화된 행위체계 간에 '일의적' 조응관계가 성립한다.[355]

---

354) Habermas, *Theorie des kommunikativen Handelns*, Bd.2, 470쪽.

자본주의적 경제와 근대적 국가장치는 화폐와 권력 매체를 매개로 생활세계의 사회적 구성요소들로부터 분리된 '하부체계들(Subsysteme)'이다. 이 분리상태에 대해 생활세계는 독특한 방식으로 반응한다. 부르주아사회에서 소통적으로 통합된 행위영역들은 체계기능적으로 통합된 행위영역들인 경제와 국가에 대해 상호 보완적으로 연관된 '사적영역'과 '공론장'으로 형태를 취한다.

사적영역의 제도적 핵은 생산적 기능으로부터 면해진, 사회화과업만을 전문화한 소가족인데, 이 소가족은 경제의 체계 관점에서 보면 '사적 가계'의 환경으로 정의된다. 공론장의 제도적 핵은 문화단체, 인쇄언론, 대중매체 등에 의해 강화된 소통네트워크에 의해 구성된다. 이 소통망은 문화의 재생산에 대한 문화향유적 사인私人적 공중의 참가와 공론에 의해 매개되는 사회적 통합에 대한 공민적(또는 시민적) 공중의 참정參政을 가능케 한다. 문화적 공론장과 정치적 공론장은 국가의 체계관점에서 '정통성 창출'과 관련된 환경으로 정의된다.

경제와 국가라는 하부체계들의 관점에서 보면 분리된 영역인 생활세계와의 상호작용은 평행하게 설치된 교환관계의 형태로 이루어진다. 경제체계는 노동수행에 대해 임금을, 그리고 소비자의 수요에 대한 재화와 서비스를 교환한다. 공공행정은 세금 납부에 대한 조직서비스를, 그리고 집단적 충성에 대한 정치적 결정을 교환한다.

사적 영역과 공론장은 체계에 의해, 즉 조절매체에 의해서 결합될 수 없는 소통적으로 구조화된 행위영역이기 때문에 교환관계는 오직 두 매체를 통해서만 전개된다. 생활세계의 관점에서 보면 이 교환관계를 중심으로 취업자와 소비자의 사회적 역할과 (공공서비스)의뢰인과 공민의 사

---

355) Habermas, "Erläuterungen zum Begriff des kommunikativen Handelns"[1982], 602-603쪽.

회적 역할이 결집된다.(단순화를 위해 문화기제와 예술문예적 공론장의 역할구조는 도외시한다.)

세금-조직서비스, 정치적 결정-대중적 충성의 범주에서 이 관계들은 조직의존적 역할에 의해 정의된다. 취업체계는 조직성원의 역할을 매개로 생활세계와의 교환을 규제하고 의뢰인의 역할을 매개로 공중과 연관된 행정을 규제한다. 이 두 역할은 조직과 관련하여 법령으로 구성된다. 종업원의 역할과 공공행정의 의뢰인의 역할을 떠맡는 행위자들은 생활세계적 맥락으로부터 분리되어 형식적으로 조직된 행위영역을 지향한다. 그들은 조직에 특유한 기여를 행하고 보통 임금과 봉급의 형태로 보상받는다. 또는 조직에 특유한 서비스를 받고 자신들 쪽에서 세금으로 보상을 한다.356)

노동력의 금전화와 공공서비스의 관료화는 역사적으로 고찰하면 결코 고통 없이 진행된 것이 아니라 전통적 생활형태의 파괴를 대가로 진행되었다. 하층 주민과 도시 프롤레타리아의 근거박탈에 대한 저항, 관헌국가의 관철, 조세, 가격규제, 영리사업규정, 용병징병 등에 대한 반란 등이 자본주의적 근대화의 노선을 뒤흔들었다. 이 방어적인 반응은 19세기부터 조직적 노동운동의 투쟁에 의해 교체된다. 폭력적인 축적과정과 국가형성과정의 파괴적 부작용에도 불구하고 새로운 조직형태들은 우월한 통합수준의 효율성 덕택에 커다란 관철력을 발휘하였다. 자본주의적 생산양식과 관료적-합법적 지배는 생활세계의 물질적 재생산의 과업을 봉건적 또는 신분제 국가의 제도들보다 더 잘 수행하였다. 이것이 막스 베버가 쉬지 않고 강조한 기업적·시설적(anstaltmäßig) 조직 형태의 '합리성'이다.

두 번째 범주의 교환관계는 사태가 다르다. 소비자의 역할과 공론과정

---

356) Habermas, *Theorie des kommunikativen Handelns*, Bd.2, 472-474쪽.

에 대한 공민적 참가자의 역할은 형식적으로 조직된 행위영역들과 관련하여 정의되기도 하지만, 결코 이 조직에 의존적인 것으로 정의되지 않는다. 소비자는 교환관계에 들어가고 공중의 성원은 공민적 기능을 수행하는 한에서 정치체계의 성원이다. 그러나 이들의 역할은 종업원과 의뢰인의 경우처럼 법령을 통해 비로소 산출되는 것이 아니지만 이에 조응하는 법적 규범은 계약관계나 주체적 정치권의 형태를 취한다. 이것은 사회화된 개인들의 사적 생활영위 및 정치적 생활형태가 표현되는 행위지향을 통해 수행되어야 한다. 소비자와 공민의 역할은 이런 까닭에 선호도, 가치지향, 생활자세 등이 형성되는 사전 교육, 도야과정에 의존한다. 이런 지향은 사적영역과 공론장에서 형성된다. 그것은 사적 또는 공적 조직의 노동력이나 세금처럼 매입되거나 징수될 수 없다. 이런 이유에서 독립적 소비자의 '구매결정의 자율성'과 주권적 공민의 '선거결정의 자율성'은 부르주아 경제와 국가이론의 가공적 요청이었다. 그러나 이 픽션 속에도 문화적 수요모델과 정통성모델이 고유한 구조를 보여 준다는 사실이 드러나고 있다. 이 양자는 생활세계적 맥락에 사로잡혀 있고 경제와 정치의 침투에 대해 노동력이나 조세처럼 무력한 것이 아니다.

그럼에도 노동력은 고정된 크기가 아니다. 마르크스에 의하면 확대되고 강화되는 임금노동의 자본주의적 사용을 매개로 사적 생활세계가 침윤되어 생활세계의 '사물화'가 더욱 관철될 수 있고 또 관철되었다. 이러한 사물화는 행정체계에 의해서도 그대로 관철된다. 이것은 후기자본주의적 '생활세계의 식민화' 현상의 근저에 놓여 있는 국가와 의뢰인의 관계에서도 벌어진다.357) 그리하여 생활세계의 사적영역과 공론장에 금전과 권력의 침투적 영향력이 증대된다.

그러나 이 매체들은 문화적 재생산, 사회적 통합(연대유지), 사회화의

---

357) Habermas, *Theorie des kommunikativen Handelns*, Bd.2, 476, 504쪽.

영역에서 소통적 행위에 대한 기능적 대체효과를 발휘할 수 없다. 물질적 재생산과 달리 생활세계의 상징적 재생산은 '병리적 부작용' 없이 체계통합의 토대로 치환될 수 없기 때문이다. 금전화와 관료화는 생활세계로부터의 독자적인 구조를 도구화하자마자 '정상정正常性의 한계'를 넘어서는 것처럼 보인다. 막스 베버는 사적 생활영위가 조직된 노무관계로, 또한 생활형태가 법형태로 조직된 관헌의 침투적 지시로 전환되는 것으로 인해 생겨나는 문제를 고찰하고 있다. 이것은 결국 관료주의적 '자유박탈'로 귀착된다.

하버마스는 이 이론적 틀에서 베버가 시대비판적으로 주목한 '의미상실'의 현상인 생활영위의 '일면화된' 양식과 정치적 공론장의 '관료적 무미건조화'도 설명한다. 생활세계를 유지하는 소통과정은 전범위의 문화적 전승을 필요로 한다. 소통적 일상실천에서 인식적 해석, 도덕적 기대, 미학적 표현과 평가는 상호 침투하고 언어수행적 자세에서 가능한 타당성 이전을 매개로 합리적 연관을 산출해야 한다. 그러나 이 소통적 인프라구조는 상호 얽혀 있고 상호 강화하는 두 경향, 즉 '체계에 의해 촉진되는 사물화'와 '문화적 궁핍화'에 의해 위협받고 있다.

생활세계는 법률화된 행위영역에 동화되고 동시에 부단한 문화적 전통의 흐름으로부터 단절된다. 그리하여 일상실천의 왜곡 안에서 '경직증세'가 '황량화증세'와 결합된다. 일상실천의 일면적 합리화는 생활세계의 피안에서 사물화될 뿐만 아니라 자신의 고유한 필연성으로 인해 생활세계의 핵심영역으로 침투해 들어 가는 매체조절적 하부체계의 자립화에 기인한다. 또 다른 계기인 생동하는 전통의 고사(枯死)는 전문가영역들의 자립화를 뜻할 뿐 아니라 매력을 잃은 전통으로부터의 이격을 뜻하기도 하는 과학, 도덕, 예술의 분화에 기인한다.

그런데 왜 이러한 일상소통적 병리病理현상이 나타나는가? 경제체계와 행정체계의 분화가 왜 기능적으로 필수적인 한계를 넘어 이상비대異狀肥大

현상을 보이는가? 이 하부체계들이 왜 '저지할 수 없는 고유동력'을 얻어 소통적 행위영역을 침윤하는가? 체계실증주의적인 파슨스는 말할 것도 없고 비관주의적인 베버도 생활세계를 식민화하는 경제체계와 국가체계의 이러한 자립화된 이상異狀팽창, 즉 '사회적 합리화의 파라독스'의 추동원인을 설명하지 못했다.

부르주아적 문화비판은 18세기 후반 이래 이러한 근대적 병리현상의 원인을 탈脫주술화된, 즉 세속화된 세계상이 사회통합적 힘을 상실했다거나 사회의 고도 복잡성의 수준이 개인들의 통합력을 초과했다는 것으로 설명하려고 했다. 부르주아적 문화변호론은 이 두 주장을 한 이론 속에서 결합시켜 탈주술화도 소외와 마찬가지로 구조적으로 필수적인 '자유의 조건'이라는 주장을 폈다. 베버도 이 두 주장을 서구적 발전 속에 내장된 역리성逆理性이라는 의미로 결합하려고 기도했다. 의미상실과 자유상실의 테제로써 그는 부르주아적 문화비판의 주제들을 수용하고 있지만 바로 이 현상 속에서 서구합리주의적 이성이 관철되어야 한다는 의미로 이 주제들을 수정함으로써 체제변호론적 욕구에 조공을 바쳤던 것이다. 체계의 이상비대는 하버마스에 의하면 마르크스의 자본이론이 더 잘 설명할 수 있다.[358] 사용가치로부터 분리된 가치증식과정의 익명적 고유동력으로 귀착되는 경제적 계급지배에 대한 마르크스의 지적은 베버가 '관료화'라는 표현으로 시사한 체계필연성이 왜 언어소통적으로 구조화된 행위영역을 침범하여 생활세계의 합리화로 열린 행위공간이 도덕적 실천적 의사형성, 표현적 자기서술, 미학적 충족을 위해 활용되지 못하는가를 설명해 줄 수 있기 때문이라는 것이다.

그러나 하버마스는 여기서 이론적으로 결정적 수정을 가한다. 정통 마르크스주의에서 주장하듯이 이러한 추세에 대한 실천적 비판과 저항은

---

358) Habermas, *Theorie des kommunikativen Handelns*, Bd.2, 485쪽.

체계에 내재하는 자본과 노동, 시민과 국가 간의 전선에서 벌어지는 전통적인 계급갈등의 형태를 취하는 것이 아니기 때문이라는 것이다. 사회복지국가적 기제가 관철되면 될수록 계급갈등은 변위, 완화, 잠재화된다. 그리하여 분배문제는 폭발력을 잃고 오직 '극적인 예외'로서만 폭발성 주제가 된다. 그러나 경제체계의 제諸문제가 사회 전체의 발전노선을 규정한다는 마르크스의 경제의 유물사관적 선차성 테제가 원칙적으로 정당함에도[359]) 불구하고 경제위기와 소득분배에 조직적으로 개입하는 사회복지국가의 관철과 함께 앞서 시사된 경제체계와 정치체계의 이상비대는 더욱 심화되고 생활세계는 더욱 침윤된다. 그리하여 이제 '끈질기고 전망 있는' 저항과 갈등은 '체계'와 '생활세계'의 전선에서 벌어지게 된다는 것이다.[360]) 체계와 생활세계의 분리의 사회적 중요성과 대중매체와 공론장의 양가치적 잠재력은 체계논리가 고유한 소통적 구조와 충돌하는 '합리화된 생활세계'의 관점에서 사적영역과 공론장을 드러내 준다. 소통적 행위의 매체조절적 상호작용으로의 전환과 상처받기 쉬운 간주체성 구조의 왜곡은 결코 '미리 예정된' 과정이 아니다. 생활세계적 병리현상의 분석은 기본적 경향과 대항경향의 편견 없는 연구를 요한다.

사회복지국가적 대중민주주의에서 계급갈등이 제도화되고 정지되었다는 사실은 저항 잠재력 일반의 정지를 뜻하는 것이 아니다. 그러나 저항은 이제 다른 갈등선에서, 즉 '생활세계의 식민화 테제'가 옳다면 '생활형태의 문법의 문제'에서 타오른다. 이 '새로운' 정치는 '신중산층'에서 지지세력을 얻는다. 사회 전체의 사회갈등상은 '새로운 갈등에 의한 옛 갈등의 중첩'이 예상된다는 것이다. 그리하여 자본주의적 성장을 사회복지국가적 타협의 기초로서 방어하는, 생산에 직접 참여한 계층의 '중심'과

---

359) Habermas, *Theorie des kommunikativen Handelns*, Bd.2, 504쪽.
360) Habermas, *Theorie des kommunikativen Handelns*, Bd.2, 516쪽.

잡다하게 구성된 성장비판적 '주변' 간의 갈등선이 생겨난다.361) 자본주의에 대한 집단적 저항주체를 노동자에서 신중산층으로 치환하는 이러한 '새로운 사회운동'의 저항 목표는 자본주의 그 자체의 극복도 아니고 새로운 영역의 정복도 아니고, 다만 소통적으로 구조화된 행위영역인 생활세계를 위하여 이상비대한 체계의 '식민주의적 침범'에 대한 "제한(Eindämmung)",362) 또는 국가기구와 경제의 강제논리에 대한 "견제(in Schach halten)"다.363) 즉, 이것은 저항운동의 쟁론에 의해 활성화된 공론장의 압력으로 — 체계를 파괴하거나 대체하는 하는 것이 아니라 — "포위(Belagerung)의 양식"으로 국가체계에 "영향력"을 가할364) 뿐인 "방어적" 과업이다.365)

전통적 비판이론의 갈등전선을 바꾸고 갈등주체와 저항목표를 치환하는 이 하버마스의 소통이론적 비판이론은 부분적 현실적합성과 이론적 창발성 및 포괄성에도 불구하고 사회복지국가의 기능적 효율성을 과도히 신뢰하고 있을 뿐만 아니라, 이론성립 당시의 서구 자본주의의 우연적·상대적 순항順航을 불변적 조건으로 전제하고 있다. 따라서 적어도 마르크스의 유물론적 테제를 견지하고 있는 하버마스는 서구자본주의 경제가 동요하면 사회의 일차적 갈등이 다시 계급전선으로 이동하게 될 것이라는 반反명제의 집요한 공세를 견디기 힘들다. 결국 집요한 위기론적 비판에

---

361) Habermas, *Theorie des kommunikativen Handelns*, Bd.2, 576-577쪽.
362) Habermas, *Theorie des kommunikativen Handelns*, Bd.2, 578쪽; Habermas, *Strukturwandel der Öffentlichkeit* [1990], 36쪽(서문).
363) Jürgen Habermas, "Entgegenung"[1986], 393쪽. Axel Honneth/Hans Joas (Hg.), *Kommunikatives Handeln* (Frankfurt am Main: Suhrkamp, 1986).
364) Habermas, *Strukturwandel der Öffentlichkeit* [1990], 44쪽(서문); Jürgen Habermas, "Volkssouveränität als Verfahren"[1988], 208쪽. Habermas, *Die Moderne - ein unvollendetes Projekt* (Leipzig: Reclam, 1990).
365) Habermas, "Entgegenung"[1986], 393쪽.

직면하여 하버마스는—서구경제가 제로성장의 불황국면에 있던 1981년 여름—자신의 위기분석에 따르면 양자택일적 대안이 존재한다고 자인한다. 사회복지국가적 타협에 필수적인 조건, 즉 방해를 받을지라도 지속적으로 유지되는 경제성장이 가능하면, '생활세계의 식민화'로 요약되는 위기문제들을 겪게 되고, 성장기제가 유지될 수 없으면 전통적 갈등유형을 겪게 될 것이라는 것이다.[366]

이제 대중매체적 현대 공론장을 소통이론적으로 정확히 위치시켜야 할 차례다. 화자의 말을 받아들일 청자의 '일반화된 수용용의'는 개별적인 경우 화자의 개인적 신망(Ansehen)이나 영향력(Einfluß)에 근거한다. 신망은 개인에 속하고 영향력은 소통 흐름에 속한다. 신망과 유관한 성질의 목록에는 신체적 강력성, 육체적 매력, 기술적·실천적 능력, 지적 능력 및 '소통적으로 행동하는 주체의 책임능력' 등이 들어간다. 이 마지막 범주는 의지의 강력성, 신빙성, 신뢰 등 소통적 행위자의 인식적·표현적·도덕실천적 덕성을 뜻한다. 이에 반해 소유와 지식은 영향력의 중요한 원천이다. 여기서 '지식'은 문화전통을 소화와 학습을 통해 얻어지는 모든 것을 뜻하고 이 문화전통에는 인식적·사회연대적 요소에서 표현적·도덕실천적 요소까지 포괄한다. 파슨스에 의해 어지럽게 규정된 이 신망과 영향력의 요소들은 신체의 강력성, 육체적 매력, 인식적·도구적 능력, 소유물 등의 경우처럼 매혹과 두려움에 의해 '경험적으로 동기지어진 구속성'과, 상호작용적 책임능력과 높은 지식정도 등의 경우처럼 근거 있는 동의에 의해 '합리적으로 동기지어진 신뢰'로 재분류하여 소통적 이성의 관점에서 '이원화'할 수 있다.[367]

---

366) Jürgen Habermas, "Dialektik der Rationalisierung", 195-196쪽. Habermas, *Die Neue Unübersichtlichkeit* (Frankfurt am Main: Suhrkamp, 1985).
367) Habermas, *Theorie des kommunikativen Handelns*, Bd.2, 270쪽.

화자의 "영향력"은 '경험적으로 동기지어진 구속성'으로 칠 수 있다. 그렇더라도 청자의 "일반화된 수용용의"는 개별적인 경우 "개인적 신망(Ansehen)"에 근거한다는 하버마스의 언명은 합리적 '근거'에만 입각한다는 소통적 행위이론을 근본으로부터 흔들어버릴 수 있다. 가령 금메달리스트 역도·권투·양궁 선수, 에베레스트 등산가, 북극탐험가, 전쟁영웅, 애국지사, 슈퍼리치 등의 신망은 합리적 논변과 거리가 먼 '신망'이기 때문이고, 또 모든 '신망'은 '예/아니오' 식의 질의응답을 불필요하게 만들고 논의적 근거 제시를 대체해버리기 때문이다.

개인과 집단의 '신망'은 덕행과 학덕에 의해 비非소통적·비논의적으로 형성된 개인과 집단의 '강점'(Stärke)이다. '신망'은 화자들에게 정신적 영향을 미치면 소통 없는 공감적 '권력'이 되어 소통과 논의를 압도하거나 특정한 방향으로 몰아갈 수 있다. 신망과 영향력은 '일반적 소통매체'가 아니라 화자들의 신분·계급 차별 없이 '근거의 힘'만을 카운트하는 언어적 소통과 정확한 논의를 어지럽히고 방해하고 왜곡시킬 인격적 '강점'인 것이다.

또 하버마스는 현실 속의 소통적 행위는 희미하고 깨지기 쉽고 지속적으로 수정되고 "오직 순간적으로만" 성공하는 것이라고 말하는데 이것은 소통적 행위를 전망 없이 만든다. 희미하고 깨지기 쉽고 지속적으로 수정되는 소통상황에서 참여자들은 미해명된 선입견에 의존하여 한 경우의 공동확신에서 다음 공동확신으로 더듬어 나간다는 것이다. 그런데 하버마스는 이러한 이견異見과 불화의 위험부담과 소통 자체의 부담의 문제는 화자의 신망과 합리적 영향력이 단순히 동조와 추종 용의를 유도하여 구조구속적 효과를 획득하는 것만이 아니라 이 신망과 영향력이 '일반화됨'으로써 보다 높은 단계에서 해결될 수 있다고 주장한다. 이에 따라 화폐와 권력의 '조절매체'가 형성되고 명성 등과 같은 '일반화된 소통형태'가 생겨난다.368) 그는 화폐와 권력이 '경험적 동기의 구속성'에 근거하는 데 반해, 이 전문가적 명성, 도덕적·실천적 지도력 등의 '일반화된 소통형태'는 일정한 종류의 '합리적 동기의 신뢰'에 기초한다고 주장한다. 그러나 도덕적 신망과 전문가적 명성, 도덕적·실천적 지도력은 예/아니오의 논의적 근거에 입각하거나 이런 근거로부터 생겨난 '일반화된 소통형태'가 아니라, 소통적 대등성을 흔들 위험이 큰 개인과 집단의 인간적 '강점'일 뿐이다. 하버마스는 자꾸 이런 '자기기만적' 주장으로 소통적 행위이론에 의한 생활세계와 공론장의 설명을 커버하려는 경향을 보인다.

소통적 일상실천은 문화전통, 정통적 제도, 사회화된 개인들에 의해 규정되는 생활세계에 뿌리내리고 있다. 일상인들의 일상적 해석작업은 생활세계적 합의예비에 의존한다. 언어적 소통의 잠재적 합리성은 동기와 가치의 일반화가 진척되고 신비적神祕的 자명성의 영역이 축소되는 정도만큼 현실화된다. 문제화된 생활세계가 소통메커니즘에 가하는 점증하는 합리성 압박은 소통수요를 증대시키고 그리하여 해석의 부담과 이견의 위험은 증가한다. 이 부담과 위험이 바로 소통매체에 의해 해결되어야 하는 것이다. 이 매체들의 기능양식은 일정한 타당성 영역을 전문화하고 합의과정을 위계화함으로써 언어적 합의형성을 다발로 묶느냐, 아니면 행위조절을 언어적 합의형성으로부터 분리시켜 소통성패의 양자택일에 대해 중립화하느냐에 따라 구별된다는 것이다.

행위조절을 언어에서 조절매체로 전환하는 것은 상호작용을 생활세계로부터 분리시키는 것을 뜻한다. 화폐와 권력은 목적합리적 교류를 계산가능한 가치량으로 코드화하고 다른 상호작용참여자들의 결정에 대한 일반화된 전략적 영향주입을 언어적 합의형성과정을 '우회하여' 가능케 한다. 화폐와 권력이 언어적 소통을 단순화할 뿐만 아니라 손실과 보상의 상징적 일반화를 통해 언어소통을 대체함으로써 생활세계적 맥락은 '매체

---

368) Habermas, *Theorie des kommunikativen Handelns*, Bd.2, 272쪽.

조절적 상호작용'에서 효력을 상실한다. 이러한 조절매체를 매개로 분화된 사회적 하부체계들은 체계의 '환경'으로 밀려난 생활세계에 대해 자립화하게 된다. 따라서 행위를 언어에서 이 매체로 전환하는 것은 생활세계의 관점에서 소통부담과 이견의 위험부담을 덜어주는 것으로 현상할 뿐만 아니라 확장된 행위공간에서의 결정의 조건화로서, 이런 의미에서 '생활세계의 기술화'로서도 현상한다.

하버마스는 방금 보았듯이 전문적 지식명성과 도덕실천적 지도력 같은 것을 "합리적으로 동기지어진 신뢰"라 부르는데, 과연 그런가? 전문가적 명성과 도덕적 신망은 '합리적으로', 즉 '이성'에 의해 형성된 것이 아니라 신임·믿음·신뢰 등의 감정과 공감 작용에 의해 형성된 것이다. 하버마스는 "합리적으로 동기지어진 신뢰"라는 표현으로 자꾸만 자기를 (자기)기만하고 있다.

아무튼 하버마스는 '합리적으로 동기지어진 신뢰'로서의 전문적 신망과 도덕실천적 지도력과 같은 '일반화된 소통형태들'이라면 저러한 '생활세계의 기술화' 효과를 가질 수 없다고 한다. 명성이나 도덕적 권위가 투입되는 곳에서 행위조절은 언어적 합의형성에서 이미 알려진 자원의 도움으로 이루어진다. 이런 종류의 매체는 행위조절을 공유되는 문화지식, 통용되는 규범, 책임있는 동기유발의 생활세계적 맥락으로부터 탈피시킬 수 없다. 이 매체도 기껏해야 다시 언어적 합의형성의 생활세계적 자원을 활용해야 하기 때문이다. 이것은 이 '일반화된 소통형태들'이 생활세계에 대한 특수한 제도적 피드백을 필요로 하지 않지만 왜 생활세계의 합리화에 종속된 것인지를 설명한다는 것이다. ('공감적' 이해와 양해에 대한 완전한 몰각!)

가령 학문적 명성과 같은 인식적으로 전문화된 영향력은 인식적 전통을 진리타당성의 배타적 관점에서 가공하는 문화적 영역이 종교적·예술적 영역 등으로부터 분화되는 정도만큼만 형성되어 나온다. 가령 도덕적 지도력 같은 규범적으로 전문화된 영향력은 도덕적 의식, 그리고 도덕과 권리의 발전이 내면적 행태통제를 매개로 개성 속에 뿌리내린 탈脫관습적 단계에 도달하는 만큼만 형성된다.

하버마스는 게다가 이 명성과 도덕적 지도력이라는 이 '일반화된 소통형태들'은 수천만, 아니 수억의 인구를 헤아리는 근대의 광역국가에서 효력을 발휘하기 위해서 '공론장'을 형성할 수 있는 '소통기술'의 발전을 필요로 한다고 본다.369) 그는 소통적 언표가 독창적으로 등장할 때 시공적으로 멀리 떨어져 있지만 원칙적으로 접근가능한 소통내용의—잠재적으로 현존하는 것으로 유지되는—네트워크 속에 이미 뿌리박고 있는 만큼만 소통적 행위는 '일반화된 소통형태'를 매개로 조절될 수 있다고 생각한다.

문자·인쇄물·전기매체 등은 이 소통기술 영역에서의 중요한 혁신을 뜻하는 바, 이 기술의 도움으로 언어행위는 시공적 맥락의 제약으로부터 탈피하여 다면화된 맥락을 위해 사용할 수 있게 되었다. 문명사회로의 이행은 글자의 발명에 의해 동반된다. 글자는 처음에 행정기술적인 목적에 쓰이다가 나중에 식자층의 문예화에 기여하였다. 이와 함께 정의되지 않은 일반적 공중을 향해 자신의 언표를 써 낼 수 있는 저자, 전통을 학설과 비판으로 이어가는 주석자의 역할, 읽을거리의 선택으로 전승된 소통들 중 자신이 어떤 것에 참여하고 싶은지를 결정하는 독자의 역할 등이 생겨난다. 인쇄언론은 근대사회에서야 비로소 그 문화적, 정치적 의미를 발휘한다. 이것은 소통적 행위의 한계를 제거하고 이러한 추세는 20세기에 발전된 대중소통의 전기적 수단들에 의해 다시 한번 강화되었다는 것이다.

그러나 신망과 명성, 도덕적 지도력은 비판가능한 타당성 요구에 대한

---

369) Habermas, *Theorie des kommunikativen Handelns*, Bd.2, 274쪽.

그렇다/아니다의 소통적·논의적 입장표명을 통해 형성되지 않았다. 드디어 하버마스는 이 명성과 도덕적 지도력이 소통과정을 대체한다고 말한다. 그러나 이것은 '대체'가 아니라 '방해'라고 해야 옳을 것이다. 그리고 하버마스는 인쇄언론, 음파, 영상매체 등의 소통매체들은 소통을 단계화하고 농축하지만, 비판가능한 타당성 요구에 대한 그렇다/아니다의 입장표명의 부담을 일시적으로 덜어준다고 말하는데 이것도 덜어주는 것이 아니라 '망가뜨린다'고 해야 옳을 것이다.

하버마스는 이쯤에서 탈관습적 근대사회와 이데올로기의 원칙적 투명성을 주장하면서도 공론장의 양가치성을 재확인한다. 이 소통매체들이 의식적 조작가능성에 기초한 '매체의 권력화'로 인해 양가치적 성격을 지녔음은 앞에서 취급했다. 이제 소통매체뿐만 아니라 일상적 소통과정 일반이 마르크스와 마르크스주의자들에 의해 강조되는 '이데올로기적' 허위의식으로부터 얼마만큼 자유로울 수 있는지를 살펴야 할 차례다. 하버마스는 이데올로기 개념을 소통적 행위이론에 따라 '체계에 의해 찌그러진 소통(systemisch verzerrte Kommunikation)'으로 재정의했다.

마르크스의 이데올로기 개념이 이렇게 재정의되는 것이 옳은가? 시대마다 지배계급의 사상은 지배적 사상이고 지배 이데올로기로 통용된다. 이 지배 이데올로기는 몽땅 체계적 허위의식인가? 그렇지 않다. 노동의 일부에 대해서만 대가를 지불하고 잉여노동에 대해서까지도 대가를 다 지불한 것처럼 보이게 하는 것이 '체계적 허상'이고 이것을 진리인 양 말하는 자유주의 이론과 사상들이 이데올로기라면 이 이데올로기에도 일말의 진리는 들어있는 것이다. 마르크스는 이를 주장하는 지배계급의 권리도, 이에 맞서 더 많은 임금지불을 요구하는 노동자들의 권리도 둘 다 "강권"만이 그 우열을 판정할 수 있는 동등권이라고 했다. 따라서 지배계급의 이데올로기는 전부가 '허위'인 것이 아니다. 그러나 '체계적으로 찌그러진 소통' 구조에서 생산된 모든 합의와 의견은 전부가 허위일 수밖에 없을 것이다. 따라서 하버마스처럼 이데올로기를 '체계적으로 찌그러진 소통'으로 재再정의하면, 이데올로기는 일말의 진리도 담고 있지 않은 '전면적' 허위의식으로 오해될 것이다.

체계통합이 사회통합을 침범하는 경우 소통적으로 구조화된 생활세계를 '도구화하는' 체계강제는 소통당사자에게 주관적으로 느껴지지 않고 자기기만, 즉 '객관적 허위의식'의 성격을 띠게 된다. 사회집단들의 행위연관을 구조적으로 변화시키는, 생활세계에 대한 체계의 영향은 은폐되어 있을 수밖에 없다. 따라서 생활세계를 도구화하는 물질적 재생산의 강제는 생활세계의 자립성의 허상을 훼손하지 않은 채 소통적 행위의 기공(氣孔)들 속에 감춰져 있게 된다. 이것으로부터 눈에 띠지 않게 소통의 간주체성을 장악하는 '구조적 강권(strukturelle Gewalt)'이 생겨난다. 구조적 강권은 소통의 체계적 제한을 매개로 위력을 발휘한다. 이것은 세계연관이 소통당사자에게 전형적으로 찌그러지는 양식으로 소통적 행위의 형식적 조건 안에 뿌리박고 있다.[370] 하버마스는 소통의 상대적 선험성(Apriori)을 설명하기 위해 "소통적 상호이해 형태(Verständigungsform)"의 개념을 도입한다.

'소통적 상호이해 형태'는 소통적 행위의 일반적 구조와 주어진 생활세계 안에서 주제화될 수 없는 재생산강제 간의 타협을 의미한다.[371] 성물적聖物的·신비적 금기(Tabu)와 종교적·형이상학적 세계상이 지배하던 전근대와 이것이 잔존영향을 미치던 초기근대에는 언어로 주제화할 수 없는 체계강제들이 강력했다. 이런 타부들은 이데올로기적 기능을 떠맡는다. 문명적 계급사회에서 문화적 전통이 불협화음적 현실체험에 대해 방역되지 않는다면, 금기로 내면화된 물질적 재생산 강제는 아마 계급관계

---

370) Habermas, *Theorie des kommunikativen Handelns*, Bd.2, 278쪽.
371) Habermas, *Theorie des kommunikativen Handelns*, Bd.2, 279쪽.

로 각인된 생활세계를 관통할 수 없을 것이다. 그러나 이것이 유지되는 것, 즉 일정 주제영역의 언어적 침해불가능성은 곧 '소통의 구조적 제한'을 뜻하는 것이다.372) 전근대적 계급사회의 종교적, 형이상적 기본개념들은 말의 합리성이 일상적 실천 안에서보다 더 강하게 구속당해 있는 미분화된 타당성 요구의 차원에 위치한다. 이 기본개념들은 '타당성 요구의 미분화', 즉 진선미의 융합에 힘입어 일상적 소통의 인식적 영역에서 일어나는 항의에 대해 방역되어 있다.373) 이러한 이데올로기적 방역은 성례적聖禮的 행위영역과 세속적 행위영역의 제도적 분리가 전통의 기초가 '잘못된 장소'에서 주제화되지 못하도록 막아준다면 원칙적으로 관철될 수 있다. 성례적 영역 내부에서는 소통이 '타당성 영역의 미분화'로 인해 체계적으로 제한당한 채 남아 있기 때문이다.

그러나 이 타당성 영역의 분화가 진행된다면 각 영역의 (끝장을 보는) 독립적 논의가 가능해진다. 이 '타당성 영역의 분화' 정도에 따라 사회발전의 단계를 구분한다면 처음의 한 극에는 '의식적儀式的 실천'이 있고 다른 끝에는 '논증의 실천(Argumentation)'이 있게 된다. 이에 따라 "소통적 이성의 점진적 발휘의 정도"에 따라 소통적 양해형태들이 구별될 수 있다. 하버마스는 전前관습적 씨족사회, 관습적 계급사회, 초기근대, 탈관습적인 현대적 근대에 맞춰 이것을 도식화하고 있다.374) "소통적 이성"은 "언어소통적 확신"과 결합된 "근거의 힘"을 말한다.

탈관습적 사회에서는 타당성 요구(진, 선, 미)가 '논의들(Diskurse)'의 차원에서 분화되어 있다. 일상적 실천 속에서 사람들은 화용론적 기본자세들을 분리시킬 수 있을 뿐 아니라 '행위'와 '논의'의 차원도 분리시킬 수

---

372) Habermas, *Theorie des kommunikativen Handelns*, Bd.2, 282쪽.
373) Habermas, *Theorie des kommunikativen Handelns*, Bd.2, 282쪽.
374) Habermas, *Theorie des kommunikativen Handelns*, Bd.2, 285-286쪽.

있다. 탈전통적 법제도를 가진, 실정법적으로 규범화된 행위영역들은 사람들이 나이브하게 수행된 행위에서 반성적 자세를 취하는 논증(Argumentation)으로 이행할 수 있는 것을 전제한다. 언어의 이성적 잠재력은 규범적 타당성 요구의 가설적 논구論究가 제도화되는 정도만큼 기존의 제도에 대항해서도 제공될 수 있다.

근대사회의 발전과 함께 성례적 영역은 탈주술화 과정에서 거의 해체되거나 적어도 구조형성적 지위를 상실한다. 진리, 윤리적 선, 미학의 타당성 영역들이 완전히 분화된 수준에서 예술은 이전의 의식적儀式的 성격을 탈각하고 도덕과 법은 종교적, 형이상학적 배경을 탈피한다. 부르주아적 문화의 '세속화'와 함께 문화적 가치영역들은 상호 예리하게 분리되고 제각기의 특유한 타당성에 따라 독립한다. 이와 함께 문화는 이데올로기적 기능을 떠맡도록 했던 그 형식적 속성을 상실한다. 마르크스의 『공산당선언』에 의하면 근대적 생산양식은 "적나라한 이익, 감정 없는 현금 계산 외에 어떤 다른 인간 유대도 남겨 놓지 않았고" 또한 "경건한 열광, 기사적 영감, 속물적 우수의 신성한 베일을 이기주의적 타산의 얼름처럼 차가운 물속에 익사시켰기" 때문이다.

하버마스에 의하면 이런 추세와 경향이 발전된 근대사회에서 사실상 관철된다면 사회적 소통과 생활세계 속으로 침범해 들어오는 체계강제의 '구조적 강권'(이데올로기)은 높은 성례적 영역과 저급한 세속적 영역 간의 권위격차와 합리성 격차 뒤에 숨어 있을 수 없다. 발전된 근대사회에도 체제이데올로기가 존재하지만 모든 통용되는 이데올로기는 이론적으로뿐만 아니라 마음만 먹으면 일상적 체험 속에서도 폭로할 수 있다. 이데올로기의 이론적 폭로는 진리에 관한 독립된 과학적 논의 속에서 가능할 뿐 아니라 이러한 이론적 폭로 자체가 일상인들, 특히 노동자들의 현실적 체험에 기초하고 또한 이러한 체험의 관점에서 이들에 의해서도 공감될 수 있는 것이다. 모든 성례적 권위와 금기가 해체되고 진리논의, 윤리논의, 예술논의가 고유한 타당성 요구에 따라 예리하게 분화된 이러한 자본주의적 근대의 조건에서 심지어 바로 이 자본주의적 근대 자체를 비판하는 마르크스의 『자본론』도 간행·학습·논의될 수 있는 것이다. 근대에는 소통의 전면적으로 완벽한 이데올로기화는 불가능한 것이다. 하버마스의 언어로 옮기면 근대의 소통적 이해형태는 '너무 투명하여' 눈에 띄지 않는 소통제한을 통해 '구조적 강권'에게 안전한 '보금자리'를 보장해 줄 수 없다.375) 따라서 대중매체에 의해 농축된 소통도 소통적으로 합리화된 근대적 생활세계의 일상적 소통과정에 뿌리박고 있는 한에서, 위에서 제시된 대중매체적 공론장의 '양가성' 테제는 교조적 마르크스주의 또는 구조주의적 마르크스주의 쪽의 이데올로기론적 비판에 대해서도 견지될 수 있다는 것이다.

공론장이 대중매체 독점체들과 사회적 권력집단들에 의한 의식적 조작과 무의식적 이데올로기 양자에 의해 일색화될 수 없고 이 공론적 소통구조 속에 내장된 소통적 이성의 저항력으로 이러한 권력조작적·이데올로기적 일색화에 맞서 '양가치성'을 유지한다면, 시민사회의 민중적 계급조직과 정치조직들은—이미 역사적으로 해소된 적빈대중의 절망적 투쟁력에 의존한 혁명적 무장봉기의 조건을 성숙시키려는 지하운동, 가두시위, 집회 등의 동원정치가 효과를 잃은 오늘날 정치적 허무주의에 말려들 필요 없이—이미 어느 정도 발전된 기존의 공론장으로 정치행위의 중심을 이동하여 대중운동에 기초한 공론투쟁을 통해 대중매체에 내장된 소통적 이성의 전개를 촉진함으로써 '권력에의 길'을 개척할 수 있다. 이 공론정치 테제가 원칙적으로 옳은 것이라면, 공론장 이론이 결여된 그람씨 이래의 좌파적 급진민주주의 기획 속에서 전개돼 온 시민사회론과 민주주의론은 근본적 교정을 겪어야 할 것이다.

---

375) Habermas, *Theorie des kommunikativen Handelns*, Bd.2, 292쪽.

2.3. 공론장의 정치적 기능과 시민사회

하버마스는 공론장 개념의 이러한 사상사적 조감과 소통이론적 정초를 바탕으로 하여 이제 우리는 공론장의 내부구조에 비로소 현실적·구체적으로 접근한다. 생활세계에 뿌리박은 대중매체적 소통구조라는 '공론장'의 정의는 사실 너무 철학적-추상적이다.

공론장 개념을 정치학적·사회학적 범주로 구체화시키기 위해서는 보다 현실적인 보조개념들이 필요하다. 정치적 공론장은 경험적으로 일단 정치체계에 의해 처리되어야 하는 문제들에 대한 반향反響기제로서 기술된다. 이런 한에서 공론장은 비전문화된, 그러나 사회 전반에 걸쳐 감수성을 발휘하는 센서들(Sensoren)을 지닌 '경보시스템'인 셈이다.[376] 나아가 민주주의론적 시각에서 공론장은 중요한 사안을 사회적으로 문제화함으로써 정치체계에 대한 압박을 증폭시킨다. 즉, 공론장은 문제들을 감지하고 확인할 뿐만 아니라 설득력 있고 영향력 있게 주제화하고 분석자료들로 풍부화시키고 극화시킴으로써 정치체계가 문제들을 위임받아 처리하도록 만들어야 한다. 따라서 경보기능에는 효과적인 '주제화'의 기능이 부가되어야 한다. 한 걸음 더 나아가 문제처리를 임무로 하지 않는 공론장의 고유한 능력은 정치체계 내에서의 문제처리 과정의 통제를 위해서도 활용되어야 한다.

공론장은 행위·행위자·집단 등과 같이 기초적인 사회현상이긴 하지만, 사회체제와 관련된 재래식 개념들로써는 포착할 수 없다. 공론장은 '제도'도 아니고 '조직'은 더욱 아니다. 그것은 결코 권한분화, 역할분화, 회원규정 등을 수반한 규범적 구조물이 아니기 때문이다. 그렇다고 그것은 적나라한 이해관계에만 기초한 '체계'도 아니다. 그것은 내부 경계를 허용하기

---

[376] Habermas, *Faktizität und Geltung* (1992), 435쪽.

는 하지만, 대외적으로 개방되고 투과적이고 변위가능한 지평에 의해 특징지어진다. 공론장은 무엇보다도 '의견들(Meinungen)의 소통을 위한 네트워크'로 묘사될 수 있다.377) 이곳에서 소통의 흐름은 여과되고 종합되어 논제별로 묶인 공론(öffentliche Meinungen)으로 농축된다. 생활세계 전체와 마찬가지로 공론장도 자연적 언어의 숙달로 충분한 소통적 행위를 매개로 재생산된다. 그것은 소통적 일상실천의 보편적 이해가능성을 지향하기 때문이다. 생활세계를 하버마스는 단순한 상호작용을 위한 비축고로 규정했었다. 생활세계 안에서 분화되는 전문화된 행위체계와 지식체계들도 다시 이 생활세계에 역으로 결부되어 있다. 이 체계들은 (종교·학교·가족처럼) 생활세계의 일반적 재생산기능들과 결합되어 있거나 (과학·도덕·예술처럼) 일상언어적으로 소통되는 지식의 여러 타당성 관점과 결부되어 있다. 그러나 공론장 자체는 전문화되지 않는다. 정치문제로 확장된 공론은 이 문제의 전문적 처리를 정치체계에 떠넘기기 때문이다. 공론장은 소통적 행위의 제3의 '비언표적' 측면과 관련된 소통구조, 말하자면 일상적 소통의 기능이나 내용과 관련된 것이 아니라 소통적 행위 속에서 산출되는 '사회적 공간'과 관련된 소통구조에 의해 본질적으로 특징지어 진다.378)

공론장의 이 '사회공간적' 특징은 하버마스가 『소통적 행위의 이론』에서 — 따라서 우리도 위의 서술에서 — '계모처럼' 홀대한 언어의 '세계개창 기능'일 것이다.379) 훔볼트의 표현주의적 언어이론에 의존하여 하버마스는 자신의 다른 글에서 언어가 세계를 개벽開闢하여 유지해 준다는 사실을 강조하고 있다. 언어는 문법적으로 사전 구조화된 공간을 개창開創하고

---

377) Habermas, *Faktizität und Geltung* (1992), 436쪽.
378) Habermas, *Faktizität und Geltung* (1992), 436쪽.
379) Habermas, "Entgegenung"[1986], 336쪽.

이 공간 안에서 세계내적인 것을 일정한 방식으로 보여주고 동시에 간주체적 관계의 정통적 질서와 창조적이고 표현능력 있는 주체들의 자발적인 자기표현을 가능케 한다. 이 '세계개창'은 언어가 사유의 형성기관일 뿐만 아니라 사회적 실천, 체험, 자아동일성으로서의 정체성과 집단정체성의 형성의 기관이라는 것을 뜻한다. 이 언어의 이러한 세계개창 기능은 네오아리스토텔레스주의적 시각에서 행위(praxis)를 아예 대화적 언어행위와 등치시키는 아렌트에 의해서도 '현상공간(Erscheinungsraum)'의 정의와 관련하여 철저히 ― 하버마스와 정반대의 ― 복고적 근대비판의 방향으로 활용된 적이 있다.380)

상대방을 객관적 세계 안에서 나타나는 그 무엇으로 '관찰하는' 성공지향적 행위와 달리 소통적 행위자들은 자신들이 자신들의 협상된 해석으로써 '구성해낸 상황' 안에서 서로를 '만난다'. 이 언어상황의 간주체적으로 공유된 공간은 상호적인 언어행위적 제안들에 입장을 취하고 비언표적 의무를 떠맡음으로써 맺게 되는 간주체적 관계로써 개창된다. 상호적 관찰의 접촉으로 끝나는 것이 아니라 의사소통적 자유의 상호적 인정에 의존하는 모든 만남은 언어적으로 구성된 '공공 공간(öffentlicher Raum)' 안에서 이루어진다. 이 공간은 현존하거나 추가로 끼어 들 수 있는 잠재적 대화상대자들에게 공개되어 있다. 언어적으로 구성된 공간을 추가로 참여하려는 제3자에 대해 봉쇄하기 위해서는 별도의 방어조치가 필요하다. 소통적 행위 안에서 창설되는 단순한 일화적逸話的 만남의 공간구조는 추상적인 형태로 참석자들의 보다 큰 공중을 향해 일반화되고 상설화될 수 있다. 이러한 집회, 연설회, 공연 등의 공적 인프라구조에 대해서는

---

380) Hannah Arendt, *Vita Activa oder Vom tätigen Leben* [*The Human Condition*, Chicago: University of Chicago Press, 1958] (München: Piper, 1967), 164-239쪽.

논단(Foren), 무대(Bühne), 마당(Arenen) 등 개조된 공간의 건축적 비유가 적절하다. 이 공론장은 아직 현존하는 공중의 구체적인 현장에 구속되어 있다. 그러나 이 공론장이 공중의 물리적 현존으로부터 분리되고 흩어져 있는 독자, 청취자, 시청자 등의 — 매체에 의해 매개되는 — 잠재적 현존으로 확장되면 확장될수록, 단순한 상호작용의 공간구조가 공론장적 일반화를 겪음으로써 강화되는 추상성은 더욱 뚜렷해지게 된다.[381]

이와 같이 일반화된 소통구조는 단순한 상호작용의 밀도 높은 맥락, 일정 인물들, 결정의무 등으로부터 분리된 내용과 입장으로 좁혀진다. 다른 한편 맥락의 일반화, 포섭범위의 확대, 익명성의 증대는 전문용어와 전문코드를 포기하면서 동시에 보다 높은 수준의 해설을 요한다. 일반인 지향은 분화도의 일정한 감소를 의미하는 데 반해, 소통된 내용이 구체적 행위의무로부터 분리되는 것은 공론장의 '지성화(Intellektuallisierung)'를 촉진시킨다. 의견형성의 과정은 특히 실천적 문제가 주제로 부각될 때 참가자들의 선호와 입장변화로부터 분리될 수는 없지만 이 성향을 행동으로 옮길 의무로부터는 해방된다. 말하자면 공론장의 소통구조는 공중에게 몸소 결정을 내릴 의무를 면해 주는 것이다. 이 미루어진 결정은 의결권를 지닌 기관에 유보되어 있다. 공론장에서는 발언이 주제별, 그리고 긍정 및 부정의 입장별로 분류되고 정보와 근거는 초점이 맞춰진 의견을 위해 다듬어진다. 이와 같이 묶인 의견들을 공론으로 격상시켜 주는 것은 이것의 성립양식과 이것을 지탱하는 광범한 공조이다. 여론은 통계학적 의미에서의 대표성을 띠는 것이 아니다. 그것은 앙케이트식으로 조사되고 사적으로 발언된 개인의견의 집합이 아니기 때문이다. 따라서 그것은 앙케이트 조사결과와 혼동되어선 안 된다. 정치적 여론조사는 동원된 공론장 안에서의 주제별 의견형성이 이미 여론조사에 앞서 이루어진

---

[381] Habermas, *Faktizität und Geltung* (1992), 437쪽.

경우 여론의 일정한 반영상만을 제공한다.

공적 의사소통에서 중요한 것은 효과적 전달매체에 의한 내용과 입장의 확산만이 아니다. 필경 이러한 광범한 확산은 가능한 많은 참여자를 포함하는 효과를 가져 온다. 그러나 공론의 구성을 위해서는 공동으로 준수하는 소통실천의 규칙이 더 중요하다. 주제와 기고문에 대한 동조는 제안, 정보, 근거 등이 얼마간 합리적으로 다듬어지는 얼마간 충분히 완수된 쟁론의 결과로서 형성되는 법이다. 제안, 정보, 근거의 합리적 가공의 이 '얼마간'의 정도에 따라 일반적으로 의견의 '논의 수준'과 결과의 '질質'이 변한다. 이런 까닭에 공적 의사소통의 성공 여부를 측정하는 기준은 '일반성의 산출' 그 자체가 아니라 공론 성립의 규칙형식이다. 가령 '권력화된 공론장(vermachtete Öffentlichekit)'의 구조는 풍부한 해명적 토론을 배제한다. 공론의 질은 산출과정의 절차적 특질에서 측정되는 한에서 경험적 크기를 갖는다. 규범적으로 고찰하면 그것은 공론이 정치체계에 대해 행사하는 영향력의 '정통성' 정도를 결정한다. 분명 '사실적' 영향력과 '정통적' 영향력은 '정통성 믿음'과 '정통성' 그 자체처럼 일치하는 것이 아니다. 그러나 이 개념들을 도구로 사실적 영향력과 공론의 절차적으로 근거지어진 질 간의 관계가 경험적으로 연구될 수 있는 전망이 열린다.[382]

공론은 시민의 선거행태나 의회·정부·재판소 등의 의사형성에 영향력을 행사하기 위해 이용될 수 있는 잠재적인 정치적 영향력을 뜻한다. 공적 확신에 의해 밑받침된 저널리즘의 정치적 '영향력'은 물론 정치체계의 구성원들의 확신에 영향을 미치고 유권자, 의원, 관리 등의 행태를 규정하는 경우에야 비로소 정치적 '권력' — 구속력 있는 결정을 내리는 힘 — 으로 바뀐다. 저널리즘적 영향력은 오직 제도화된 절차를 매개로 해서만 정치적 권력으로 전환될 수 있다.

---

382) Habermas, *Faktizität und Geltung* (1992), 439쪽.

하버마스는 『이데올로기로서의 기술과 과학』(1969)에서 '메마른' 공론장의 정치적 활성화를 위해서 무제한적 '의사소통', 무제한적 '토론'을 방책으로 제시했었다. 구조적으로 무제한적 토론을 저지하기 위해서 반공反共전략적으로 주도면밀하게 건조화된 당시 부르주아 공론장에 대한 이 '김빠진' 대항전략은 60년대 말 미국 학생들의 반전反戰운동에 경험적으로 의거해 정식화된 것이다.383) '토론'만 강조되고 '투쟁'과 '압박'은 망각된 것이다. 이후 1981년 『소통적 행위의 이론』을 거쳐 말년에 이루어진 일련의 이론형성 과정에서도—의사소통에 대한 과도한 치중으로 인하여—이 '투쟁'개념이 배제되었다. 그러나 베버의 정치사회학적 범주학에서 중요한 부분을 이루고 있고384) 하버마스 자신의 행위론적 분류에 의하면 '전략적 행위'의 전형적인 형태인 투쟁은—계급대립과 기타 민족적, 종교문화적, 인종적, 지역적 갈등 등이 생활세계 내에 상존하는 한—정치영역 전체를 관통한다. 투쟁은 적나라한 폭력적 정치갈등의 본질을 구성할 뿐 아니라 폭력행위의 정반대인 소통적 토론에 이르기까지 예외 없이 삼투해 들어와 토론참가자를 '말하는 전사'(푸코)로 변모시켜 토론을 '쟁론' 또는 '논쟁'으로 화하게 한다. 이런 의미에서 푸코는 『전쟁의 관점에서 본 역사의 탄생』에서 근대정치를—클라우제비츠의 테제를 뒤집어— '다른 수단에 의한 전쟁의 연속'으로 규정하고 있다.385)

그러나 베버나 푸코처럼 정치를 투쟁이라는 '전략적 행위'로만 단순화하는 것이 현실정치를 극단적으로 백안시하는 일면적 규정이라면, 하버

---

383) Habermas, *Technik und Wissenschft als 'Ideologie'* (1969), 101쪽.
384) Weber, *Wirtschaft und Gesellschaft*, 20-21, 852, 861쪽('정치의 본질로서의 투쟁').
385) Michel Foucault, *Vom Licht des Krieges zur Geburt der Gexschichte* (Berlin: de Verve, 1986). 또는 Michel Foucault, *Überwachen und Strafen* (Frankfurt am Main: Suhrkamp, 1977), 217, 397쪽; Foucault, *Dispositiv der Macht* (Berlin: de Merve. 1978), 71쪽; Michel Foucault, *Der Wille zum Wissen. Sexualität und Wahrheit 1* (Frankfurt am Main: Suhrkamp, 1983), 114쪽.

마스처럼 정치에서 투쟁을 배제하고 소통만을 강조하는 대극적 관점도 지극히 일면적인 것이라 아니할 수 없을 것이다. 베버와 푸코, 그리고 하버마스는 근대적 시민사회와 정치세계 안에서 이러한 소통과 투쟁의 변증법적 착종을 균형 있게 고려하는 데 실패했다. 투쟁이 예외 없이 모든 소통과 공감을 삼투해 들어간다면, 역으로 공감과 소통도 유혈전쟁을 포함한 모든 투쟁을 관통한다. 심지어 전쟁당사자들도 휴전·정전·강화 講和를 위해서는 내통하든 협상하든 서로 소통하고 상호적 믿음을 얼마간 공감해야 하기 때문이다. 따라서 실제의 모든 정치행위는 '공감적 소통'과 '투쟁'의 변증법 속에서 펼쳐진다.

하버마스는 종전의 입장과 달리 후기에 들어 정치행위의 이러한 복합적 측면을 고려하는 듯하다. 그는 대작『사실성과 타당성』(1992)에서 이전까지와는 달리 소통적 공론장 안에서도 투쟁이 벌어진다는 점을 언급하고 있다. 공론장에서는 영향력이 형성되고 이 안에서 이 영향력을 둘러싸고 '격투'가 벌어진다는 것이다. 이러한 '투쟁' 속에서 (고위정치관리, 확립된 정당, 그린피스, 앰내스티 인터내셔날 등의 알려진 단체들의) 이미 획득된 정치적 영향력이 투입될 뿐만 아니라, 전문적인 공론장에서 획득된 인물그룹과 전문가들의 신망(가령 종교지도자의 권위, 문사와 예술가들의 유명성, 과학자의 명성, 스포츠계나 쇼비지니스 스타들의 명망 등)도 투입된다.386) 또한 돌아보면 그가 이전에 '메마른' 공론장의 정치적 활성화에 기여한 것으로 기술한 미국 학생들의 반전운동조차도 결코 단순한 토론클럽이나 연설대회가 아니라 경찰곤봉과 최루가스에 맞서 싸우고, 경찰견에 물리고 뜯기는 험난한 육혈투쟁이었고 바로 이러한 험한 투쟁으로 인하여 알려진 이 투쟁의 정치구호를 심각하게 숙고하고 대변하는 문사들이 공론장에 등장하기 시작하면서 당대 그 '야수적' 반공주의와

---

386) Habermas, *Faktizität und Geltung* (1992), 439-440쪽.

매카시즘으로 부패한 미국 공론장이 정치적으로 격동하였던 것이다.

공공적 공간이 단순한 소통의 맥락을 넘어 확장되자마자, 마당과 화랑, 무대와 방청공간에서 집회개최자·연사·청중의 분화가 등장한다. 매체들의 조직적 복잡성과 도달범위의 증가와 함께 점점 전문화되고 분과화되는 행위자 역할은 상이한 영향 기회를 가진다. 그러나 행위자들이 공적 의사소통을 통해 획득하는 정치적 영향력은 최종적으로 비전문적 공중의 반향 및 동조에 좌우된다. 따라서 시민공중은 중요하다고 느끼고 이해가능하고 일반적으로 흥미를 끄는 프로그램과 기고문을 통해 '설득'되어야 한다. 공중은 행위자들이 등장하는 공론장에 대해 본질구성적 지위를 점하기 때문에 이런 권위를 향유한다.

물론 이 공중으로서 공론장의 재생산에 참여하는 행위자들은 이미 구성된 공론장을 이용하기 위해 점령하고 있는 잘 조직된 이익집단 등의 행위자들과 정치사회학적으로 구별되어야 한다. 이 이익집단들은 공개적으로 규제되는 협상이나 비공개적 압력행사에서 이용하는 자신들의 영향력을 공론장 안에서 결코 명시적으로 활용할 수 없다. 이들은 공중의 확신을 불러일으키는 정도만큼만 자신들의 사회적 영향력을 정치적 권력으로 전환시킬 수 있다. 이익집단들의 주장은 평범한 사람이라면 겪지 않아도 되는 유형의 비판에 노정된다. 그리하여 금전이나 조직권력의 은밀한 투입으로 인해 이루어진 공론은 이 사회적 권력의 원천이 공개되자마자 신빙성을 상실하고 만다. 공론은 조작될 수는 있지만 궁극적으로 공개적 매수나 공개적 협박으로 획득될 수 없다.[387] 이런 사정은 공론장이 임의적으로 산출될 수 없다는 생활세계적 소통조건으로부터 설명된다. 공론장은 전략적으로 행동하는 행위자들에 의해 장악되기 전에 이미 공중과 더불어 고유한 구조로 형성되고 자기자신의 소통적 논리로 재생산

---

387) Habermas, *Faktizität und Geltung* (1992), 441쪽.

되지 않을 수 없기 때문이다. 생명력 있는 공론장이 형성되는 이 법칙성은 이미 구성된 공론장의 경우 잠재적인 채 남아 있지만 공론장을 동원하는 순간 다시 효력을 얻어 역동力動한다.

정치적 공론장은 '잠재적' 참가자들의 소통연관으로 구성되는 만큼만 전체사회적 문제들을 지각하고 주제화하는 기능을 수행한다. 공론장은 시민 전체로부터 충원되는 공중에 의해 지탱된다. 이 공중의 다양한 목소리 안에서 기능적으로 전문화된 행위체계 및 국가기구의 '외부화된' 비용(과 내적 교란)에 의해 전 사회에 걸쳐 야기되는 생활사적 희비애락의 메아리가 울려 나온다. 이런 유형의 부담은 생활세계 안에 누적된다. 생활세계는 ― 때에 따라 작동을 멈추거나 위기에 빠지거나 기형화되는 체계들에 대한 의뢰인들이 겪는 사적 생활사生活史가 이 생활세계의 지평에서 얽히고설켜 있기 때문에 ― 항상 적절한 안테나를 장착하고 있다. 종교, 예술, 문학 외에 오직 사적 생활영역들만이 사회적으로 야기된 문제들이 인생사적으로 결산되는 실존적 언어를 지니고 있다. 공론장 안에서 언어화되는 문제들은 사회적 고통압박의 반사물로서 처음에 개인적인 생활체험의 반영상 속에서 가시화된다. 이것이 종교, 예술, 문학의 언어 안에서 적절한 표현을 얻는 경우 선명화와 세계개창開創을 전문으로 하는 광의의 '문예적' 공론장은 정치적 공론장과 얽히게 된다.

정치적 공론장의 담당자로서의 국가시민, 즉 '공민(Staatsbürger)'과 사적 생활인으로서의 '사회시민(Gesellschaftsbürger)'은 동일인물이다. 이 '사회시민'이 취업자와 소비자, 피보험자와 환자, 납세자와 국가관료체제의 의뢰인, 학생, 관광객, 도로왕래자 등으로서의 상보적 역할에서 체계들의 특유한 요구와 실책을 몸으로 겪기 때문이다.388) 이러한 경험은 일단 공동적 생활세계의 맥락에서 다른 생활사들과 얽혀 있는 사적 생활사의

---

388) Habermas, *Faktizität und Geltung* (1992), 442쪽.

지평에서 해석된다. 공론장의 소통회로는 가족·친구·이웃·직장동료·지기知己 등의 멀고 가까운 상호작용 네트워크로 짜인 사적 생활영역들과 결합되어 있다. 단순한 상호작용의 공간구조는 확장되고 추상화될지언정, 파괴되지는 않는 것이다. 일상실천 속에 지배하는 소통적 이해지향은 복잡하게 다지화多枝化된 공론장들 안에서 먼 거리를 두고 이루어지는 '남들 간의 의사소통'에도 유지되는 것이다.

사적 영역과 공론장의 차별선은 구획된 주제와 관계에 의해 그어지는 것이 아니라 변화된 소통조건에 의해 그어지는 것이다. 이 조건의 변화가 접근기회를 변화시키고 한쪽에는 프라이버시를 다른 쪽에는 공공성을 보장하지만, 사적 영역을 공론장에 대해 차단하는 것이 아니라 다만 한 영역에서 다른 영역으로의 주제들의 흐름을 '회로화'할 뿐이다. 공론장은 생활사적 반향을 일으키는 사회적 문제상황의 사적 해석으로부터 동력을 얻기 때문이다. 사적 영역과 공론장의 이러한 긴밀한 연관성은 17·18세기의 유럽사회에서 근대적 부르주아 공론장이 '공중으로 집합한 사인私人들의 영역'으로 형성되었다는 역사적 사실에 의해 이미 시사된 것이다. 역사적으로 공론장과 사적 영역의 이 연관성은 신문과 잡지를 중심으로 모인 부르주아 사인들로 구성된 독서공중의 결사와 조직에서 표명되었다.

앞에서 상론된 공론장의 양가치성 테제에 따르면 공론장 안에서는 정통적 영향력의 소통적 산출과, 경제와 국가에 대한 대중충성, 소비수요, 복종을 창출하기 위한 매체권력의 조작적 이용이라는 두 가지 경향이 교차한다. 자율적인 공론장에서의 여론형성의 토대와 원천에 대한 남은 물음은 이제 공론장 자체를 아예 없애버리거나 선전선동의 홍보기구로 전락시키는 '사회의 정치적 자기조직화'라는 루소적, 레닌주의적 기획으로 답변될 수 없음이 명백하다. 이 물음에 대한 답변은 노동자와 빈민의 최소한의 물적 생활복지와 교육을 확보케 하여 이들에게 시민적 지위를 보장하는 사회민주주의적 복지국가 기획으로도 충분한 것이 아니다. 이 물음은 하버마스에 의하면 차라리 공론장의 구조변동과 '생활세계의 합리화'라는 장기적 추세 간의 순환적 상호관계를 지적함으로써 더 잘 답변될 수 있다.389) 정치적으로 제대로 기능하는 공론장은 법치국가적 제도의 보장을 필요로 할 뿐만 아니라, 자유가 습성화된 주민들의 정치문화, 즉 합리화된 문화전통과 사회화유형의 적극적 수용성에도 의존한다.

그러나 소통적 행위와 논의적 윤리이론이 철학적으로 밑받침해주는 합리적 생활세계론에 대한 이러한 추상적, 총체적 지적도 물론 충분한 것이 아니다. 훨씬 더 중요한 것은 정치적 공론장의 '담당자들'을 제도화하는 교류형태와 조직형태이다. 정치적 공론장의 사회적 밑받침은 각종 사회결사와 조직체들이기 때문이다. 따라서 이제 공론장의 담당자들과 조직형태에 대한 구체적인 정치사회학적 범주들이 필요하다. 하버마스는 이 대목에서 지난 20년간 그람씨 전통의 마르크스주의 논의 속에서 회자膾炙한, 그러나 그가 그간 철저히 홀대한 '시민사회' 개념을 도입한다. '시민사회' 개념이 소동유럽 출신의 모든 피압박 정치세력들이 정치적 공론장의 전면적 파괴를 지적하며 소동구체제를 비판하면서부터, 이어서 소련이 '글라스노스찌'의390) 깃발을 걸고 시민사회 창설을 위한 개혁을 시작하면서부터 '시민사회' 개념이 그람씨 전통의 마르크스주의적 논의구조를 넘어 하버마스도 더 이상 모른 체 할 수 없는 이론적 붐을 일으켰기 때문이다.391) 이 '시민사회'는 경제토대('노동과 욕망의 체계')와 국가기구의 일부('경찰행정'과 '사법司法제도')까지도 포괄하는 헤겔의 'bürgerliche Gesellschaft'

---

389) Habermas, *Strukturwandel der Öffentlichkeit*, 45쪽(1990년 '서문').
390) 목소리를 뜻하는 러시아어 '골로스(голос)'를 어근으로 하는 '글라스노스찌(гласность)'는 러시아로 정확히 '공론장'을 뜻한다. 그러나 당시 러시아에 무지한 저널리스트들에 의해 이 말은 이른바 '철의 장막'을 걷어 제친다는 체제 '개방'의 의미로 오역되어 불행히도 소련개혁에 관한 인식을 혼란시켰었다.
391) Habermas, *Strukturwandel der Öffentlichkeit*, 47쪽(1990년 '서문').

또는 영미 자유주의 정치철학 계통의 'civil society'를 뜻하는 것이 아니다. 마르크스의 범주로 포착하면 여기서 '시민사회'는 상부구조에서 국가영역을 제외한 나머지 전 영역, 즉 상부구조의 사회적, 문화적, 정신적 생활영역을 가리킨다. 이러 까닭에 그람씨 전통에 선 독일 좌익학계의 시민사회 논의에서는 어느 때부턴가 헤겔식 'bürgerliche Gesellschaft'라는 범주를 내던지고 그람씨의 'societa civile'를 'Zivilgesellschaft' 또는 'zivile Gesellschaft'라는 신조어로 번역하여 사용해 왔다.

그러나 이 새로운 '시민사회' 개념은 이미 마르크스에 의해 예비된 것이었다. 그람씨는 마르크스의 사적 유물론 도식에서 오늘날 광범하게 통용되는 그의 'societa civile' 개념을 만들어 냈기 때문이다. 마르크스는 불어로 쓴 안넨코프에게 보내는 한 서한(1846. 12. 28)에서 'société civile' 개념을 경제적 토대와 국가 양자에 대해 구별되는 '사회적' 상부구조의 의미에서 사용하고 이 시민사회의 '공식적 표현'을 국가로 규정하고 있다. "인간들의 생산력의 일정한 발전정도를 전제하면 교류(commerce)와 소비의 일정한 형태가 얻어진다. 생산, 교류, 소비의 발전(즉, 경제적 토대 - 인용자)을 전제하면 이에 조응하는 사회적 체제, 즉 조응하는 가족, 신분 또는 계급들의 조직, 한 마디로 말하면 조응하는 시민사회(société civile)가 얻어진다. 이 시민사회를 전제하면 이에 조응하는 정치적 국가(état politique)가 얻어지는데, 이 국가는 시민사회의 공식적 표현(offizieller Ausdruck)일 뿐이다."392) 마르크스는 이 서한의 이어지는 문단에서도 사회 전체를 '경제적 관계', '사회적 관계', '정치적 관계'의 세 영역으로 나누어 도식화하고 있다.393) 이러한 세 영역으로 구성된 사회관은 나중에 사적유물론을 간략

---

392) Karl Marx, "An Annenkov" (1846. 12. 28), 548쪽. *Marx Engels Werke*, Bd.4 (Berlin: Dietz Verlag, 1984).
393) 이 시민사회는 민주주의와 인권 및 시민권의 계급투쟁적 확장에 따라 단계적으로 발전하는 형태를 보인다. 부르주아에게만 투표권, 참정권, 시민권이 인정되었던

한 언어로 재확인하는 『정치경제학 비판을 위하여』의 '서문'에서도 — 좀 더 분화되기는 하지만 — 그대로 원골격을 유지한다. 여기에서 그는 경제토대, 즉 '물질적 생활의 생산양식'이 '사회적 생활과정', '정치적 생활과정', '정신적 생활과정' 일반을 규정한다고 말하고 있다.394) 이 명제에서 '정치적 생활과정'은 국가제도의 운행과정으로 해석되어야 할 것이다. 한편, '사회적 생활과정'은 가족생활, 각종 계급조직·직업신분조직(안경사회, 약사회, 의사회, 요식업중앙회 등), 각종 사교성 스포츠조직 및 사교단체들의 활동영역으로 해석해야 할 것이고 '정신적 생활과정'은 학자와 그 학술조직, 종교인 및 신앙인과 그 종교조직, 문화예술인과 그 단체 등의 활동영역으로 해석하면, 이 두 생활과정은 광의의 '사회적 관계'로 통칭될 수 있다. 이렇게 볼 때 '안넨코프에게 보낸 서한'에서의 세 영역으로 분할된 사회관과 '시민사회' 개념은 여기에서도 그대로 유지되고 있는 셈이다. 이런 이유에서 2차세계대전 이후에야 출판된 '안넨코프에게 보내는 서한'을 읽지 못하고 감옥에서 오직 마르크스의 이 저작의 유물론 도식만을 염두에 두고 사고를 전개하였던 그람씨는 이 도식만으로도 충분히 'societa civile' 개념을 전개할 수 있었던 것이다.

사회를 경제, 시민사회, 국가로 구분하는 마르크스의 이 3분 사회관과 '시민사회' 개념은 헤겔 『법철학』의 연장선상에 있는 것이 아니라 — 그에

'자유주의적 시민사회의 부르주아 독점단계', 이 정치적 제권리를 노동대중도 어느 정도 쟁취하였으나 부르주아와 노동자대중 간의 사회적 세력관계의 교착으로 말미암아 개인독재자가 행정권의 강화를 통해 시민사회의 — 의회정치적 — 영향력을 무력화시킨 '보나파르트 단계', 시민사회를 관변화한 '파시즘 단계', 부르주아의 사회-정치적 영향력이 우세하지만 저항세력의 사회정치적 조직이 합법화·공고화된 (서구 유형의) '부르주아 헤게모니 시민사회 단계', 노동대중의 정치사회적 영향력이 우세한 (북구 유형의) '노동자 헤게모니 시민사회 단계' 등으로 분류될 수 있다. 물론 여기서 중구·남구·동구국가들이 일반적으로 겪었던 파시즘적 시민사회 단계는 반드시 모든 사회가 거쳐야 하는 단계는 아니다.

394) Marx, *Zur Kritik der politischen Ökonomie*, 9쪽.

게 아담 스미스 못지않은 사상적 영향을 미쳤던—아담 퍼거슨(Adam Ferguson)의 이론적 연장선상에 있는 것이다. 마르크스는 헤겔과 달리 시민사회를 국가로부터만이 아니라 경제적 토대로부터도 구별하여 시민사회를 사회적 상부구조로, 국가를 이 시민사회의 '공식적 표현'으로서의 국가기구적 상부구조로 규정하고 있기 때문이다.

마르크스에 있어서의 상부구조의 이 이중구조(시민사회와 국가)는 지금까지 거의 주목받지 못했다. 이것은 마르크스의 저작에서 'bürgerliche Gesellschaft'라는 용어가 헤겔적 의미로 쓰이는 경우(이것은 1844년 이전 헤겔 및 헤겔주의자들과의 논쟁에 들어 있는 초기 저작에 한정된다), 독일어의 일상어적 어의에 따라 '부르주아사회'라는 의미로 쓰이는 경우(이것은 도처에서 나타난다), 위에서 정의된 '시민사회'로 쓰이는 경우 등 다의적으로 사용되고 있음에 기인할 것이다. 그러나 매경우 이 중 어느 의미로 사용되고 있는지는 의미맥락에 따라 대체로 명확히 판명된다.

마르크스주의자로서는 그람씨만이 국가와 경제 양자에 대해 구별되는 사회적 상부구조로서의 시민사회를 처음 발견하였다.[395] 마르크스의 위 'société civile'의 제도적 테두리는 그람씨의 'societa civile'와 완전히 합치된다. 헤겔의 'bürgerliche Gesellschaft' 개념은 (물질적 토대 전체로서의) '노동, 욕망, 교환의 체계'뿐만 아니라 (국가제도의 일부인) '경찰행정' 및 '사법제도', 나아가 (마르크스와 그람씨의 '시민사회' 내의 단체에 해당하는) 직업신분들의 '동직조직(Korporationen)'을 망라한다.[396] 한편, 헤겔에 있어 가족은 'bürgerliche Gesellschft'에 앞서는, 이 체제 밖의 독립범주이다. 이에 반해 마르크스의 '시민사회'는 위 정의상 가족도 포함

---

395) Antonio Gramsci, *Zu Politik, Geschichte und Kultur* (Frankfurt am Main: Suhrkamp, 1980), 228쪽.

396) Georg W. F. Hegel, *Grundlinien der Philosophie des Rechts* [1820] (Frankfurt am Main: Suhrkamp, 1980).

한다.

마르크스의 시민사회 개념이 헤겔의 'bürgerliche Gesellschaft'와 동일하다는 유행하는 억측은 보통 『정치경제학비판을 위하여』(1859)의 서문에 근거하고 있다. 그러나 이곳에서 이미 마르크스는 헤겔로부터 인용하고 있다는 의미에서 'bürgerliche Gesellschaft'를 인용부호 속에 넣어 사용하고 있다. 마르크스에 관한 많은 오해를 야기하는 데 적잖이 기여한 바 있는 하버마스는 이 경우에도 빠지지 않고 마르크스의 '시민사회'개념에 관한 이 유행하는 해석오류에 가담하고 있다. 하버마스는 그의 이론체계에 시민사회개념을 처음 도입하는 맥락에서 공론장의 사회적 기층으로서의 '결사'개념은 최근 유행하는 '시민사회(Zivilgesellschsft)'의 개념의미를 상기시킨다고 하면서 이 용어가 '헤겔과 마르크스 이래' 통용된 'societas civilis'의 근대적 역어인 'bürgerliche Gesellschaft'와 달리 노동시장, 자본시장, 재화시장을 매개로 조정되는 경제영역을 더 이상 포함하지 않는다고 말하고 있다. 그는 시민사회 개념과 관련하여 헤겔과 마르크스를 등치시키고 있는 것이다.[397] 이어서 그는 이 '시민사회'의 제도적 핵심이 단지 비체계적으로 몇 가지 예를 들면 '교회, 스포츠 및 여가조직, 토론클럽, 시민포럼, 시민주도조직에서 직업단체, 정당, 노동조합, 기타 대안적인 제도장치 등에 이르는, 자발성에 기초한 비非국가적, 비非경제적 결사체들을 포함한다'고 말한다.[398] 하버마스는 여기에서 '스포츠와 여가조직'과 같은 프라이버시 조직들을 나열하면서도 프라이버시의 핵심인 가족을 망각하고 있다. 하버마스의 이 나열에 가족을 부가하면 이것은 (헤겔이 아니라) 바로 마르크스의 '시민사회'를 이룬다.

---

397) Habermas, *Strukturwandel der Öffentlichkeit*, 46쪽(1990년 '서문'); Habermas, *Faktizität und Geltung*, 444쪽.
398) Habermas, *Strukturwandel der Öffentlichkeit*, 46쪽(1990년 '서문').

하버마스의 이 잘못된 마르크스독해와 시민사회적 개념 틀의 이러한 작은 실수의 비판적 교정을 전제로 그의 시민사회 개념을 알아보자. 그람씨와 그람씨 전통의 많은 시민사회 이론들이 시민사회를 문화와 가치도덕의 관점에서만 고찰하여 시민사회를 '문화주의적'으로 축소시킴으로써 불가피하게 실천적으로 '김빠진' 이론으로 귀착되곤 하는 데 반하여, 하버마스의 시민사회 개념은 소통과 공론장의 관점에서 고찰함으로써 현대적 정치실천에 유의미한 이론구성을 가능케 하는 탁월성을 갖는다.

시민사회를 경제적 생산양식에 의해 규정되는 상부구조의 사회문화적 영역으로 정의하는 마르크스 및 그람씨와 달리 그는 일단 시민사회를 분명히 정의하려는 시도는 '헛된 일'로 간주한다.399) 다만 시민사회와 관련해서는 일반적 관심거리가 되는 제문제에 관한 문제해결적 '논의'를 공론장의 틀 안에서 제도화하는 시민사회의 '제도적 핵심'을 형성하는 결사관계에만 주목하면 된다는 것이다. 이 '논의적 기안'은 이 결사체들의 평등하고 개방적인 조직형태에서 소통유형의 본질적 특징을 반영하고 있는데, 이 소통을 중심으로 결사체들이 결정화結晶化되고 역으로 이 소통에 연속성과 지속성을 부여한다. 즉, 시민사회의 '제도적 핵심'은 공론장의 소통구조를 생활세계의 사회요소 안에 뿌리박게 만드는 자발성에 기초한 '비경제적'이면서 동시에 '비국가적인' 결사, 조직, 운동이다. 시민사회는 사회적 문제상황을 사적 생활영역에서 발견하고 수용하고 농축하여 확성적擴聲的으로 정치적 공론장으로 전달하는 자발적 조직과 결사체들로 구성된다.

시민사회 영역의 '기본권적' 보장을 분석해보면 시민사회의 사회적 구조에 관한 1차적 정보를 얻을 수 있다.400) 의사표현의 자유와 더불어

---

399) Habermas, *Strukturwandel der Öffentlichkeit*, 46쪽(1990년 '서문'); Habermas, *Faktizität und Geltung*, 443쪽.

집회의 자유와 결사의 자유는 여론형성 과정에 개입하여 일반이익의 주제들을 취급하고 이익대변의 힘이 없고 조직하기 어려운 집단들의 희망을 변호적으로 대변하거나 문화적·종교적·인본적 목표를 추구하고 신념공동체를 조직하는 자발적 결사체들의 활동공간을 정의해 준다. 출판, 방송, 방영의 자유 및 자유로운 언론활동의 권리는 경쟁적 의견들에 대한 개방성과 대변적 의견들의 다양성을 보장하는 공적 의사소통의 매체적 기반을 보장한다. 저널리즘적 영향력에 민감한 감각을 유지해야 하는 정치적 체계는 정당들의 활동과 시민들의 선거권을 매개로 공론장 및 시민사회와 결부되어 있다. 이러한 결부상태는 국민의 정치적 의사형성에 있어서 공동(共動)할 정당들의 권리 및 시민들의 능동적 선거권(피선거권)과 수동적 선거권, 기타 참정권에 의해 보장된다. 결사체들은 생활형태, 하부문화, 신념방향 등의 증대하는 다양성에 기초하는 정도만큼만 자신의 자율성을 주장하고 자발성을 가직할 수 있다. 인격권, 신앙 및 양심의 자유, 거주이전의 자유, 서신, 우편, 전화통신의 비밀보장, 주거의 불가침성 등 '프라이버시'의 기본권적 보호와 가족의 보호는 개인적 프라이버시 영역이 온전하게 유지되는 데 기여한다. 이러한 프라이버시 권리들은 인격적 보전(保全) 및 자립적 양심과 판단형성의 불가침적 영역을 감싸고 있다.

자율적 시민결사와 온전한 프라이버시 영역 간의 긴밀한 관계는 소동구의 전체주의적 국가사회주의 사회를 보면 보다 분명해 진다. 이 사회에서는 푸코가 정의한 '판옵티콘적 국가'가 관료체제에 의해 무미건조화된 공론장을 직접 통제할 뿐만 아니라 이 공론장의 사적 토대도 해체한다.401) 행정적 침입과 항구적 감시는 가족과 학교, 마을과 인근에서의

---

400) Habermas, *Faktizität und Geltung*, 445쪽.
401) Habermas, *Strukturwandel der Öffentlichkeit*, 47쪽(1990년 '서문'); Habermas, *Faktizität und Geltung*, 446쪽.

일상적 사교와 친목의 소통구조를 파괴한다. 연대적 생활관계의 파괴 및, 과도한 규제와 권리불안전성으로 특징지어진 영역들에서의 주도성과 자율성의 불구화는 사회집단, 결사, 네트워크 등의 파괴, 교리주입과 사회적 정체성正體性의 해체, 자발적인 공적 의사소통의 완전한 압살 등과 나란히 진행된다. 그리하여 소통적 합리성은 공사公私의 '소통적 이해理解관계' 속에서 파괴된다. 사적 영역에서 소통적 행위의 사회화하는 힘이 불구화되고 소통적 자유의 불꽃이 꺼져 갈수록 더 쉽사리 상호 고립되고 소외된 행위자들은 몰수당한 공론장 안에서 '대중'으로 전락하여 국가의 감독하에 처해져 우민愚民으로서 운동하도록 내몰린다.

물론 기본권적 보장만으로는 공론장과 시민사회의 왜곡이 방지될 수 없다. 오히려 시민사회의 생명적 역동성이 공론장의 소통구조를 안전하게 지탱해 주어야 한다. 정치적 공론장이 일정 정도 스스로 안정되어야 한다는 것은 "시민사회적 소통실천의 묘한 자율성(Selbstbezüglichkeit)"에서 입증된다. 공론장 안에서 활발한 발언으로 동시에 이 공론장의 구조를 재생산하는 사람들의 텍스트는 공론장 일반의 비판적 기능과 관련된 불변적 하부텍스트가 존재한다는 것을 보여 준다. 공적 논의의 수행적(performativ) 의미는 발언내용의 차안此岸에서 '찌그러지지 않은' 공론장 그 자체의 기능을 현존하도록 지탱해 준다. 자유로운 의견형성의 제도와 법적 보장은 이 제도화된 제권리를 활용함으로써 동시에 공론장을 규범적 내용에서 해석하고 방어하고 급진화하는 사람들의 정치적 소통의 동요하는 토대에 근거한다. 쟁론과 영향력을 위한 투쟁 가운데 공론장의 재건과 유지라는 공동과업에 연루되어 있다는 것을 아는 행위자들은 자신들의 정치행위가 지닌 '이중적' 지향에 있어서 이 기존 논단들을 단순히 이용하는 행위자들과 구별된다.[402] 그들은 자신들의 강령으로써 직선적

---

402) Habermas, *Faktizität und Geltung*, 447쪽.

으로 정치체계에 영향력을 가하고 '동시에' 시민사회와 공론장을 유지, 확장하며 자기의 정체성正體性과 행위능력을 공고히 하는 것이다.

시민사회적 토대를 지닌 공론장과 법치국가적으로 제도화된 의회적 의견 및 의사형성의 공동共動작용은 '토의정치(deliberative Politik)'의 개념을 사회학적으로 번역하기 위한 좋은 출발점을 제공한다.[403] 물론 시민사회는 사회 전체의 자기조직화의 광선이 집중되는 초점으로 간주되어서는 안 된다. 시민사회와 공론장은 비제도화된 운동형태와 표현형태에 '한정된' 행위공간만을 제공할 뿐이다.

여기로부터 급진민주주의적 실천의 구조적으로 필수적인 자기제한이 발생한다. 첫째, 활력 있는 시민사회는 자유로운 정치문화와 상응하는 사회화 유형의 맥락에서만, 그리고 손상되지 않은 사적 영역의 토대 위에서만 형성될 수 있다. 즉, 활력 있는 시민사회는 '이미 합리화된 생활세계'에서만 발전한다. 그렇지 않으면 자본주의적 근대화에 의해 위태로와진 생활세계의 전통잔재를 '맹목적으로' 방어하는 '포퓰리즘적 운동'이 발생한다. 이 운동은 주민동원의 기술에 있어서는 근대적인데 그 목표는 반反민주적이다. 이와 관련하여 하버마스는 전통적인 사회주의운동도 미래와 과거를 동시에 바라보는 '야누스적 얼굴'을 가진 것으로 비판하고 있다. 이 운동은 산업주의의 새로운 교류형태 안에서 몰락하는 전前근대적 세계의 연대공동체의 사회통합적 힘을 구하려 하였다는 것이다.[404]

둘째, 자유로운 공론장 안에서 행위자들은 정치적 '권력'이 아니라 오직 '영향력'만을 획득할 수 있다. 어느 정도 논의적인 공개논쟁에 의해 산출되는 공론의 영향력은 분명 뭔가를 움직일 수 있는 경험적 크기를 갖는다. 그러나 이 정치적 영향력은 민주적 의사형성의 제도화된 '절차'의 필터를

---

403) Habermas, *Faktizität und Geltung*, 448-449쪽.
404) Habermas, *Faktizität und Geltung*, 449쪽.

통과하여 '소통적 권력(kommunikative Macht)'으로 바뀌고 정통적 법제화를 겪는 경우에야 비로소 사실상 일반화된 공론에서 이익일반화의 관점에 의해 '검토된' 확신, 정치적 결정을 정통화하는 공적 확신이 생겨난다. '소통적으로 유동화된 인민주권(kommunikativ verflüssigte Souveränität des Volkes)'은 독자적으로 공론적 논의의 비공식적 권력형태로 효력을 얻을 수 없는 것이다.

셋째, 정치행위가 활용할 수 있는 법과 행정적 권력은 기능적으로 분화된 사회 안에서 한정된 효과를 지닐 뿐이다. 정치적 조절은 가끔 단지 간접적으로만 수행될 수 있을 뿐이고 기능체계들의 고유한 작용방식을 건드려서는 안 된다. 이런 이유에서 시민사회로부터 자라난 민주운동은 마르크스주의적 사회혁명관의 기저를 이루는 '전체적으로 자기 조직하는 사회'의 이념을 포기해야 한다. 시민사회는 직접적으로 자기 스스로 변화하면서 간접적으로 법치국가적으로 제도화된 정치적 체계의 자기변혁에 영향을 미칠 뿐이다. 그러나 시민사회는 사회 전체를 통제하고 전체의 명의로 행위하는 역사철학적 '거대주체'를 대신하는 것이 아니다. 게다가 사회경제의 계획화를 목적으로 투입되는 행정적 권력은 해방된 생활형태의 촉진에 적합하지 않다. 이 해방적 생활형태는 민주화과정의 결과 '저절로 형성될 수 있는 것'이지, 행정적 개입에 의해 '야기될 수 있는 것'이 아니기 때문이다.[405]

시민사회의 '자기제한'은 시민사회의 '미성년화(Entmündigung)'로 오해되어서는 안 될 것이다. 희소한 자원인 체계지식은 필경 새로운 체계가부장주의의 원천이 될 수 있다. 그러나 이 전문지식이 애당초 행적적 독점의 대상인 것은 아니다. 시민사회도 대항지식을 동원하고 관련 전문지식의 고유한 번역판을 마련할 수 있는 가능성이 있는 것이다. 공중이 비전문인

---

405) Habermas, *Faktizität und Geltung*, 450쪽.

으로 구성되어 있고 공론적 소통이 일반적으로 이해가능한 언어로 진행된다는 사실은 반드시 본질적 문제와 결정이유의 단순화를 뜻하지 않는다. 이것은 시민사회적 주도력이 문제의 조절측면에 충분한 전문지식과 적절한 번역을 마련하기에 아직 불충분한 동안에만 공론장의 '테크노크라트적 미성년화'의 구실로 기능할 수 있을 뿐이다.406)

시민사회는 일정한 조건하에서만 공론장 안에서 영향력을 획득하여 공론을 매개로 입법부와 사법부에 영향력을 행사하고 정치적 체계를 강제할 수 있다. 커뮤니케이션 사회학은 물론 서구 민주체제의 권력화된 매중매체적 공론장에 관한 회의주의적 상을 제시한다. 시민사회의 결사체들은 문제에 민감하지만, 이들이 내보내는 신호와 충격은 일반적으로 너무 약하여 정치체계 안에서 단기적으로 학습과정의 시동을 걸고 결정과정의 방향을 전환할 수 없다는 것이다.

복합적 현대사회에서 공론장은 정치적 체계와 생활세계 사이를 매개하는 중간적 구조이다. 그것은 공간적으로 중복되는 국제적·전국적·지역적·자치단체적·하부문화적 논의 마당으로 분화되고 사안별로 어느 정도 전문화된, 그러나 비전문적 공중이 접근가능한 공론장들(가령 대중과학적·문예적·종교적·예술적·여성적·대안적·보건정책적·사회정책적·과학정책적 공론장들)로 짜인 고도로 복잡한 네트워크요, 소통밀도, 조직적 복잡성, 도달범위에 따라 일화적 선술집 공론장, 카페 공론장, 거리 공론장에서 주최 측에 의해 개최되는 연극상영, 학부모의 밤, 록 콘서트, 당대회, 종교기념일 등 각종 현장공론장을 거쳐 분산되고 전체적으로 분산된 독자, 청취자, 시청자 등의 추상적인 대중매체적 공론장에 이르기까지 분화되는 네트워크다. 그러나 이러한 다양한 분화에도 불구하고 모든 구어적으로 구성된 부분공론장들은 상호 통로가 뚫려 있다. 부분 공론장은

---

406) Habermas, *Faktizität und Geltung*, 451쪽.

배제 메커니즘의 도움으로 형성된다. 그러나 공론장이란 앞서 살펴 본 전제에 따라 '조직'이나 '체계'가 아니기 때문에 무효화할 수 없는 배제규칙은 없다.

바꿔 말하면 정치적 체계와 관련하여 정의된 일반적 공론장 내에서의 내부경계는 원칙적으로 '투과적인' 것이다. 자유주의적 공론장 안에 내장된 무제한적 포함의 권리와 기회 균등성은 위에서 이미 확인하였듯이 푸코적 유형의 배제 메커니즘의 정착을 저지하고 공론장 자체의 '자기변혁적 잠재력'을 정초해 준다.[407] 이미 부르주아 공론장의 보편주의적 논의들은 19세기와 20세기를 경과하면서 동일한 보편주의적 권리에 기초하여 논의참가를 요구하는 내재적 비판을 견뎌 낼 수 없었다. 노동운동, 여성운동 등은 이미 상술한 바와 같이 이 논의구조에 참가하여 일단 이들을 부르주아 공론장의 '타자(他者)'로 배제하던 구조를 분쇄할 수 있었던 것이다.

대중매체를 매개로 통합된 공중이 사회의 모든 구성원을 더 많이 포괄하며 추상화될수록, 논의에 등장하는 행위자들은 화랑에서의 관객의 구체적 역할과 더 많이 구별된다. 이와 함께 공중의 '그렇다/아니다' 입장표명이 얼마나 자율적인 것이지, 또는 이 입장표명이 확신과정인지 아니면 어느 정도 은폐된 권력과정인지 하는 물음이 제기된다. 거듭 제기되는 이 회의주의적 물음은 그러나 우리가 이미 공론장의 '양가치성' 테제와 관련하여 상론했으므로 이에 대한 대답은 생략해도 될 것이다. 다만 이와 관련된 몇 가지 내용을 다시 확인해 둘 필요가 있다. 저널리스트들의 저널리즘적 직업윤리와 직업적 자부심 및 자유언론의 공익방송법적 조직형태도 이러한 회의주의적 반론을 경감시키는 역할을 한다는 것이다. 토의정치의 개념과 합치되게 대중매체들은 단순한 규제적, 규범적 이념을

---

407) Habermas, *Faktizität und Geltung*, 452쪽.

표현한다. 대중매체는 자신을 계몽된 대중의 대리인으로 이해하고 공중의 학습용의와 비판능력을 전제하고 동시에 강화한다. 대중매체는 사법부와 유사하게 정치적·사회적 행위자들에 대한 독립성을 유지해야 한다. 매체들은 공중의 소망과 자극을 비편파적으로 수용하고 정치과정을 정통성 강제와 강화된 비판에 직면하도록 만들어야 한다. 이를 통해 매체권력이 중립화되고 행정적 권력과 사회적 권력이 공론적인 정치적 영향력으로 전환되는 것을 막아야 하는 것이다. 이 이념에 따라 정치사회적 행위자들은 공중에 의해 수용되거나 공중의 동조와 함께 공적 의제로 정립된 제문제의 논의를 위해 설득력 있는 기여를 하는 한에서 공론장을 이른바 '이용'할 수 있다. 정당들도 자신들의 정치적 권력 유지의 시각에서 공중에 영향을 미쳐 공론장으로부터 대중적 충성을 뽑아내는 것이 아니라 공중의 의사형성과정에 공중 자신의 고유한 시각에서 참여하지 않을 수 없다.

'권력화된 공론장'의 회의적 상을 이러한 규범적 기대를 배경으로 상기하면, 시민사회 쪽에서 정치적 체계에 대해 영향력을 가할 가능성은 미미한 것으로 느껴진다. 그러나 이러한 평가는 공론장이 '휴식상태'에 있을 때에만 올바를 따름이다. 공론장이 동원되는 순간 입장을 취하는 공중의 권위를 지탱하는 구조들이 진동한다. 이 순간 시민사회와 정치적 체계 간의 세력관계는 급변하게 된다.[408]

지각된 '위기상황'에서는 시민사회적 행위자들도 갑작스럽게 능동적이고 중요한 역할을 떠맡는다.[409] 이들은 조직적 단순성, 취약한 행위능력, 구조적 불리점에도 불구하고 가속된 역사의 위기순간에 공론장과 정치적 체계 안에서 소통흐름의 방향을 변화시켜 전체 체계의 문제해결 양식을 변경시키는 가능성을 획득한다. 공론장의 소통구조는 시민사회적 주변이

---

408) Habermas, *Faktizität und Geltung*, 456쪽.
409) Habermas, *Faktizität und Geltung*, 460쪽.

정치의 중심에 대해 새로운 문제의 지각과 확인을 위한 더 민감한 감각을 유지한다는 장점을 갖기 때문에 사적 생활영역들과 긴밀히 연결되어 있는 셈이다. 그간의 큰 정치테마들, 가령, 핵군비의 악순환성, 핵에너지, 유전자공학의 위험성, 환경위기, 제3세계 문제, 여성문제, 난민문제 등이 가운데 어느 것 하나 관료와 기성정당의 위정자들에 의해 제기된 것이 없다. 이 테마들은 모두 시민사회로부터 저항운동을 통해 공론장에 올라온 것들이다.

따라서 우리가 일반적으로 세울 수 있는 결론적 명제는 중요한 사회문제의 생활세계적 감지가 시민사회적 주변에서 위기의식을 야기하자마자 어느 정도 권력화된 공론장 안에서도 세력관계가 변동한다는 것이다. 시민사회적 행위자들이 모여 관련 테마를 정식화하고 공론장에서 홍보하면, 이들의 주도는 성공한다. 공론장의 내재적 동원과 함께 모든 공론장의 내부구조에 내장되어 있고 대중매체의 규범적 자부심 속에 현존하는 잠재적인 법칙성이 동력을 얻게 되기 때문이다.[410] 적어도 우리는 합리화된 생활세계가 강력한 시민사회적 기초를 가진 자유로운 공론장의 형성에 적극적으로 호응하는 정도만큼, 입장을 취하는 공중의 권위가 확대되는 공론적 논쟁의 진행과정 속에서 강화된다고 말해도 될 것이다. 왜냐하면 위기에 따른 동원의 경우에 이러한 조건 하에서 비공식적 공론 소통은 한편으로 포퓰리즘적으로 활용가능한, 교리를 주입당한 대중의 결집을 막고 다른 한편으로 매체적 공론장을 매개로 다만 추상적으로 집합해 있을 뿐인 공중의 분산된 비판적 잠재력을 결집하여 이것이 제도화된 의사결정기관에 대한 정치적 영향력이 되도록 돕는 궤도를 따라 운동하기 때문이다.[411] 정치적 체계의 법치국가적으로 규제되는 권력순환을 지

---

410) Habermas, *Faktizität und Geltung*, 461쪽.
411) Habermas, *Faktizität und Geltung*, 462쪽.

원하기 위해 전통적인 이익정치의 궤도를 떠나는 "제도권 밖의 운동정치(subinstitutionelle Bewegungspolitik)"는 오직 '자유주의적' 공론장 안에서만 — 단순히 저널리즘적 정통성의 논단으로만 기여하는— '재단裁斷당한' 공론장에서와 다른 공격방향을 취하는 것이다.

제도권 밖의 시민항의가 항의를 확대하면서 타고 올라가게 되는 저 사닥다리의 마지막 단계에는 강화된 정통성 압박의 이러한 의미가 분명해진다. 반대주장에 보다 큰 귀와 정치적 영향력을 부여하기 위한 마지막 수단은 "시민불복종 운동(Akte des bürgerlichen Ungehorsams)"이다.[412] 이 비폭력적·상징적 규칙위반 행동은 유효한 헌법원칙의 관점에 볼 때 합법적 성립에도 불구하고 행위자들의 시각에서 비정통적 구속력 있는 결정에 대한 항의의 표현이다. 논쟁의 대상과 무관하게 시민불복종은 암묵적으로 항상 공론장의 소통과정에 제도화된 의사결정을 다시 결합시킬 것을 요구한다. 이것은 법치국가적 헌법의 토대 위에서 시민사회로부터 분리되어 생활세계적 주변에 대해 자립화해서는 안 되는 정치적 체계를 겨냥한다. 이로써 시민불복종은 위기상황에서 공론을 매개로 민주적 법치국가의 규범적 내용을 현재화하여 제도권 정치의 체계순응적 태만에 저항하는 고유한 시민사회적 출신성과 관계된 것이다. 시민적 불복종의 정당성은 헌법을 '미완의 기획'으로 보는 '역동적 이해'에 근거한다.[413] 이 장기적 시각에서 민주적 법치국가는 완성된 기제가 아니라 외부 자극에 취약한, 특히 오류가능한, 따라서 수정이 필요한 기획으로 이해된다. 따라서 이 기획은 변화하는 조건 하에서 권리의 체계를 새로이 구현하고 더 잘 해석하고 더 적절히 제도화할 목표를 지니고 있다.

---

412) Habermas, *Faktizität und Geltung*, 462쪽.
413) Habermas, *Faktizität und Geltung*, 464쪽.

2.4. 공론장의 새로운 구조변동

하버마스는 2022년 출판한 『공론장의 새로운 구조변동』에서 소셜 미디어의 등장과 광범한 확산으로 공론장의 새로운 구조변동이 일어난다고 보았다. 핵심논지는 "옛" 구조변동의 추동자였던 전통적 대중매체들을 점차 뒤로 밀어내고 있는 새로운 대중매체들과 이 매체들의 플랫폼 성격을 상론하고, 소통의 새로운 형태들이 "정치적 공론장 자체의 자기지각을 해칠 것"이라는 것이다. 소셜 미디어를 통해 범람하게 '가짜 뉴스(fake news)'로 인해 공론장이 다시 부정적 변동을 겪고 있다는 판단이다.[414] 이 논지는 1962년 『공론장의 구조변동』의 부정일변도로 다시 돌아간 것 같은 느낌을 준다.

하버마스는 호르크하이머와 아도르노의 '계몽의 변증법'과 문화산업 테제를 그대로 수용했다가 1980년대 이후 비판적으로 수정하고 논의내용을 풍요롭게 만들었고, 소셜 미디어가 새로운 대중매체로 등장한 이후 일어나고 있는 공론장의 새로운 구조변동에 대해서 다시 부정적 입장을 보였다. 그의 공론장 이론은 이렇게 지그재그의 변화를 보이며 호르크하이머와 아도르노의 견해와 멀어지고 많이 달라졌지만 한 가지는 그들과 견해를 같이 했다. 그 한 가지는 공론장에서 감성에 대해 사유와 이성이 주도적 역할을 해야 한다는 합리주의적 당위 명제다. 이런 까닭에 그는 보도와 토론이 문자언어로 이루어지던 신문·잡지시대를 공론장의 '고전시대'로 이상화하고, 음성언어·음악·음향으로 기사와 드라마를 송출하는 라디오 매체와 영상을 송출하는 영화·텔레비전 매체가 지배하는 공론장을 처음에 부정일변도의 공론장으로 파악했다가 나중에는 양가치적 공론

---

414) Jürgen Habermas, *Ein neuer Strukturwandel der Öffentlichkeit und die deliberative Politik* (Frankfurt am Main: Suhrkamp, 2022).

장으로 수정했다가, 가짜뉴스가 범람하는 소셜 미디어의 새로운 공론장을 다시 부정적으로 평가한 것이다. 이 왔다갔다하는 평가 속에서 불변적 기준은 감성과 경험에 대한 이성과 사유의 우위 명제의 견지에서 음성언어보다 문자언어를 높이치고 사유를 불필요하게 만드는 감각적 음향효과와 감각적 이미지영상보다 언어를 높이친 것이다. 300년 동안 일어난 공론장의 역사적 구조변동에 대한 하버마스의 이러한 관점은 완전히 합리주의적으로 편향된 것으로서 대중매체를 통한 공중의 사회적 현실 인식에서 본질적으로 중요한 감성과 공감, 이를 통한 정확한 감각적 실황보도와 실감의 결정적 역할을 완전히 시야에서 놓친 것이다.

하버마스의 부정에서 양기치성으로, 다시 부정으로 왔다갔다하는 공론장 이론의 불변적 기준은 감성과 경험에 대한 이성과 사유의 우위 명제의 견지에서 음성언어보다 문자언어를 높이 치고 사유를 불필요하게 만드는 감각적 음향효과와 감각적 이미지영상보다 언어를 높이 친 것이다. 300년 동안 일어난 공론장의 역사적 구조변동에 대한 하버마스의 이러한 관점은 완전히 합리주의적으로 편향된 것으로서 대중매체를 통한 공중의 사회적 현실 인식에서 본질적으로 중요한 감성과 공감, 이를 통한 정확한 감각적 실황보도와 실감의 결정적 역할을 완전히 시야에서 놓친 것이다.

하버마스는 '공감'이라는 단어를 어느 압박인터뷰에서 접할 때까지 공감을 몰랐고, 그것도 공감(Mitgeühl)과 감정이입(Einfühlung)의 차이도 모르고 '감정이입'을 '공감'으로 오인하는 수준에서 공감의 상당한 역할을 인정했다. 그러나 그의 마지막 결론은 그래도 최종적으로 소통적 이성이 공감에 대해 결정적이라는 것이었다.

하버마스는 이처럼 지성과 사유, 소통적 이성(소통적 확신과 결합된 근거)이 주도하는 '지성적 공론장'을 이상적 형태로 단정한 합리주의적 고정관념에 사로잡혀 호르크하이머와 아도르노처럼 공론장의 구조변동을 '진보'가 아니라 '퇴락'으로 단죄하든가 '양가치성' 테제로 유보했다가 다시 '부정적' 평가로 기울어진 것이다. 하버마스는 문자언어로 표현되는 소통적 이성과 논의적 '지성의 언어'만을 이상적 요소로 간주하기 때문에 말없는 공감이 사건의 전달과 이해에서 지성적 언어와 합리적 사유보다 더 중요하고 더 빠른 것이고 또 '공감적 언어'가 '지성적 언어'보다 현장상황의 정확한 이해와 해석에서 결정적 기능을 한다는 사실을 전혀 알 수 없었다. 따라서 18-19세기로부터 21세기까지 계속 진행되어온 공론장의 구조변동을 달리 바라볼 수 있는 해석적 대안을 봉쇄해버렸다. 동시에 공론장의 기저에 위치한 이심전심의 민심으로서의 말없는 '공감장'에 대해서는 전혀 알지 못했다. 따라서 그는 소셜 미디어의 등장까지 300년 동안 일어난 공론장의 구조변동을 올바로 파악할 입장에 서 있지 못했다. 또 소셜 미디어의 기술적 특성과 용도 및 타당성에 대한 그의 파악은 지극히 미흡한 것이다. 따라서 공론장에 대한 이해의 패러다임을 합리주의에서 경험주의로, 이성에서 감성으로, 언어적 소통에서 공감적 소통으로 전환하여 18-19세기 부르주아시대의 공론장에서 라디오·영화·텔레비전 위주의 공론장을 거쳐 소셜 미디어 시대의 공론으로의 변동을 고찰하면 공론장의 구조변동은 완전히 다른 상像으로 나타날 것이다.

제3절

마르크스와 자유언론의 '공감적 언어'

1840년 초 문자언어로만 소통되던 서적·잡지·신문 매체 위주의 공론장 시대에 마르크스는 시대를 선취하여 '지성적 언어'와 '정감적·공감적 언어'를 구분하고 당시 신문들이 이 언어기능들을 둘 다 활용하고 있다고 논하고 있다. 그는 문자언어로 현장상황을 보도하는 신문을 이미 실황에 근거를 두고 판단하는 "슬기로운 언어"의 '지성' 기능 못지않게 '정감'을 강조하고 현장실황 자체의 "정감어린 언어"로 한 지방 주민의 고통을 '국민적 공감'의 대상으로 만들어 고통을 함께 나눠서 완화하는 감성적 기능을 강조했다.

3.1. 마르크스의 '지성적 언어'와 '정감적 언어'

마르크스는 신문을 "관청적이지 않으면서도, 따라서 관료제적 전제로부터 출발하지 않으면서도 '정치적인' 제3의 활동영역, 동시에 직접 사적 이익과 이것의 절박성에 말려들지 않으면서도 '민간적인' 제3의 활동영역"으로 규정했다.415) "자유언론"은 "시민적 두뇌(staatsbürgerlicher Kopf)이자 민간적 심장(bürgerliches Herz)"이라는 이중적 기능을 가진다.416) "시민적 두뇌"로서의 신문지면 위에서 정부와 피치자는 "동등한 '시민적 타당성(staatsbürgerliche Geltung)'에서, '인물'로서가 아니라 지성적 '권력들(intellektuelle Mächte)'로서, '지성적 근거들(Verstandesgründe)'로서 통치의 원칙과 요구를 동등하게 비판할 수 있다."417) 그러면서도 자유언론은 '시민적 두뇌'일 뿐만 아니라 시민들의 구체적 상황과 처지에 공감하는 '민간적 심장'이다.

Rheinische Zeitung(라인신문)은 지방 유지들의 자본으로 1842년 1월 쾰른에서 당국 임시허가로 창설되어 프로이센 당국에 의해 1843년 3월 폐간당한 신문이다. 마르크스는 이 신문에서 기자 겸 편집장으로 1841년부터 1943년 3월까지 활동했다. 이 신문에서 그는 신문검열제도를 격렬하게 비판했다. 그는 '검열은 언론의 부당행위보다 더 적은 악이다'는 의견을 펴는 정치인에게 「자유언론에 대한 논쟁」이라는 논설에서 이렇게 응수한다.

> 최선의 시대의 모든 인민들처럼 진실을 사유하고 언명할 권리를 궁정광대들의 권리로 주장하는 인민은 종속과 무無자아의 인민일 수 있을 뿐이다.418)

청년 마르크스는 「자유언론에 대한 논쟁」이라는 이 긴 논설에서 이렇

---

415) Karl Marx, "Rechtfertigung des Korrespondenten von der Mosel", 189쪽. *MEW* [*Marx Engels Werke*] 1 (Berlin: Dietz Verlag, 1980).
416) Marx, "Rechtfertigung des Korrespondenten von der Mosel", 189쪽.
417) Marx, "Rechtfertigung des Korrespondenten von der Mosel", 190쪽.
418) Karl Marx, "Debatten über die Preßfreihei unf Publikation der Landständischen Verhandlungen", 33쪽. *MEW* [*Marx Engels Werke*] 1 (Berlin: Dietz Verlag, 1980).

게 언론자유를 홍보하고 검열제도를 옹호하는 의견을 맹렬하게 비판했다.

또 마르크스는 언론자유를 상업자유에 복속시키려는 인사의 주장을 비판한다. 그는 이에 대해 이것은 상호 위아래로 복속될 수 없는 두 종류의 상이한 자유라고 응수했다.

> 우주체계에서 모든 개별적 행성이 자전하는 동안 태양을 중심으로 공전하는 것처럼 자유의 체계에서 각각의 세계가 스스로 자전하는 동안 자유의 중앙 태양을 중심으로만 공전한다. 언론자유를 상업자유의 한 부류로 만드는 것은 언론자유를 때려죽이면서 언론자유를 방어하는 것이다. 내가 이 인물이 저 인물의 방식에서 자유로와야 한다고 요구한다면 나는 이 인물의 자유를 폐지하기 때문이다. 너의 자유는 나의 자유가 아니라고 언론은 상업에게 외친다. 네가 너의 영역의 법률을 준수하듯이 나는 나의 영역의 법률을 준수할 것이다. 소목장이가 상업자유를 요구하는데 그에게 대용물로 철학자의 자유를 준다면 기분좋게 느끼기 어려울 것처럼, 너의 방식으로 자유롭다는 것은 내게는 부자유와 동일하다.[419]

언론의 자유를 옹호하는 이 논설로부터 "언론의 첫 번째 자유는 상업이 아니라는 데 있다"는 마르크스의 유명한 명제가 나온다.

> 문필가는 자기의 일을 결코 수단으로 간주하지 않는다. 그의 일은 자기목적이고, 그 자신을 위해서나 타인을 위해서나 전혀 수단이 아니라서 종교의 설교자가 "인간에게보다 신에게 더 많이 순종한다"는 것을 원칙으로 삼듯이 그 일을 못하거나 다른 방식으로 한다면 일의 존재에 자신의 존재를 희생시킬 정도다. 설교자 자신이 이러한 인간 안에 인간적 욕구와 소망 때문에 갇혀 있으면서도 그런다. 이에 반해 재봉사가 내게 와서 그에게 파리 스타일

---

[419] Marx, "Debatten über die Preßfreihei unf Publikation der Landständischen Verhandlungen", 70쪽.

의 연미복을 주문했는데 로마 상의 토가(Toga)가 미美의 법칙에 더 적합하다는 이유에서 내게 로마 상의를 가져다주는 꼴! 언론의 첫 번째 자유는 상업이 아니라는 데 있다. 자기 일을 물적 수단으로 격하하는 문필가에게는 이 내면적 부자유의 벌로서 외적 부자유, 즉 검열이 당연히 어울린다. 아니, 오히려 그의 존재 자체가 그의 벌이다.420)

"언론의 첫 번째 자유는 상업이 아니라는 데 있다(Die erste Freiheit der Presse besteht darin, kein Gewerbe zu sein)"는 말을 오늘날의 관점에서 언론의 편집권이 언론사주의 영리추구로부터 독립해야 한다는 말로 오늘날 함의할 수도 있으나 다음 구절을 보면 그러한 해석은 좀 무리인 것 같다.

언론은 물론 상업으로서도 존재하지만, 상업으로서의 언론은 전혀 문필가의 용무가 아니라 인쇄업자와 서적상의 용무다. 그러나 여기서 주제는 인쇄업자와 서적상의 상업자유가 아니라 언론자유다.421)

여기에는 마르크스는 인쇄업자와 서적상의 상업자유로부터 언론의 독립과 자유를 뜻하는 취지만을 언급하고 있다. 당시 독일 언론사들은 지방 유지들이 언론인들과 정치적 동지 관계에서 정치적 목적으로 출자하고 언론사를 통해 영리를 추구하지 않았기 때문에 언론사주로부터 편집권의 독립 문제를 제기할 필요가 없었던 것으로 보인다. 그러나 언론사 출자자들이 언론사를 통해 영리를 추구하고 이윤을 극대화하기 위해 신문논조와 개별 뉴스의 보도에 간섭해 들어온다면, "언론의 첫 번째 자유는 상업이 아니라는 데 있다"는 마르크스의 명제는 언론사주를 향해서도 전용될

---

420) Marx, "Debatten über die Preßfreihei unf Publikation der Landständischen Verhandlungen", 71쪽.
421) Marx, "Debatten über die Preßfreihei unf Publikation der Landständischen Verhandlungen", 71쪽.

수 있을 것이다.

*Rheinische Zeitung*은 구독자들이 주로 교양부르주아들이었으나 구독자 수가 1843년 1월 3400명에서 급속히 증가하고 있었다. 이에 불안을 느낀 프로이센 당국은 이 신문을 폐간했다. 그러나 마르크스는 1848년 3월 혁명이 나자 영국으로부터 바로 귀국하여 쾰른 유지들의 재再출자로 *Die Neue Rheinische Zeitung*을 발행하기 시작했다. 이것은 *Rheinische Zeitung*을 복간한 신문이었다. 그러나 이 신문도 1849년 폐간의 불운을 맞는다.

문필가의 독립과 자유의 견지에서 언론자유를 역설한 마르크스는 당시의 자유언론을 여론에 의해 생산된 "여론의 산물"임과 동시에 스스로 "여론을 생산하는" 기구라는 이중적 지위를 인정했지만 당시 신문의 이 '여론생산'을 '여론조작'으로 보지 않았다. *Rheinische Zeitung*은 지방 부르주아들이 언론인들과의 정치적 동지관계에서 설립된 신문이었기 때문이다. 반대로 마르크스는 신문의 이 '여론생산' 기능을 특수이익의 국민적 일반화 기능으로 평가하고 '정감어린 공감적 언어'로 한 주민들의 곤경을 만인에게 알림으로써 이것을 완화시키는 특별한 역할을 강조했다.

'자유언론'은 (...) 유일하게 특수이익을 일반이익으로, 모젤지방의 곤경상황을 일반적 관심과 조국의 일반적 공감(allgmeine Sympathie)의 대상으로 만들 수 있고 유일하게 곤경의 느낌을 만인에게 나눠줌으로써 곤경을 경감시킬 수 있다. 언론은 지성(Intelligenz)으로서 민중상황과 관계하지만 마찬가지로 정감(Gemüt)으로서도 관계한다. 언론의 언어는 실황(Verhältnisse) 위를 맴도는 판단의 슬기로운 언어(kluge Sprache)일 뿐만 아니라 동시에 실황 그 자체의 정감어린 언어(affektvolle Sprache)[...]이다.[422]

---

422) Marx, "Rechtfertigung des Korrespondenten von der Mosel", 190쪽.

여기서 "판단"하는 "슬기로운 언어"는 '지성적 언어'인 반면, 민중상황을 "정감"으로 대하고 표현하는 "정감어린 언어", 즉 '정감적 언어'는 이심전심의 공감으로 마음과 감정을 전하는 '공감적 언어'다. 이 '공감적 언어'는 관청의 보고서 언어도 아니지만 '지성적·논증적·논의적 언어'도 아니고, '묘사적描寫的 언어'라 할 수 있다. 여기서 '묘사적 언어'란 현장을 그림 그리고 현장상황을 베끼듯이 사람들의 행동·감정·의지·사정과 사건의 원인·이유·전말을 표현하는 언어를 말한다. 마르크스는 아도르노·하버마스가 공론장을 논하기 100여 년 전 전에서 이미 신문의 문자언어 시대에도 한 지방의 곤경을 국민적으로 공감할 수 있게 만드는 "정감어린 언어", '공감적 언어'가 신문언어로 쓰이고 있음을 갈파하고 있다. 하버마스는 18-19세기 신문을 이런 관점에서 분석할 눈이 전무했다. 그가 감성과 공감을 제치고 이성과 지성적 문자언어에만 집착했기 때문이다.

하지만 인류의 언어란 공감과 별개로 진화한 것이 아니라 공감의 연장과 확장을 위해서 진화했고, 따라서 공감의 연장선상에서만 의미가 있기 때문이다. 공감과 분리된 언어는 '거짓말', '허언', '작화'다. 수학조차도 감각적으로 인지할 수 있는 부호들($=, \neq, \pm, \infty, \leq, \Sigma$)을 포함해야만 존립할 수 있듯이 아무리 딱딱한 논리적 논변의 '지성적 언어'라도 감성적·공감적 의미요소를 담아야만 성립할 수 있다. 다만 이 공감적 의미요소들이 우리가 잘 의식하지 못할 정도로 깊이 숨겨져 있을 수 있을 뿐이다. 그러나 공감의 연장선상에서 공감을 선명하게 만들고 확장할 목적으로 발달한 언어가 공감적으로 쓰인다면 과거와 현재의 현장실황을 더 생생하게, 정확하게, 거짓 없이, 실감나게 표현하고 전할 수 있다.

3.2. 공감적 언어의 개념

역사기술의 예를 통해 '공감적 언어'를 좀 더 깊이 들여다보자. 언어텍스트를 소홀히 하지 않되 언어텍스트를 절대화하지 않고 이 언어적 텍스트와 비언어적 텍스트를 포괄하는 사료史料의 공감적 해석을 추구하는 공감적 해석학의 역사기술도 결국 문자·음성언어로 언표되어야 한다. 그럼에도 공감적 해석학은 막판에도 언어실증주의에 먹히지 않는다. 공감해석학적 역사기술의 언어는 '사실적 서술(factual description)' 또는 '실증적 서술(positive description)'을 넘어 오히려 '공감적 서술(empathetic description)'을 위주로 삼기 때문이다. '공감적 서술'은 누구나 공감할 수 있는 감정적 의미를 음양으로, 또는 직간접적으로 내포한 언술을 가리킨다. '공감적 언술'은 바로 이모티콘 같은 감성적·공감적 언어표현으로 이루어진 언술이다.

가령 "3·1운동은 1919년 3월 1일에 일어난 만세사건이다"는 기술은 감정과 감응관계가 말살된 '실증적 서술', 무미건조한 '사실적 서술'인 반면, "3·1운동은 고종황제의 독시毒弑에 분격한 백성들이 황제의 인산일因山日 이틀 전에 거국적으로 들고 일어난 만세운동이다"는 기술은 국민들이 고종황제의 독시에 대한 거족적 분노를 공유한 국민적 공감을 담고 있는, 말하자면 공감적 이유와 감정이 드러난 '공감적 서술'이다. 또 "3·1운동 때 독립만세를 외쳤다"는 기술은 한낱 '사실적 서술'에 불과하다. 하지만 "3·1운동 때 '조선독립' 만세가 아니라 '대한독립' 만세를 불렀다"는 비판적 환기의 기술은 고종황제의 대한제국과 3·1만세운동 간의 정서적 연관성, 충군애국의 도덕감정, 금지된 '대한' 국호를 사용한 저항감정을 드러내는 '공감적 서술'이다. 이 공감적 서술에 투입된 언어가 바로 '공감적 언어'다. 그런데 그냥 "3·1운동 때 '대한독립' 만세를 불렀다"는 기술은 '지성적 언어'로만 이루진 감정·공감부재의 '실증적 서술'이다.

또 가령 "갑오경장의 '과녀寡女 재가 자유' 조항은 집강소의 폐정개혁 12개조의 '청춘과부 개가허용' 조항보다 더 광범하고 더 혁신적인 것이다"는 '실증적 서술'은 거짓이다. 왜냐하면 15세기 이래 재가녀再嫁女를 삼가녀三嫁女·실행녀失行女(불륜녀)와 동일시하는 당대의 국민적 '공론장(민심)'에 비춰 볼 때 과녀 일반에 대한 추상적 '재가자유' 조항은 '자유'의 이름으로 오히려 강제를 가장한 종래의 '과부보쌈'이나 '과부의 등을 떠미는 짐짓 강요된 재가 관행'마저 '부자유 재가'로 간주하여 말살함으로써 묵인되어 오던 개가改嫁관행의 '쪽박'마저 깨버렸기 때문이다. 장차 30·40대 과부문제까지 해결할 길을 트려면 과부문제의 '급소'를 쳐야 했다. 이 관점에서 보면 "화급한 10대·20대 청상과부의 재가를 맨 먼저 허용한 「폐정개혁 12개조」의 '청춘과부 개가허용' 조항은 당시 과부문제 일반을 해결하기 위한 '신의 한 수'였다"는 기술은 당대의 국민윤리적 '공감장'에 대한 공감적 인지를 반영한 '공감적 서술'이다.[423]

'공감적 서술'에 투입되는 '공감적 언어'는 특별한 것이 아니라, '묘사적 언어'다. 현장을 그림 그리고 현장상황을 베끼듯이 사람들의 행동·감정·사정과 사건의 전말·이유·원인을 표현하는 묘사적 언어로서 '공감적 언어'는 관청의 보고서나 학술논문이 아닌 신문지상에서 늘 가능한 상식적 언어다. 신문의 언어는 보도되는 현장과 사건의 전말을 최대한 생생하게, 실감할 수 있게 전할 수 있는 단어와 어법을 고르고 고르기 때문이다. 그러나 기사와 보도를 접하는 19세기 독자들은 사진과 영상을 볼 수 없었기 때문에 기사나 보도 문장의 내용을 상상력으로 마음속에서 떠올려 공감 또는 감정이입으로 이해했을 것이다. 하지만 그대로 생생하고 자세한 사진과 영상이 없는 상황에서는 문자언어로 묘사된 글을 읽고 상상력으로 현장을 떠올려 이해하는 신문독해의 경우에는 감정이입이 공감보다

---

423) 참조: 황태연, 『백성의 나라 대한제국』 (파주: 청계, 2017), 83-84쪽.

우세했을 것이다. 따라서 소설과 시문을 읽거나 연극·영화를 보고 감정을 이입하여 감동하듯이 감정이입적 이해는 문예적·예술적으로 필수불가결한 것이지만, 하얀 뭉게구름에 감정을 이입하여 그 구름을 '양떼'로 느끼듯이 가벼운 주관적 오해가 있을 수 있다. 대중매체에서 공감이 비로소 감정이입을 압도적으로 능가하게 된 시대는 분명 시청자들이 생생한 동영상을 자기 눈으로 보고 사건현장과 실황을 공감적으로 실감할 수 있게 된 컬러TV 시대였을 것이다.

제4절
공론장의 3단계 구조변동

4.1. 지성적 공론장에서 공감적 공론장으로

지금까지 공론장의 구조는 3단계 변동을 겪어왔다. 18-19세기 공론장은 크고 작은 커피샵과 살롱에서의 토론과 신문·잡지·서적들의 문자매체로 조성된 슬기로운 '지성적 언어'와 정감어린 '공감적 언어(mitfühlende Sprache)'가 공히 쓰였지만 그래도 토론과 논의를 위한 슬기로운 '지성적 언어(intellektuelle Sprache)'가 정감어린 '공감적 언어'에 대해 우세한 '지성적 공론장'이었다. 그러나 18-19세기에는 진정한 자유언론의 시대가 아니라, 자유언론을 위한 정치사회적 투쟁의 시기였다. 이 시대가 언론에 험악한 시대였다는 것은 아직 엄한 검열제도가 시행되고 있어서 자유언론이 활짝 꽃피운 시기도 없었고, 또 그런 나라도 없었다는 사실史實에 의해 입증된다. 이것은 마르크스가 관여한 신문사들이 1년여를 버티지 못하고 둘 다 폐간당한 것에서 직감할 수 있다. 당시 마르크스는 편지로 보이는 어느 글에서 이렇게 말했다. "라인 연변의 우리가 정치적 엘도라도에 살고 있다고 생각하지 마시라. *Rheinische Zeitung*과 같은 신문을 하나 때려

박기 위해서는 지극히 일관된 완강함이 필요합니다." 언론탄압은 언론출판이 상대적으로 자유로웠던 19세기 영국에서도 마찬가지였다. 따라서 하버마스가 이 험악한 언론탄압 시대의 공론장을 '고전시대'라 부르면서 이상화하는 것은 그릇된 것이다.

반면, 20세기 공론장은 라디오·영화·텔레비전 등 시청각적 대중매체의 공감적 음성언어와 발성發聲영상의 시각적 이미지와 청각적 음향효과가 논의와 토론의 지성적 언어를 대체하거나 주변으로 밀어내고 조성한 '시청각적 공론장'이었다. 20세기의 이 '시청각적 공론장'은 결국 정감어린 공감적 언어가 슬기로운 지성적 언어를 압도하는 '공감적 공론장'이었다. 라디오·영화·텔레비전 중심의 공론장은 지성이 말살된 메마른 공론장이 아니라 정감적으로 풍요로운 '공감적 공론장'이다. 호르크하이머·아도르·하버마스는 정감어린 공감적 언어와 시청각적 영상 이미지가 딱딱한 논리의 지루한 지성적 언어를 거의 다 대체한 '공감적 공론장(mitgefühlssprachliche Öffentlichkeit) 안에서 공감적 언어와 공감적 설득력, 공리적·유희적·예술적·도덕적 공감효과를 찾는 것이 아니라 지성적 논변과 소통적 이성을 찾다가 찾기 어렵게 되자 "이미지에 의해 사유가 추방되었다"고 비관했다. 이는 전국을 돌며 확성기로 정치유세를 하고 유세장면을 SNS로 방영하는 성숙한 자식에게서 문자언어로 글짓기하던 소년을 찾다가 찾지 못하자 성숙한 자식을 꾸짖는 꼴이다.

'공감적 공론장'이 '지성적 공론장'에 대해 우세하게 된 시대에도 정확하고 용감한 사실보도와 지성적 논변으로 정론을 세우고 국민적 동의와 여론을 만들어내는 정론지 중심의 '지성적 공론장'은 각국에서 라디오·텔레비전 매체의 '공감적 공론장'과 나란히 또는 별개로 부단히 존속해왔다. *The Times*, *The Guardian*, *The Independent*, *The Financial Times*, *The Daily Mail*, *The Daily Mirror*, *The Daily Express*, *The Daily Telegraph* 등 영국 정론지, *Le Monde*, *L'Humanité*, *Le Figaro*,

Libération, Les Echos, Le Croix, L'équipe 등 프랑스 정론지, *Frankfurter Allgemeine Zeitung, Die Zeit, Die Welt, Frankfurter Rundschau, Süddeutsche Zeitung, Westdeutsche Allgemeine Zeitung, Tageszeitung* 등 독일 정론지, *The New York Times, The Washington Post, The Wall Street Journal, USA Today, The San Francisco Chronicle, The Washington Times, The Stars and Strips, Herald, Newsweek, Time* 등 미국 정론지, 그리고 한국의 조선·중앙·동아일보와 한겨레·경향신문과 국민일보, 매일경제신문, 일본의 요미우리신문(讀賣新聞), 아사이신문(朝日新聞), 마이니치신문(每日新聞), 니혼겐자이신문(日本經濟新聞), 산케이신문(產經新聞) 등 세계적 명성을 가진 좌우정론지들이 대개 수백 년의 전통을 자랑하며 존속해오고 있다. 따라서 아도르노와 하버마스가 완전히 말살되었다고 판단한 그 '사유'와 '이성'을 찾으려면 이 지성적 공론장에서 찾으면 될 것이다. 또 과학적 지성과 수리적 지성을 찾으려면 일반적 공론장 아래 배치된, 그러나 전全세계적으로 통일된 '과학공동체(scientific community)'의 다양한 전문적 공론장들에서 찾으면 될 것이다. 이 공론장들은 오로지 하버마스가 좋아하는 "근거의 강제력(Zwang von Gründen)"으로만 서로를 설복시키는 "이상적 대화상황"에 근접하는 학술적·지성적 공론장이다. 따라서 지성적 논변과 이성적 추론의 무거운 짐을 감성적·공감적 언어로 대체·제거한 공감적 공론장에서 무거운 지성적 논의와 이성을 찾는 것은 연목구어緣木求魚 식의 황당한 우행일 것이다.

또한 라디오·텔레비전방송 기자들과 보도국이 대개 이 정론지들의 의제설정과 논조를 참조하고 따르는 것은 오랜 방송관행이다. 또한 인쇄·출판기술의 비약적 발전으로 18-19세기보다 수천 배 폭증한 서적들과 문예소설은 라디오·텔레비전 중심의 구어·영상 공론장만이 아니라 정론지들의 문자언어 공론장에도 영향을 미쳤고, 빈발하는 베스트셀러와 노벨상 수상 학자와 문인들의 책들은 공론장 일반을 강타해왔다. 따라서 저 방송

관행 덕택에, 그리고 이 천문학적 규모의 출판서적 덕택에 라디오·영화·텔레비전 중심의 공론장도 지성이 말살된 메마른 공론장이 아니라 나름대로 지성적 사유도 갖춘 공론장이다. 이 점은 라디오·텔레비전 매체의 공론장을 무無지성의 공론장으로 단정하는 아도르노나 하버마스의 공론장 이론을 무색케 한다. 아도르노도, 하버마스도 문자언어의 정론지와 서적들이 만들어내는 지성적 공론장의 의제와 논지가 공감적 공론장에 영향을 미치는 영향구조에 대해 전혀 알지 못했다.

하버마스는 공론장이론을 전개하면서 오류에 오류를 거듭해 왔다. 그가 20세기 공론장을 부정일변도로 평가했다가 평가를 다시 양가치성 테제로 수정한 것 자체는 그가 이론적 오류을 자인한 것이다. 그리고 그는 21세기 '소셜 미디어(social media)'의 등장으로 전개되는 공론장의 새로운 구조변동에 대한 평가에서도 다시 오류를 범했다. 그는 소셜 미디어를 통한 '가짜뉴스'의 범람에 놀라서 소셜 미디어의 새로운 공론장을 다시 부정일변도로 보고 우려를 표명한 것이다. 그러나 소셜 미디어의 상황도 그렇게 피상적으로 판단할 일이 아니고, 구체적으로 파악하고 평가해야 할 것이다.

종합하면, 공론장은 18-19세기 지성적 공론장 → 20세기의 한 방향의 공감적 공론장 → 21세기 쌍방향의 공감적 공론장으로 변화·발전하는 3단계 구조변동을 겪고 있다. 이 3단계 구조변동을 이해하기 위해서는 소셜 미디어의 새로운 쌍방향 공론장을 구체적으로 정확하게 알아야만 한다.

4.2. 소셜 미디어와 쌍방향의 공감적 공론장

21세기 공론장의 구조는 정보통신기술 IT를 활용한 개인 스마트폰의 일반화와 동시에 진행된 소셜 미디어의 활성화와 광범위한 확산으로 급변했다. '소셜 미디어'는 사람들이 의견·생각·경험·관점을 서로 공유하기 위해 사용하는 온라인 도구나 플랫폼을 가리킨다. 소셜 미디어 플랫폼은 단순한 인터넷 블로그, 인터넷 포털, 비디오 블로그, 메시지 보드(Twitter, Facebook 등), 모바일 메신저 애플리케이션(가령 KakaoTalk, Telegram), 동영상 공유서비스(가령 YOU Tube)와 같은 소셜 네트워킹 서비스(SNS; social networking service), 팟캐스트 등이 있다. 소셜 미디어는 음성언어 뉴스 시대를 전자적으로 완전 복제했다는 데 의의가 있다. SNS를 통해 사람들은 자신의 입으로 직접 뉴스와 동영상을 전달하고, 그 뉴스를 듣고 동영상을 보려고 전달자 주변에 몰려든다. 오늘날 우리는 미디어의 유형만 다를 뿐이고, 구전口傳 뉴스 시대의 커피하우스를 재현한 SNS에 모여 새 소식을 보고 들으려 기웃거리고, 뉴스가 있으면 큰 소리로 전하는 크라이어, 확성자(criers)의 역할을 한다.

이와 함께 언론인과 다르면서 언론인과 역할이 겹치기도 하는 '인플루언서들'이 등장했다. 강력한 인플루언서는 개인방송국을 차리고 수백만, 수천만 명의 조회·구독자를 확보해서 웬만한 지방 텔레비전방송국을 능가할 정도의 영향력을 가졌다.

이런 강력한 인플루언서를 낳는 '스마트 미디어'는 이 소셜 미디어에 기반을 두고 생겨났다. 스마트 미디어는 편리함과 효율성을 추구하는 시대적 필요성과 기술의 진보와 혁신이 결합해 탄생했다. 스마트 미디어는 굳이 키보드를 두드리지 않고 문자를 쓰고 보낼 수 있고 휴대할 수 있는 미디어다. 스마트 미디어의 핵심기술은 개인용 디지털 단말기(Personal Digital Assistant)와 터치스크린(touch screen)이다. 펜이나 손가락으로 터치하는 화면자판이 키보드를 대체했다. 기준 화면이 작더라도 보고 싶은 부분을 확대하면 크게 볼 수 있다. 휴대의 필요성은 모바일과 결합되게 했다. 이렇게 하여 인간은 개인적으로 직접 이용할 수 있는 미디어를 소유하게 되면서 자신의 분신처럼 손끝에서 한 순간도 뗄 수 없는 '외장外臟 영혼'이 되었다.

스마트 미디어의 첫 번째 특성은 하드웨어로서의 미디어 도구와 소프트웨어인 앱(애플리케이션, application)의 분리다. 지금까지는 미디어가 구동하기 위해서는 전용 소프트웨어가 포함되어야 했다. 그러나 스마트 미디어에서는 이용자가 앱 스토어(application store)에서 자신에게 필요한 앱을 다운받아 맞춤형 미디어를 실현한다. 앱의 종류에 따라 개인마다 이용하는 콘텐츠가 다르다.

두 번째 특성은 클라우드 컴퓨팅(cloud computing)이다. 이것은 컴퓨터의 저장 공간을 하드웨어에 한정시키지 않고 인터넷상의 서버에 저장·보관하면서 편리하게 이용할 수 있는 환경이다. 구름처럼 무형의 존재로 언제 어디서나 이용 가능하다는 의미를 지닌 '클라우드' 덕택에 지식과 정보가 플로피 디스크, 하드 디스크, USB 등 저장 매체로부터 해방되었다.

스마트 미디어에서 뉴스 이용은 앱을 통해 이뤄진다. 스마트 미디어는 언론사·방송사에서 제공하는 뉴스 앱을 개인적으로 선택하여 개인마다 다르게 분류하고 국내외 뉴스를 즉각 한눈에 볼 수 있다.

그리하여 '소셜 저널리즘'이 생겨났다. '소셜 저널리즘'은 뉴스를 소셜 미디어를 통해 생산하고 유통시키는 현상을 말한다. 소셜 미디어는 개방·공유·참여·대화·커뮤니티·연결 등을 목적으로 등장한 네트워크 서비스다. 소셜 저널리즘은 예를 들면 단문을 올리고 전송하는 마이크로블로깅(트위터), 대인관계(페이스북, 링크트인), 정보 공유(유튜브, 플리커, 슬라이드셰어), 저작 출판(위키백과) 등 다양한 목적에 이용되고 있다. 따라서 소셜 미디어의 강점은 정보의 빠른 확산 속도와 텍스트·사진·오디오·비디오 등 콘텐츠 형태의 자유롭고 유연한 생산·유통이다. 이 같은 소셜 미디어의 강점 덕택에 소셜 저널리즘은 사고나 재난이 발생했을 때 위력을 발휘한다.

가령 2009년 미국 텍사스 주의 포트 후드(Fort Hood) 미군기지에서 총기 난사 사건이 발생하여 40여 명이 살상되었는데, 당시 페이스북 사용자가 "Prayers for Fort Hood(포트 후드 기지를 위한 기도문)"라는 페이지를 만들어 이 사건에 대한 정보를 올리고 논평을 했다. 가입자들은 트위터로 정보와 가족의 안전 여부를 공유하고 피해자의 슬픔을 공감하며 서로 나눴다. 소셜 미디어는 사건이 일어난 후 몇 시간 내에 난무하는 불확실한 소식들을 신속하고 명확하게 해주었다. 이 같은 안전사고의 경우 전통적 대중매체의 순발력은 높지 않다. 사람들은 신문·라디오·텔레비전의 뉴스를 접하기보다 소셜 미디어로 직접 상황을 파악하고 정보와 의견을 공유한다. 미국의 「의회 조사보고서(Congressional Research Services Report)」 (2011)에 의하면, 소셜 미디어는 이와 같이 "공공안전과 위기정보의 신속한 확산"에 기여한다. 2009년 총기난사 사건에서는 미군도 트위터 계정을 이용해 총기난사가 일어나고 있는 동안에 첫 뉴스와 업데이트 뉴스들을 제공했다. 그리고 미국 적십자사는 페이스북을 이용해 잠재적 재앙의 경계경보를 발했다.[424]

소셜 미디어는 다양한 사건이 나기 전에, 또 사건이 발생하는 동안에, 그리고 발생한 뒤에 공공안전 정보를 광범하게 확산시키는 데 쓰여 왔다. 사건 전에 많은 비상사태 관리기구들은 소셜 미디어를 통해 준비 및 대비 정보를 제공한다. 소셜 미디어는 공공안전과 관계된 주제에 관한 피드백을 유도해냄으로써 빈곤자원조단체의 지방공동체 원조계획과 고객 서비스 목적에도 쓰인다.[425]

그러나 사건 후에 확산되고 찾는 정보의 주요 주체는 단체나 기구라기

---

[424] Bruce R. Lindsay, *Social Media and Disasters: Current Uses, Future Options, and Policy Consideration* (Congressional Research Services Report No.7-5700, 2011), 3쪽.

[425] Lindsay, *Social Media and Disasters*, 3쪽.

보다 일반적으로 시민들이다. 가령 2007년 4월 버지니아 테크에서 총기가 난사되는 시간대에 인터넷을 통한 경고 메시지들은 대학생들과 비공식 주체들로부터 나왔고, 2007년 서던 캘리포니아 산불 때는 시민들이 대중매체 소스를 너무 일반적이거나 부정확하다고 느껴서 소셜 미디어를 통해 정보를 구했다.426)

소셜 미디어는 곧 개최될 훈련이나 운동의 통지나 공고에도 쓰인다. 통지와 공고는 최초의 호응자들을 동원하기 위해 발송될 수도 있다. 가령 2008년 허리케인 구스타브 때 '지자체 비상호응 팀(Community Emergency Response Team, CERT)'은 전화통지 시스템이 다운되었을 때 페이스북을 이용해서 대량 이메일 통지를 보냈다. CERT 그룹은 사태가 전개될 때 사태진전을 최초의 응답자들과 시민들에게 통지하기 위해 현상現狀메시지를 업데이트하기도 했다.427)

또 소셜 미디어는 신문·라디오·방송국보다 빠르게 공무원들에게 정확한 '상황인식(situational awareness)'을 주지시킬 수 있다. 소셜 미디어는 사건 중에 정보 홍수를 모니터링할 수 있기 때문이다. 모니터링 정보 흐름은 '상황인식'을 확정하는 데 도움을 줄 수 있을 것이다. 상황인식은 사건이나 상황의 결정적 요소들을 확인하고 가공하고 이해하는 능력이다. 실시간 정보를 사건이 전개될 때 획득하는 것은 사람들이 어디에 위치해 있는지를 결정하고 희생자들의 필요사항을 판단하고 시민들에게 변하는 상황과 새로운 위협에 대해 경고하는 것을 도울 수 있다. 소셜 미디어의 또 다른 잠재적 혜택은 정부와 소통하는 공중의 능력을 제고한다는 것이다. 현행 비상 커뮤니케이션 시스템이 편도 커뮤니케이션을 통해 중앙집중화되어 있는 반면, 소셜 미디어는 정보가 백채널(backchannel) 커뮤니케

---

426) Lindsay, *Social Media and Disasters*, 3쪽.
427) Lindsay, *Social Media and Disasters*, 3쪽.

이션으로 알려진 다양한 방향으로 흐를 수 있기 때문에 잠재적으로 비상 커뮤니케이션을 변경할 수 있을 것이다. 쌍방 커뮤니케이션의 한 혜택은 사상자의 리스트를 집계하고 희생자들의 친구와 가족들의 정보를 접하는 것을 돕는 것이다.[428]

2011년 일본의 3·11 대지진의 경우에도 소셜 미디어는 위력을 발휘했다. 트위터는 지진 발생 한 시간 이내에 동경에서만 매분 1200건 이상의 트윗이 투고되었다. 지진 발생 당일의 신규 가입자 수는 전월 1일의 신규 가입자 수인 46만 명을 크게 상회하는 57만 2000명이 되는 등 많은 사람들이 트위터를 통해 활발히 정보를 교환했다. 3·11 대지진 사건을 계기로 소셜 미디어는 정보 전달 도구로서 사회적 지위를 확립하기 위한 큰 역할을 했다.[429]

소셜 저널리즘의 대표주자는 미국에서 아리아나 허핑턴(Ariana Huffington)이 만든 *Huffington Post*다. *Huffington Post*는 2011년 *New York Times*를 제치고 미국에서 가장 많은 구독자를 확보한 온라인 매체가 되었다. 블로거 250여 명이 뉴스를 올리는 *Huffington Post*의 이용자 참여형 소셜 뉴스 전략은 독자에게 '소셜 뉴스'라는 화면을 따로 제공해 댓글을 매개로 친구들을 모으고, 기존 소셜 네트워크의 친구를 끌어오고 대화할 수 있도록 한다. 또 페이스북 등 소셜 미디어와 연동해 댓글을 쓰고 누르면 바로 자신의 페이지에 게시된다. 아리아나 허핑턴은 *Newsweek* 지와 가진 인터뷰에서 이렇게 말한다. "자기표현은 새로운 오락이다. 사람들은 정보를 소비할 뿐 아니라 자신도 정보활동에 참여하고 싶어 한다. 이러한 충동을 이해하는 것이 저널리즘의 미래와 연결된

---

428) Lindsay, *Social Media and Disasters*, 4-5쪽.
429) 한국정보화진흥원, 「재난안전 부문의 소셜미디어 활용 선진사례 연구」. NIA-II-RER-11022 (2011).

다."430) 이것은 18-19세기 수백, 수천 명밖에 안 되는 소수의 독자들이 여론을 소비하고 또 기고와 투고를 통해 여론을 만들기도 했다는, 하버마스의 회고적 동경 속의 그 문자언어적 공론장, 말하자면 서적·신문·잡지 매체 시대에 존재했다던 그 작은 "고전적 공론장"이 소셜 저널리즘을 통해 대중적으로 부활한 것이라고 할 수 있다.

이런 충격 속에서 페이퍼 신문들도 인터넷 신문을 발간하는 것을 넘어 스마트 미디어를 통해 기사들을 음성으로 읽어주는 서비스를 설치하기 시작했다. 또는 신문·라디오·TV방송국들도 거의 일제히 개인 방송이나 인플루언서들과 경쟁적으로 스마트 미디어 방송을 내보내기 시작했다.

영국에서는 소셜 미디어를 통한 '오픈 저널리즘(open journalism)'이 등장했다.431) 언론사가 혼자서 뉴스를 생산하기보다는 시민들이 일상에서 얻고 경험하는 정보를 공유하고 제공하도록 하는 '오픈 저널리즘'은 2008년 인도 뭄바이 폭탄 테러, 2011년 영국 도심 폭동 보도 등 일상적 보도나 탐사보도 등에서 다양한 성과를 내고 있다.

소셜 저널리즘을 통해 뉴스 유통의 무게중심은 이미 언론사에서 독자에게 넘어갔다. 뉴스의 '유통기한'도 연장된다. 일반적으로 뉴스는 한 번 생산되면 24-48시간에 영향력이 소멸하나 소셜 미디어의 뉴스는 상황에 따라 언제든지 다시 살아나 수일간 내지 수개월간, 때로는 수년간도 역주행할 수 있다. 뉴스는 독자의 평판으로 수정되고 정정되기도 하며 이를 통해 뉴스 가치도 새롭게 정의된다. 뉴스의 정확성·신뢰성·객관성에 더하여 이용자의 감동과 공감을 일으키는 뉴스가 힘을 얻는다. 언론사의 지명도보다 소셜 미디어 안에서 일으키는 공감적 반향의 크기가 뉴스 가치를 결정짓는 요인이 된다.

---

430) *Newsweek*, 2010. 7. 25.
431) *The Guardian*, 2011. 7. 25.

소셜 미디어는 구어 뉴스 시대에 활동했던 메신저·크라이어(crier)·음유시인 등의 역할을 디지털로 재현해 낸다. SNS는 옛날 사랑방이나 다방, 마을 정자나 우물가와 같이 뉴스 소비가 이루어지던 장소와 유사한 공동체 기능을 제공한다. 그 이야기 공간에서 사람들은 세상 돌아가는 소식을 접하고, 이야기는 끊임없이 생산되고 재생산되며 소비되는 가운데 사회적 유대와 결속을 만들어 내고 다진다. 소셜 미디어의 '이야기 공동체'는 참여와 공유를 중시하는 이용자들이 뉴스를 소비하기 위해 머무는 공간이다. 지금은 전 국민, 전 인류가 소셜 미디어 이용자가 되었다. 이용자들은 SNS 공동체 속에 존재하는 무수히 많은 디지털 메신저나 디지털 크라이어를 통해 뉴스도 접하고 필요한 정보·지식도 얻고 옛 우물가나 사랑방, 다방이나 마을 정자에서처럼 자잘한 의견을 교환하며 공감대를 (확대)재생산한다. 소셜 미디어의 수많은 크고 작은 공론장은 주로 생생한 공감적 언어로 이루어지고, 이 속에서 생산되고 거듭 수정되는 정보는 구독자들의 의견보탬과 비판, 그리고 구독자 수의 증감으로 거의 실시간으로 지지·비판받고 다듬어지면서 정확성·신뢰성·객관성을 더해간다. 처음에 세상 사람들을 경악케 했던 소셜 미디어의 '페이크 뉴스'는 구독자들의 외면과 추방으로 이제 많이 잦아들었다. '가짜 뉴스' 사태는 소셜 미디어의 초기 현상이라고 봐야 할 것이다. 시민들이 참여하여 만드는 쌍방향의 소셜 미디어 공론장은 정감어린 '공감적 언어'가 지배하는 '공감적 공론장'이고, 이 '공감적 공론장'은 거듭 다듬어지고 절차탁마되어 신뢰성을 더하며 공감장을 튼실하게 만들고 확장하고 있다.

따라서 공론장의 새로운 구조변동은 상황파악을 잘하지 못한 초고령의 하버마스가 평가하듯이 부정적인 것이 아니라 매우 긍정적인 것이다. 그러므로 18세기부터 지금까지 공론장의 구조변동은 ①문자언어의 '지성적 공론'이 ②공감적 음성언어와 영상으로 뉴스와 여론을 만들던 라디오·텔레비전방송국이 (거의 일방적으로) 제공하던 '공감적 공론장'을 거쳐 ③쌍방향의 공감적 공론장'으로 변동한 것으로 결론지을 수 있다. 즉, '지성적 공론장' → 일방향의 '공감적 공론장' → 쌍방향의 공감적 공론장이다. '공감적 공론장(mitgefühlssprachliche Öffentlichkeit)'은 이심전심의 공감과 교감으로 생산되고 재생산되는 말없는 '공감장'과 다른 차원의 개념이다. '공감적 공론장'에서는 공감적 음성언어와 문자댓글이 주도할지라도 이 공감적 언어도 '무언'의 공감이 아니라 어디까지나 '언어'이기 때문이다.

제5절
공감장의 이론

5.1. 공감장의 개념과 구조

 '공감장(mitfühlende Öffentlichkeit; empathetic public sphere)'은 말없는 이심전심의 공감과 교감으로 형성되고 세대 간에 공감과 교감으로 재생산되는 생활세계의 공적 부분, 즉 국민의 마음과 마음으로 이어지고 만인의 마음속에 뿌리박은 무언의 '공감대'다. 따라서 개인과 집단의 '생활세계'는 ①사적영역(프라이버시), ②공감장, ③공론장으로 삼분된다.
 '공감장'은 내면적이면서도 외면적이다. 공맹은 '공감장'을 외적 측면에서 보아 '민심'이라 했다. 동시에 '공감장'은 우리들의 마음속에 내재한다. 내재하는 측면의 공감장은 첫째, 본성적 도덕감정과 도덕감각으로 이루어진 '양심'과 본성적 미추감각·재미감각·쾌통감각을 포괄하고, 둘째, 국민과 인류가 대대로 이어온 역사적 경험·문화·감정·사회정서·집단심리의 개인적 '내면화'로 이루어져 있다. 공감장의 내적 측면과 외적 측면은 표리관계를 이룬다.
 데이비드 흄은 공감장을 외적 측면에서만 보아 "개인적 만인 관찰자

(every spectator)"라 불렀고,432) 아담 스미스는 흄의 이 표현을 따라서 공감장을 "불편부당한 관찰자(impartial spectator)", 또는 "사심 없는 옆 사람(by-stander)"이라 불렀다. 그러다가 스미스는 공감장을 내적 측면에서 느끼면서 다시 "위대한 내부동거인"이나 "가슴속의 위대한 반신半神", 또는 "가슴속의 내부관찰자"라 바꿔 부르기도 했다.433) 관점을 안팎으로 바꿔 공감장을 달리 부르는 이런 호칭은 스미스가 공감장을 우리의 안에도 존재하고 밖에도 존재하는 것으로 느꼈다는 것을 보여준다. 이와 같이 공감장은 내적 측면과 외적 측면이 있고 이 측면들이 서로 표리관계를 이루는 것이다.

인간의 행위와 그 의미를 변별하고 비판하는 개인의 교감적·공감적 판단감각이 인간의 '본성'인 한에서 공감장의 평가와 판단은 본성상 '보편

---

432) Hume, *A Treatise of Human Nature*, Book 3. *Of Morals*, 377쪽. 흄은 공감하는 자가 자신의 본래적 감정과 자신이 공감한 남의 감정을 구별하고 공감된 감정을 자신의 감정으로 착각하거나 이것에 대한 '연대감'을 갖지 않고 공감된 감정을, 따라서 타인을 객관적으로 느끼는 점을 강조한다. 즉, 공감자는 불편부당한 '객관적 관찰자'라는 말이다. 흄에 의하면, 우리는 "우리가 교류를 맺는 사람들에게 즉각적으로 기분좋은" 자질들을 소유한 사람을 "우리 자신이 결코 이 사람의 자질로부터 아무런 기쁨을 수확하지 않더라도" 기분좋게 느낀다. 또 우리는 "자기 자신에게 즉각적으로 기분좋은" 자질을 소유한 사람도 "이 사람의 이런 자질들이 어떤 중생에게도 도움이 되지 않을지라도" 기분좋게 여긴다. 이것은 둘 다 "공감원리" 덕택이다. 공감의 이런 작용에서 "놀라운 것"은 다른 모든 경우라면 늘 우리를 "아주 절실하게" 건드는 "우리 자신의 이익과 기쁨을 우리가 망각한다는 것"이다. 모든 개개인은 "자신의 대상을 바라보고 이 대상이 그들 모두에게 동일한 것으로 나타나도록 야기할 수 있을 어떤 공통관점을 선택하기" 때문에, 모든 개개인의 기쁨과 이익이 제각기 다르더라도 사람들은 "이 개개인의 감정과 판단에 동의하는 것"이다. "개인적 만인 관찰자(every spectator)에게 동일한 것으로 나타나는" 감정은 원래 남의 감정이므로 관찰자의 심정을 관찰자 자신의 이익과 기쁨보다 "더 미약하게" 건들지라도 "보다 불변적이고 보편적"이다. 이런 까닭에 관찰자의 공감된 불변적·보편적 감정은 "실제에서도" 관찰자 본인의 감정을 "상쇄시키고", 오로지 공감적 관찰자의 불변적·보편적 감정만이 "사색에서도 덕성과 도덕성의 기준으로 받아들여지는 것"이다.
433) Smith, *The Theory of Moral Sentiments*,, II. i. ii. §§1-2 및 III. iii. III. iii. §1, §25, VI. iii. §18, VI. ii. ii. §2.

적'이고 '객관적'이다. 이 보편성과 객관성은 인간들끼리 타당한 것으로 그치는 것이 아니다. 그것은 이중적 의미에서인데, 첫째, 우리가 인간 전체를 대상으로 대한다면 개개 인간의 그런 보편적 판단본성은 인간 대상에 내재하는 객관적 사실이 된다. 둘째, 이 본성적 보편성·객관성은 부분적으로 공감능력과 본성적 소덕小德을 가진 모든 동물들에게도 적용될 수 있다. 인간의 본성적 판단력이 이런 이중적 의미에서 객관적인 까닭에 '편재적遍在的 공감장'으로서의 '불편부당한 만인관찰자'의 보편적 관점도 이중적 의미에서 객관적인 것이다.

스미스는 상술했듯이 공감장의 보편적·객관적 지위와 해석적 판단의 보편성을 '불편부당한 관찰자' 개념으로 포착했는데, 이 개념으로부터는 해석적 관찰자가 우리의 일상적 삶 속에서 자연적 행위자들의 선험적(apriorisch, traszendetal) 행위조건과 공감조건으로 설정되어 있다는 것을 알 수 있다. 스미스는 말한다. "우리는 아주 조심스럽게 우리의 본성적 적절성 감각을 참고하거나, 냉철하고 불편부당한 관찰자의 감정들을 열심히 고려해야 한다."434) 이것은 자연본성에 따라 행동하는 비전문적 보통인간들이 이 "냉철하고 불편부당한 관찰자"로서의 공감대를 고려해야 한다는 말이다. 따라서 하버마스가 좋아하는 전문적 관찰자의 이론적·해석적 객관성도 자연적으로 상정되는 이 '공감장'만큼만 완전히 현실적인 것이다. 일상적 행위자들이 도덕행위나 미학행위 또는 유희적·공리적 행위를 할 때 늘 실제로 전제하는 모든 일상의 공감적 해석자들이 수행하는 '자연적 해석학'은 하버마스가 주장하는, 불가능한 관점전환을 해야 하는 '언어소통적 행위자들끼리'의 자연적 해석학보다 '더' 객관적이고 본질적으로 '공공적인' 것이다. '모든' 불편부당한 관찰자로서의 보편적 공감장은 자연적 행위자들에게 늘 공감적 해석과 평가, 또는 공감적 비판을 제공해

---

434) Smith, *The Theory of Moral Sentiments*, I. ii. iii. §7.

준다. 스미스는 말한다.

> (...) 인간본성의 다른 감정들과 마찬가지로 이 감정들은 모든 불편부당한 관찰자의 가슴이 이 감정들에 공감할 때, 모든 사심 없는 옆 사람이 이 감정들에 동감하고 이에 보조를 맞춰나갈 때, 적절한 것처럼 보여 가한 느낌을 받는 것이다.[435]

그러므로 "모든 불편부당한 관찰자" 또는 "모든 사심 없는 옆 사람들"과 같은 '공감장'은 모든 일상적 행위자의 '선험적' 전제다.

민심은 여론조사로 잘 포착되지 않는다. 하지만 민심은 매번의 선거결과에서 몇몇 측면이 어렴풋이 드러나고, 혁명적 변혁과정에서는 격하게 폭발적으로 튀어나온다. 우리는 민심, 즉 외부의 "불편부당한 관찰자"이자 동시에 "가슴속의 위대한 반신半神", 또는 "가슴속의 내부관찰자"로서의 공감장을 매일 매시간 느끼기 때문에 공감장에 우리 자신의 행동·감정·판단을 맞추고, 제3자에게 자연스레 일어나지 않을 수 없다고 느끼는 사물의 저 관점에 따라 대범한 도량의 노력으로 행동한다. "[가령] 장교의 목숨을 지키기 위해 자신의 목숨을 내던지는 병사는 저 장교의 죽음이 그 자신의 잘못으로 일어나는 것이 아니라면 아마 이 장교의 죽음에 거의 영향 받지 않고, 병사 자신에게 닥친 아주 작은 재앙이 훨씬 더 생생한 슬픔을 일으킬 것이다. 하지만 그가 갈채를 받을 만하고 불편부당한 관찰자를 그의 행동의 원리에 동참하도록 만들게끔 행동하려고 노력할 때, 그 병사는 그 자신을 제외한 만인에게 그 자신의 생명이 장교의 생명에 비해 하찮은 것이고, 그가 장교의 생명을 위해 자신의 생명을 희생시킬 때 그가 아주 적절하게 행동한다고, 그리고 모든 불편부당한 관찰자의 '자연스런 이해'일 것에

---

435) Smith, *The Theory of Moral Sentiments*, II. i. ii. §§1-2.

부합하게 행동한다고 느끼는 것이다."436) "모든 불편부당한 관찰자", 즉 불편부당한 공감적 만인관찰자의 "자연스런 이해"는 이심전심의 객관적·공공적 '공감장'에서 얻는 진정한 "자연스런 이해(natural apprehensions)"다. 보통사람들의 '자연적 해석학'도 불편부당한 만인관찰자들로서의 공감장의 "자연스런 이해"에 근거해야 한다는 말이다.

5.2. 공감장의 기능

공감장의 제1기능은 개인적 공감의 교정과 일반화에 있다. 공감은 '객관적'이면서 '주관적'이라는 의미에서 '절대적'이지만 개인차가 있다. 따라서 보다 보편화되고 정형화된 '준거 틀'의 공감장이 공감의 개인차를 조절하고 평준화하는 기준으로 필요하다. 우리에게 암암리에 통용되는 공감적 비판의 기준으로 정형화된 보편적 '준거 틀'은 뭐니 뭐니 해도 '국민의 공감대', 또는 맹자가 '민심'이라고 부른 '국민정서'로서의 '공감장'이라는 말이다.437)

공감장의 제2기능은 공감적 동조에 입각한 개인들의 행위조절, 또는 익명적 다중의 도덕적·미학적·유희적 감정판단과 공리적 쾌통(손익)판단에 대한 개인의 물음과 참조를 반복하는 것을 덜어준다. 옷을 걸치고 밖으로 나서기 전에 사람들은 옆 사람에게 옷차림에 대한 미학적·도덕적 허용치에 대한 공감과 동조를 구한다. 하지만 옷을 혼자 입을 때는 어떻게 하는가? 혼자 입을 때는 누구나 자기의 마음속에 본성적이기도 하고 내면화되어 있기도 한 말없는 거대한 공감장 또는 공감대의 미학적·도덕적

---

436) Smith, *The Theory of Moral Sentiments*, IV. ii. §10.
437) 참조: 황태연, 『백성의 나라 대한제국』, 77-78쪽.

판단에 비춰 보고 옷차림새를 스스로 조절한다. 이 공감장은 옆 사람에게 옷차림을 일일이 묻고 공감을 구해야 하는 수고를 덜어주는 프레임워크다. 공감장은 도덕적 규범성과 아름다움, 유희적 재미와 흥이 역사적으로 누적된 가치판단의 무진장한 저장고다. 이 가치판단은 이성적 사유가 내리는 논증적 판단이 아니라, 본성적 쾌통감각·재미감각·미추감각·도덕감각·애증감각에 의해 직관·직감적으로 내려지는 감성적 판단이다.

온 국민의 공감대로서의 공감장을 이해와 판단의 '준거 틀'로 활용하는 공감적 이해와 해석은 국민의 감정에 대한 공감의 관점에서 수행되는 비판을 내포한다. 이런 한에서 공감적 해석은 역사에 대한 '나라있는 백성', 따라서 '나랏일에 참여하는 백성'으로서의 '국민'의 공감대('공감장')를 중심에 놓는 국민적·보편적 이해를 요청한다. 국민의 공감대는 어느 시대든, 어떤 형태로든 정치의 기준이다. 따라서 정치적 공감장은 국민과 정부(국왕)의 관계를 중심에 놓는다. 국민과 정부는 때에 따라 협력관계로 역사적 위업을 이룰 수도 있고, 갈등관계로 역사적 업적을 이룰 수도 있다. 정치적 공감장은 국민과 정부의 이 협력과 갈등을 이해의 핵심대상으로 삼고, 국민의 독자적 성장과 정부의 능동적·수동적 동태, 그리고 양자의 상관적 변화발전에 관심의 초점을 맞춘다.[438]

'민심'으로서의 '공감대', 또는 '백성의 눈'으로서의 공감장은 전통의 재생산과 마찬가지로 지극히 적게 세대 간의 언어적 소통을 통해 형성되기도 하지만 압도적·전반적으로는 무언의 감정전염적·교감적·공감적 이심전심으로 형성되어 재생산되고 갱신된다. 공감대는 일정하게 정형화된 국민정서이기 때문에 개인들의 판단과 행동을 일반적으로 규제해 이 판단과 행동에 공식적 방향을 부여한다. 개인들은 자신의 느낌과 판단, 그리고 개인들 간의 교감·공감능력에 따라 움직이지만, 이런 움직임 속에서

---

438) 참조: 황태연, 『백성의 나라 대한제국』, 78쪽.

반드시 '국민의 눈'으로서의 공감대를 의식하고 반영한다. 개인들은 이 공감대(민심)를 감정전염과 교감·공감을 통해 재생산하지만 동시에 공적 국민정서로서의 이 공감대도 다시 감정전염과 교감·공감능력으로 인지한다. 따라서 개인들은 언제나 자신들 간의 개인적 공감과 공감대의 공감이라는 이중적 공감 속에 들어 있다.439)

공감장은 역사적으로 형성된 공적 '이해의 틀'로서 개인적 공감 이전에 이미 존재한다. 만약 이 공감장이 존재하지 않는다면 상론했듯이 개인들은 매번의 행위 시마다 타인들과의 공감적 소통의 반복으로 자신들끼리의 공동행위를 만들어야 할 것이다. 이 개인적 공감작용은 개인적 편향에 따라 비교적 자주 저질러질 오류도 피할 수 없을 것이다. 그러나 공감대가 이미 존재하기 때문에 개인들은 이 공감대에 맞추는 공감적 조율을 통해, 즉 공감대에 비춰 보고 집단행동을 조율함으로써 판단의 오류도 줄이고 공감작용의 반복을 줄인다. 말하자면 공감대는 개인들이 공통된 방향의 일정한 집단행동을 수행하는 데 있어 개인마다 다른 공감의 차이와 이로 인한 오류 가능성을 줄여주고 공감작용의 에너지를 절감시켜주는 것이다.440)

5.3. 공감과 언어, 공감장과 공론장의 관계

언어는 공감의 연장선상에서 진화해온 인간의 가장 발달된 소통능력이다. 하지만 언어는 공감적 소통과 자주 괴리되고 그리하여 허언으로 전락하기 일쑤이고, 선전·기만·논쟁의 무기로 쓰이기 일쑤다. 언어가 상호적

---

439) 참조: 황태연, 『백성의 나라 대한제국』, 78-79쪽.
440) 참조: 황태연, 『백성의 나라 대한제국』, 79쪽.

이해를 추구하는 '소통적 행위'의 기능을 하는 경우는 드문 편이다. 따라서 하버마스가 중시하는 '소통적 행위'를 위한 '언어적 소통'은 항상 '공감적 소통'을 기반으로 해야만 진실성을 유지할 수 있다. 언어는 공감적 소통을 바탕으로 고수할 때(만) 인간의 가장 발달된 소통능력으로서의 진가를 발휘하며 공감적 소통을 지원하여 강력하게 증폭·역동화力動化하고 확장할 수 있다. 이렇게 언어가 공감을 증폭시키듯이 라디오·영화·텔레비전·소셜 미디어의 '공감적' 공론장은 공감장을 지원하여 증폭시키고 장기간에 걸쳐 내용적으로 영향을 미칠 수 있다. 이 증폭과 영향 정도는 지금까지 나타난 모든 공론장 가운데서 소셜 미디어에서 '공감적 언어'로 이루어지는 쌍방향의 공감적 공론장이 최고일 것이다.

이렇게 보면 공감장과 공론장은 장기적으로 상호작용한다고 말할 수 있다. 그러나 '상호작용'이라고 해도 공감장과 공론장의 영향력은 비등한 것이 아니다. 당연히 공론장에 대한 공감장의 중장기적 영향은 공론장의 역逆작용보다 더 결정적이고 무거운 것이다.

'공감장'은 말없는 '민심의 바다', 이심전심으로 소통하는 '무언의 망망대해'이고, '공론장'은 어디까지나 공감장으로서의 이 '민심의 바다' 위에 떠 있는 작은 배인 것이다. 언어적·논의적 공론장에만 주목하는 인문·사회과학자들은 가령 서재필·윤치호 주도의 독립협회·독립신문·만민공동회와 관련하여 그들의 언론·연설활동에 매몰되어 그들이 자신들의 잦은 폭탄테러와 폭력행위로 정치적·사회적 고립을 자초해서 스스로 해체된 사실을 도외시하는 반면, 공감장을 중시하는 학자들은 고종에 대한 일반백성들의 불변적 충군忠君정신 및 독립협회와 만민공동회에 대한 일반백성의 적개심에 주목한다. 또 전자가 3·1혁명의 이유를 일반백성이 전혀 알지 못했던 레닌의 제諸민족의 해방 선언이나 윌슨의 민족자결주의 선언에서 찾는 반면, 후자는 고종의 독살에 대한 일반백성의 거족적 분노에서 찾는다.441) 그리고 전자가 혁명운동이 그토록 빠르게 전국적으로 확산된 이유를 독립선언서를 감춰 가지고 지방각지로 내려간 수십 명의 혁명지도자들에게서 찾는 반면, 후자는 고종의 인산因山에 조의를 표하러 지방각지에서 상경하여 3월 1일 시위장면을 제 눈으로 직접 보고 만세대오에 동참하고 나서 전국 각지의 고향으로 흩어져 내려간 백립白笠 대중들에게서442)

---

441) 광복회 회장을 지낸 독립투사 이강훈은 말한다. "으레 3·1운동은 윌슨의 민족자결주의 때문에 일어났다고 단정하는 사람들이 많으나 이것은 지나친 단정이다. (...) 우리민족 가슴 속에 쌓이고 쌓인 원한이 기회만 있으면 언젠가는 폭발하지 않을 수 없게 되었다. 그래서 고종황제가 적의 음모로 독살됐다는 소문이 퍼지고, 세계적으로 자극될 만한 시대적 물결이 닥쳐오자, 실제로 소련의 10월혁명의 영향은 우리민족 레지스탕스 운동에 막대한 자극제가 되고 큰 영향력을 미쳤다." 이강훈, 『대한민국임시정부사』 (서울: 서문당, 1999), 89-90쪽. 또 1919년 2-3월 3·1혁명운동 현장에 있었던 스코필드는 이렇게 보고했다. "백성들이 스스로를 표출하기 위해 실제적으로 좋은 기회를 기다리고 있던 그때 어느 날 그 기회가 찾아왔다. 임금이 붕어한 것이다. 나는 그날 사람들이 얼마나 슬퍼했는지 언제까지 기억할 것이다. 여러 해 동안 그들의 폐위된 임금은 포로상태로 지냈는데 그래도 그는 여전히 살아있었고, 한국 백성들은 그들이 잘못 다스려지고 억압받을 때 마치 그들이 자유민인 것처럼 그 임금의 존재를 그들의 웅대한 오랜 과거의 역사와 연결시키곤 했다. 그러나 이제 임금은 붕어했고, 그들은 무엇을 할 것인가? 과거와 그들 간의 마지막 연결고리는 끊어졌다. 그 가련한 사람들의 가슴은 부셔졌다. 그들은 여러 날 동안 대궐 앞에서 무릎을 꿇고 통곡했고, 거의 전 백성들이 왕의 죽음을 슬퍼하며 상복을 입었다. (...) 공식적으로는 임금이 뇌손상으로 죽었다고 발표되었으나 아무도 믿지 않았다. 어떤 이들은 독살되었고 생각했고, 다른 이들은 그가 독약을 먹고 자살했을 거라고 짐작했다. (...) 백성들은 이 점을 깊이 생각했고 마침내 외쳤다. '우리 임금은 우리의 수범(垂範)이 되셨다. 그는 나라를 위해 돌아가셨다. 우리도 죽어야만 한다.' (...) 그들은 때가 무르익었다고 확신했다. (...) 온 나라가 임금의 죽음으로 각성되었다. 그들은 말했다. '때가 되었다. 이제 우리는 일격을 가할 것이다.' 그들의 대표 33인은 독립선언서를 기초했다." 프랭크 윌리엄 스코필드(이항·김재현 엮음), 『기록과 기억을 통해 본 프랭크 스코필드』 (서울: 한국고등신학연구원, 2016), 104-105쪽.

442) 이강훈, 『抗日獨立運動史』 (서울: 정음사, 1978), 15쪽: "나는 그때 백립을 쓰고 인산에 참여하고 돌아온 촌로들로부터 서울의 이야기를 듣고 가슴이 설레고 있었다." 또 스코필드, 『기록과 기억을 통해 본 프랭크 스코필드』, 119쪽: "(...) 3월 3일은 고종의 장례식 날이었다. (...) 수만 명의 사람들이 장엄한 운구행렬이 지나가는 것을 구경하기 위해서 거리에 도열해 있었다. 전국 각지에서 대표단이 올랐다 이들이 고향에 돌아가면 두 가지 굉장한 이야기를 해줄 것이 분명했다. 하나는 고종의 장례식에 수반된 화려한 행사에 관한 다채로운 이야기이고, 다른 하는 훨씬 더 굉장한 이야기로서 민족의 재탄생에 관한 것이다. 그들은 '만세', '독립 만세'의 함성을 소리를 들었고, 민족의 자유에 대한 선언문을 읽었다. 며칠이 지나고 몇 주가 지나자

찾는다. 물론 '민심의 바다'로서의 공감장을 중시하는 후자의 관점이 '일엽편주'로서의 공론장만을 중시하는 전자보다 진리에 더 가깝다는 것은 불문가지不問可知일 것이다.

'민심의 바다'로서의 공감장과 '일엽편주一葉片舟' 같은 공론장이 맺고 있는 상하구조로 인해 공감장 위에 떠 있는 '공론장'은 잔잔한 민심의 바다에서도 쉴 새 없이 흔들리기 마련이다. 바다가 잔잔해도 작은 파랑은 자주 일고, 배는 작은 파랑에도 요동친다. 크고 작은 공론장은 바다 위에 부유하는 흔들리는 배들처럼 단기적으로 매일, 매주, 매달 변화무쌍한 '여론'을 만들어 낸다. 반면, 공감장으로서의 민심은 수개월, 수 년, 아니 경우에 따라서는 수십 년, 수백 년에 걸친 긴 세월 속에서 비교적 느리게 변한다. 그러나 공감장으로서의 민심은 공론장과 여론을 늘 감시하고 평가한다. 공론장과 여론은 장기적으로 지속되는 공감장에 조응하고 공감장의 경계 안에서 움직여야 한다. 이런 까닭에 여론의 생산을 좌우하는 각국의 정론지들도 대개 자사의 논조를 공감장에 맞추고 조율한다. 공론장과 여론이 공감장에 조응하지 않으면 공감장으로서의 민심은 격랑의 노도怒濤를 일으키며 기존의 공론장과 여론을 전복시키고 새로운 공론장을 개창한다. 그래서 예로부터 공감장으로서의 민심은 천하국가도 전복시킬 수 있었던 것이다. 공자는 갈파한다. "위정자는 신중하지 않을 수 없으니 편벽되면 천하에 의해 죽임을 당하기 때문이다.『시경』이 '은나라가 민중을 잃지 않았을 적에는 상제에게 배향했네, 은나라를 거울삼을지니 천명은 쉽지 않다네'라고 노래한 것은 민중을 얻으면 나라를 얻고 민중을 잃으면 나라를 잃는다는 것을 말한 것이다(有國者 不可以不愼 辟則爲天下僇矣. 詩云 殷之未喪師 克配上帝 儀監于殷 峻命不易 道得衆則得國 失衆則失國)"[443] 맹자

시위가 모든 도시와 거의 모든 마을에서 일어났다."
443) 『大學』(傳10章).

는 더욱 구체적으로 민심을 논한다. "걸주가 천하를 잃은 것은 그 국민을 잃었기 때문이다. 그 국민을 잃은 것은 그 민심을 잃은 것이다. 천하를 얻는 데는 도가 있으니 천하의 국민을 얻는 것이 바로 천하를 얻는 것이다. 그 국민을 얻는 데도 도가 있으니 그 민심을 얻는 것이 바로 국민을 얻는 것이다.(孟子曰 桀紂之失天下也 失其民也 失其民者 失其心也. 得天下有道 得其民 斯得天下矣. 得其民有道 得其心 斯得民矣)"444) 그리하여 고래로부터 민심의 공감장은 자신과 어긋나는 위정자들을 타도하고 왕조를 전복해 왔던 것이다.

각국의 의회는 경제발전과 사회발전에 따라 수시로 변하는 여론을 반영하여 연평균 수천 건의 법률과 개정법률을 제정한다. 그러나 헌법은 장기적으로 천천히 바뀌는 공감적 민심의 비교적 완만한 변화에 조응해서 수십 년 동안 변화 없이 유지된다. 따라서 법률은 공론장에 근거하는 반면, 헌법은 공감장에 근거한다고 말할 수 있다.

상술했듯이 보통사람들의 이해와 해석은 언어소통적 행위자들이 역지사지한다는 '논의적 상호주관성'의 자연적 해석학에 근거하는 것이 아니라, 불가능한 역지사지로 입장을 바꿀 필요 없이 행동하는 주체들이 공감적 관찰자로서 자기의 자리를 지키면서 '이심전심'으로 관계하는 바로 그 '객관적·공적 공감장'의 '자연스런 이해'와 '자연적 해석학'에 뿌리박는다. 공감장과 (관찰자의 자리를 지키는) 행위자 사이의 관계는 '덕치'로 표현되는 공자의 공감정치 이념과 유사하다. "덕으로 정치를 하는 것은 비유컨대 북극성이 제자리를 지키고 뭇별들이 다 이 북극성을 공전하는 것과 같다(爲政以德 譬如北辰居其所而衆星共之)."445) "북극성"과 "뭇별" 사이에 공감으로 맺어져 만들어진 장場은 공감장이고, 북극성을 중심으로 도는 "뭇별"은 말없는 모든 공감적 행위자들이다. 북극성과 뭇별은 위치를 바꾸거

---

444) 『孟子』 「離婁上」(7-9).
445) 『論語』 「爲政」(2-1).

나 뒤섞을 필요 없이 각기 제자리, 제 궤도에서 공감장을 통해 서로를 바라보며 공감함으로써 서로를 이해하고 서로 도우며, 서로를 판단하고 평가한다. 그리하여, 제자리를 지키는 북극성과 이를 에워싸고 제 궤도로 돌며 이에 공감하는 뭇별 사이에 공감적 중력장이 펼쳐지듯이, 모든 행위자의 마음속에서, 그리고 마음들 사이에는 '공적 공감대' 또는 '공감장'이 펼쳐진다.

'공감장'은 모든 행위자가 행위에 앞서 전제하고 또 인간의 본성에 기초하는 한에서 선험적(apriorisch; traszendental)이다. 이런 까닭에 '공감장'은 그 위에 떠 있는 언어소통적 '공론장'보다 더 근원적이고, 따라서 더 보편적·객관적인 것이다. 그러므로 칼-오토 아펠이 "소통공동체의 선험성(Das Apriori der Kommunikationsgemeinschaft)"을 말한다면,446) 공감장의 선험성은 이 소통공동체의 공론장의 선험성보다도 앞서는 '전前선험성(pre-apriori)'이라 불러야 할 것이다. 공감장으로서의 공감공동체는 언어적 소통공동체보다도 더 선험적인 지위를 갖기 때문이다.

보편적 이심전심의 공감대로 나타나는 불편부당한 '공감장' 개념은 행위자들과 독립된 공적 지위를 갖고 또 행위자들을 집단으로 대하지 않고 개개 행위자들을 공감적으로 대한다. 따라서 공감대로서의 '공감적 관찰자'는 공감이 개념적으로 어떤 형태의 역지사지도, 또는 어떤 관점인계적 형태의 자타동일시도 불필요한 가장假裝 또는 가식으로 배척하는 까닭에 개개인을 개개인으로 감지하고 이 개개인에게 불편부당하고 객관적인 것이다. 물론 공감대로서의 '공감적 관찰자'는 결코 J. S. 밀이 변질시킨 "사심 없는 인애적 관찰자(disinterested and benevolent spectator)"도447) 아

---

446) Karl-Otto Apel, *Transfomation der Philosophie*, Bd.2: *Das Apriori der Kommunikationsgemeinschaft* (Frankfurt am Main: Suhrkamp, 1973·1993).
447) John Stuart Mill, *Utilitarianism* [1861], Ch.II, 218쪽. John Stuart Mill, *Essays on Ethics, Religion and Society*, edited by J. M. Robinson (Toronto·London:

니고, 롤스가 변조하여 비판한 '집단주의적'인 "불편부당한 (공감적) 관찰자"도[448] 아니라는 말이다.

5.4. 공감장과 공시장公視場의 객관성과 속도

공감장은 신뢰할 만해야 인간과학이 의거할 수 있고, 그럴 정도로 신뢰할 만하려면 '보편성과 객관성'이 있어야 한다. 또한 공감장의 이심전심, 즉 '공감적 소통(empathetic communication)'이 공론장의 '논증적 언어소통(argumentative linguistic communication)'보다 실제로 효과적이려면 논증적 언어소통보다 빠르게 광범한 공간을 오가야 한다. 또한 공감장의 공감적 소통이 이와 같이 빠르게 이루어지려면 '시선적 공공장公共場'으로서의 '공시장公視場'(public sphere of gazes; Blicksöffentlichkeit)의 도움이 필요하다. '공시장'은 공감장의 객관성과 속도를 추가로 가속시켜준다.

University of Toronto Press·Routlege & Kegen Paul, 1969).

448) 롤스는 밀의 "사심 없는 인애적 관찰자"를 흄과 스미스가 말하는 "불편부당한 (공감적) 관찰자"로 변조하고, 공리주의자들이 개인들 간의 구별을 진지하게 받아들이지 않았다고 비판한다. "공리주의에 도달하는 가장 자연스런 길은 1인의 합리적 선택의 원칙을 사회 전체를 위해 채택하는 것이 되고 말 것이다. 일단 이것이 인정된다면, 불편부당한 관찰자의 위치와, 공리주의 사상사 안에서의 공감에 대한 강조는 손쉽게 이해된다. 왜냐하면 한 사람을 위한 원리가 사회에 적용되는 것은 불편부당한 관찰자의 개념과, 우리의 상상을 지도하는 데 있어서의 공감적 동일화에 의한 것이기 때문이다." John Rawls, *A Theory of Justice* (Cambridge. MA: The Belknap Press of Harvard University Press, 1971, Revised Edition: 1999), §5, 23-24쪽. 또 "불편부당한 (공감적) 관찰자"를 계약이론적 관점으로 전환시킬 수 있다는 '폭언'도 서슴지 않는다(§30, 161쪽). 공감 개념에 무지한 롤스는 여기서 공감적 관찰자의 불편부당성이 곧 자타분리성, 즉 '개인들 간의 감정전염적 자타동일성의 종식'을 뜻한다는 사실을 몰각하고 있다.

■ 공감장의 보편성과 객관성

 불편부당한 공감장 개념은 객관적 '이해'가 불편부당한 공감적 관점에서 얻어질 수 있다는 가능성을 개창한다. 이 객관적 '이해'는 본성적 의미연관에 입각한 지성적 조탁과 서술적序述的 정리를 통해 '이해와 해석'의 지식체계로 완성될 수 있다. 즉, 교감을 넘어 공감에까지 오가는 교감적·공감적 관찰자 또는 행위자는 쌍방향적 대화 형식의 언어적 의사소통 없이 객관적 관찰자 위치에서 일방적으로 보고 듣는 것만으로도 타인 자아의 실재성과, 이 타인 자아가 느끼는 감정적 의미들을 공감적으로 이해하고 인정함으로써 이해의 객관성을 확보할 수 있다. 내감의 '교감' 기제는 전前전두피질의 거울뉴런의 시뮬레이션을 통해 이해대상의 감정적 의미와 의도를 인지하고, 내감의 5대 판단력(쾌통판단·재미판단·미추판단·시비판단·애증판단)은 이 교감적 인지내용의 쾌통·재미·미추·시비·애증을 변별하고, '공감' 기제는 이 변별결과에 입각하여 교감된 감정의미의 재생 여부를 판단하여 상대방의 행위의 동기적 감정의미가 기분좋고 재미있고 아름답고 선한 것으로 판단될 시에 그 동기적 감정의미를 재생하여 '실감'하게 해준다. 상대방의 행위의 동기적 감정의미가 기분나쁘고 재미없고 추하고 악한 것으로 판단될 때에는 내감은 교감판단에서 그치고 공감이 아니라 반감 또는 거부감을 일으켜 그 행위를 비판할 수 있는 감정적 기반을 만든다.

 의미를 공감과 반감에 의해 긍정적·부정적 방식으로 실감하는 이해는 '열정적' 이해, '뜨거운 이해(heißes Verstehen)'다. 반면, 행위자는 다른 행위자의 행위의미가 자신과 무관하거나 엉뚱하거나 신비롭거나 왜곡된 경우처럼 공감과 반감을 표할 가치가 없을 때, 또는 이론구성을 위해 '거리취하기'를 할 경우처럼 공감과 반감을 표할 필요가 없을 때, 또는 공감의 에너지 소모가 지나칠 만큼 정보투입과 자극이 너무 많을 때 공감적·반감적

'실감' 없이 단순히 교감적 평가만으로 이해할 수 있다. 또한 '언어표현'의 감정적 의미에 대한 이해는 종종 교감적 이해로 충분할 수 있다. 언어의 감정적 의미에 대한 이해는 어떤 대상, 행동 또는 사건의 감정적 내용에 대한 지식에 관한 것으로서, '감정적 경험' 자체와 다르다. 이 감정적 함의의 지식은 기쁨·슬픔·분노·두려움 등과 같은 감정과 직결된 것이 아니다. 차라리 이 지식은 이 대상, 행동이나 사건이 특별한 감정을 불러일으킬 수 있을 것이라는 함의된 지식이다. 가령 상이한 동물들의 지식은 곰이 위험한 동물이고, 그러므로 두려울 것이라는 점을 가리켜 준다. 또는 생일잔치에 관한 우리의 지식은 이 잔치가 보통 기쁜 일이라는 것을 가리켜 준다. 이러한 지식, 즉 언어의 감정적 의미가 의심할 바 없이 적어도 부분적으로 감정을 일으키는 생일잔치·곰이나 기타 대상들, 행동이나 사건들에 대한 경험으로부터 생겨나는 것인 한편, 이 감정적 의미의 지식과 감정적 경험 사이에는 구분선이 그어질 수 있다. 감정적 의미를 이해하기 위해 감정이 어느 정도 불러일으켜져야 하는 것인지가 불명확한 한편, 어떤 대상, 행동이나 사건의 감정적 함의를 이해하기 위해 감정을 체험하는 것이 불필요하다고 말하는 것은 안전하다. 환언하면, 곰이 두려운 감정을 불러일으킨다는 것을 이해하기 위해 곰과 대면하고 서 있을 때 경험할 강렬한 두려움을 다시 그대로 불러일으킬 필요가 없다는 말이다. 언어의 감정적 의미가 강렬한 감정의 공감의 부재 속에서도 이해되고 평가될 수 있다는 사실, 즉 축구라는 말만 듣고도 전前운동피질의 거울뉴런이 발화하듯이 곰이라는 단어만 듣고도 거울뉴런이 발화하는 '교감적' 이해는 잠재적으로 위험한 상황의 감정적 함의를 배워서 이 상황과 이 상황이 불러일으킬 강한 감정을 회피하기 위한 조치를 취할 수 있도록 하는 유용한 수단일 수 있다.[449] 이런 여러 가지 경우의 '교감적 이해'는 모두 다

---

449) M. Allison Cato Jackson & Bruce Crosson, "Emotional Connotation of Words:

'차가운 이해(kaltes Verstehen)'다.

그러나 '교감적 이해'도 강렬한 공감과 반감이 주는 실감이 없을 뿐이고 공감적 이해만큼 사실적이고 정교하며, 4대 내감적 변별력이 결합하여 작동하기 때문에 변별적·비판적이고, 그럼에도 감정과 4대 내감적 판단력이 보편적 인간본능인 한에서 보편적이고 객관적이다. 왜냐하면 내감적 판단력은 진화론적으로 늦어도 4-5만 년 전에 지금과 같은 가치·평가체계를 유전자화한 현생인류 일반에게 본성적이고, 고등동물들이 도덕감정과 별도로 인간의 도덕감각과 동일한 도덕감각까지 가진 것은 아닐지라도 인간은 공리적·유희적·미학적 쾌통·재미·미추판단력을 모든 고등동물들과도 부분적으로 공유하기 때문이다. 또한 본성적 도덕감각과 도덕감정에 기초한 여러 근본적 도덕원칙들이 맨해튼의 뉴요커에서 뉴기니 고산족에 이르기까지 전 세계의 모든 인간집단들 안에서 유사한 점에서, 구체적으로 말하자면 "맨해튼 사람과 뉴기니 고산족이 역사상 5만 년 동안 분리되어 있었지만, 그들의 공통적 인간성이 그들의 공통조상 이래 공유하는 유전자 속에 보존되어 있다는 근본적 이유 때문에 여전히 서로를 이해하는" 한에서[450] 도덕은 언어보다도 훨씬 더 본성적이기 때문이다. 이런 '교감적 이해'는 경우에 따라 많은 행위정보를 처리하고 이해의 객관성을 기하는 데 보다 편리할 수도 있다.

그러므로 '차가운' 교감적 이해와 '뜨거운' 공감적 실감은 둘 다 공감장을 배경으로 객관화·보편화된다. 그러므로 공감장을 배경으로 공감적 소통을 하는 행위자의 판단과 행위는 공론장을 배경으로 행동을 조절하는 행위자의 그것보다 더 객관적·보편적이지 않을 수 없는 것이다.

Role of Emotion in Distributed Semantic Systems", 205~206쪽. Silke Anders, Gabriele Ende, Markus Junghöfer, Johanna Kissler & Dirk Wildgruber, *Understanding Emotions* (Amsterdam: Elsevier, 2006) [205-216].

450) Edward O. Wilson, *Naturalist* (Washington, D.C.: Island Press, 1994), 333쪽.

공감장은 만인 사이의 '공감적 소통'으로 (재)생산된다. '공감적 소통'은 이심전심으로 감각과 감정을 전하고 정서를 공유하는 무언의 소통이다. 공감장을 (재)생산하고 대대로 전수하는 만인의 '공감적·교감적 소통'은 ①사람들의 말없는 행동과 표정, ②눈짓·손짓·몸짓·동작, ③거동·자세·태도, ④사람이 내뿜는 분비물, ⑤안색과 얼굴 홍조(낯붉힘), ⑥사람의 각종 소리, ⑦자연스런 또는 연출된 전체적 모습과 분위기, ⑧사회적 위상·처지·상황 등에 대한 상호간의 감각적 지각과 뇌내腦內의 교감적·공감적 시뮬레이션을 통해 이루어진다. ①'행동과 표정'은 작위와 부작위(삼감·인내·금언·금지 등)로 이루어지는 각종 사회적 행동, 얼굴근육의 움직임으로 감정과 판단감각을 표현하는 미소·눈웃음·찡그림·일그러짐·실룩댐, 그리고 실눈, 부라리는 눈, 눈의 깜박임, 뜬 눈과 동공의 크기 등이다. ②'눈짓·손짓·몸짓·동작'은 인사하는 동작, 오라거나 가라는 손동작, 주먹을 불끈 쥐거나 불끈 쥔 주먹을 흔들고 위로 치켜드는 동작 등이다. ③'거동·자세·태도'는 몸을 낮추거나 뒤로 버티는 태도, 발 떨기, 건들거림, 거드름, 격식 있는 시선의 움직임, 고개 숙이기, 허리 굽히기, 앉기, 서기, 앉는 자세, 서 있는 자세, 무릎 굽히기, 손과 손가락의 움직임 등이다. ④'분비물'은 희로애락·당혹·두려움·경악·혐오감 등의 감정을 표현하는 땀·진땀·눈물·콧물 등이다. ⑤'안색과 얼굴 홍조(낯붉힘)'는 명랑하거나 우울한 감정을 나타내는 밝거나 어두운 낯빛, 부끄러움의 사회적 단순감정이나 미안·죄송함의 도덕감정을 나타내는 붉은 얼굴빛이다. ⑥사람의 각종 '소리'는 웃음·울음·신음·비명소리 등이다. ⑦'자연스런 또는 연출된 전체적 모습과 분위기'는 화려하거나 수수하거나 초라한 모습, 또는 추하거나 아름답게 꾸민 외모, 소박하거나 검소한 차림새, 또는 부티 나거나 빈티 나는, 멋지거나 볼품없는 복장, 심하게 맨살을 노출한 짧은 치마와 가슴 파인 블라우스 복장의 야한 분위기, 반대로 얌전하거나 점잖은 모습, 단정하거나 흐트러진 외양, 곱게 빗어 내린 머리카락, 헝클어진 산발머리, 다양한 색깔로

물들인 모발과 가발, 아름답게 빛나는 또는 자연스럽게 파도치는 헤어스타일, 평범하거나 이상한 헤어스타일, 허약하거나 튼튼한 외모, 약하거나 강력한 체격, 씩씩하고 늠름하고 굳세고 다부진 모습, 반대로 힘없고 기죽고 무기력한 모습, 외모에서 느껴지는 밝고 희망찬, 반대로 의욕상실한 분위기 등을 말한다. 이런 '자연스런 또는 연출된 전체적 모습과 분위기'도 수많은 공리적·유희적·미학적·도덕적 의도와 의미를 담고 있고, 사람들은 이 무한한 뉘앙스의 의도와 의미들을 결코 말과 글로 형언形言할 수 없으나 일견에 교감적으로 인지하고 공감하거나 반감을 가진다. ⑧사람들의 '사회적 위상·처지·상황'은 승리와 패배, 성공과 실패, 여유와 곤경, 안정과 궁지, 획득과 상실, 이득과 손해, 풍요와 빈곤, 환영과 배척, 신망과 오명 등이다. 사람들의 이런 말없는 행동과 표정, 눈짓·손짓·몸짓·동작, 거동·자세·태도, 사람의 분비물, 안색과 얼굴의 홍조, 사람에게서 나는 소리, 자연스런 또는 연출된 전체적 모습과 분위기, 사회적 위상·처지·상황 등은 결코 모두 다 또는 전혀 '언어화'될 수 없고, 대화·담론·논의·논증 등의 언어적 소통으로 형성되거나 재생산되지 않는다. 교감적으로 인지되고 공감되는 이 모든 요소들은 오히려 언어적 소통을 무용지물無用之物로 만들고 결국 실감나는 생생한 의미소통의 공감적·시선적 공공장公共場에서 모든 언어와 담론을 추방한다.

하버마스가 "일반적 소통형태"로 지목한 "신망(Ansehen)"과 "영향력(Einfluß)"도 '언어적' 소통의 차원에 위치하는 것이 아니라, 행위자의 '사회적 위상·처지·상황'에 대한 '공감적' 인정에 속한다. 행위자의 개인적 신망이나 영향력은 공감장에서 '일반화된' 인정에 근거한다. 하버마스는 신망이 개인에 속하고 영향력이 소통의 흐름에 속한다고 오도하고, 신망과 유관한 성질의 목록으로 신체적 강력성, 육체적 매력, 기술적·실천적 능력, 지적 능력 및 '주체의 책임능력' 등을 들고 있고, 마지막 범주 '주체의 책임능력'은 의지의 강력성, 신빙성, 신뢰 등 소통적 행위자의 인식적·표현적·도덕적 덕성을 포괄한다고 말한다.451) 그러나 이런 능력들과 덕성들이 '신망'이 되는 것은 유식자들의 지성적 논의와 논증의 이성에 의해서가 아니라 만인의 공감적 평가에 의해서다. 하버마스는 이 점을 보지 못하고 있다. 그리고 그는 말없는 "재부와 지식"을 "영향력의 중요한 원천"이라고 말하고 이 '지식'을 문화전통의 소화와 학습을 통해 얻어지는 모든 것으로 정의하고, 이 문화전통에는 인식적·연대적 요소에서 표현적·도덕적 요소까지 포괄하는 것으로 이해한다.452) 그러나 재부와 지식도 자랑이나 이성적 논증을 통해서가 아니라 오직 공감적 인정을 통해서만 '영향력'이 될 수 있다. 어떤 특정인의 많은 재부와 많은 지식은 하버마스가 좋아하는 언어적 소통으로 드러내거나 합리적 논변과 통계수치 제시로 알리고 내세운다면 만인에게서 영향력을 발휘하는 것이 아니라 위화감과 반감을 초래할 것이다. 또 슈퍼리치(superriches)나 세계적 학자라도 도덕적으로 문제가 있어 만인의 공감적 인정을 받지 못한다면 인정받는 '유력자'가 아니라 만인으로부터 거부당하는 악명의 '망나니'로 전락할 것이다.

비非소통적·비논의적으로 형성된 덕행과 학덕에 대한 말없는 공감으로부터 생겨나는 '신망'은 개인과 집단의 '위상·처지·상황'에 대한 공감장의 인정에 속하는 개인적·집단적 '강점(Stärke)'이다. 근거의 힘으로 서로를 설득하는 언어적 소통과 논의로부터 생겨난 것이 아니라 '공감적 소통'으로부터 생겨난 '신망'은 말하는 사람을 차별하게 함으로써 신분차별 없이, 인격적 차별 없이 오직 '근거의 힘'만으로 설득하여 상호적 이해를 추구하는 언어적 의사소통과 논의를 방해하고 어지럽힌다. 따라서 '신망'은 언어소통적·논의적 대화를 가속화하고 압축하는 '일반적 소통형태'가 아니라

---

451) Habermas, *Theorie des kommunikativen Handelns*, Bd.2, 270쪽.
452) Habermas, *Theorie des kommunikativen Handelns*, Bd.2, 270쪽.

대화를 교란하고 망가뜨리는 방해요소다. 하지만 '신망'은 개인과 집단의 공감적 '강점'으로서 '공감적 소통'을 지원하여 가속화하고 조절하는 '일반적 공감매체'다. 따라서 신망은 언어소통과 논의의 '일반적 소통매체'가 아니라 공감적으로 인정된 개인적·집단적 '강점'인 것이다.

하버마스는 감성이 아니라 이성, 공감이 아니라 언어를 택했기 때문에 소통적 행위의 이론구성에서 최종적으로 난관에 봉착할 수밖에 없었다. 그는 현실 속의 언어적 소통행위란 애당초 "희미하고 깨지기 쉽고 지속적으로 수정되고 오직 순간적으로만 성공하는 것"이라고 말했다. 이것은 '언어적' 소통행위가 성공하기 매우 어렵다는 것을 자인한 것이다. 희미하고 깨지기 쉽고 지속적으로 수정되는 소통상황에서 참여자들은 미未해명된 선입견에 의존하여 한 경우의 공동확신에서 다음 공동확신으로 "더듬어 나간다"는 것이다. 그런데 하버마스는 이견과 불화의 위험부담과 소통 자체의 부담 문제가 화자의 신망과 합리적 영향력이 단순히 동조와 추종 용의를 유도하여 '구조구속적' 효과를 획득하는 것만이 아니라 신망과 영향력이 '일반화됨'으로써 보다 높은 단계에서 해결될 수 있다고 주장한다. 이에 따라 화폐와 권력의 '조절매체'가 형성되고 신망 등과 같은 '일반화된 소통형태'가 생겨났다는 것이다.[453] 그는 이 말없는 신망과 명성, 도덕적 지도력 등의 소위 '일반화된 소통형태'가 일정한 종류의 '합리적 동기의 신뢰'에 기초한다고 주장한다. 그러나 다시 말하지만 도덕적 신망과 명성, 도덕적·실천적 지도력은 '근거' 있는 '예/아니오'의 논의적 입장 표명에 입각하거나 논의의 이런 합리적 근거로부터 생겨난 '일반화된 소통형태'가 아니라, 만인의 '공감적 소통'과 '공감적 신뢰'로 형성된 공감적 '강점'일 따름이다. 이 '강점'은 공감장에서 인정된 개인과 집단의 '위상·처지·상황'에 속하는 것이다. 따라서 공감장에서 인정된 강점을 가진 개인과

---

453) Habermas, *Theorie des kommunikativen Handelns*, Bd.2, 272쪽.

집단의 위상·처지·상황 덕택에 가속화되고 수월해지는 '공감적 소통'을 통한 동조와 합의는 "희미하고 깨지기 쉽고 지속적으로 수정되고 오직 순간적으로만 성공하는 것"이 아니라 공감장에서 인정되었기 때문에 확실하고 탄탄하고 수정 없이 오래간다. 공감장에서 확고히 인정된 공감적 의지와 합의(가령 자유와 평등의 민주주의에 대한 한국 국민의 의지와 합의)는 장기적으로 안정된 제도로 확립된다.

'공감적 소통'은 간혹 언어의 도움을 받기도 하는데 공감적 소통을 돕는 언어는 '지성적 언어'가 아니라 '공감적 언어'이거나 '유희적·미학적 언어'다. '공감적 언어'는 사람들의 행동·감정·의지·사정과 사건의 전말(발단·원인·이유·귀결)을 실사하듯이, 그림 그리듯이 표현하는 '묘사적 언어'다. '유희적 언어'는 개그·코미디· 농담·유머·위트·만담 등이고 '미학적 언어'는 가요의 가사, 시문·소설, 연극·영화의 대사 등이다. 감정어린 '공감적 언어'는 구어인 경우에 빠르거나 느리고, 흥분하거나 차분하고, 사납거나 부드럽고, 예의바르거나 무례하거나 건방지고, 성나거나 다정다감하고, 단호하고 엄하거나 너그럽고, 냉정하거나 따뜻하고, 시끄럽거나 조용한 감성적 언어들이다. 감정적·공감적 언어가 공감적 소통과 공감장의 재생산을 지원하듯이 쌍방향의 공감적 언어가 가장 우세한 소셜 미디어의 공감적 공론장은 공감장의 확대·강화를 가장 많이 도울 수 있다. 공감적 소통과 공감장에서 오직 '근거의 힘'만을 인정하는 지성적·논리적 언어는 즉각 비웃음과 함께 배척당할 것이다.

■공감적 소통의 빛과 같은 속도

공감적 소통은 언어적 소통과 논의보다 빠르고, 공감적 소통의 속도는 광속이다. 소셜 미디어에서 언어의 '전자화'는 공감적 소통의 빛과 같은 속도를 물질적으로 실현했다. 스마트 미디어의 전자화된 공감적 대화언어는 개인 차원에서도 미국과 한국, 유럽과 한국을 광속으로 오간다. 이 빠른 공감적 소통과 공감적 언어를 통해 생산·재생산되는 쌍방향의 공감장은 상술했듯이 민심의 망망대해다. 공감적 소통은 이 망망대해를 빛처럼 오간다.

특히 '정치적 공감장'은 국민이 위정자들의 의도와 행동을 느끼고 시비하는 거대한 '민심의 바다'로 현상한다. 이 '정치적 공감장' 안에서 위정자와 국민 간의 감응과 공감은 그야말로 광속으로 순식간에 천리를 오간다. 그래서 공자가 "군자가 자기의 방 안에 앉아서 자기의 말을 표출하는 것이 선하면 천리 밖에서 그의 말을 감응하는데, 하물며 그 가까운 데서는 어떻겠는가? 자기의 방 안에 앉아서 자기의 말을 표출하는 것이 선하지 않으면 천리 밖에서 그의 말을 거부하는데, 하물며 가까운 데서는 어떻겠는가?"라고 말한 것이다.[454]

말없는 공감대로서의 공감장은 언어소통적 공론장의 기저에 놓여 있는 '민심의 바다'다. 상술했듯이 공론장은 '민심의 바다' 위에 떠 있는 배와 같은 가설무대 또는 포럼 시스템이다. 이것이 공감장과 공론장의 상하 위계구조다. 이 상하구조로 인하여 민심의 바다가 변하면 공론장의 움직임도 변하고, 민심의 바다가 파도치면 공론장도 요동친다. 공론장이 공감장으로서의 '민심의 바다'와 조작적으로 오래 괴리되면 공감장으로서의 '민심의 바다'는 성나고, 민심이 성나면 공론장은 전복된다. 민심으로서의 공감장은 조선시대와 대한제국기에 '여정輿情' 또는 '공심公心'이라 불렸다. 이심전심의 '민심'으로서 망망대해 같은 자연적 공감장은 권력에 의해 조작할 수도 없고 돈으로 매수할 수도 없다. 따라서 공심으로서의 공감장

---

454) 『易經』「繫辭上傳」, §8. "子曰 君子居其室 出其言善 則千里之外應之 況其邇者乎? 居其室 出其言不善 則千里之外違之 況其邇者乎? 言出乎身 加乎民 行發乎邇 見乎遠, 言行 君子之樞機. 樞機之發 榮辱之主也 言行 君子之所以動天地也 可不慎乎."

은 언제든 조작가능하고 공감장으로부터 이격될 수 있는 공론장과 공론에 비해 근본적·근원적인 까닭에 '공론장'과 '공론'을 감시하고 지도하고 비판하고 불가피하면 뒤집어엎는 것이다.[455]

공감과 감정전염에 의해 전수되고 갱신되는 '민심'으로서의 공감대 또는 공감장은 경험의 누적을 통해 일정하게 정형화된 집단적 감지(인지)내용과 공감감정들(empathetic emotions; 즐거움·사랑·미움·반감 등)을 포함하고 있을 뿐만 아니라, 전통적 친소·우적友敵판단(가령 조부모·부모세대로부터 내려오는 외적·왜적·오랑캐에 대한 적개심), 전래된 일정 패턴의 도덕감각(시비지심), 미학적·예술적 감각(특히 의관과 두발형태에 대한 전통적 미추판단이나 특이한 풍류감각), 민족 특유의 유희감각(놀이·게임에 얽힌 재미감각과 흥·신명), 특유한 공리적功利的 손익감각 등도 포함하고 있다. 따라서 개인들이 자신들의 판단과 행동을 공감대에 비추어보는 것은 곧 자신의 판단과 행동에 대해 일종의 윤리적·미학적·유희적·공리적 종합판단을 내리는 것과 같다.[456]

■공시장公視場의 객관성과 속도

공감장은 소리 없는 시선적 공공장公共場으로서의 '공시장公視場'에 의해 보완되고 지원받아야만 객관성을 더하고 빛과 같은 소통속도를 가질 수 있다. 감시와 관련하여 '시선'의 중요성을 미셸 푸코가 근대의 개막과 직결된 판옵티콘의 '감시 시선'으로 충분히 강조했다. 그러나 그는 그의 근대분석에서 이 시선이 대중이 감시자를 감시하는 시선이 될 수 있고 또 그렇게 된 것을 누락한 까닭에 비관적 근대관을 설파했다.

그러나 푸코가 의거하는 근대의 한 기획자인 제레미 벤담(Jeremy

---

455) 참조: 황태연, 『백성의 나라 대한제국』, 79쪽.
456) 참조: 황태연, 『백성의 나라 대한제국』, 79-80쪽.

Bentham)은 『판옵티콘(Panopticon)』(1787)의 저자이면서 동시에 모순되게도 『정치전술에 관한 에세이(An Essay on the Political Tactics)』(1816)의 저자다. 『판옵티콘』은 감화원, 감옥, 빈민원, 검역격리소, 산업가옥, 공장, 병원, 노역소, 정신병동, 학교 등 모든 종류의 감시시설에, 나아가 사회 전체의 국가적 통제체제에 공통적으로 적용되는 보편적 감시장치의 원리, 즉 최소의 감시자 인원으로 최대다수의 피감시자 대중을 수직적으로 (감시자 자신을) "보이지 않고 보는(to see without being seen)" 효율적 감시원리를 설계하고 있는 논문이다.[457] 감시자는 아래 사람들을 볼 수 있지만 감시당하는 사람들이 위의 감시자를 볼 수 없도록 시선을 배치한 시설에서는 감시당하는 사람들이 자기들이 감시당하고 있다는 "강한 느낌(strong feeling)"에서 알아서 스스로를 감시해야 한다. 그 사이 감시자는 잠깐잠깐 다른 업무를 하거나 쉴 수 있다. 따라서 감시 시선을 이렇게 배치한 구도에서는 최소의 감시로 최대의 감시 효과를 올릴 수 있고, 따라서 최소의 감시 인원으로 최대 다수를 감시할 수 있다. 그러나 벤담은 『정치산술론』에서 거꾸로 다수의 인민이 소수의 위정자를 수평적으로 감시, 통제하는 공공적 시선의 본질적 기능과 공론을 근대 의회정치의 사활적 조건으로 갈파하고 있다.[458]

미셸 푸코는 일면적으로 벤담의 판옵티콘 장치만을 근대의 근본원리로 격상하여 이 판옵티콘에만 시야를 고정시키고 『정치산술론』에서 강조하는, 위정자에 대한 역방향의 감시시선을 완전히 무시한 채 '근대'를 비관하

---

457) Jeremy Bentham, *Panopticon, or, the Inspection House* [1787]. *The Works of Jeremy Bentham*, Vol.4 (New York: 1962, Reproduced from the Bowering Edition of 1838-1843).

458) Jeremy Bentham, *An Essay on Political Tactics* [1816]. *The Works of Jeremy Bentham*, Vol.2 (New York: 1962, Reproduced from the Bowering Edition of 1838-1843).

는 염세주의를 퍼트린 것이다. 최근의 연구에 의하면, '대공간사무실(Großraumbüro)'도 그러한 목적에 따라 설치된 세련된 시선의 감시장치로 드러나지만, 감시자가 "보이지 않고 보는(seeing without being seen)" 일방적·수직적 시선장치를 뛰어넘는 수평적 시선기술을 개발했다. 노동자들을 수평적 상호감시로 몰아넣는 '공시장公視場'의 설치다.

1970-80년대 이래 평범한 사무노동자들의 스트레스와 저항심리가 강해질수록 사무노동자들까지도 노동조합을 긍정하고 노조에 가입했다. 따라서 사무노동자층의 점증하는 저항을 보다 세심하게 유의하고 이 저항의 무마를 위한 조치들을 강구하지 않을 수 없게 되었다. 중간관료와 실무 노동자들의 기능과 지위가 약화됨으로써 사무관리적 감시관계가 일반적 정당성 위기에 봉착했기 때문이다. 이러한 정당성 위기의 압박 속에서는 긴장감이 감도는 사무공간의 경우 지배와 감시 의도를 드러내며 상사들이 부하직원들을 죽 훑어보는 것은 불가능해졌다. 그리하여 감시와 지배를 은폐하지 않을 수 없는 상황에서 대공간적 감시기술이 세련되기에 이른다.

"'주인의 눈'과 '주인의 눈'이 수행하는 기적에 관한 모든 잡담"은 한편으로 "기업이 일정한 규모에 도달하자 순전한 난센스가 되기에" 이른 것이다.[459) '주인의 강요하는 눈'의 이데올로기적 '정당성'은 이미 기업사무실의 확대에 의해 부정된 지 오래인 반면, 상사의 '강요하는 시선'의 정당성도 사무노동자들의 저항과 '자유경제' 이데올로기의 자기모순과 함께 위기에 처한 것이다. 가령 사무실을 상사가 돌아다닌다든가 여기저기 훑어보는 시선 통제의 방법과 같은 직접적 감시형태는 이제 용납될 수 없었다.

---

459) Friedrich Engels, "Notwendige und überflüssige Gesellschaftsklassen", *The Labour Standard*, Nr.14(6. August 1881), Leitartike, 290쪽. *Marx Engels Werke* (MEW), 19.

어깨를 나란히 근무하는 실무직원들과 단순직 사무직원의 수가 급속히 증가하면 증가할수록 그만큼 사무공간은 필연적으로 확대되었다. "강요하는 시선의 공간질서"460) 또는 건물적 "기율공간"도461) 건축적으로 폐쇄된 공간의 확대와 등질화와 함께 확대되었다. "효율적 인간통제를 위한 시야의 확장은 사무공간의 역사적 확대경향에 숨겨진 핵심요소였다."462)

대공간적 통제기술은 간접적 지배행사를 위해 획기적으로 수정되지 않을 수 없었던 것이다. 오늘날 완전 에어콘디션된 작업 홀이라 불리는 '대공간사무실'이 전체 사회적 변동 및 사무관리적 지배관계 안에서 시시각각 변하는 강제와 저항의 테두리 안에서 장기적 발전과정을 통해 점차 확산되었다. 대공간사무실 안에서는 공간성원들 간 상호적 시선의 강제가 보다 큰 비중을 차지한다. 동료들에 의한 상호적 규율화는 대공간의 개념 속에 숨겨진 결정적 목표다. 이제 위계적·수직적 감시가 아니라 대공간 사무실 내의 '공시장(Blicksöffentlichkeit)'의 빈틈없는 관계망이 노동행태의 표준화를 관철시킨다.463) 사무근로자들이 무의식적으로 말없이 상호통제를 하도록 '공시장'을 설치하는 이런 대공간사무실의 관철은 과거 파업을 야기했던 대규모 작업 홀과의 유사성이 기술적으로 은폐되면 은폐될수록 용이하다.

1960년대 이래의 대공간사무실의 조직자들은 공시장에만 의존한 것이 아니라 시각과 시각적 미감 및 청각 원리에도 의존했다. 사무실을 고도로 청결하게 보이는 상태로 유지하면 청결한 사무실은 불결하고 어수선하게

---

460) Foucault, *Überwachen und Strafen*, 221쪽
461) Heinz Fritsch und Bernd Stiebritz, *Arbeitsteilung im Kapitalismus und im Sozialismus* (Berlin: Deutscher Verlag der Wissenschaft, 1981), 54쪽 이하.
462) Hans-Joachim Fritz, *Menschen in Büroarbeitsräumen: Über langfristige Strukturwandlungen büroräumlicher Arbeitsbedingungen mit einem Vergleich von Klein- und Großraumbüros* (München: Moos, 1982), 136쪽.
463) Fritz, *Menschen in Büroarbeitsräumen*, 136쪽.

보이는 사무실에 비해 더 강한 기율 효과를 올린다. 소음기술적 조치로 사무공간을 조용하게 만들면 시끄러운 사무공간에 비해 업무기율이 제고된다. 그리고 시선을 끄는 공간 인테리어, 아름답고 값비싼 사무비품과 아름다운 작업공간을 만드는 공간 미학적 조치는 암암리에 그 사용자들에게 기율바른 행태를 강제한다. 이런 조치들은 모두 관료적 사무관리 체제 안에서의 불평등한 권력관계의 현상방식을 변경시키고 보이지 않게 은폐하면서 노동자들의 보다 강력한 상호통제와 자기통제를 관철시키기 위한 것들이다.464)

그런데 공시장이 노동자의 상호통제를 위해서만 설치되는 것이 아니라, 감시자와 위정자를 향해서도 설치된다면, 사태는 완전히 뒤집힌다. 만인의 시선에 노출되는 이 '공시장'에서는 만인이 감시자들과 위정자들의 일거수 일투족도 만인의 시선에 노출된다. 공시장을 사회로 옮겨 놓고 만인을 상호감시에 노출시키고, 또 대중이 '아래에서 위로도' 위정자를 감시할 수 있는 보편적 시선구도를 생각하면, 마르크스가 '자유언론'의 "활짝 뜬" 공공적 시선과 관련하여 갈파했던 내용이 사회 차원에서 시선들이 재배치된 보편화된 '공시장' 개념의 경우에 오히려 더 적실하게 느껴진다.

> 자유언론은 국민정신의 도처에서 활짝 뜬 눈(das überall offene Auge des Volksgeistes), 인민의 체현된 자기 신뢰, 개인들을 국가와 세계에 연결시키는 말하는 유대, 물질적 투쟁을 사상투쟁으로 변용시켜 그 조야한 소재적 형태를 이상화하는 체화된 문화다. 그것은 인민의 가차 없는 자기속죄다. 알다시피 속죄의 힘은 구원적이다. 그것은 인민이 자신을 비춰보는 정신적 거울이다. 자기를 비춰보는 것은 지혜의 제1조건이다. 그것은 모든 오막살이집에도 물질적 가스보다 더 저렴하게 유포되는 국가정신이다.465)

---

464) Fritz, *Menschen in Büroarbeitsräumen*, 135쪽.
465) Marx, "Debatten über die Preßfreiheit und Publikation der Landständischen

마르크스의 이 논조는 "자유언론"을 '공시장'으로 바꿔 읽고 "개인들을 국가와 세계에 연결시키는 말하는 유대"를 "개인들을 국가와 세계에 연결시키는 말없는 유대"로 바꿔 읽으면 '공시장' 개념에 더 적합한 것으로 보인다.

여기서 공감장과 관련하여 중요한 것은 공감장이 만인의 '공시장'으로 뒷받침되면서 더욱 강화되었다는 것이다. 눈으로 보는 것은 수많은 사람들이 서로를 또는 한 사물을 공동으로 볼 수 있는 공간적 거리를 전제한다. 이 '시선적 공공장'으로서의 '공시장'을 우회하기 위해 자고로 범죄는 야밤이나 어둠 속에서 자행되었다. 가령 가로등은 가로의 조명을 위한 것만이 아니라 야간에 사회적 공시장을 유지하기 위한 것이기도 한 것이다. 바로 이 점에서 만인의 공시장을 창출한 텔레비전은 신문과 라디오의 언어적 공론장을 능가한 것이다. 말없이 고요하지만 빼도 박도 못할 정도로 강력한 객관적 증거능력을 발휘하는 '공시장'은 때에 따라 주도면밀하게 이데올로기적으로 왜곡되고 사소화된 잡담과 논증의 공론장보다 더 예리하고 위력적이다. 이런 까닭에 어느 때부터인가 신문과 잡지도 반드시 삽화와 사진 또는 화보를 끼어 넣기 시작했다.

가령 아장아장 걷는 아기를 품에 안는 엄마의 모습을 담은 TV 공시장의 영상은 엄마의 자애慈愛감정에 대한 만인의 공감을 자아낸다. 또 가령 선거유세 현장에서 현금을 주고받는 장면이나 폭력배들의 대낮 싸움 장면을 찍은 사진 한 장 또는 동영상 한 컷을 신문·잡지나 텔레비전의 공시장에 올린다면 이 사진과 동영상은 백 마디 말보다 더 강력한 고발효과를 발휘한다. 또한 TV나 소셜 미디어의 공시장에 노출된, 직원에게 '갑질'하는 대기업 사장의 삿대질과 폭행 장면을 담은 동영상은 어떤 경찰수사보다도 믿을 만한 폭로·사실규명 효과를 발휘한다. 그리고 가령 전자현미경

Verhandlungen", 60-61쪽.

으로 꿈틀대는 세균을 촬영한 영상 또는 전자망원경으로 화성표면을 촬영한 영상이 TV 공시장으로 방영되거나 신문·잡지의 화보 공시장에 게재된다면 이 영상들은 그 어떤 장황한 세균학이나 천체형이상학보다 더 강력한 객관적 증명력을 발휘한다. 또 TV 공시장에 올려진, 자기 손을 맞잡고 뭔가를 약속하는 듯한 정치인의 제스처 영상은 만나지 못하는 전국의 모든 지지자들에게 강한 공감을 일으키며 천 마디 유세보다도 더 효과적으로 호응을 유발한다. 그리고 손으로 사랑의 표시를 보내는 인기가수의 손짓과 몸짓을 담은 영상이 방송국을 통해 송출되어 TV 공시장에 뜬다면 팬들은 더욱 강한 애정과 호감을 느낄 것이다. 이 시선적 고발능력, 만인이 자기 눈으로 보는 데서 생겨나는 객관적 증명력, 말없는 감정표현 장면을 눈으로 보는 데서 생겨나는 공감강화 효과와 호감증폭 효과 등이 다 공공적 시선 장치로서의 '공시장'의 위력이다. (호르크하이머와 아도르노, 그리고 하버마스는 화보를 담은 신문잡지와 영상을 송출하는 텔레비전, 그리고 반복시청과 댓글이 가능한 소셜 미디어의 개인방송이 만들어내는 이 매체적 공시장의 위력을 전혀 보지 못했다.)

사람들 간의 소통은 오감과 공감, 그리고 언어를 통해 매개된다. 그러나 오감 가운데 촉각·후각·미각 등을 통해 매개되는 감각적 소통행위는 소통하는 사람들 간의 공간적 거리를 거의 허용하지 않아서 어떤 형태의 공공장公共場(Öffentlichkeit)도 창출하지 못한다. 후각의 경우에도 냄새의 도달 범위가 수십 센티밖에 되지 않고 인간의 후각은 고등동물 가운데 가장 취약해서 여러 사람이 동시에 맡을 수 있는 '후각적 공공장'을 만들어내지 못한다. 2km 밖의 어떤 냄새나 암내를 맡을 만큼 후각이 뛰어난 개들에게는 이런 범위까지 '후각적 공공장'이 조성될 수 있을 것이다. 그러나 인간에게 촉각·후각·미각 등의 '감각적 소통' 같은 것이 있다면 그것은 '공공장'과 반대되는 (향수·음식냄새·성행위·키스·체취 등을 느끼는) '프라이버시' 영역의 소통이다.

이에 반해 듣고 읽는 것을 통해 매개되는 언어적 소통과 마음으로 느끼고 눈으로 보는 공감적·시선적 소통은 필연적으로 사람들 간의 공간적 거리를 허용하고 또 기술적으로 얼마든지 확장될 수 있다. 따라서 직간접적 소통이 가능한 동일한 공간에 처한 익명적 대중들 간에 언어적 공론장, 감정적 공감장, 시선적 공시장 등 다양한 공공장들이 전개될 수 있는 것이다.

여기서 논의되는 '공시장'의 공간적 범위는 영상기술의 발달에 따라 거의 '무한대'로 확장될 수 있다. 인류는 달 표면의 사진도 찍어 전송하고, 수만 광년 떨어진 화성 표면의 사진도 찍어서 전송한다. 인간의 공시장을 확장한 최초의 기술은 그림이었으나 다음 단계에서는 사진이었다. 사진 촬영과 사진전송, 신문과 잡지의 사진 게재를 통해 인류의 공시장은 실로 획기적으로 확장되었다. 영화와 텔레비전의 등장은 이 공시장을 아예 혁명적으로 확장시켰고, 위성통신 기술을 통해 실시간 가능해진 TV방영은 전 지구와 인류를 하나의 지구촌 가족으로 묶어 주었다. 그리고 소셜미디어의 동영상 방송은 개인과 개인, 집단과 집단을 반복시청이 가능한 공시장으로 연결시켰다. 또한 도처에 설치된 합법적 자동 감시카메라는 인간이 보지 못하는 곳과 볼 수 없는 때에도 영상을 생산하여 공시장을 그야말로 '보편화'했다. 그리고 이 영상이 TV로 송출되는 경우에 광속으로 전 세계에 퍼진다. 영상의 속도는 번개 같은 전파의 속도이기 때문이다.

이런 공시장의 획기적 확대와 혁명적 발달은 공감장에서 공감적 소통의 전달 속도를 광속화光速化하는 것을 더욱 용이하게 하고 전달범위를 '전지구화'했다. 이런 의미에서 '공시장'은 '공감장'을 초현대적으로 지탱하고 확장해주는 갈수록 중요해지는 버팀목 또는 지주대인 것이다. 영상화되고 무한대로 확장된 공공적 '시선'은 이제 감시 수단이 아니라, '의미'를 왜곡 없이 전달하는 가장 확실한 객관적 증거능력의 소통 수단인 것이다. 따라서 공시장은 공감장의 '속도'를 번개 수준의 광속도로 끌어올릴 뿐만 아니라, 보도되는 사실을 빼지도 박지도 못할 정도로 확실한 객관적 증거로 증명해줌으로써 공감장의 '객관성'도 한층 더 보강해준다.

5.5. 공감장의 제3기능: 공감적 해석학의 최종준거

국민적·세계적 공감장과 합치되는 개인의 판단·행동·마음가짐은 타인들에게서 원칙적 공감을 얻는다. 공감과 공감장의 이론은 공론장의 '부차적' 위상을 확실히 하고 또 공론장의 구조변동에 대한 바른 이해에 도움을 주며 공론장에도 일정한 방향으로의 변화를 요구한다. 동시에 인간과학(인문·사회과학)과 역사학에도 어떤 결정적 변화를 요구한다. 방송국의 보도본부나 신문사의 편집부, 그리고 예술인들도 공감장을 준거 틀로 활용하고 공감장에 순응해야 한다.

진리를 추구하는 인간과학(인문·사회과학)은 곡학아세曲學阿世의 학문으로 추락하지 않으려면 매월 매년 변화무쌍한 '공론장'에 영합해서는 아니 된다. 이런 이유에서 평생 지분대는 여론에 시달렸던 루소는 여론에 굴하지 않는 것을 엉뚱하게 '바른 남성성'으로까지 이상화했다. "바른 남성은 오로지 자기 자신에 달려 있고 여론에 굴하지 않을 수 있다. (...) 여론은 남성들에게 덕성의 무덤이다."466) 이것은 공감과 동정심을 도덕철학의 기초로 삼았던 루소가 공론장이 아닌 뭔가 다른 기준, 즉 남성답게 여론을 무시하는 자신을 인정해줄 어떤 심오한 기준 틀이 따로 있을 것이라고 믿고 한 말일 것이다. 이 심오한 기준 틀이 바로 '공감장'이다. 결국 제아무리 유명한 인문·사회과학자라도 사회와 역사를 올바로 기술하려면

---

466) Jean-Jacques Rousseau, *Emil oder Über die Erziehung* [*Émile ou de l'Education*, 1762], besorgt v. L. Schmidts. 9.Auflage (Paderborn·München: Ferdinand Schöningh, 1978·1989), *Emil*, 409쪽.

'공론장'을 무시하더라도 국민적 '공감장'에는 순응하고 '공감장'을 준거 틀로 활용해야 한다. 인문·사회과학자는 사회현상과 역사적 사건을 공감장을 기준으로 이해하고 판단해야 한다. 따라서 인간과학(인문·사회과학)은, 따라서 '공감해석학적 인간과학'도, 최종단계에서 공감장을 외부에서 부과되는 준거 틀로 삼아야 하고, 인간과학(인문·사회과학)의 한 분과로서 공감해석학적 '역사학'도 공감대를 외적 준거 틀로 삼아야 한다. 역사학이 공감대를 준거 틀로 삼는다면 그 방법론은 '국민적 공감대 관점에 선 역사관', 즉 '국민사관'이 되어야만 할 것이다.

'공감해석학적 인간과학'이 최종단계에서 국민적·세계적 공감장을 외적 준거 틀로 삼는다는 것은 방법론으로서의 '공감적 해석학' 자체가 공감장을 이론의 완결 전에 마지막으로 자기를 비춰보고 매무새를 손질하는 거울로 삼는다는 것을 뜻한다. 외적 준거 틀로서의 공감장에 비춰보고 매무새를 고치는 이 마지막 손질로써 공감적 해석학의 이론도 최종 완결되는 것이다. 따라서 공감장의 이론은 공감적 해석학에 대한 이론을 최종 완성시키는 '제3기능'을 수행한다.

'공감해석학적 인간과학'과 '국민사관적 역사학'은 요동치는 일반적·전문적 공론장과 일시적 여론에 영합하려는 자세를 버리고 국민적 공감장과 과학공동체의 전문적 공감장을 학술판단의 일차적 기준으로 삼아야 한다. 그런데 특정국가의 공감장이 국제적 수준에 비해 명백히 후진적일 수 있다. 이런 경우에 공감해석학적 인문·사회과학자들은 이 공감장들을 '계몽'하고 '선진화'하기 위해 노력해야 한다.

또한 '공감해석학적 인간과학'과 '국민사관적 역사학'은 사회와 역사의 서술에서 학자의 개인적 가치판단이나 철학을 뒤로하고 반드시 '민심'으로서의 '국민적 공감장'을 판단과 비평의 기준으로 견지해야 한다. '공감해석학적 인간과학'과 '국민사관적 역사학'은 어떤 개인적 가치선호나 이런저런 기존철학의 가치판단에 사로잡히거나 갇히지 않는다.[467]

나아가 '공감해석학적 인간과학'과 '국민사관적 역사학'은 특정한 계급이나 신분의 이익에도 갇히지 않는다. '국민 관점의 역사관'으로서의 '국민사관적 역사학'과 공감해석학적 '인간과학'은 국민이 참정과 역사의 주체인 한에서 모든 '신분·계급차별'에 대해 비판적이지만, '특정신분·특정계급의 관점'에 사로잡히지도 않는다. 특정한 역사시기에 국민의 대부분이 '농민계급'이거나 '노동자계급'이어서 국민사관적 역사학이 농민계급이나 노동자계급에 친화적인 경향을 보이지 않을 수 없다고 하더라도 공감해석학적 '인간과학'과 '국민사관적 역사학'은 당대의 국민적 공감장을 기준으로 삼는 까닭에 이 경향을 '계급사관'으로 고정시켜 단순화하는 것을 거부할 수밖에 없다. 농민이나 노동자가 아닌 나머지 집단들도 비록 상대적 소수일지라도 엄연히 '국민'에 속하고 따라서 수적으로 적다는 단순한 이유에서 결코 소홀히 대해서는 아니 되기 때문이다. 계급사관은 특정계급을 특대하고 기타 계급들을 홀대하거나 적대한다. 이 때문에 계급사관은 언제나 협소하고 편파적일 수밖에 없다. 따라서 국민사관적 역사학은 계급사관에 대해 거리를 두는 것이다.[468]

계급사관의 이론적 위험성과 결함은 그 관점의 계급적 협소성과 편파성에만 있는 것이 아니라, 계급개념의 경직성과 유한성에도 있다. 가령 계급사관이 역사의 주체로 설정하는 농민계급이나 노동자계급(블루컬러계급)은 역사가 흐르면 주력생산자의 지위를 잃을 수도 있다. 그럼에도 계급사관은 이런 사실을 무시하고 사라져가는 한계계급의 유한한 관점을 경직되게 견지할 위험이 있는 것이다. 가령 2000년대의 역사는 농민과 블루컬러계급(노농동맹)의 관점에서 기술한다면 그 기술은 왜곡과 편향을 면치 못할 것이다. 따라서 공감해석학적 '인간과학'과 국민사관적 역사

---

467) 참조: 황태연, 『백성의 나라 대한제국』, 80쪽.
468) 참조: 황태연, 『백성의 나라 대한제국』, 80쪽.

학은 계급관점을 '지양'하고, 동시에 노동자·농민계급·변혁세력을 합해 '민중(인민)'으로 이해하고 이들의 관점에서 역사를 기술하고자 하는 계급사관의 변형태인 '민중 관점'도 지양한다.[469]

또한 공감해석학적 '인간과학'과 국민사관적 역사학은 주어진 시대의 국민적 공감대와의 합치를 입증해 주는 자료와 사료들을 매우 중시하고 이 때문에 실증사관과 아주 흡사하게 보일 수 있지만, 임의의 자료와 사료가 아니라 국민적 공감대와 합치되고 국민적 공감장의 가치판단을 뒷받침하는 사료를 중시하는 점에서 사실을 '숭배'하는 가치중립적 실증사관과 본질적으로 다르다. 국민적 공감대와 합치되는 의미를 담은 자료와 사료를 제일로 치는 공감해석학적 '인간과학'과 국민사관적 역사학은 아무리 참된 자료와 사료라 하더라도 국민적 공감대와 배치되거나 이 공감대를 해치고 공격하는 자들의 '진솔한' 반국민적(반민족적)·반동적·친일적 확신이나 자포자기적 논지를 담은 자료와 사료들을 참고자료 수준으로 격하하는 식으로 모든 자료와 사료의 가치를 국민적 공감장과의 합치 여부와 정도에 따라 비판적으로 서열화한다. 이로써 19세기풍의 가치중립적 실증사학이나, 일상적 이야기들을 실증적으로 채집·열거하는 20세기 풍의 연대기적·일상사적 실증사학을 넘어서는 것이다. 사실을 숭배하는 이 두 실증사학은 사료들의 가치를 평준화하거나 사료에다 사건의 파장에 따라 양적 위계를 부여하는 식으로 인간과학과 역사에서 국민적 감정, 즉 국민의 손익·미추·선악·유희감각 및 소망과 비전을 제거하기 때문이다.[470]

나아가 '공감해석학적 인간과학'과 국민사관적 역사학은 국민의 대외적 측면도 대내적 측면 못지않게 중시하므로 '민족사관'과 유사한 관점을

---

469) 참조: 황태연, 『백성의 나라 대한제국』, 80-81쪽.
470) 참조: 황태연, 『백성의 나라 대한제국』, 81쪽.

공유한다. 하지만 국민사관적 역사학은 국민의 대외적 측면으로서의 '민족' 개념이 국민의 전 측면을 포괄하지도 않고 또 민족사관이 대외적으로 국력을 강화하고 침략을 자행하는 독재자나 제국주의·권위주의 국가를 찬양하거나 '무조건 민족통일'을, 가령 '민족통일'이라면 북한체제로의 통일도 찬성하는 오류도 저질러 왔고 또 저지를 수 있는 만큼 민족사관의 '정치철학적 위험'을 경계한다. 결론적으로 '공감해석학적 인간과학'과 '국민사관적 역사학'은 실증주의, 민족사관, 계급·민중주의를 공히 부분적으로 포괄하지만 동시에 뛰어넘는 제3의 입지에 선다.471)

국민적 공감대를 유일한 기준으로 삼는 '공감해석학적 인간과학'과 '국민사관적 역사학'도 물론 특정 시대의 국민적 공감장이 후진적이거나 일시 뒤틀릴 수 있으므로 오류를 피할 수 없을 것이지만, 다른 인간과학과 사관에 비해 오류를 덜 범할 것이다. 그리고 국민적 공감장이 후진적이어서 오류를 범하더라도 국민은, 그리고 국민만이 이 오류에 대해 '역사적 책임'을 질 수 있는 주권자적 지위에 있는 유일한 책임주체다. 군주정이든 귀족정이든 민주정이든 모든 정부의 존립은 민심으로서의 공감장에 달려 있다. 17세기 말엽 공자를 숭배하고 공자철학을 찬양한 윌리엄 템플은 갈파한다.

모든 정부가 서 있는 토대는 백성의 동의 또는 백성의 가장 크고 가장 강한 부분의 동의다. (...) 하나의 방식에 의해서든, 모든 방식에 의해서든 최대다수의 동의를 받아들이고 결과적으로 통치를 뒷받침할 백성의 욕망과 결의를 받아들이는 정부는 가장 넓은 밑받침을 가졌고 가장 큰 범위의 토대 위에 서 있다고 정당하게 말할 수 있다. (...) 인애 감정(*affection*)을 딴 데로 돌려 백성의 지지를 잃고 민익民益을 거스름으로써 자신의 영역 밖에 최대 부분의

---

471) 참조: 황태연, 『백성의 나라 대한제국』, 81-82쪽.

동의를 두는 정부는 동일한 정도로 토대를 잃고 밑받침을 좁히는 것이라고 정당하게 얘기될 수 있다. (...) 이런 척도들에 의하면 군주정이라도 군주가 자애로써, 그리고 그의 백성 또는 백성의 대부분(즉, 백성의 많은 등급에 의해 가장 크거나 가장 강력한 부분)의 의견과 이익에 따라 다스리면 다른 모든 정부 가운데서 가장 안전하고 굳건한 정부다.472)

"모든 정부가 서 있는 토대는 백성의 동의 또는 백성의 가장 크고 가장 강한 부분의 동의다." 따라서 국민이 잘못된 정부가 있다면, 이 정부도 국민이 동의하고 지지한 것이고, 그렇더라도 국민이 주체이기 때문에 국민 외에 아무도 역사적 오류의 책임을 감당할 자격도 없고 이 오류로 인한 고난을 감당할 능력도 없는 것이다. 그리고 '국민적' 오류라도 역사적 당대에 해소될 가능성이 전혀 없는 것도 아니다. 국민과 정부의 관계를 중심에 놓는 관점에서 국민을 진정으로 사랑하는 정부나 지도자는 근본적으로 중요한 한 축인 한에서 '국민적' 오류라도 이 정부와 지도자에 의해 수정될 수 있기 때문이다.

물론 국민적 공감장은 획일적이지 않다. 왜냐하면 국민 중 선진집단과 후진집단이 미래지향을 두고 갈등관계에 놓일 수 있고 이런 까닭에 이 시기의 공감장은 분열되어 있을 수 있기 때문이다. 공감장이 분열되어 있을 때 궁극적으로 승리하는 바른 방향의 공감장은 인간의 본성을 더 정확하게 반영한 근원적 공감장이다. 따라서 공감해석학적 인간과학과 국민사관적 역사학에서는 국민적 공감대의 일시적 편향과 부분적 오류가 선진적 국민집단과 선도적 정부·지도자 사이의 역동적 연대·협력 속에서 극복되는 과정을 평가하거나, 이 과정에서 상대적으로 바른 방향을 취한

---

472) William Temple, "Essay on the Original and Nature of Government", 23-24쪽. *The Works of Sir William Temple*, Vol. I (London: Printed for Rivington et al. and by S. Hamilton, 1814).

공감장을 평가할 가능성이 열려 있는 것이다.

반면, 다른 인간과학과 역사학에서는 학자의 개인적 의견에 입각한 자의적 평가나 당대에 일시적으로 풍미하는 철학이나 이데올로기에 입각한 자의적 평가의 길밖에 없다. 따라서 공감장을 기준으로 삼는 공감해석학적 인간과학과 국민사관적 역사학은 오류 문제에 있어서도 다른 사관과 역사방법들에 대해 방법론적으로 늘 상대적 우위를 점할 수 있다.473)

공감장은 이에 조응하는 공감적 해석학과 인간과학을 최종적으로 '정상과학(normal science)'으로 올라서게 만들어 주지만, 도전적 '비정상과학(extraordinary science)'에 대해서도 관대하다. 소리 없이 고요한 공감장은 공론장이 공감장과 단기적·중기적으로 괴리되더라도 이를 봐주는데, 이것은 바로 공감장이 아주 관용적이라는 것을 뜻한다.

그러나 공감장과 대조적으로 말 많고 시끄러운 쟁론적 공론장은 본질적으로 불관용적이다. 공론장은 일시적으로 풍미하는 여론과 유행에 취약해서 획일적이다. 따라서 공론장은 유포된 기존 여론과 유행과 상이하거나 반대되는 모든 이견을 말살하려는 비판·비방·폭로·센세이셔널리즘 기술을 동원하기 일쑤다. 거의 모든 언론사는 이데올로기적·종교적 편향과 편가르기, 그리고 좌우 독선을 사시社是로 삼고 창설되었다. 그러므로 거의 모든 언론사들은 태생적으로 자기들의 사시와 관점에 어긋나는 의견과 사실을 뒤틀어 보도하고 배척·묵살·왜곡·과장·축소·조작한다. 그리고 사주社主와 자사自社의 이익이 걸리면 자사방어에 앞장선다. 나아가 언론사의 관점과 논조는 학술적 전문지식의 결여로 언제나 피상적이며 단순하다. 또한 논쟁의 한복판에 서있는 언론사들은 논쟁의 '승리'를 위해 이견과 반대의견을 더욱 불관용적으로 비판·비방·제압하려는 성향이 강하다. 그러나 묘하게도 언론사들은 자기들의 비리를 서로 덮어주는 묵계

---

473) 참조: 황태연, 『백성의 나라 대한제국』, 82쪽.

를 맺고 잘 지킨다.

결국 공론장의 광지廣知·폭로·비판기능은 언론사들의 태생적 편향과 싸움 논리, 그리고 편가르기에 사로잡혀 경향적으로 선용보다 오·남용과 악용으로 경사되어 있다. 언론사 간 경쟁체제도 권력기구로 변한 초대형 언론사들의 권력욕으로 인해 — 하버마스의 기대와 반대로 — 폭로·비판 기능의 오·남용과 악용을 바로잡는 '자정自淨작용'을 일으킬 수 없다. 치열한 경쟁에 처한 언론사들은 오히려 '더욱 치열한 경쟁심'에서 반대의견과 이견을 자기들에게 유리하게 배척·묵살·왜곡·과장·축소·조작한다.

그리하여 공론장은 태생적·본질적으로 불관용적이고 보수적이다. 이런 까닭에 공론장은 경향적으로 '정상과학' 편에 서서 '비정상과학'을 가차 없이, 불관용적으로 쳐내고 짓밟는다. 반면, 공감장은 공감장과 괴리된 공론장을 수십 년, 때로는 100년도 봐주듯이 '비정상과학'을 오랜 세월 관대하게 자기 안에 품어주어 '비정상과학'이 기존의 정상과학을 뒤엎고 정상과학으로 올라서는 '과학혁명'을 도울 수 있는 모성애적 관용능력이 있다. 따라서 공감장은 공론장과 반대로 과학혁명과 이견에 친화적이라고 말할 수 있다. 공감장이 과학혁명에 친화적이라는 것은 공감장이 공론장보다 '언표·사상·학문의 자유'를 더 폭넓게 인정한다는 뜻이다.

공감장이 공론장과 다른 것은 이것으로 그치지 않는다. 공론장은 언론·출판의 자유가 불완전한 곳에서 국가에 의해 파괴되고 거짓말과 프로파간다로 이루어진 관영 공론장으로 대체되어 완전히 소멸할 수 있다. 우리는 옛 소련과 동구권 공산국가의 역사적 경험에서 이것을 목도했고, 그리고 현재의 북한과 중국에서 이것을 경험하고 있다. 그러나 공감장은 파괴될 수 없다. 따라서 공감장은 없는 곳이 없다. 공감장은 인간본성에 기반을 두고 말 없는 사회적 관계 속에서 이심전심으로 형성되고 대를 이어 전수되기 때문이다. 이런 까닭에 공감장은 공산당 치하에서도 조용히 전개되어 지하에서 반체제인사들의 공론장을 따로 만들어 내고 결국 소련과 동구권의 반反본성적 공산체제를 전복시킬 수 있었던 것이다.

우리의 역사적 경험은 공론장이 공감장으로부터 괴리되어 있는 상태가 100년을 넘기기 힘들다는 것을 보여준다. 소련의 인간본성적·인민적 공감장은 1917년 10월혁명부터 시작된 소련체제와 그 관영 공론장을 결국 100년이 되기 전인 1991년 64년 만에 전복시켰다. 북한은 외부세계의 소식을 철저히 통제하고 거짓말과 선전선동의 관영 공론장을 소련보다 더 악착같이 관리해서 80년 가까이 김씨왕조 체제를 유지해 오고 있다. 그러나 소련의 사례로 미루어 볼 때 북한주민이 호흡하는 수면 아래의 한국적·민족적 공감장은 100년이 되기 전에 이 거짓 공론장을 붕괴시킬 것이다.

결어

공감장은 궁극적으로 선천적 감각·판단·지각, 즐거움(흥)·사랑·반감의 선천적 공감감정, 선천적 도덕감정과 도덕감각의 기저에 있는 사람들의 감성적 '본성'으로부터 기원한다. 그러나 동시에 공감장은 특정한 사회의 사회적 정서와 역사적 경험, 문화와 문화지식을 '내면화'한 것이기도 하다. '본성'이나 '내면화'로부터 유래한 것으로 보면 공감장은 우리의 마음속에, 우리의 가슴속에 내재한다. 그래서 아담 스미스는 공감장을 "위대한 내부 동거인", "가슴속의 위대한 반신半神", 또는 "가슴속의 내부관찰자"라 불렀다. 그러나 공감장은 특정 국민의 역사적 체험과 경험지식, 도덕적·예술적·유희적 감정과 정서, 타국에 대한 전래된 애증과 고정관념, 문화와 문화지식을 마음에서 마음으로 전하고 세대 간에도 이심전심으로 대를 이어온 무진장한 경험과 정서의 저장고다. 이렇게 보면 공감장은 우리의 외부에 있으면서 우리의 행동과 판단을 감시하고 지도하는 사회적·역사적 국민정서 또는 공감대다. 우리의 외부에 존재하는 것으로 보이는 이 공감장을 맹자는 '민심'이라 불렀고, 데이비드 흄은 "개인적 만인 관찰자(every spectator)"라 불렀고, 아담 스미스는 흄을 따라서 "불편부당한 관찰자(impartial spectator)", 또는 "사심 없는 옆 사람(impartial by-stander)"이라 불렀다. 공감장은 이렇게 우리를 안팎에서 관찰하고 지도하는 '준거 틀'이다.

공감장은 중장기적으로 공론장을 지탱해주는 '민심의 바다'다. 공론장은 '민심의 바다' 위의 출렁이는 '배'와 같은 것이다. 따라서 공론장은 일반적으로 공감장에 조응하고 그 영향을 받아들여야 한다. 그러나 오늘날 라디오·영화·텔레비전·소셜 미디어 시대에는 이 대중매체들이 주도하는 '공감적' 공론장이 역으로 공감장의 형성과 변화·발전에 영향을 미치기도 한다. 따라서 오늘날에는 공감장과 공론장이 상호작용을 한다고 할 수 있다. 그러나 상호작용이라고 해도 공감장과 공론장의 영향력은 결코 비등하지 않다. 당연히 공감장은 중장기적으로 공론장의 역逆작용보다 더 무거운 최종심급의 결정자다.

공감장은 ① 개인들의 행동과 판단에 대해 안팎의 '준거 틀'이 되고, 또 ② '공론장'에 대해서도 소리 없는 '준거 틀'로서 기능하고, ③공감적 해석학과 공감해석학적 인간과학에 대해서도 최종준거가 되어 공감적 해석학 방법론과 공감해석학적 인간과학을 '정상과학'으로 완성해준다. 공감장은 이 세 분야에서 안팎의 '준거 틀'로 기능하는 것이다. 따라서 "가슴속의 위대한 반신"이자 "민심(불편부당한 관찰자)"으로서의 '공감장'을 무시하는 '공론장'은 쇠퇴나 전복을 면치 못한다. 공감장 이론을 모르거나 무시하는 공론장 이론도 마찬가지 운명일 것이다. 공감장은 공론장에 우선하는 세상사람들의 근원적 생활세계이고, 공감장 이론도 공론장 이론에 우선하는 준거 틀이기 때문이다. 주지하다시피 공자는 "도道는 세상사람과 멀지 않은 것이니 사람이 도道를 하면서 세상사람을 멀리하면 도라 할 수 없다(子曰 道不遠人 人之爲道而遠人 不可以爲道)"고 갈파하고, "공감에 충실한 것이 [바로] 도와 거리가 멀지 않은 것이다(忠恕違道不遠)"고 천명했다.474) 그러므로 '충서忠恕로서의 도', 즉 공감적 해석학의 방법론도 세상사람들이 언행의 거울로 삼는 '공감장'을 가까이하여 세상사람들과 마찬가지로 충실하게 공감장을 거울로 삼아 자기 자신을 마지막으로 확인하고 손질하여 이론구성을 완결하는 것이다. "공자의 도"가 공감에 충실을 다하는 '충서'였듯이 최종적으로 공감장에 충실을 다하는 공감적 해석학만이 세상 사람을 위하는 진정한 인간과학 방법론일 것이다.

본론에서 충분히 입증했듯이 '공감적 해석학'은 인간의 존재·행동·제도·운동의 사회적 '의미'의 이해와 해석에서 '언어적 텍스트의 언어적 해석'(동어반복)과 '불가능한' 역지사지에 기초한 '언어적 해석학'에 대해 내재적으로 비할 데 없는 우위를 점한다. 동시에 공감적 해석학과 공감해석학적 인간과학은 공감장을 최종적 '준거 틀'로 삼음으로써 말 많은 공론장과 연장선상에 있는, 따라서 곡학아세로 일탈할 수도 있는 언어적 해석학과 언어해석학적 인간과학에 대해 궁극적으로 완전한 우위를 점한다. 그리하여 '공감해석학적 인간과학'은 토마스 쿤(Thomas S, Kuhn)이 *The Structure of Scientific Revolutions*(1962)에서 정의한 그 '정상과학'의 자격이 완벽하지만, 공론장에 영합하는 '언어해석학적 인간과학'은 결코 그럴 수 없을 것이다. 도도히 세대를 넘어 흘러오며 천천히 변하는 '민심의 바다'로서의 공감장은 애당초 100년, 200년 공론장의 이견異見들을 봐줌으로써 '비정상과학'이 '과학혁명'을 일으켜 '정상과학'으로 올라설 여지를 주는 점에서 관용적이지만, 말 많은 쟁론적 공론장은 소음과 센세이셔널리즘으로 이견들을 질식시키려는 점에서 편향적·불관용적·획일적인 경향을 보인다. 그래서 루소가 '이성적 남성' 에밀에게 공론장의 여론에 굴하지 말 것을 권고했던 것이다. 루소는 시끄러운 여론을 무시하더라도 자기를 알아줄 공감장이 따로 있음을 믿었던 것이다. 그러나 공론장의 여론에 굴하지 않고 공감장을 믿어야 하는 것은 남성보다 더 감성적이고 더 공감

---

474) 『中庸』(十三章).

적인 여성들에게 더 필수적일 것이다. 그래서 공맹은 남녀구별 없이 위정자는 교언·달변·능변의 '소통정치'와 떠들썩한 '여론정치'가 아니라, 여민동락與民同樂·여민동환與民同患의 조용한 '공감정치'와 '민심정치'를 주창했던 것이다.

참고문헌

□ 동양문헌

사서삼경: 『大學』, 『中庸』, 『論語』, 『孟子』, 『書經』, 『詩經』, 『易經(周易)』,
기타경전: 『禮記』, 『春秋』. 『大戴禮』, 『孝經』.
춘추해석서: 『春秋左氏傳』, 『春秋公羊傳』, 『春秋穀梁傳』.

杜預(注)·孔穎達(疏), 『春秋左傳正義』(開封: 欽定四庫全書, 宋太宗 淳化元年[976 年]).
戴震, 『孟子字義疏證』. 대진(임옥균 역), 『맹자자의소증·원선』(서울: 홍익출판사, 1998).
司馬遷(정범진 외 역), 『史記本紀』(서울: 까치, 2002).
스코필드, 프랭크 윌리엄(이항·김재현 엮음), 『기록과 기억을 통해 본 프랭크 스코필드』(서울: 한국고등신학연구원, 2016).
여불위(김근 역), 『여씨춘추』(파주: 글항아리, 2012).
廖名春 釋文, 「馬王堆帛書 '二三子'」.
王符, 『潛夫論』.
이강훈, 『抗日獨立運動史』(서울: 정음사, 1978).
이강훈, 『抗日獨立運動史』(서울: 정음사, 1978).
이영재, 「공자의 '恕' 개념에 관한 공감도덕론적 해석」, 『정치학회보』 47집 1호 (2013): [29-46쪽].
李瀷, 『星湖僿說』. 이익, 『국역 성호사설(X)』(서울: 민족문화추진회, 1977·1985).
伊藤仁齋, 『語孟字義』(宝永二年刊本), 『伊藤仁齋·伊藤東涯』(東京: 岩波書店, 1971).
林尹·高明(主編), 『中文大辭典(四)』(臺北: 中國文化大學出版部, 中華民國 74年 [1982]).
丁若鏞(全州大 호남학회연구소 역), 『與猶堂全書』 「經集 II·論語古今註」(전주: 전주대학교출판부, 1989).
鄭玄(注)·賈公彦(疏), 『周禮注疏』, 十三經注疏編纂委會 간행(北京: 北京大學校出版部, 2000).
朱熹, 『四書集註』.
陳淳, 『北溪字義』.

何晏(注)·邢昺(疏), 『論語注疏』, 十三經注疏整理本(北京: 北京大學出版社, 2000).
한국정보화진흥원, 「재난안전 부문의 소셜미디어 활용 선진사례 연구」. NIA-II-RER-11022 (2011).
황태연·엄명숙, 『포스트사회론과 비판이론』(서울: 푸른산, 1994).
황태연, 「하버마스의 소통적 주권론과 쌍선적 토의정치의 이념」. 『사회비평』 (1996).
황태연, 「자본주의의 근본적 변화와 제국주의의 종식」. 계간 『사상』, 1999·겨울호 (통권 43호).
황태연, 『계몽의 기획』(서울: 동국대학교출판부, 2004).
황태연, 「공자의 공감적 무위·현세주의와 서구 관용사상의 동아시아적 기원(上)」, 『정신문화연구』 제36권 제2호 통권 131호(2013 여름호): [8-187쪽]
황태연, 『감정과 공감의 해석학(1-2)』(파주: 청계, 2014·2015).
황태연, 『백성의 나라 대한제국』(파주: 청계, 2017).
황태연, 『공자의 인식론과 역학: 지물과 지천의 지식철학』(파주: 청계, 2018).
황태연, 『공자철학과 서구 계몽주의의 기원』(파주: 청계, 2019).
황태연, 『근대 영국의 공자숭배와 모럴리스트들』(서울: 한국문화사, 2023).
황태연, 『공자와 미국의 건국(하)』(서울: 한국문화사, 2023).
황태연, 『근대 독일과 스위스의 유교적 계몽주의』(서울: 한국문화사, 2023).
황태연, 『근대 프랑스의 공자 열광과 계몽철학』(서울: 한국문화사, 2023).
황태연, 『놀이하는 인간』(서울: 지식산업사, 2023).
황태연, 『도덕의 일반이론(상·하)』(서울: 한국문화사, 2024).
황태연, 『베이컨에서 홉스까지: 서양 경험론과 정치철학』(서울: 생각굽기, 2024).
황태연, 『로크에서 섀프츠베리까지: 서양 경험론과 정치철학』(서울: 생각굽기, 2024).
황태연, 『라이프니츠에서 루소까지: 서양 경험론과 정치철학』(서울: 생각굽기, 2024).
황태연, 『데이비드 흄에서 다윈까지: 서양 경험론과 정치철학』(서울: 생각굽기, 2024).

□ 서양문헌

Abel, Theodore, "The Operation Called Verstehen", *American Journal of Sociology*, Vol.54, No.3 (Nov. 1948): [211-218쪽], 또는 Fred R. Dallmayr & Thomas A. McCarthy (eds.), *Understanding and Social Inquiry* (Notre Dame·London: University of Notre Dame Press, 1977): [81-90쪽].

Apel, Karl-Otto, "Szientistik, Hermeneutik, Ideologiekritik: Entwurf einer Wissenschaftlslehre in erkenntnisanthropologischer Sicht". Karl-Otto Apel, *Transfomation der Philosophie*, Bd.2: *Das Apriori der Kommunikationsgemeinschaft* (Frankfurt am Main: Suhrkamp, 1973·1993).

Apel, Karl-Otto, *Transfomation der Philosophie*, Bd.2: *Das Apriori der Kommunikationsgemeinschaft* (Frankfurt am Main: Suhrkamp, 1973·1993).

Arendt, Hannah, *Vita Activa oder Vom tätigen Leben* [*The Human Condition*, Chicago: University of Chicago Press, 1958] (München: Piper, 1967).

Bacon, Francis, *The New Organon* [1620], edited by Lisa Jardine and Michael Silverthorne (Cambridge: Cambridge University Press, 2000).

Bentham, Jeremy, *Panopticon, or, the Inspection House [1787]. The Works of Jeremy Bentham*, Vol.4 (New York: 1962, Reproduced from the Bowering Edition of 1838-1843).

Bentham, Jeremy, *An Essay on Political Tactics [1816]. The Works of Jeremy Bentham*, Vol.2 (New York: 1962, Reproduced from the Bowering Edition of 1838-1843).

Cooley, Charles H., *Human Nature and the Social Order* (New Brunswick· London: Transaction Publishers, 1902·1922·1930·1964·1984, 7th printing 2009).

Cooley, Charles H., *Sociological Theory and Social Research* (New York: Augustus M. Kelley Publishers, 1930·1969).

Darwin, Charles, *The Descent of Man, and Selection in Relation to Sex* [1871· 1874] (London: John Murray, 2nd edition 1874).

de Waal, Frans, "Morality Evolved: Primate Social Instincts, Human Morality and the Rise and Fall of 'Veneer Theory'". Stephen Macedo and Josiah Ober (ed.). *Primates and Philosopher: How Morality Evolved* (Princeton: Princeton University Press, 2006).

de Waal, Frans, *Our Inner Ape* (New York: Riverhead Books, 2005).

Fay, Brian, *Contemporary Philosophy of Social Science* (Oxford: Blackwell, 1996).

Foucault, Michel, *Überwachen und Strafen: Die Geburt des Gefängnisses* (Frankfurt am Main: Suhrkamp, 1977).

Foucault, Michel, *Die Ordnung der Dinge* [*Les mots et choses*, 1966] (Frankfurt am Main: Suhrkamp, 1974).

Foucault, Michel, *Was ist Kritik* [*Qu'est-ce que la critique?*] (Berlin: de Merve Verlag, 1992).
Foucault, Michel, "Um welchen Preis sagt die Vernunft die Wahrheit?", *Spuren* (1/1983).
Foucault, Michel, *Dispositiv der Macht* (Berlin: de Merve. 1978).
Foucault, Michel, *Der Wille zum Wissen. Sexualität und Wahrheit 1* (Frankfurt am Main: Suhrkamp, 1983).
Foucault, Michel, *Vom Licht des Krieges zur Geburt der Geschichte* (Berlin: Merve, 1986).
Gadamer, Hans-Georg, *Wahrheit und Methode, Grundzüge einer philosophischen Hermeneutik.* Gadamer, *Gesammelte Werke*, Bd.1, *Hermeneutik I* (Tübingen: J. C. B. Mohr, 1960·1986).
Giddens, Anthony, *New Rules of Sociological Method*, (New York: Basic Books, 1976).
Gramsci, Antonio, *Zu Politik, Geschichte und Kultur* (Frankfurt am Main: Röderberg, 1980).
Greene, Joshua, "The Secret Joke of Kant's Soul". W. Sinnott-Armstrong (ed.), *Moral Psychology*, Vol.3: *The Neuroscience of Morality* (Cambridge, Massachusetts: MIT Press, 2008).
Habermas, Jürgen, *Strukturwandel der Öffentlichkeit* [1962] (Frankfurt am Main: Suhrkamp, 1990).
Habermas, Jürgen, *Technik und Wissenschaft als 'Ideologie'* (Franfurt am Main: Suhrkamp, 1968).
Habermas, Jürgen, "Hannah Arendts Begriff der Macht" [1976]. Jürgen Habermas, *Philosophisch-politische Profile* (Frankfurt am Main: Suhrkamp, 1987).
Habermas, Jürgen, "Aspekte der Handlungsrationalität" [1977]. *Jürgen Habermas, Vorstudien und Ergänzungen zur Theorie des kommunikativen Handelns* (Frankfurt am Main: Suhrkamp, 1984).
Habermas, Jürgen, "Replik auf Einwände" [1980]. Habermas, *Vorstudien und Ergänzungen zur Theorie des kommunikativen Handelns* (Frankfurt am Main: Suhrkamp, 1984).
Habermas, Jürgen, *Theorie des kommunikativen Handelns*, Bd.1-2 (Frankfurt am Main: Suhrkamp, 1981).
Habermas, Jürgen, *Moralbewußtsein und kommunikatives Handeln* (Frankfurt am Main: Suhrkamp Verlag, 1983·1991). 국역본: 하버마스(황태연 역),

『도덕의식과 소통적 행위』(서울; 나남, 1997).
Habermas, Jürgen, "Interpretative Social Science vs. Hermeneuticism". Norma Haan, Robert N. Bellah, Paul Rabinow and Willian M. Sullivan (eds.), *Social Science as Moral Inquiry* (New York: Columbia University Press, 1983).
Habermas, Jürgen, *Die Neue Unübersichtlichkeit* (Frankfurt am Main: Suhrkamp, 1985).
Habermas, Jürgen, "Mit dem Pfeil ins Herz der Gegenwart - Zu Foucaults Vorlesung über Kants *Was ist Aufklärung*". Jürgen Habermas, *Die Neue Unübersichtlichkeit* (Frankfurt am Main: Suhrkamp, 1985).
Habermas, Jürgen, "Ein Interview mit der New Left Review". Habermas, *Die Neue Unübersichtlichkeit* (Frankfurt am Main: Suhrkamp, 1985).
Habermas, Jürgen, "Die Krise des Wohlfahrtstaats und die Erschöpfung utopischer Energie". Jürgen Habermas, *Die Neue Unübersichtlichkeit* (Frankfurt am Main: Suhrkamp, 1985).
Habermas, Jürgen, "Dialektik der Rationalisierung". Habermas, *Die Neue Unübersichtlichkeit* (Frankfurt am Main: Suhrkamp, 1985).
Habermas, Jürgen, *Philosophisch-politische Profile* (Frankfurt am Main: Suhrkamp, 1987).
Habermas, Jüregen, *Der philosophische Diskurs der Moderne* (Frankfurt am Main, Suhrkamp, 1988).
Habermas, Jürgen, "Replik auf Einwände" [1980]. Jürgen Habemas, *Vorstudien und Ergänzungen zur Theorie des kommunikativen Handelns* (Frankfurt am Main: Suhrkamp, 1984). English: "A Reply to my Critics". J. B. Thomson/D. Held (ed.), *Habermas - Critical Debates* (London: MIT Press, 1982).
Habermas, Jürgen, "Erläuterungen zum Begriff des kommunikativen Handelns" [1982]. Jürgen Habermas, *Vorstudien und Ergänzungen zur Theorie des kommunikativen Handelns* (Frankfurt am Main: Suhrkamp, 1984).
Habermas, Jürgen, "Entgegenung" [1986]. Axel Honneth/Hans Joas (Hg.), *Kommunikatives Handeln* (Frankfurt am Main: Suhrkamp, 1986).
Habermas, Jürgen, "Volkssouveränität als Verfahren" [1988]. Habermas, *Die Moderne - ein unvollendetes Projekt* (Leipzig: Reclam, 1990).
Habermas, Jürgen, "Justice and Solidarity: On the Discussion Concerning Stage 6". Thomas E. Wren (ed.), *The Moral Domain* (Cambridge, Massachusetts: The MIT Press, 1990).

Habermas, Jürgen, "Intervew mit Nielsen". Jürgen Habermas, *Die nachholende Revolution* (Frankfurt am Main: Suhrkamp, 1990).

Habermas, Jürgen, *Texte und Kontexte* (Frankfurt am Main: Suhrkamp, 1991).

Habermas, Jürgen, *Faktizität und Geltung. Diskurstheorie des Rechts und des demokratischen Rechtsstaates* (Frankfurt am Main: Suhrkamp, 1992).

Habermas, Jürgen, *Die Einbeziehung des Andern* (Frankfurt am Main: Suhrkamp, 1996). 위르겐 하버마스(황태연 역), 『이질성의 포용』(서울: 나남, 2000).

Habermas, Jürgen, *Ein neuer Strukturwandel der Öffentlichkeit und die deliberative Politik* (Frankfurt am Main: Suhrkamp, 2022).

Haidt, Jonathan, "The Emotional Dog and Its Rational Tail: A Social Intuitionist Approach to Moral Judgement". *Psychological Review*, Vol.108, No.4(2001): [814-834쪽].

Hegel, Georg W. F., *Grundlinien der Philosophie des Rechts. Hegel Werke*, Bd.3 (Frankfurt am Main: Suhrkamp, 1986).

Hesse, Mary, *In Defence of Objectivity* (Oxford: Oxford University Press, 1973).

Hirsch, Joachim, *Kapitalismus ohne Alternativ? Materialistische Gesellschaftstheorie und Möglichkeiten einer sozialistischen Politik heute* (Hamburg: VSA Verlag, 1990).

Hobbes, Thomas, *Leviathan or The Matter, Form, and Power of a Commonwealth Ecclesiastical and Civil. The Collected Works of Thomas Hobbes*. Vol. III. Part I and II, collected and edited by Sir William Molesworth (London: Routledge/Thoemmes Press, 1992).

Horkheimer, Max/Theodor W. Adorno, Max Horkheimer & Theodor W. Adorno, *Dialektik der Aufklärung* (Frankfurt am Main: S. Fischer, 1969·1988·2006[16.Auflage]). Suhrkamp-Ausgabe: Max Horkheimer und Theodor W. Adorno, *Dialektik der Aufklärung*. Theodor W. Adorno, *Gesammelte Schriften*, Bd.3 (Frankfurt am Main: Suhrkamp, 1997); 영역본: Max Horkheimer & Theodor W. Adorno, *Dialectic of Enlightenment* (New York: Herder and Herder, 1972; reissues by Verso from 1979 reverse the order of the authors' names); *Dialectic of Enlightenment* (Stanford: Stanford University Press, 2002).

Hume, David, *A Treatise of Human Nature*, Book 3. *Of Morals*, edited by David Fate Norton and Mary J. Norton, with Editor's Introduction by David Fate Norton (Oxford·New York·Melbourne etc.: Oxford University Press, 2001·2007).

Hume, David, *An Inquiry concerning the Principles of Moral* [1751], ed. by Ch. W. Hendel. (Indianapolis: The Liberal Arts, 1978).

Hwang, Tai-Youn, *Herrschaft und Arbeit im neueren technischen Wandel* (Frankfurt/Paris/New York: Peter Lang Verlag, 1992). 국역본: 황태연, 『지배와 이성』(서울: 창작과비평사, 1996).

Hwang, Tai-Youn, "Verschollene Eigentumsfrage. Zur Suche nach einer neuen Eigentumspolitik", *SOZIALISMUS* (Hamburg: VSA-Verlag, 1992) 2/1992.

Iacoboni, Marco, *Mirroring People: The Science of Empathy and How We Connect with Others* (New York: Picador, 2008·2009).

Jackson, M. Allison Cato, & Bruce Crosson, "Emotional Connotation of Words: Role of Emotion in Distributed Semantic Systems". Silke Anders, Gabriele Ende, Markus Junghöfer, Johanna Kissler & Dirk Wildgruber, *Understanding Emotions* (Amsterdam: Elsevier, 2006)

Kant, Immanuel, *Grundlegung zur Metaphysik der Sitten* [1785·1786]. *Kant Werke*, Band 6, Erster Teil (Darmstadt: Wissenschaftliche Buchgesellschaft, 1983).

Kant, Immanuel, *Kritik der Urteilskraft. Kant Werke*, Bd.8 (Darmstadt: Wissenschaftliche Buchgesellschaft, 1983).

Kant, Immanuel, *Anthropologie in pragmatischer Hinsicht* [1798]. *Kant Werke*, Bd.10 (Darmstadt: Wissenschaftliche Buchgesellschaft, 1983).

Kant, Immanuel, *Der Streit der Facultäten. Kant Werke*, Bd.9 (Darmstadt: Wissenschaftliche Buchgesellschaft, 1983).

Kaufmann, Walter, *Goethe, Kant, and Hegel: Discovering the Mind*, with a new introduction by. Ivan Soll, vol.1 (New Brunswick, NJ: Transaction; Cambridge: Cambridge University Press, 2009).

Le Blanc, Charles, *Huai-nan Tzu*(淮南子). *Philosophical Synthesis in Early Han Thought: The Idea of Resonance* (Kan-ying, 感應). With a Translation and Analysis of Huai-nan Tzu Chapter Six (Hong Kong: Hong Kong University Press, 1985).

Lindsay, Bruce R., *Social Media and Disasters: Current Uses, Future Options, and Policy Consideration* (Congressional Research Services Report No.7-5700, 2011).

Marx, Karl, "Debatten über die Preßfreihei unf Publikation der

Landständischen Verhandlungen". *MEW* [*Marx Engels Werke*] 1 (Berlin: Dietz Verlag, 1980).

Marx, Karl, "Rechtfertigung des Korrespondenten von der Mosel". *MEW* 1 [*Marx Engels Werke*, Band 1] (Berlin: Dietz Verlag, 1982).

Marx, Karl, "An Annenkov" (1846. 12. 28). *MEW* 4.

Newsweek, 2010. 7. 25.

Mill, John Stuart, *Utilitarianism* [1861]. John Stuart Mill, *Essays on Ethics, Religion and Society*, edited by J. M. Robinson (Toronto·London: University of Toronto Press·Routlege & Kegen Paul, 1969).

Needham, Joseph, "Science and China's Influence on the World". Raymond Dawson (ed.), *The Legacy of China* (Oxford·London·New York: Oxford University Press, 1964·1971).

Rawls, John, *A Theory of Justice* (Cambridge. MA: The Belknap Press of Harvard University Press, 1971, Revised Edition: 1999).

Reichwein, Adolf, *China und Europa im Achtzehnten Jahrhundert* (Berlin: Oesterheld Co. Verlag, 1922).

Roty, Richard, "Solidarität oder Objektivität". Richard Roty, *Solidarität oder Objektivität. Drei philosophische Essays* (Stuttgart: Reclam, 1988).

Rousseau, Jean-Jacques, *A Discourse on the Origin of Inequality* [1755]. Jean-Jacques Rousseau. *The Social Contract and Discourses*. Translated and introduced by G. D. H. Cole. Revised and augmented by J. H. Brumfitt and John C. Hall. Updated by P. D. Jimack. (London: J. M. Dent Orion Publishing Group, 1993).

Rousseau, Jean-Jacques, *Emil oder Über die Erziehung* [*Émile ou de l'Éducation*, 1762], besorgt v. L. Schmidts. 9.Auflage (Paderborn·München: Ferdinand Schöningh, 1989).

Scheler, Max, *Wesen und Formen der Sympathie* [증보판 1922], hrg. v. Manfred S. Frings (Bern·München: Francke Verlag, 1973 [6. Aufl.]).

Schönfeld, Martin, "From Socrates to Kant - The Question of Information Transfer", *Journal of Chinese Philosophy* 67-69 (2006).

Schopenhauer, Arthur, *Die Welt als Wille und Vorstellung* I [1818·1859]. *Arthur Schopenhauer Sämtliche Werke*, Bd.I (Frankfurt am Main: Suhrkamp, 1986).

Schopenhauer, Arthur, *Preisschrift über die Grundlage der Moral* [1841·개정판 1860]. Arthur Schopenhauer, *Kleine Schriften. Sämtliche Werke*, Bd.III (Frankfurt am Man: Suhrkamp, 1986).

Scheler, Max, *Wesen und Formen der Sympathie* [증보판, 1922], hrg. v. Manfred S. Frings (Bern·München: Francke Verlag, 1973 [6. Aufl.]).
Seeliger, Martin, und Sebastian Sevignani (Hg.), *Ein neuer Strukturwandel der Öffentlichkeit?* Sonderband *Leviathan* 37 (Baden-Baden: Nomos, 2021).
Smith, Adam, *The Theory of Moral Sentiments* [1759, Revision: 1761, Major Revision: 1790], edited by Knud Haakonssen (Cambridge/New York: Cambridge University Press, 2002·2009[5. printing]).
Stamm, Karl-Heiz, *Alternative Öffentlichkeit. Die Erfahrungsproduktion neuer sozialer Bewegungen* (Frankfurt am Main/New York: 1988).
Taylor, Charles, "Sprache und Gesellschaft". Axel Honneth/Hans Joas (Hg.), *Kommunikatives Handeln* (Frankfurt am Main: Suhrkamp, 1986).
Temple, William, "Essay on the Original and Nature of Government". *The Works of Sir William Temple*, Vol. I (London: Printed for Rivington et al. and by S. Hamilton, 1814).
The Guardian, 2011. 7. 25.
Weber, Max, *Wirtschaft und Gesellschaft* (Tübingen: J.C.B. Mohr, 1985).
Weller, Robert P., & Peter K. Bol, "From Heaven-and-Earth to Nature: Chinese Concepts of the Environment and Their Influence on Policy Implementation". Mary Tucker and John Berthrong (ed.), *Confucianism and Ecology: The Interrelation of Heaven, Earth and Humans* (Cambridge [MA]: Harvard University Press, 1998). 로버트 웰러·피터 볼, 「천지부터 자연까지: 중국인들의 환경 개념과 정책 수행에 미치는 영향」. Tucker and Berthrong(오정선 역), 『유학사상과 생태학』 (서울: 예문서원, 2010).
Williams, George C., *Adaptation and Natural Selection* (Princeton: Princeton University Press, 1966).
Wilson, David S., & Elliott Sober, "Reintroducing Group Selection to the Human Behavioral Sciences", *Behavioral and Brain Sciences* 17.
Wilson, Edward O., *Naturalist* (Washington, D.C.: Island Press, 1994).
Wilson, James Q., "The Moral Sense", *Presidential Address 1992* of *American Political Science*, American Political Science Review, Vol.87 (No.1 March 1993).

찾아보기

ㄱ

가다머 29, 33, 76, 77, 78, 79, 80, 81, 82, 83, 84, 86, 88, 89, 91, 92, 93, 94, 95, 116, 171, 199, 216

감정이입 34, 37, 47, 113, 116, 134, 135, 175, 243, 245, 292, 341, 350, 351

감정전염 85, 88, 93, 113, 141, 142, 292, 369, 370, 376, 386

거울뉴런 34, 75, 139, 141, 142, 149, 377, 378

계급 247, 257, 258, 263, 264, 268, 270, 274, 302, 303, 304, 306, 310, 311, 314, 320, 326, 327, 396, 397, 398

계보학 261, 262

고고학 259, 262, 263, 264, 265

공감감정 88, 89, 123, 125, 130, 157, 163, 214, 386, 403

공감능력 34, 39, 47, 62, 71, 88, 89, 112, 113, 116, 127, 146, 156, 157, 168, 202, 214, 216, 366, 369

공감대 37, 79, 80, 88, 93, 116, 130, 145, 146, 148, 159, 196, 198, 208, 362, 364, 366, 368, 369, 370, 375, 385, 386, 395, 397, 398, 399, 403

공감장 148, 156, 219, 220, 224, 290, 342, 350, 362, 363, 364, 365, 366, 367, 368, 370, 371, 373, 374, 375, 376, 377, 379, 381, 382, 383, 385, 386, 391, 393, 394, 397, 398, 399, 400, 401, 403, 404, 405

공감적 소통 102, 106, 292, 321, 342, 370, 376, 379, 382, 383, 384, 393

공감적 언어 101, 223, 244, 342, 343, 347, 348, 349, 350, 352, 353, 354, 362, 363, 371, 384, 385

공감적 해석학 22, 80, 81, 88, 95, 96, 111, 113, 114, 115, 116, 134, 135, 136, 137, 141, 144, 148, 152, 154, 159, 160, 168, 170, 181, 192, 204, 206, 211, 216, 217, 219, 220, 349, 395, 400, 404

공감적 행위 154, 374

공론장 40, 80, 93, 145, 219, 223, 224, 240, 243, 244, 249, 253, 254, 256, 257, 258, 259, 264, 265, 267, 269, 271, 272, 273, 274, 276, 290, 298, 300, 303, 305, 307, 309, 310, 314, 315, 316, 318, 320, 321, 323, 324, 329, 330, 331, 333, 335, 337, 339, 340, 341, 343, 348, 350, 352, 354, 361, 362, 363, 371, 373, 374, 375, 379, 384, 385, 386, 391, 393,

394, 395, 400, 401, 404, 405
공산당 241, 401
공시장 386, 388, 389, 390, 391, 392, 393
공영달 119, 120, 122
공자 95, 96, 97, 98, 99, 100, 101, 102, 104, 105, 111, 112, 113, 115, 116, 117, 121, 124, 125, 126, 128, 129, 130, 131, 132, 134, 135, 136, 148, 152, 156, 191, 211, 215, 220, 373, 374, 385, 398, 404, 405
관점인계 30, 31, 54, 56, 58, 59, 60, 64, 65, 66, 67, 69, 70, 71, 72, 73, 75, 76, 78, 90, 94, 115, 375
규범규제적 행위 30, 31, 49, 50, 278, 279, 281, 282
그람씨 314, 325, 326, 327, 328, 330
급진민주주의 268, 314, 333
기계파괴운동 254
기든스 24, 25, 26, 27, 33
기의 159, 163
기표 102, 158, 162, 163, 198
길버트 110, 111

ㄴ

나치스 233, 241, 251
나치즘 226, 228, 232, 253
뉴턴 110, 111
니체 231, 259

ㄷ

다윈 145, 166

단옥재 123, 124
데카르트 209, 210
도구적 행위 278, 292, 296
도덕감각 89, 145, 151, 168, 229, 364, 369, 379, 386, 403
도덕감정 34, 89, 114, 145, 151, 161, 163, 166, 168, 184, 186, 187, 188, 192, 228, 229, 231, 349, 364, 379, 380, 403
도덕적 시비 142
동정심 60, 61, 62, 63, 64, 67, 69, 89, 122, 123, 125, 182, 185, 187, 394
드로이센 171, 181
드발 93, 130, 166
딜타이 21, 29, 75, 76, 81, 89, 92, 94, 95, 116, 171, 181, 199, 200, 209, 210, 216

ㄹ

라이트 86, 116, 171, 212
라이프니츠 229
라카토스 22
로크 21, 197, 209, 229
롤스 69, 376
루소 21, 60, 61, 62, 63, 64, 65, 75, 155, 229, 394
루카치 263
리케르트 29, 216

ㅁ

마르쿠제 269

마르크스 21, 205, 226, 231, 239, 244, 259, 261, 263, 294, 300, 302, 304, 310, 313, 314, 325, 326, 327, 328, 329, 334, 343, 344, 345, 346, 348, 352, 390, 391
마리쿠르트 110
매키버 38, 75, 116, 194
맹자 96, 116, 119, 120, 124, 130, 133, 166, 368, 373, 403
목적론적 행위 30, 48, 50, 277, 278, 281, 282, 286
미추 46, 79, 80, 142, 143, 145, 149, 185, 192
미추감각 113, 138, 157, 168, 210, 364, 369
미추판단 88, 145, 214, 377, 379, 386
미학적 미추 142
민심 93, 102, 116, 130, 156, 219, 224, 342, 350, 364, 367, 368, 369, 370, 371, 373, 374, 385, 386, 395, 403, 404, 405, 406

ㅂ

베버 46, 47, 116, 134, 135, 155, 168, 172, 174, 175, 177, 178, 179, 181, 208, 218, 230, 235, 277, 294, 299, 301, 302, 320
베이컨 23, 27, 209, 228
벤담 386, 387
변연계 34, 40, 139, 141, 142, 170, 185, 205
볼테르 229

볼프 229
부르주아 205, 232, 244, 247, 257, 264, 265, 270, 298, 300, 302, 313, 324, 326, 328, 336, 347
비코 21, 76, 210, 213
비트겐슈타인 21, 34, 179, 210
비판이론 53, 225, 226, 253, 295, 304

ㅅ

사이코패스 71, 73, 89, 124, 170, 190, 191
상부구조 326, 328, 330
생활세계 33, 38, 39, 40, 41, 71, 268, 272, 274, 281, 284, 288, 289, 290, 291, 294, 296, 298, 299, 300, 301, 302, 303, 304, 307, 311, 312, 314, 315, 316, 320, 322, 323, 325, 330, 333, 335, 338, 339, 364, 404
섀프츠베리 229
설명 21, 22, 23, 24, 25, 26, 27, 28, 29, 37, 85, 86, 112, 143, 171, 172, 174, 176, 177, 178, 179, 181, 192, 195, 199, 201, 202, 203, 204, 205, 207, 208, 209, 210, 211, 212, 213, 215, 216, 217, 218, 219
셸러 69, 73, 93, 171
소셜 미디어 223, 224, 258, 340, 341, 342, 355, 356, 357, 358, 359, 360, 361, 362, 371, 384, 391, 392, 393, 404
소통이성 116, 266, 276
소통적 이성 223, 230, 266, 287, 305,

312, 314, 341, 353
속성 21, 26, 27, 28, 29, 43, 112, 113, 114, 134, 158, 168, 174, 181, 182, 191, 208, 210, 211, 212, 216
쇼펜하우어 21, 75
슐라이어마허 21, 75, 76, 89, 92, 181, 199, 200, 210
슐츠 33
스미스 75, 124, 145, 146, 149, 205, 229, 328, 365, 366, 367, 376, 403
시뮬레이션 34, 40, 75, 113, 135, 139, 140, 141, 149, 169, 214, 377, 380
시민사회 168, 314, 321, 325, 326, 327, 328, 329, 332, 333, 334, 335, 337, 338
시비 80, 142, 143, 145, 149
시비감각 46, 113, 138, 157, 192, 210
시비변별 79
시비판단 88, 145, 185, 214, 377
시에예스 155, 156
식민화 300, 302, 303, 305
실증주의 21, 35, 81, 86, 95, 100, 102, 115, 179, 194, 195, 207, 212, 216, 218, 228, 251, 302, 349, 398

ㅇ

아도르노 223, 224, 226, 228, 230, 231, 232, 233, 234, 235, 236, 237, 238, 239, 240, 241, 242, 243, 244, 245, 246, 247, 248, 249, 250, 252, 253, 254, 255, 256, 260, 266, 269, 271, 273, 276, 340, 341, 348, 354, 355, 392
아리스토텔레스 21, 277, 317
아벨 34, 35, 36, 38, 179, 216, 218
안연 100
애증 149
애증감각 138, 142, 168, 369
애증분별 143
애증판단 88, 145, 214, 377
언어적 해석학 22, 405
언표 41, 55, 78, 93, 175, 197, 261, 278, 282, 284, 287, 288, 293, 294, 309, 316, 317, 349, 401
여론 130, 208, 219, 256, 257, 258, 266, 267, 270, 318, 324, 331, 347, 353, 361, 362, 367, 373, 394, 395, 400, 405
역지사지 32, 38, 40, 47, 54, 57, 59, 61, 64, 67, 68, 70, 71, 73, 75, 76, 77, 78, 80, 84, 94, 95, 115, 121, 122, 127, 137, 140, 148, 374, 375, 405
연출적 행위 30, 31, 46, 50, 52, 279, 280, 281, 282, 283, 285
유희적 재미 142
이기심 69
이데올로기 87, 199, 204, 205, 230, 232, 236, 248, 256, 258, 259, 261, 263, 267, 268, 269, 275, 310, 311, 313, 320, 388, 391, 400
이성 62, 65, 126, 127, 134, 175, 186, 189, 211, 224, 228, 230, 231, 237,

244, 256, 260, 261, 262, 267, 268,
287, 290, 294, 302, 313, 340, 341,
342, 348, 354, 369, 382, 383
이심전심 80, 93, 106, 148, 224, 342,
348, 363, 364, 368, 369, 371, 374,
375, 376, 380, 385, 401, 403
이토진사이 121
이해 21, 22, 23, 25, 26, 27, 28, 29,
30, 31, 32, 33, 34, 35, 37, 38, 39,
41, 42, 43, 44, 47, 53, 61, 62, 64,
66, 67, 70, 71, 73, 74, 75, 77, 78,
79, 80, 82, 83, 84, 86, 88, 89, 90,
91, 92, 95, 96, 103, 106, 110, 113,
114, 115, 116, 133, 134, 136, 137,
138, 139, 140, 142, 143, 144, 145,
147, 149, 150, 151, 152, 153, 154,
157, 158, 159, 161, 162, 164, 168,
169, 170, 171, 173, 174, 176, 177,
178, 180, 181, 183, 184, 185, 192,
195, 196, 197, 198, 199, 200, 201,
202, 203, 204, 205, 206, 207, 208,
209, 210, 211, 212, 213, 215, 217,
218, 223, 224, 244, 245, 249, 264,
288, 291, 294, 295, 308, 311, 314,
316, 322, 324, 332, 339, 342, 350,
351, 368, 369, 370, 371, 374, 377,
378, 379, 382, 405
인식론 21, 113, 114, 143, 172, 174,
181, 195, 206, 209, 210, 212, 213,
216, 219, 229, 232, 295

ㅈ

자공 99, 117, 118, 121
자로 100
자본주의 166, 167, 204, 226, 230,
231, 234, 235, 237, 238, 247, 252,
258, 267, 268, 298, 299, 300, 303,
314, 333
자아 28, 29, 55, 63, 69, 70, 71, 73,
74, 90, 94, 112, 113, 114, 127,
134, 135, 140, 149, 153, 154, 157,
160, 164, 166, 168, 169, 185, 187,
188, 192, 198, 227, 260, 267, 274,
317, 344, 377
재미 46, 79, 80, 142, 143, 145, 149,
185, 192, 379
재미감각 113, 138, 168, 210, 364,
369, 386
재미판단 88, 145, 214, 377
전략적 행위 30, 31, 40, 277, 278,
281, 286, 293, 295, 297, 320
정감적 언어 343, 348
정약용 121
정이천 120, 121, 131
주희 120, 121, 124, 126, 131, 132
즈나니키 116
증삼 117, 118, 131, 132, 133
지성 29, 62, 83, 85, 108, 114, 134,
149, 160, 172, 199, 208, 211, 223,
224, 243, 244, 248, 249, 318, 341,
344, 347, 348, 352, 353, 354, 355,
362, 363, 377, 382, 384
지성적 언어 223, 290, 342, 343, 348,

349, 352, 353, 384

ㅊ

철학적 해석학 33, 76, 77, 78, 81, 93, 94, 95
충서 114, 118, 119, 131, 132, 134, 136, 152, 220, 404, 405

ㅋ

칸트 21, 29, 69, 75, 186, 189, 191, 209, 210, 213, 216, 229, 231, 233, 244, 260, 287, 289
컴벌랜드 228
케플러 110, 111
콜링우드 75, 116
콜버그 59, 75, 153
쾌통 46, 79, 80, 142, 143, 145, 149, 185, 192, 379
쾌통(손익)판단 88, 368
쾌통감각 113, 138, 168, 210, 364, 369
쾌통판단 145, 214, 377
쾌통·손익 142
쾌통·손익감각 157
쾌통·손익의 평가감각 157
쾨글러 75, 116
쿠플레 110
쿤 22, 405
쿨리 35, 38, 85, 86, 134, 153, 195, 212
클라데니우스 199, 200

ㅌ

테크노크라시 228, 230
테크노크라트 269, 335
토대 185, 213, 325, 326, 327, 328, 331, 332, 399

ㅍ

파슨스 297, 302, 305
파시스트 251, 252
파시즘 34, 226, 230, 232, 252, 254, 327
파이어아벤트 22
판단감각 29, 112, 113, 143, 192, 214, 365, 380
판옵티콘 253, 254, 331, 386, 387
평가감각 54, 80, 93, 145, 153, 159, 163, 165, 168, 184
포퍼 22, 179, 216, 218
푸코 137, 230, 252, 259, 260, 261, 262, 263, 264, 265, 266, 320, 331, 336, 386, 387
프랑크푸르트학파 226, 259, 260
프로이트 204
프롤레타리아 263, 299
플라톤 21, 231

ㅎ

하버마스 21, 22, 23, 26, 27, 28, 29, 30, 31, 32, 33, 35, 37, 38, 39, 40, 42, 43, 44, 45, 47, 48, 49, 52, 53, 55, 56, 57, 58, 60, 66, 67, 69, 71, 73, 75, 76, 77, 79, 89, 90, 92, 93,

94, 95, 102, 115, 117, 124, 135,
138, 143, 147, 148, 153, 164, 168,
209, 216, 223, 224, 253, 256, 257,
258, 259, 260, 263, 264, 265, 266,
267, 268, 270, 272, 273, 275, 276,
278, 280, 281, 283, 285, 286, 288,
290, 291, 293, 294, 295, 297, 301,
302, 304, 306, 308, 309, 310, 311,
313, 315, 316, 317, 320, 321, 325,
329, 330, 333, 340, 341, 348, 353,
354, 355, 361, 362, 366, 371, 381,
383, 392, 401
하이데거 29, 135
합리적 해석학 28, 30, 31, 52, 54, 57,
60, 71, 73, 75, 76, 115, 117, 135
합리주의 60, 65, 87, 228, 229, 230,
231, 233, 244, 248, 249, 302, 340,
341, 342
해석학주의 76, 211, 216
행위 25, 28, 29, 30, 212, 214, 215,
217, 218, 260, 261, 262, 263, 268,
269, 276, 277, 278, 279, 280, 281,
283, 284, 285, 286, 287, 288, 289,
290, 291, 292, 293, 294, 295, 297,
298, 299, 300, 301, 302, 304, 306,
307, 308, 309, 310, 311, 313, 315,

316, 317, 318, 320, 321, 322, 332,
333, 334, 336, 337, 338, 339, 365,
366, 368, 370, 371, 374, 375, 377,
379, 381, 383, 392
허치슨 210, 229
헤겔 21, 229, 231, 325, 327, 329
헤르더 21, 88, 210
헤브라이즘 230, 231, 233
헤세 22, 23, 24, 25, 26, 27, 216
헬레니즘 231, 232, 233
현상학 33, 135, 279, 288
형이상학 228, 231, 250, 311, 313,
392
호르크하이머 223, 224, 225, 226,
228, 230, 232, 233, 234, 236, 237,
238, 239, 240, 241, 242, 244, 245,
246, 247, 248, 249, 250, 252, 254,
255, 256, 260, 266, 269, 271, 276,
340, 341, 353, 392
홉스 21, 61, 62, 64, 65, 69, 75, 209,
213
훔볼트 295, 316
훗설 29, 135, 288
흄 21, 28, 36, 69, 70, 85, 139, 144,
145, 149, 166, 209, 229, 364, 376,
403